铁道车辆试验测试技术

任利惠　钱存元　左建勇　编著

中国铁道出版社有限公司

2024年·北　京

内 容 简 介

本书以工程应用为背景，主要内容由两部分组成：第一部分（第1～5章）为试验测试的基础理论与方法，包括试验设计基础、模型试验基础、现代测试系统、试验数据分析与处理等；第二部分（第6～10章）为铁道车辆专业试验测试，包括动力学性能试验、牵引性能试验、制动性能试验、车辆机械强度试验和车辆性能试验台。

本书可作为研究生专业学位课教材，也可供从事铁道车辆试验测试工作的专业技术人员参考。

图书在版编目（CIP）数据

铁道车辆试验测试技术/任利惠，钱存元，左建勇编著. —北京：中国铁道出版社有限公司，2024.1

ISBN 978-7-113-31013-4

Ⅰ.①铁… Ⅱ.①任…②钱…③左… Ⅲ.①铁路车辆-工程试验 Ⅳ.①U27

中国国家版本馆CIP数据核字（2024）第015009号

书　　名：**铁道车辆试验测试技术**
TIEDAO CHELIANG SHIYAN CESHI JISHU

作　　者：任利惠　钱存元　左建勇

策　　划：黎　琳
责任编辑：黎　琳　　**编辑部电话**：（010）51873674
编辑助理：王熙文
封面设计：高博越
责任校对：安海燕
责任印制：樊启鹏

出版发行：中国铁道出版社有限公司（100054，北京市西城区右安门西街8号）
网　　址：http://www.tdpress.com
印　　刷：北京盛通印刷股份有限公司
版　　次：2024年1月第1版　2024年1月第1次印刷
开　　本：787 mm×1 092 mm　1/16　**印张**：16.5　**字数**：375千
书　　号：ISBN 978-7-113-31013-4
定　　价：76.00元

前　言

科学试验和理论研究的密切结合是近代科学技术的一个显著特点。理论以试验为基础，试验需要理论作指导，两者互相依赖、相辅相成，加速科学技术的发展。然而，实践是一切理论活动的基础，任何一种理论，只有在科学试验得到证实后才能成立，通过试验证实理论，通过试验发展理论。在工程技术中，任何一个成功的产品都是设计和试验密切结合的产物。设计过程就是试验过程，试验贯穿在整个设计工作的始终。任何设计思想、理论计算无一不经过试验的验证。在许多复杂的实际问题中，试验又常是解决问题的仅有办法。因此，科学试验十分重要。

本书根据铁道车辆工程专业硕士研究生相关课程的教学要求，在编者多年从事试验教学和科研实践上编写完成。全书内容力求体现铁道车辆工程研究生应学习的试验测试理论和车辆性能试验技术。

本书共分 10 章，前 5 章为铁道车辆试验测试的基本理论和方法，后 5 章为铁道车辆专业试验测试的内容。第 1 章介绍铁道车辆的试验分类、标准和基本过程，第 2 章介绍试验设计的基本方法，第 3 章介绍相似模型的基础理论，第 4 章介绍基于计算机的现代测试系统，第 5 章介绍试验数据处理的基本方法，第 6 章介绍铁道车辆动力学性能试验测试技术，第 7 章介绍铁道车辆牵引性能试验测试技术，第 8 章介绍铁道车辆制动性能试验测试技术，第 9 章介绍铁道车辆机械强度试验测试技术，第 10 章介绍铁道车辆的专业试验台。

本书由同济大学任利惠、钱存元、左建勇编写，其中任利惠编写第 1～6、9～10 章，钱存元编写第 7 章，左建勇编写第 8 章。全书由任利惠统稿。周劲松审阅全书并给出宝贵意见。中车青岛四方机车车辆股份有限公司薛蔚，同济大学丁景贤、季元进参与本书的编写工作。

本书在编写时所引用的参考资料已列于参考文献，特向其作者表示深切的感谢。

本书由同济大学研究生教材建设项目资助出版。

由于编者水平有限，书中不足之处，敬请读者批评指正。

编　者

2023 年 10 月

目　录

1 绪 论

铁道车辆作为第一代工业革命的代表性产品，问世已经有 200 多年的历史，其出现和发展给人类社会带来了不可估量的社会效益和经济效益。伴随着科学技术的发展，铁道车辆的研究开发、设计生产的方法和手段也日臻完善，其中就包括铁道车辆的试验测试技术。

1.1 试验作用

铁道车辆是一种融合机械、材料、电气、信息等多个领域研究成果的大型机电产品，其使用环境复杂，用途多样，安全要求高，使用寿命长。一方面，在铁道车辆技术发展的过程中，新型车辆的开发设计，技术上的创新和突破，以及解决不断出现的新问题，都要求以试验研究为基础，或是经过试验来检验，帮助设计研究人员深入了解车辆在实际使用中各种现象的本质及其规律。另一方面，试验研究可以有效地解决车辆开发研究过程中无法通过理论计算和分析解决的问题。可见，试验研究是铁道车辆技术发展的一种极为重要的方法，也是保证产品性能、提高产品质量的重要手段。

铁道车辆试验通常是在试验室内或线路上，使用专用的仪器设备，依照试验大纲及有关标准，对整车或其零部件进行各种测试的过程。铁道车辆试验技术就是以铁道车辆为试验对象，从各种具体的试验方法中概括具有共性的基本理论和技术。对铁道车辆专业技术人员而言，除了要掌握专业理论知识外，还应有从事试验研究的能力。

试验过程是车辆设计开发的关键环节之一，既是检验已有设计是否合格的有效途径，又为进一步修改和优化车辆设计提供了依据。先进、有效的试验手段可大大降低铁道车辆的开发费用，缩短开发周期。通过试验，可对车辆性能进行检验，对车辆各种性能做出客观评价，确定其缺陷和薄弱环节，以便进一步研究并加以改进。

近年来，由于传感器技术、计算机技术和以计算机为核心的智能仪器、虚拟仿真试验技术的发展，试验测试技术有了质的飞跃，使得铁道车辆的试验技术向着集成化、智能化方向发展，大大提高了试验工作的效率和水平，客观上也促进了铁道车辆的技术发展。

1.2 试验分类

铁道车辆的试验研究内容很广，需要解决的问题也极为复杂，既有涉及产品质量的检查性试验，也有涉及性能对比研究的研发性试验，以及涉及安全和环保的认证试验等。

铁道车辆的试验可按其试验目的、试验对象和试验方法进行分类。

1.2.1 按试验目的分类

(1)质量检查试验。对目前生产的车辆产品,定期进行质量检查试验,考核产品质量的稳定性和生产一致性。质量检查试验通常是针对影响性能的关键环节进行检查。该类试验也称为例行试验。

(2)新产品定型试验和认证试验。在新型车辆投产以前,由生产企业和第三方认证机构按照相关法规和标准规程进行全面性能试验,包括可靠性试验,以此作为产品生产许可的依据。该类试验也称为型式试验。

(3)研发性试验。为了改进现有产品或开发研制新产品,必须对车辆的新部件、新结构,采用的新材料、新工艺等进行广泛深入地研究试验。此外,新的试验方法与测试技术的探讨,试验标准的制定,也是研发性试验的一部分内容。

1.2.2 按试验对象分类

(1)整车试验。考核整车的主要技术性能,测出各项技术性能指标,如运行安全性和平稳性、牵引和制动性能等。整车基本参数的测定也包括在内。

(2)系统总成试验。考核车辆主要系统总成的工作性能和耐久性,如转向架、牵引系统、环控系统的特性。

(3)零部件试验。考核其设计和工艺的合理性,测试其刚度、强度和疲劳寿命,以及研究材料的选用是否合适。

1.2.3 按试验方法分类

(1)室内台架试验。该试验能以较高的精度在室内试验台上测试整车、总成和零部件,并能消除不需研究的某些因素,容易控制试验条件,缩短试验周期。

(2)线路试验。车辆在实际使用的线路条件下现场试验,其试验结果符合实际使用情况,并可全面考核其技术性能,所以线路试验是铁道车辆目前普遍采用的方法。

1.3 试验标准

1.3.1 试验标准的特点

试验标准是指试验方法的标准,具有一定的权威性、通用性、先进性和相对稳定性。权威性是指试验方法一经形成标准,在试验中应严格执行;通用性是指以试验方法标准作为权威方法,在试验中有一定的指导作用,适用于不同部门、多种车型的车辆试验;先进性和相对稳定性是相辅相成的。为了保证试验方法相对稳定,制定标准时应具有超前性。通常,试验标准 5 年或更短时间修订一次。试验标准的先进性有利于促进铁道车辆试验技术和制造水平的发展与提高,而试验标准的稳定性有利于试验方法的推广执行。

1.3.2 试验标准的分类

(1)国际标准。由国际标准化组织(ISO)制定,标准代号为 ISO,如 *Mechanical vibration*

and shock—Evalution of human exposure to whole-body vibration(ISO 2631)。

(2)国际区域性标准。由若干成员国共同参与制定和共同遵守的标准,如欧盟标准(EN)、国际铁路联盟标准(UIC)和美国铁路协会标准(AAR)。EN标准和AAR标准都属于强制性法规,进入欧盟的产品必须满足EN标准。

(3)国家标准。各国依据各自国情而制定的适用于本国的标准。我国国家标准的标准代号为GB,美国国家标准学会制定的国家标准的标准代号为ANSI。

(4)行业标准。为了规范本行业各类产品试验方法而制定的标准。我国铁路行业标准的标准代号为TB,交通运输部行业标准的标准代号为JT。

(5)企业标准。铁道车辆生产企业根据自身特点,参考国际标准和国家标准制定的标准,只限于本企业内部使用。通常,企业标准严于国家标准或国际标准,以提高企业产品质量。

(6)强制性标准。为了保障人身健康、安全、保护环境、节约能源而制定的强制执行的标准。如《标准轨距铁路限界　第1部分:机车车辆限界》(GB 146.1—2020)。

(7)推荐性标准。在我国,凡是标准代号带有"/T"的均为推荐性标准。如《机车车辆动力学性能评定及试验鉴定规范》(GB/T 5599—2019)等,这类标准无强制性,可参照执行。

1.4 试验过程

车辆试验是一项技术性较强的工作,特别是线路试验时要涉及多个部门密切配合的系统工程,需要进行周密计划与组织。一般的,试验过程包括试验准备、试验实施和试验总结三个阶段。

1.4.1 试验准备阶段

1. 制定试验大纲

试验大纲是指导试验的重要技术文件。根据试验任务提出的要求,按相应的国家或行业标准编制试验大纲,其内容包括以下几项:

(1)试验的目的和任务。明确规定试验必须完成的任务,如要解决的技术问题,要测取所需要的数据或要观察的现象等;要达到的目的,如法规适应性验证、新产品的定型或零部件定型等。试验目的决定试验类型、试验规模和内容。

(2)试验的内容和条件。为完成试验任务所需的试验内容、试验条件、试验程序及试验工作量,应在大纲中做简要说明,必要时应附有试验原理示意图。

(3)试验项目和测量参数。根据试验内容详细列出必须进行的试验项目以及每个项目必须测量的参数,如制动性能试验需要测量的参数(初速度、制动距离和制动时间),并说明由测量参数求得最后性能指标的方法。

(4)试验仪器设备。根据试验项目、测量参数选择试验需用的仪器设备,并提出仪器的精度要求。

(5)试验技术和方法。在大纲中制定的与试验有关的技术事项和试验方法步骤,对于试验标准或法规中规定的试验程序和方法步骤必须严格遵守。

(6)人员的组织和分工。试验人员应按专业水平和工作需要进行分工,职责明确,同时建立试验组织系统,组成试验领导指挥系统。

(7)试验进度计划。根据试验任务和目的以及各个项目进行的先后顺序编制进度日程计划,使试验工作协调有序和按计划进行,在编制进度计划时,在时间安排上要留有余地,以免因时间太紧而影响试验质量或因天气变化而造成计划不能按期执行,致使计划失效。

2. 准备仪器设备

根据试验大纲要求,准备好需用的仪器设备,进行整车试验时要准备好各种传感器、数据采集和记录仪器等;进行室内台架试验时,要准备好测量仪器、各种连接件和动力设备等。所用仪器设备应满足试验要求的测量范围、容量和精度,使用之前仪器设备应进行标定,标定的数据应记录并填入试验报告。

3. 人员配备和试验记录表格的准备

根据试验项目和测试数据,配备参加人员,明确每人任务和相互间的配合关系,熟练掌握仪器设备的操作方法,并拟定试验记录表格和数据处理表格。对自动记录的测试系统,要设计好记录文件的数据格式。

1.4.2 试验实施阶段

车辆线路试验的实施阶段一般包括车辆预调、工况监测、采样读数和校核数据 4 个过程。

线路试验中除另有规定外,车辆和试验设备都应经过预调过程,使试验设备和被试车辆部件均达到正常工作状态。进行试验时,按速度由低到高、载荷由小到大的次序进行试验,需要加载时,应注意极限加载值,以防破坏车辆或设备。试验过程中,随时监测车辆状态,并按大纲规定,在指定工况下进行读数采样。在稳态试验中,要读取或记录在一定时间内的稳定值。在动态瞬时试验中,应采用自动采样记录的测试系统,同步记录所有被测量。试验结束后,应立即汇总主要测试数据,检查、校核各参数测量值,及时判断试验是否有效。若发现数据遗漏、偏差过大或相互矛盾等明显不合理现象,则要分析原因,采取改进措施,重新进行试验。

试验时,应遵守以下原则:

(1)试验现场不得临时改变项目或内容,以避免因考虑不周、准备不足而发生意外。

(2)试验中发现车辆、测试仪器和设备出现故障,应立即停止试验,查找原因,进行检修。

(3)试验中规定的允许最高车速、最大载荷等各类极限值,试验人员应明确,任何情况下不应突破。

(4)测试数据应随时观察,及时汇总处理,发现问题及时解决。

(5)试验中,对关系人身安全的注意事项应做出明确规定,并采取相应的安全措施。

1.4.3 试验总结阶段

试验完成后的总结工作,包括对试验中观察到的现象和发现的问题进行定性分析,对测取的数据进行处理,获取必要的信息和参数,以确定实测所得的性能指标和各参数间的关系。在强度、疲劳及磨损试验完成后,对试件的损坏情况进行检查、测量和分析,获取必要的试验数据。在完成上述工作后，对试验数据和资料再进一步归纳上升至理论高度，得出规律，对被试件做出评价，并得出结论，撰写试验报告和研究报告。

试验报告内容一般包括：

(1)试验任务来源。

(2)试验目的。

(3)试验对象。

(4)试验条件，如线路状态、测试工况、气象条件。

(5)试验方案与试验方法。

(6)测试系统仪器选配。

(7)传感器定度。

(8)试验过程。

(9)数据处理方法、处理结果与误差范围。

(10)试验结果分析。

(11)结论。

(12)存在问题和改进意见。

(13)附录，如典型试验记录曲线、数据处理结果表、试验规律曲线及工况照片等。

2 试验设计基础

试验设计(design of experiment,DOE)是指在进行试验之前,根据试验的目的和要求,按照试验所具备的条件,合理地设计试验方案,力求以较少的试验次数,迅速而圆满地得到令人满意的结果。试验设计是以概率论和数理统计为理论基础,经济、科学地安排试验的一项技术,研究如何制定试验方案,以提高试验效率,缩小随机误差的影响,并使试验结果能有效地进行统计分析的理论与方法。这里讨论的试验设计,不考虑具体试验过程中的试验条件、试验方法的设计等内容。

试验设计的基本思想是英国统计学家罗纳德·艾尔默·费希尔(Ronald Aylmer Fisher)提出的。他使用方差分析的方法对农业试验的数据进行分析,并在 1935 年出版的 *The Design of Experiments* 中提出试验设计应遵循三个原则:随机化、局部控制和重复,并提出了随机区组法和拉丁方方法。20 世纪 60 年代,日本统计学家田口玄一将试验设计中应用最广的正交设计表格化,为试验设计做出了突出贡献。20 世纪 80 年代,我国数学家方开泰和王元提出了均匀试验设计方法,为试验设计的发展做出了贡献。

2.1 试验设计概述

2.1.1 试验设计的基本原则

试验设计的三个基本原则是重复、随机化和区组化。

重复是指基本试验的重复进行。重复有两条重要的性质。第一,允许试验者得到试验误差的估计量。这个误差的估计量成为确定数据的观察差是否是统计上的试验差的基本度量单位。第二,如果样本均值作为试验中一个因素的效应估计量,则重复允许试验者求得这一效应更为精确的估计量。如 S 是数据的方差,而有 n 次重复,则样本均值的方差是 S/n。这一点的实际含义是,如果 $n=1$,得到 2 个试验结果分别是 $y_1=145$、$y_2=147$,这时我们可能不能做出这 2 个试验结果之间有没有差异的推断,即观察差 $147-145=2$ 可能是试验误差的结果。但如果 n 达到合理的数值,则所观察到的试验误差即可判断。

随机化是指试验材料的分配以及各个状态试验进行的次序,都是随机地确定的。统计方法要求观察值是独立分布的随机变量。随机化通常能使这一假定有效。把试验进行适当的随机化亦有助于"均匀"可能出现的外来因素的效应。随机化是试验设计使用统计方法的基石。

区组化是用来提高试验精确度的一种方法。一个区组就是试验材料的一个部分,相比于试验材料全体它们本身的性质应该更为类似。区组化涉及在每个区组内部对感兴趣的试验条件进行比较。

2.1.2 基本名词和术语

下面以例 2-1 说明试验设计的基本名词和术语。

【例 2-1】 在轴承座圈退火工艺中，影响产品硬度的因素有加热温度、保温时间和出炉温度。根据表 2-1 中试验条件，求哪种组合可获得最好的硬度合格率。

表 2-1 轴承座圈退火工艺的试验条件

水平	因素		
	加热温度 A	保温时间 B	出炉温度 C
一水平	$A_1=800$ ℃	$B_1=6$ h	$C_1=400$ ℃
二水平	$A_2=820$ ℃	$B_2=8$ h	$C_2=500$ ℃

1. 试验指标

试验中用来衡量试验效果的量称为试验指标，简称指标，通常用 η 表示，可以理解为试验过程中的因变量。在例 2-1 中，产品硬度合格率就是试验指标。

试验指标分为定量指标和定性指标两种。定量指标是指用数量表示的指标，如产量、质量、速度、温度、压力等；定性指标是指不能直接用数量表示的指标，如产品质量(好、坏)、颜色(深、浅)等。定性指标一般可以用量化处理的方法转化为定量指标。

在一项试验中，用来衡量试验效果的指标可以有一个，也可以有多个。当只有一个试验指标时，称为单指标试验。而对多指标试验，常用处理方法有两种：综合平衡法和综合评分法。综合平衡法是先按单指标试验的分析方法，分别对各项指标进行独立的分析，然后进行综合平衡的一种方法。综合评分法是按照某种规则对各项指标的综合评分，得到一个新的指标，然后用单指标分析方法进行试验结果分析的一种方法。这两种方法各有利弊，因此在进行试验结果分析时必须根据实践经验和专业知识，对具体问题做具体分析。

2. 因素与水平

试验中影响指标 η 的量称为因素，也称因子。因素可以理解为试验过程中的自变量，通常用大写字母 A、B、C、…来表示。在例 2-1 中，加热温度、保温时间、出炉温度就是试验的因素。

每个因素在试验中所处的状态或取值，称为因素的水平，简称水平。一般试验方案是由若干个因素组成，因素在试验方案中变化了几种状态就成为几种水平。例如，在例 2-1 中，加热温度这个因素允许在一定范围内变化，我们选取 800 ℃、820 ℃两种状态，则 800 ℃、820 ℃称为加热温度的两个水平。例 2-1 中，试验条件包括三个因素，每个因素有两个水平，故例 2-1 为三因素二水平试验。

在一次试验中每个因素总取一个特定的水平，称各因素水平的一个组合为一个处理或一个试验条件。设试验中有 A、B、C 三个因素，每个因素有 1、2、3 三个水平，则 $A_1B_1C_1$ 是一个试验条件，$A_2B_3C_2$ 是另一个试验条件。三个因素三个水平的试验一共有 27 种试验条件。

因素在试验中的相互影响，称为因素间的交互作用，用 $A\times B$、$A\times B\times C$ 等表示；如果交互作用很小，可以忽略不计，则认为这些因素相互没有影响。在实际问题中，因素间的交互作用也作为一个因素来处理。

在试验中，有时因素所处的状态是不能控制的，如试验过程中影响试验结果的平均气温，显然是要考虑的一个因素，但人们不能控制日平均温度，这样的因素称为不可控因素。金属热处理的温度，一般是可以控制的，这样的因素称为可控因素。在试验设计中，一般只对可控因素的水平变化在试验前作出设计。

2.1.3 试验设计的基本方法

常用的试验设计方法包括以下几种：

1. 全面试验法

全面试验法即是对所有因素的所有水平的全部组合进行试验。假设因素 A 取 l_1 个水平，因素 B 取 l_2 个水平，依次类推，并对其所有组合进行试验，则需要完成 $l_1 \times l_2 \times \cdots \times l_n$ 个试验。对于例 2-1，如果采用全面试验法，需要做 $2\times2\times2=8$ 次试验。图 2-1 为一个三因素三水平采用全面试验法的试验点分布，共包含 $27(3^3)$ 种不同条件的试验。全面试验法的优点是各因素和水平搭配十分全面，试验点分布均匀。缺点是在多因素多水平的情况下，采用全面试验法的试验次数较多，需要消耗大量的时间和费用。

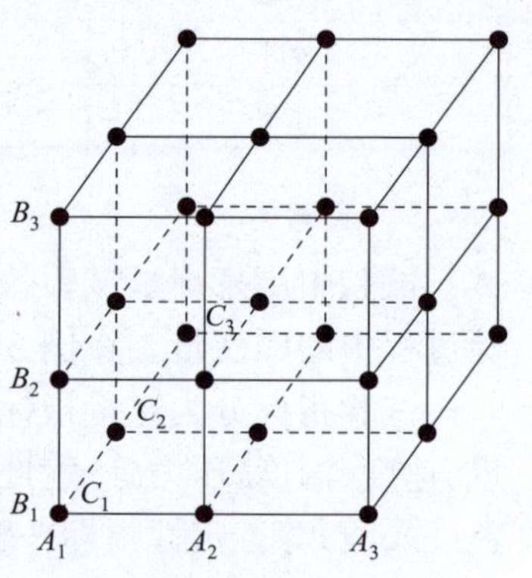

图 2-1 全面试验法的试验点分布

2. 简单比较法

简单比较法由于简单直观且试验次数比较少，所以在科学试验中也常常被采用。以三因素三水平试验为例，具体方法使用步骤如下：

(1)第一步，先将 B 和 C 固定在某水平，只改变 A，观察因素 A 不同水平的影响。做如下三次试验：$B_1C_1A_1$、$B_1C_1A_2$、$B_1C_1A_3$。发现 $A=A_3$时试验的效果最好，合格产品的产量最高，因此认为在后面的试验中因素 A 应取 A_3水平。

(2)第二步，将 A 固定在 A_3水平，将 C 固定在某水平，改变 B，做三次试验：$A_3C_1B_1$、$A_3C_1B_2$、$A_3C_1B_3$。发现 $B=B_2$时试验效果最好，因此认为因素 B 宜取 B_2水平。

(3)第三步，固定 A_3B_2，改变 C，做三次试验：$A_3B_2C_1$、$A_3B_2C_2$、$A_3B_2C_3$。发现在 A_3B_2条件下，因素 C 宜取 C_3水平。

可以得出结论：为提高合格产品的产量，最适宜的操作条件为 $A_3B_2C_3$。

与全面试验法相比，简单比较法的优点是试验的次数少。但必须指出，简单比较法的试验结论是不可靠的，尤其当因素的数目和水平数更多时，常常会得到错误的结论，不能达到预期的目的。因为根据上述试验结论，在 B_1C_1条件下 A_3最好，但在 B_1C_2条件下就不一定了，同样 B_2、C_3的确定也缺乏足够的证据；在上述的 9 次试验中，实际上只有 7 种试验方案($A_3B_1C_1$和 $A_3B_2C_1$各重复了两次)，且各因素的各水平参加试验的次数不相同；各因素的各水平之间的搭配很不均衡，数据点分布的均匀性是毫无保障的，如图 2-2 所示。用这种方法比较条件好坏时，只是对单个的试验数据进行数值上的简单比较，不能排除必然存在的试验数据误差的干扰。

3. 正交试验法

正交试验法是利用一种规格化的表格——正交表设计试验方案，应用数理统计方法分析试验数据的试验方法。对于例 2-1，当不考虑因素之间的交互作用时，采用正交表 $L_4(2^3)$来安排试验，只需要进行 4 次试验。对于三因素三水平的试验，当不考虑因素之间的交互作用时，采用正交表 $L_9(3^4)$来安排试验，只需要进行 9 次试验，试验点的分布如图 2-3 所示。由图可见，正交试验法这 9 个试验点分布得十分均匀，它们是 27 次全面试验的很好代表。因此可以推断，对正交试验法的全部数据进行统计分析，所得结论的可靠性肯定会远好于简单比较法。

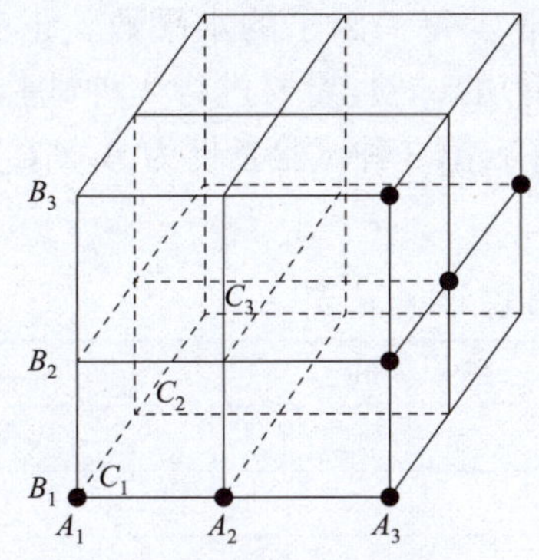

图 2-2　简单比较法的试验点分布

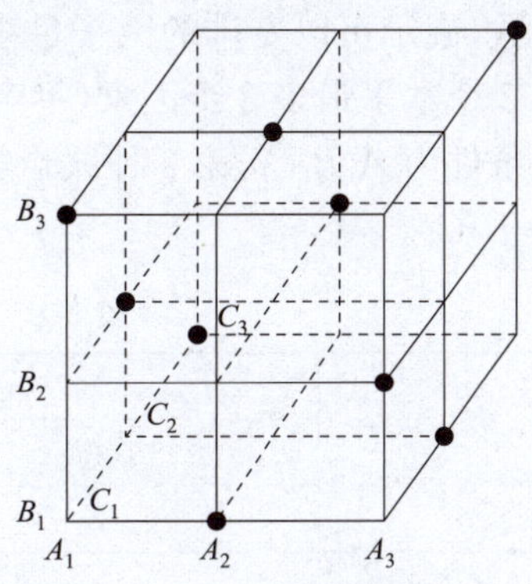

图 2-3　正交试验法的试验点分布

正交试验法具有以下的特点：

(1)试验数据点的分布均匀，完成试验要求所需的试验次数少。

(2)通过极差分析方法、方差分析方法等统计方法对试验结果的分析，可以得到各试验因素对试验结果影响程度、影响趋势，可以推导得到较优的方案，而所得到的较优方案往往不包含在这些少数试验方案中。

因此，对于因素多、周期长的各种试验问题，正交试验法是一种行之有效的方法，得到了广泛的应用。本章主要介绍正交试验法。

4. 均匀试验法

与正交试验法设计类似，采用均匀表安排多因素试验的方法，称为均匀试验法。均匀试验法的特点如下：

(1)数据点的分布很均匀。

(2)完成试验要求所需的试验次数最少。

(3)采用回归分析方法对试验结果进行分析。

对于试验次数受客观条件严重影响的多因素多水平试验，可考虑采用均匀试验法。

除了上述介绍的试验方法外，还有 2^k 因素法、优选法等众多试验设计方法，可根据实际需求和条件灵活地选用合适的试验方法。

2.2　正交试验法设计的基本方法

正交试验法通常根据正交表来设计。采用正交表进行试验设计，易于操作，数据处理简单、规范。

2.2.1 正交表的结构

正交表是根据正交原理设计、已规范化的表格。它是正交设计中安排试验和分析试验结果的基本工具。

1. 等水平正交表

所谓等水平正交表，就是各因素中的水平数相等。

表 2-2 是最简单的等水平正交表 $L_4(2^3)$。“L”表示正交表，“4”是行数，表示试验的条件数；“3”是列数，表示可以安排的因子最多个数；“2”表示每一因子的水平数。正交表$L_4(2^3)$可用来安排 2 个水平最多 3 个因素(不考虑交互作用)的试验，需要进行 4 种试验条件，其中第 1 种试验条件为 $A_1B_1C_1$，第 2 种试验条件为 $A_1B_2C_2$，第 3 种试验条件为 $A_2B_1C_2$，第 4 种试验条件为 $A_2B_2C_1$。

表 2-2 等水平正交表 $L_4(2^3)$

试验号	列号		
	1(A)	2(B)	3(C)
1	1	1	1
2	1	2	2
3	2	1	2
4	2	2	1

各列水平均为 2 的常用正交表有 $L_4(2^3)$、$L_8(2^7)$、$L_{12}(2^{11})$、$L_{16}(2^{15})$、$L_{20}(2^{19})$、$L_{32}(2^{31})$。

表 2-3 是正交表 $L_9(3^4)$，可用来安排 3 个水平最多 4 个因素(不考虑交互作用)的试验，需要进行 9 种试验条件，其中第 1 种试验条件为 $A_1B_1C_1D_1$，第 2 种试验条件为 $A_1B_2C_2D_2$，第 3 种试验条件为 $A_1B_3C_3D_3$，第 4 种试验条件为 $A_2B_1C_2D_3$，依次类推。

表 2-3 正交表 $L_9(3^4)$

试验号	列号			
	1(A)	2(B)	3(C)	4(D)
1	1	1	1	1
2	1	2	2	2
3	1	3	3	3
4	2	1	2	3
5	2	2	3	1
6	2	3	1	2
7	3	1	3	2
8	3	2	1	3
9	3	3	2	1

各列水平数均为 3 的常用正交表有 $L_9(3^4)$，$L_{27}(3^{13})$。各列水平数均为 4 的常用正交表有 $L_{16}(4^5)$。各列水平数均为 5 的常用正交表有 $L_{25}(5^6)$。

2. 混合水平正交表

在实际的科学实践中,有时由于试验条件限制,某些因素不能多取水平;有时需要重点考察的因素可多取一些水平,而其他因素的水平数可适当减少。针对这些情况就产生了混合水平正交表。混合水平正交表就是各因素的水平数不完全相同的正交表,如 $L_8(4^1 \times 2^4)$ 就是一个混合水平正交表,详见表 2-4。

表 2-4 混合水平正交表 $L_8(4^1 \times 2^4)$

试验号	列号				
	1	2	3	4	5
1	1	1	1	1	1
2	1	2	2	2	2
3	2	1	1	2	2
4	2	2	2	1	1
5	3	1	2	1	2
6	3	2	1	2	1
7	4	1	2	2	1
8	4	2	1	1	2

混合水平正交表 $L_8(4^1 \times 2^4)$ 也可以简写为 $L_8(4 \times 2^4)$,它共有 8 行、5 列,用这个正交表安排试验,要做 8 次试验,最多可安排 5 个因素,其中 1 个是 4 水平因素(第 1 列),4 个是 2 水平因素(第 2～5 列)。

2.2.2 正交表的特点

正交表有以下两个特点:

(1)均衡分散性

在等水平正交表中,每列中不同的数字出现的次数相同。例如表 2-3 中,每列有 3 个不同数字(1, 2, 3),每一个出现 3 次,即每个因素的各种水平出现的次数是一样的。另外,在等水平正交表中,如果将任意两列的同行数字看成一个数对,那么一切可能数对出现的次数相同。例如表 2-3 中,任意两列有 9 种可能的数对:(1,1), (1,2), (1,3), (2,1), (2,2), (2,3), (3,1), (3,2), (3,3),并且每一对出现一次。

在混合水平正交表中,每个因素的各水平之间搭配也是均衡的。首先,表中任一列不同数字出现的次数相同。例如,在表 2-4 中,第 1 列有"1""2""3""4"四个数字,它们各出现 2 次;第 2～5 列,只有"1""2"两个,在每列中它们各出现 4 次。其次,每两列同行两个数字组成的各种不同的水平搭配出现次数是相同的,但不同两列间所组成的水平搭配种类及出现次数是不完全相同的。例如,在表 2-4 中,第 1 列是 4 水平的列,它与其他任何一个 2 水平列所组成的同行数字对一共有 8 种:(1,1),(1,2),(2,1),(2,2),(3,1),(3,2),(4,1),(4,2),即各出现 1 次;第 2～5 列都是 2 水平列,其任两列组成的同行数字对一共有 4 种:(1,1),(1,2),(2,1),(2,2),即各出现 2 次。

正交表这种因素间搭配具有均匀性,使得试验点的分布均衡分散在所有的试验条件之中。或者说，正交试验法设计时把各试验条件均衡地分散在排列完全的水平组合之中，使之更具有代表性。正交设计的均衡分散性，使得试验条件具有代表性，这样既可以减少试验次数，又能够全面反映各因素不同水平对试验指标的影响。

(2)整齐可比性

正交试验法设计中，各因素各水平之间不仅搭配均匀，而且变化很有规律。在考虑某因素每一水平的试验中，其他各因素各水平出现的次数都相同，对试验结果所做贡献也认为是一致的。这样在比较各因素的每一水平对指标生产的影响时，就能最大限度地排除其他因素的干扰，突出本因素的作用，也就将各因素的效应清楚地加以区别并估计其大小，这就是正交试验法设计的整齐可比性。

以正交表 $L_4(2^3)$ 安排的正交试验为例(表 2-5)，假设各种试验条件下所得到的试验结果为 y_1, y_2, y_3, y_4，则因素 A 的 1 水平效应值为 $R_1=(y_1+y_2)/2$，因素 A 的 2 水平效应值为 $R_2=(y_3+y_4)/2$，那么 R_1 和 R_2 就有可比性。因为在 A_1 条件下及 A_2 条件下的 2 次试验中，因素 B、C 都取遍了两种水平，且两种水平出现的次数相同，各为 2 次，即对于 A_1 条件下的两次试验和 A_2 条件下的两次试验来说，虽然其他条件(B、C)在变动，但这种变动是“平等”的，造成试验条件是平等的，因而 R_1 和 R_2 具有可比性。同理，对因素 B、C 也可进行类似的综合比较。

表 2-5 正交表 $L_4(2^3)$ 试验结果的可比性

试验号	列号			试验指标
	1(A)	2(B)	3(C)	
1	1	1	1	y_1
2	1	2	2	y_2
3	2	1	2	y_3
4	2	2	1	y_4

在数学上把均衡分散性和整齐可比性称为正交性，凡具有这特性的试验设计方法都称为正交设计法。正是由于正交试验法设计最大限度地排除了其他因素的干扰并消除了非均匀分散性可能造成的误差，因而只要比较因素各水平试验指标的平均值，就能估计各因素对试验指标的影响大小，这在后文将作具体的介绍。

2.2.3 用正交表设计试验方案的基本方法

以例 2-1 轴承座圈退火工艺试验为例，说明用正交表设计试验方案的基本方法。在本节中，假设各因素之间没有交互作用，即各因素对试验指标的影响是相互独立的。

要进行一项试验，首先必须明确试验目的，确定试验指标。然后根据实践经验，确定试验中需要考察的因素和各因素应选取的水平。例 2-1 是一项三因素二水平的试验，其 $L_4(2^3)$ 正交表设计试验方案详见表 2-2。

正交表的每一列可以安排一个因素。将试验中需要考察的各个因素，分别安排到正交表的各列，称为表头设计。在不考虑交互作用的情况下，各因素可以任意安排，如将三个因素 A、B、C 依次安排到 1、2、3 列。考虑因素间的相互作用时，表头设计就有一定的限制，这个问题将在2.4节中讨论。

表头设计完成后，将各列中的数字1和2，换成对应因素的一水平和二水平，就可以得到表2-6所示的试验方案表。这时，每一行表示一种试验条件。在本例中，需要做四种试验，其条件分别为$A_1B_1C_1$、$A_1B_2C_2$、$A_2B_1C_2$和$A_2B_2C_1$。在无重复试验的情况下，试验次数等于试验号数；在有重复试验的情况下，试验次数等于试验号数乘以重复次数。

表2-6 轴承座圈退火工艺的试验方案表

水平	因素			
	加热温度A	保温时间B	出炉温度C	试验指标 硬度合格率(%)
1	A_1=800 ℃(1)	B_1=6 h(1)	C_1=400 ℃(1)	
2	A_1=800 ℃(1)	B_2=8 h(2)	C_2=500 ℃(2)	
3	A_2=820 ℃(2)	B_1=6 h(1)	C_2=500 ℃(2)	
4	A_2=820 ℃(2)	B_2=8 h(2)	C_1=400 ℃(1)	

由此可见，用正交表设计的试验方案，对全体因素来说是一种部分试验，但对任意两个因素来说，却是重复次数相等的全面试验。试验条件是均衡搭配的，具有很强的代表性，这样既可以减少试验次数，又能够比较全面地反映各因素的不同水平对试验指标的影响。

综上所述，用正交表设计试验方案的步骤，可以归纳如下：

(1)明确试验目的，确定试验指标

任何一个试验都是为了解决某一个(或某些)问题，所以任何一个正交试验都应该有一个明确的目标。试验指标是衡量试验结果的特征量。

(2)确定需要考察的因素，选取适当的水平

影响试验指标的因素往往很多，但由于试验条件所限，不可能全面考察，所以应对实际问题进行具体分析，并根据试验目的，选出主要因素，略去次要因素，以减少要考察的因素数。挑选的试验因素不应过多，一般以3～7个为宜，以免加大无效试验工作量。若第一轮试验后达不到预期目的，可在第一轮试验的基础上，调整试验因素，再进行试验。

确定因素的水平数时，一般重要因素可多取一些水平；各水平的数值应适当拉开，以利于对试验结果的分析。最后列出因素水平表。

以上两点主要靠专业知识和实践经验来确定，是正交试验法设计的基础。

(3)选用适当的正交表，进行表头设计

根据因素数和水平数来选择合适的正交表。一般要求，因素数≤正交表列数，因素水平数与正交表对应的水平数一致，在满足上述条件的前提下，可选择较小的表。例如，对于4因素3水平的试验，满足要求的表有$L_9(3^4)$、$L_{27}(3^{13})$等，一般可以选择$L_9(3^4)$。但是如果要求精度高，并且试验条件允许，可以选择较大的表。若各试验因素的水平数不相等，一般应选用相应的混合水平正交表；若考虑试验因素间的交互作用，应根据交互作用因素的多少和交互作用安排原则选用正交表。

表头设计就是将试验因素安排到所选正交表相应的列中。当试验因素数等于正交表的列数时，优先将水平改变较困难的因素放在第1列，水平变换容易的因素放到最后一列，其

余因素可任意安排；当试验因素数少于正交表的列数，表中有空列时，若不考虑交互作用，空列可作为误差列，其位置一般放在中间或靠后。

(4)明确试验方案，进行试验，得到结果

根据正交表和表头设计确定每号试验的方案，然后进行试验，得到以试验指标形式表示的试验结果。可以按照试验号的顺序逐个进行试验，也可以按任意次序(随机地)进行试验。

(5)对试验结果进行统计分析

对正交试验法结果的分析，通常采用两种方法，一种是直观分析法(或称极差分析法)，另一种是方差分析法。通过试验结果分析可以得到因素主次顺序、优选方案等有用信息。

(6)进行验证试验，做进一步分析

优选方案是通过统计分析得出的，还需要进行试验验证，以保证优选方案与实际一致，否则还需要进行新的正交试验。

2.3 正交试验法结果的极差分析

2.3.1 极差分析的基本步骤

通过对试验结果的分析，希望解决以下两个问题：

(1)在所考察的因素中，哪个因素对指标的影响最大？哪个因素次之？哪个因素影响最小？

(2)在所选取的水平中，各因素取哪个水平最为有利？优选设计是什么？

通过对正交试验结果的极差分析，可以回答上面的两个问题。极差是指各列中各水平对应试验指标平均值的最大值与最小值之差，反映了各因素水平变动时试验指标的变动幅度。极差越大，表示该因素的数值在试验范围内变化时试验指标数值的变化越大，该因素对指标的影响越大，因而也就越重要。按照极差的大小，可以列出因素的主次顺序。极差分析可以得到在试验范围内，各因素取哪个水平时试验指标最好，对各因素优选水平进行组合，即是优选的生产条件或优选设计。极差分析还可以给出试验指标随各因素的变化趋势，可对进一步的研究方向给出建议。

表 2-7 给出了 $L_4(2^3)$ 正交试验结果的极差分析方法。极差分析利用了正交试验结果的综合可比性。从表 2-7 可知，因素 A 的一水平 A_1 出现在第一号、第二号试验中，这一组(两次)试验的指标平均值为 k_{11}，因素 A 的二水平 A_2 出现在第三号、第四号试验中，这一组(两次)试验的指标平均值为 k_{12}。包含 A_1 或 A_2 的各组试验中，B、C 两个因素的两种水平都出现了，且出现的次数相等，但搭配情况不同。因此，在 B、C 两个因素没有交互作用的条件下，k_{11} 和 k_{12} 的差异反映了因素 A 的不同水平对试验指标的影响。k_{11} 和 k_{12} 的差值即为因素 A 的极差 R_1。

表 2-7 $L_4(2^3)$ 正交试验的极差分析

列号		1	2	3	试验指标 y_i
试验号 n	1	1	1	1	y_1
	2	1	2	2	y_2
	3	2	1	2	y_3
	4	2	2	1	y_4

续上表

列　　号	1	2	3	试验指标 y_i
K_{j1}	$K_{11}=y_1+y_2$	$K_{21}=y_1+y_3$	$K_{31}=y_1+y_4$	$y_1+y_2+\cdots+y_i+\cdots+y_n=\sum_{i=1}^{n}y_i$
K_{j2}	$K_{12}=y_3+y_4$	$K_{22}=y_2+y_4$	$K_{32}=y_2+y_3$	
s_j	$s_1=2$	$s_2=2$	$s_3=2$	
k_{j1}	$k_{11}=K_{11}/s_1$	$k_{21}=K_{21}/s_2$	$k_{31}=K_{31}/s_3$	
k_{j2}	$k_{12}=K_{12}/s_1$	$k_{22}=K_{22}/s_2$	$k_{32}=K_{32}/s_3$	
极差 R_j	$\max(k_{11},k_{12})-\min(k_{11},k_{12})$	$\max(k_{21},k_{22})-\min(k_{21},k_{22})$	$\max(k_{31},k_{32})-\min(k_{31},k_{32})$	

注：K_{j1}——第 j 列"1"水平所对应的试验指标的数值之和；
K_{j2}——第 j 列"2"水平所对应的试验指标的数值之和；
s_j——第 j 列同一水平出现的次数，等于试验的次数 n 除以第 j 列的水平数；
k_{j1}——第 j 列"1"水平所对应的试验指标的平均值；
k_{j2}——第 j 列"2"水平所对应的试验指标的平均值；
R_j——第 j 列的极差，等于第 j 列各水平对应的试验指标平均值的最大值减去最小值，即 $R_j=\max(k_{j1},k_{j2})-\min(k_{j1},k_{j2})$。

表 2-8 给出了例 2-1 的极差分析结果。根据极差的大小，可以排列出因素的主次顺序如下：A(加热温度)$>C$(出炉温度)$>B$(保温时间)。根据各水平的 k 值大小，可以得到各因素的优选水平，分别为 A_1、B_2、C_1。将各因素的优选水平组合起来，即得优选方案 $A_1B_2C_1$，这个条件没有包括在已进行的四次试验之中。另外，极差分析结果表明，因素 B 的变动对指标的影响很小，同时考虑到缩短保温时间可以提高生产率、节约用电，因此因素 B 也可以选用一水平，把 $A_1B_1C_1$ 作为较优生产条件。实际上这就是第一号试验的条件，由表 2-8 中可见这种组合的试验结果 $y_1=100\%$，确实是一个较好的生产条件。

表 2-8　轴承座圈退火工艺试验分析结果

试 验 号	因　　素			
	加热温度 A	保温时间 B	出炉温度 C	试验指标 硬度合格率(%)
1	$A_1=800$ ℃(1)	$B_1=6$ h(1)	$C_1=400$ ℃(1)	100
2	$A_1=800$ ℃(1)	$B_2=8$ h(2)	$C_2=500$ ℃(2)	85
3	$A_2=820$ ℃(2)	$B_1=6$ h(1)	$C_2=500$ ℃(2)	45
4	$A_2=820$ ℃(2)	$B_2=8$ h(2)	$C_1=400$ ℃(1)	70
K_{j1}	185	145	170	$\sum y_i=300$
K_{j2}	115	155	130	
k_{j1}	92.5	72.5	85	
k_{j2}	57.5	77.5	65	
极差 R_j	35	5	20	
因素主次	$A>C>B$			
优选方案	$A_1B_2C_1$			

试验结果的极差分析法，是一种计算工作量小、简单易行的分析方法，但是它不能区分试验过程中由于试验条件改变所引起的试验数据波动和试验误差引起的数据波动。为了解决这个问题，可以用方差分析法处理试验数据，详见 2.5 节。

2.3.2 定性指标的转换

在某些试验问题中，试验指标不能直接用数量予以表示，如电镀件的外观质量根据颜色、光泽等评定，切削加工的排屑情况只能区分为好、一般、不好等不同的状态。这种指标称为定性指标或非数量指标。

为便于分析试验结果，需要将定性指标转化为定量指标。评分法就是常用的一种方法。

现以镀铜试验为例，介绍评分法的应用。假设需要考察的因素有五个，每个因素选取两个不同的水平，则可用 $L_8(2^7)$ 正交表设计试验方案以镀层色泽作为试验指标。试验完成后，请有经验的若干人（甲、乙、丙……），对各号试验所得的样品，互不干扰独立地进行鉴定，将镀层色泽分为上、中、下三等，详见表 2-9。然后按上等得 3 分、中等得 2 分、下等得1 分的方法，计算各号试验所得的分数。于是，镀层色泽这个硬性指标，就被转化为定量指标（得分），这样可以用统计学方法对试验结果进行分析。

表 2-9　定性指标的转化

试验号	镀层色泽鉴定结果					得　分
	甲	乙	丙	丁	戊	
1	中中	下中	中中	上上	中下	20
2	中中	中下	中中	下下	中中	17
3	上上	上中	上中	中中	上中	25
4	中上	中中	中上	下中	中中	21
5	下中	中上	中中	中下	中中	19
6	上中	上下	上中	中上	中上	24
7	上上	上下	中中	中下	中上	22
8	下下	中中	下下	中下	中下	14

对样品进行鉴定时，应尽可能多分几个等级，否则会影响试验结论的正确性。

2.3.3 多指标试验的分析

前面所介绍的例子中，衡量试验效果的指标只有一个，称为单指标试验。但在实际工作中，经常需要用两个或更多个指标来衡量试验效果，如同时考虑产品的性能、产量、成本等，这种试验称为多指标试验。在多指标试验中，由于每个因素对各项指标可能具有不同的影响，在某项指标得到改善的同时，可能使另一项指标恶化，因此，分析多指标试验的结果时，应兼顾各项指标，寻找使各项指标都尽可能好的条件。目前两种常用的分析方法是综合平衡法和综合评分法。

1. 综合平衡法

首先，按单指标试验的分析方法，分别对各项指标进行独立的分析，然后进行综合平衡。

在进行综合平衡时，可以依据以下四条原则：

(1)对于某个因素，可能对某个指标是主要因素，但对另外的指标则可能是次要因素，那么在确定该因素的优选水平时，应首先选取作为主要因素时的优选水平。

(2)若某因素对各指标的影响程度相差不大,这时可按少数服从多数的原则,选取出现次数较多的优选水平。

(3)当因素各水平相差不大时,可依据降低消耗、提高效率的原则选取合适的水平。

(4)若各试验指标的重要程度不同,则在确定因素优选水平时应首先满足相对重要的指标。

综合平衡法要对每一个指标都单独进行分析,所以计算分析的工作量大,优点是同时可以从试验结果中获得较多的信息。多指标的综合平衡有时比较困难,仅仅依据数学的分析往往得不到正确的结果,所以还要结合专业知识和经验,从而得到符合实际的优选方案。

2. 综合评分法

首先,按照某种规则,对各项指标综合评分,将多指标转化为单指标综合评分,然后用单指标分析方法,取得试验结果分析结论。评分的规则,可按具体情况而异。

综合评分法将多指标转化为单指标进行分析,因此结果分析的可靠性,主要取决于评分的合理性,所以如何确定合理的评分标准和各指标的权重,是综合评分的关键,其解决有赖于专业知识、经验和实际要求。

在实际应用中,如果遇到多指标的问题,究竟是采用综合平衡法,还是综合评分法,要视具体情况而定,有时可以将两者结合起来,以便比较和参考。

2.4 考虑交互作用的试验设计

2.4.1 交互作用的概念

首先说明交互作用的概念。设有两个因素 A 和 B,它们各取两个水平 A_1、A_2 和 B_1、B_2,这样 A 和 B 共有四种水平组合,在每一种组合下各做一次试验,试验结果如图 2-4 所示。显然,当 B 取 B_1 水平时,A 由 A_1 变到 A_2 使试验指标增加。当 B 取 B_2 水平时,A 由 A_1 变到 A_2 使试验指标减小。可见,因素 A 由 A_1 变到 A_2 时,试验指标的变化趋势相反,与 B 取哪个水平有关;类似地,当因素 B 由 B_1 变到 B_2 时,试验指标的变化趋势也相反,这与 A 取哪个水平有关。这时,可以认为因素 A 和 B 之间有交互作用。从图 2-4 可以看到两条直线明显相交,这是交互作用很强的一种表现。

图 2-5 给出了一个无交互作用的例子。由图 2-5 可以看出,图中两直线是平行的,说明 A 或 B 对试验指标的影响与另一个因素取哪个水平无关。但是由于试验误差的存在,如果两直线近似相互平行,也可认为两因素间无交互作用,或交互作用可以忽略。

一般来说,因素 A 和因素 B 的搭配情况对试验指标有影响,则称因素 A 和因素 B 具有交互作用,并以 $A \times B$ 表示这种交互作用。

交互作用反映了因素之间互相促进或互相制约的作用。这种作用是普遍存在的。因此,因素之间总是存在或大或小的交互作用。在实际工作中,如果两个因素之间的交互作用远小于因素对指标的单独作用,则这种交互作用可以忽略不计。

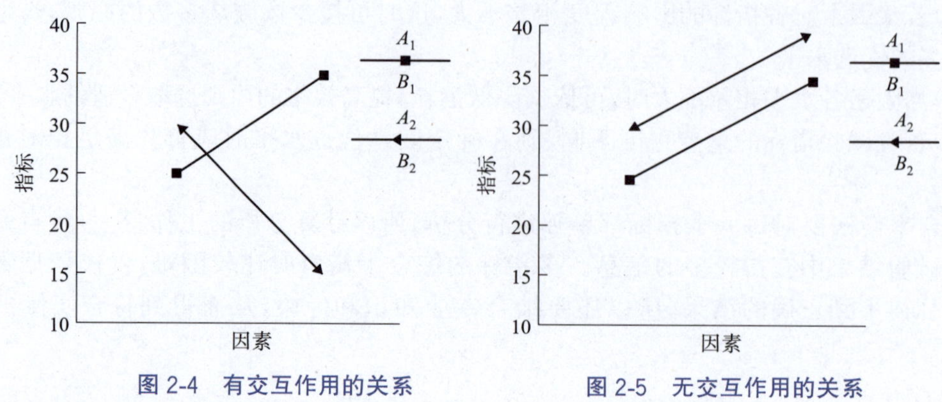

图 2-4 有交互作用的关系　　图 2-5 无交互作用的关系

在多因素试验问题中两个因素之间的交互作用($A\times B$,$A\times C$,$B\times C$)称为一级交互作用,三个因素之间的交互作用($A\times B\times C$,$B\times C\times D$)称为二级交互作用。二级以上的交互作用,统称高级交互作用。

2.4.2 试验方案的设计

如果在一项试验中,不仅要考察因素 A 和因素 B 对试验指标的影响,而且要考察它们的交互作用 $A\times B$ 对指标的影响,那么在设计试验方案时,可以把 $A\times B$ 当作一个因素看待。但是,在表头设计时,各因素及其交互作用不能任意安排,而有一定的限制。一般每个正交表都有一张附表——两列间的交互作用列表,通过此附表可以找到任意两列间的交互作用列。

表 2-10 为正交表 $L_8(2^7)$对应的交互作用表。表 2-10 中有两种列号,一种列号是带括号的,表示因素所在的列号;另一种列号是不带括号的,表示交互作用的列号。根据表 2-10 就可以查出正交表 $L_8(2^7)$中任何两列的交互作用列。例如,要查第 2 列和第 5 列的交互作用列,先在表对角线上找到列号(2)和(5),然后从(2)向右横看,从(5)向上竖看,交叉的数字为 7,即为交互作用列,所以如果将 A、B 分别放在正交表 $L_8(2^7)$的第 2 列和第 5 列,则 $A\times B$ 应该放在第 7 列。类似地,从该表中还可查出其他两列间的交互作用列。

表 2-10 正交表 $L_8(2^7)$两列间的交互作用列

列　　号（带括号）	列号(不带括号)						
	1	2	3	4	5	6	7
(1)	(1)	3	2	5	4	7	6
(2)		(2)	1	6	7	4	5
(3)			(3)	7	6	5	4
(4)				(4)	1	2	3
(5)					(5)	3	2
(6)						(6)	1
(7)							(7)

当考虑因素之间的交互作用时，还可以使用正交表的表头设计表。表 2-11 就是正交表 $L_8(2^7)$ 的表头设计表，其实质上是根据交互作用表整理出来的，使用起来更方便。

表 2-11 正交表 $L_8(2^7)$ 的表头设计表

因素数	列号						
	1	2	3	4	5	6	7
3	A	B	$A\times B$	C	$A\times C$	$B\times C$	
4	A	B	$A\times B$ $C\times D$	C	$A\times C$ $B\times D$	$B\times C$ $A\times D$	D
4	A	B $C\times D$	$A\times B$	C $B\times D$	$A\times C$	D $B\times C$	$A\times D$
5	A $D\times E$	B $C\times D$	$A\times B$ $C\times E$	C $B\times D$	$A\times C$ $B\times E$	D $A\times E$ $B\times C$	E $A\times D$

有交互作用的正交试验设计，需要注意以下问题：

(1)在进行表头设计时，一般来说，表头的一列最多只能安排一个因素或一个交互作用，不允许出现混杂(一列安排多个因素或交互作用)；对于重点要考虑的因素和交互作用，不能与任何交互作用混杂，而使次要的因素或交互作用混杂。所以当要考察的因素和交互作用比较多时，表头设计就比较麻烦，为避免混杂可以选择较大的正交表。

【例 2-2】虚拟样车垂向平稳性分析的正交试验设计。在铁道车辆垂向平稳性的仿真分析过程中，系统的输入主要是由轨道不平顺所引起的，此输入经过由一系悬挂、二系悬挂中的弹性和阻尼元件构成的振动系统传递到车体及人体。根据实践经验，确定试验中需要考察的因素和水平详见表 2-12。

表 2-12 例 2-2 的因素水平表

水平	因素					
	二系悬挂垂向刚度 A	一系悬挂垂向刚度 B	一系悬挂垂向阻尼 C	二系悬挂横向阻尼 D	二系悬挂横向刚度 E	二系悬挂垂向阻尼 F
一水平	0.4 MN/m	1.0 MN/m	5 kN·s/m	30 kN·s/m	0.2 MN/m	30 kN·s/m
二水平	0.5 MN/m	1.5 MN/m	20 kN·s/m	60 kN·s/m	0.3 MN/m	60 kN·s/m

在试验设计中，选择六因素二水平，同时考虑到各因素的交互作用会对共振频率产生影响，考虑 $A\times B$、$A\times E$、$A\times F$、$B\times C$、$D\times F$ 的交互作用。共考虑 6 个因素和 5 个交互作用，相当于考虑 11 个因素，故选用正交表 $L_{16}(2^{15})$，详见表 2-13，其中 6 个因素和 5 个交互作用共占 11 列，其余 4 列空白留作误差用。在仿真分析时，由于不存在试验条件的改变所引起的数据波动，因而不考虑误差的作用。

表 2-13 合理的表头设计

列号	1	2	3	4	5	6	7	8	9	10	11	12	13	14	15
因素或交互作用	A	B	$A\times B$	C	D	$B\times C$		F	$A\times F$	$A\times E$	E		$D\times F$		

表 2-13 的表头设计是合理的，因为各个因素和需要考察的交互作用分别占据正交表的某一列，便于分析试验结果。如果任意地安排各个因素，如把它们依次安排在 1～7 列，则表头详见表 2-14。

表 2-14 不合理的表头设计

列　号	1	2	3	4	5	6	7	8	9	10	11	12	13	14	15
因素或交互作用	A $B\times C$	B $D\times F$	C $A\times B$	D $A\times E$	E	F	$A\times F$								

这时因素 A 和交互作用 $B\times C$ 同时被安排在第一列，其对试验指标的影响，将混杂在一起。同时，因素 C 和交互作用 $A\times B$，因素 B 和 $D\times F$ 也发生了混杂。

避免混杂是一项重要的原则。在设计表头时，应先安排涉及交互作用较多的因素，然后安排涉及交互作用较少的和不考虑交互作用的因素。有时还被迫选用较大的正交表，以增加试验次数为代价，达到避免混杂的目的。

(2)两个因素间的交互作用称为一级交互作用；3 个及以上因素的交互作用，称为高级交互作用。在绝大多数的实际问题中，高级交互作用都可以忽略，一般只需要考察少数几个一级交互作用，其余大部分一级交互作用也是可以忽略的，至于哪些交互作用应该忽略，则是依据专业知识和实践经验来判断的。

(3)二水平因素之间的交互作用只占一列，而三水平因素之间的交互作用则占两列，K 水平两因素间的交互作用要占 $K-1$ 列，因素水平数越多，交互作用的列数也越多。

表 2-15 是 $L_{27}(3^{13})$表头设计的一部分。由该表可以看出，当因素数和水平数均为 3 时，交互作用$(B\times C)_1$和$(B\times C)_2$分别在第 8、11 列，所以交互作用 $B\times C$ 对指标影响的大小用第 8、11 列来计算。当因素的水平数≥3 时，交互作用的分析比较复杂，不便于用直观分析法，通常都用方差分析法。

表 2-15 $L_{27}(3^{13})$表头设计(部分)

因素数	列　号												
	1	2	3	4	5	6	7	8	9	10	11	12	13
3	A	B	$(A\times B)_1$	$(A\times B)_2$	C	$(A\times C)_1$	$(A\times C)_2$	$(B\times C)_1$			$(B\times C)_2$		

(4)若试验不考虑交互作用，则表头设计可以是任意的。在试验之初不考虑交互作用而选用较大的正交表，空列较多时，最好仍与有交互作用时一样，按规定进行表头设计。例如，对于四因素两水平的试验，若暂时不考虑交互作用，建议参考表 2-11，将 4 个因素依次安排在 1、2、4、7 列(或 1、2、4、6 列)，只不过将交互作用列先视为空列，待试验结束后再加以判定。

最后，在表头设计时，没有安排因素或交互作用的列，称为空列。正常情况下，空列的极差应该为零，但实际上却往往不等于零，原因如下：

(1)如果空列的极差很小，可以认为是由试验误差引起的。

(2)如果空列的极差较大，实际上反映了某个交互作用的影响，因为正交表的任何一列一定是某两列的交互作用列。在例 2-2 中，第 6 列是空列，由表 2-13 可知第 6 列是第 2、4 列的交互作用列，因而第 6 列的极差实际上反映了交互作用 $B\times C$ 的影响。

2.5　试验数据的方差分析

2.3 节中正交试验法结果的极差分析具有简单直观、计算量小等优点，但极差分析法不能估计误差的大小，不能精确地估计各因素试验结果影响的重要程度，特别是对于水平数≥3 且要考虑交互作用的试验，直观分析法不便使用，方差分析能够弥补直观分析法的这些不足。

方差分析的目的是对因素效应作显著性检验。方差分析的基本思想是根据所设定数据结构模型将总偏差平方和分解为各个不同效应的偏差平方和，以及随机误差所引起的误差平方和，再构造 F 统计量进行显著性检验。

2.5.1　方差分析的基本步骤

对于正交试验多因素的方差分析，其基本思想和方法是先计算出各因素和误差的离差平方和，然后求出自由度、均方、F 值，最后进行 F 检验。

假设用正交表 $L_n(r^m)$ 来安排试验，则因素的水平数为 r，正交表的列数为 m，总试验次数为 n，设试验结果为 $y_i(i=1,2,\cdots,n)$。方差分析的基本步骤如下：

(1)计算离差平方和

①总离差平方和。令

$$\overline{y}=\frac{1}{n}\sum_{i=1}^{n}y_i \tag{2-1}$$

$$T=\sum_{i=1}^{n}y_i \tag{2-2}$$

$$Q=\sum_{i=1}^{n}y_i^2 \tag{2-3}$$

$$P=\frac{1}{n}\left(\sum_{i=1}^{n}y_i\right)^2=\frac{T^2}{n} \tag{2-4}$$

$$S_T=\sum_{i=1}^{n}(y_i-\overline{y})^2=\sum_{i=1}^{n}y_i^2-\frac{1}{n}\left(\sum_{i=1}^{n}y_i\right)^2=Q-P \tag{2-5}$$

S_T即为总离差平方和，其反映了试验结果的总差异，总离差平方和越大，则说明各试验结果之间的差异越大。因素水平的变化和试验误差是引起试验结果之间差异的原因。

②各因素引起的离差平方和。若将因素 A 安排在正交表的第 j ($j=1,2,\cdots,m$)列上，则有 $S_A=S_j$，且称 S_j 为第 j 列所引起的离差平方和

$$S_j=\frac{n}{r}\sum_{i=1}^{r}(k_i-\overline{y})^2=\frac{r}{n}\left(\sum_{i=1}^{r}K_i^2\right)-\frac{T^2}{n}=\frac{r}{n}\left(\sum_{i=1}^{r}K_i^2\right)-P \tag{2-6}$$

所以有

$$S_T=\sum_{j=1}^{m}S_j \tag{2-7}$$

即，总离差平方和可以分解成各列离差平方和之和。

③试验误差的离差平方和。为了方差分析的方便，在进行表头设计时一般要求留有空

列，即误差列。所以误差的离差平方和为所有空列所对应离差平方和之和，即

$$S_e = \sum S_{\text{空列}} \tag{2-8}$$

④交互作用的离差平方和。由于交互作用在正交试验设计时作为因素看待，所以在正交表中占有相应的列，会引起离差平方和。如果交互作用只占有一列，则其离差平方和就等于所在列的离差平方和 S_j；如果交互作用占有多列，则其离差平方和等于所占多列离差平方和之和。例如，设交互作用 $A\times B$ 在正交表中占有 2 列，则

$$S_{A\times B}=S_{(A\times B)_1}+S_{(A\times B)_2} \tag{2-9}$$

(2)计算自由度

总平方和的总自由度

$$f_T=n-1 \tag{2-10}$$

正交表任一列离差平方和对应的自由度

$$f_j=r-1 \tag{2-11}$$

显然

$$f_T = \sum_{j=1}^{n} f_j \tag{2-12}$$

两因素交互作用的自由度有两种计算方法，第一种是等于两因素自由度之积，例如

$$f_{A\times B}=f_A\times f_B \tag{2-13}$$

第二种是等于交互作用所占有的列数与每列对应自由度之和。

误差的自由度

$$f_e = \sum f_{\text{空列}} \tag{2-14}$$

(3)计算平均离差平方和(均方)

以因素 A 为例，因素 A 的均方

$$\overline{S}_A=\frac{S_A}{f_A} \tag{2-15}$$

试验误差的均方

$$\overline{S}_e=\frac{S_e}{f_e} \tag{2-16}$$

注意，计算完均方之后，如果某因素或交互作用的均方小于或等于误差的均方，则应将其归入误差，构成新的误差。

(4)计算 F 值

将各因素或交互作用的均方除以误差的均方，得到 F 值，即(以因素 A 为例)

$$F_A=\frac{\overline{S}_A}{\overline{S}_e} \tag{2-17}$$

(5)显著性检验

例如，对于给定的显著性水平 α，检验因素 A 对试验结果有无显著影响。先从 F 分布表中查出临界值 $F_\alpha(f_A,f_e)$，然后比较 F 值与临界值的大小。若 $F>F_\alpha(f_A,f_e)$，因素 A 对试验结果有显著影响；若 $F<F_\alpha(f_A,f_e)$，则因素 A 对试验结果无显著影响。同理可以判断其他因素或交互作用对试验结果有无显著影响。一般来说，F 值与临界值之间的差距越大，说

明该因素或交互作用对试验结果的影响越显著，换言之该因素或交互作用越重要。

最后将方差分析结果列在方差分析表中。

2.5.2 二水平正交试验法的方差分析

二水平正交试验法的方差分析比较简单，正交表中任一列(第 j 列)对应的离差平方和的计算可以简化为

$$S_j=\frac{1}{n}(K_{j1}-K_{j2})^2 \tag{2-18}$$

【例 2-3】某产品的试验结果和极差分析结果详见表 2-16，进行方差分析，其中试验指标是越小越好。

表 2-16 试验结果及极差分析

试验号	A 1	B 2	$A\times B$ 3	C 4	空列 5	$B\times C$ 6	空列 7	试验指标
1	1	1	1	1	1	1	1	15
2	1	1	1	2	2	2	2	25
3	1	2	2	1	1	2	2	3
4	1	2	2	2	2	1	1	2
5	2	1	2	1	2	1	2	9
6	2	1	2	2	1	2	1	16
7	2	2	1	1	2	2	1	19
8	2	2	1	2	1	1	2	8
K_1	45	65	67	46	42	34	52	$T=97$ $P=1\ 176.125$ $Q=1\ 625$
K_2	52	32	30	51	55	63	45	
极差 R	7	33	37	5	13	29	7	
S_j	6.125	136.125	171.125	3.125	21.125	105.125	6.125	

解：(1)计算离差平方和

总离差平方和

$$S_T=Q-P=1\ 625-1\ 176.125=448.875$$

因素与交互作用的总离差平方和

$$S_A=\frac{1}{n}(K_{11}-K_{12})^2=\frac{1}{8}(45-52)^2=6.125$$

$$S_B=\frac{1}{n}(K_{21}-K_{22})^2=\frac{1}{8}(65-32)^2=136.125$$

$$S_{A\times B}=\frac{1}{n}(K_{31}-K_{32})^2=\frac{1}{8}(67-30)^2=171.125$$

$$S_C=\frac{1}{n}(K_{41}-K_{42})^2=\frac{1}{8}(46-51)^2=3.125$$

$$S_{B\times C}=\frac{1}{n}(K_{61}-K_{62})^2=\frac{1}{8}(34-63)^2=105.125$$

$$S_5=\frac{1}{n}(K_{51}-K_{52})^2=\frac{1}{8}(42-55)^2=21.125$$

$$S_7=\frac{1}{n}(K_{71}-K_{72})^2=\frac{1}{8}(52-45)^2=6.125$$

误差平方和

$$S_e=S_5+S_7=21.125+6.125=27.250$$

(2)计算自由度

总自由度

$$f_T=n-1=8-1=7$$

各因素自由度

$$f_A=f_B=f_C=r-1=2-1=1$$

交互作用自由度

$$f_{A\times B}=f_A\times f_B=1\times 1=1$$

$$f_{B\times C}=f_B\times f_C=1\times 1=1$$

误差自由度

$$f_e=f_T-(f_A+f_B+f_{A\times B}+f_C+f_{B\times C})=2$$

(3)计算均方

各因素的均方

$$\overline{S}_A=S_A/f_A=6.125$$

$$\overline{S}_B=S_B/f_B=136.125$$

$$\overline{S}_{A\times B}=S_{A\times B}/f_{A\times B}=171.125$$

$$\overline{S}_C=S_C/f_C=3.125$$

$$\overline{S}_{B\times C}=S_{B\times C}/f_{B\times C}=105.125$$

误差的均方

$$\overline{S}_e=S_e/f_e=13.625$$

计算发现 $\overline{S}_A<\overline{S}_e$，$\overline{S}_C<\overline{S}_e$，这说明因素 A、C 对试验结果的影响很小，应将他们都归为误差。与极差法相比，方差分析方法可检验出各列对试验指标的影响是否显著，在什么水平上显著。如果某列对指标的影响不显著时，很可能是由于试验误差所致，将其作为客观规律来对待是不可靠的。因此，在分析了各列的显著性检验之后，应将影响不显著的交互作用列与原来的"误差列"合并起来，组成新的"误差列"。

新误差平方和

$$S_e^{\Delta}=S_e+S_A+S_C=27.250+6.125+3.125=36.500$$

新误差自由度

$$f_e^{\Delta}=f_e+f_A+f_C=4$$

新误差均方

$$\overline{S}_e^{\Delta}=S_e^{\Delta}/f_e^{\Delta}=9.125$$

(4)计算 F 值

$$F_B=\frac{\overline{S}_B}{\overline{S}_e^{\Delta}}=\frac{136.125}{9.125}=14.918$$

$$F_{A\times B}=\frac{\overline{S}_{A\times B}}{\overline{S}_e^{\Delta}}=\frac{171.125}{9.125}=18.753$$

$$F_{B\times C}=\frac{\overline{S}_{B\times C}}{\overline{S}_e^{\Delta}}=\frac{105.125}{9.125}=11.521$$

由于因素 A、C 已经并入误差，所以就不需要计算它们对应的 F 值。

(5)F 检验

查得临界值 $F_{0.05}(1,4)=7.71$，$F_{0.01}(1,4)=21.20$，所以对于给定显著性水平，因素 B 和交互作用 $A\times B$、$B\times C$ 对试验结果都有显著影响。最后将方差分析结果列于方差分析表(表 2-17)中。

表 2-17　例 2-3 的方差分析结果

差异源	S	f	$\overline{S}$	F	显著性
B	136.125	1	136.125	14.918	显著
$A\times B$	171.125	1	171.125	18.753	显著
$B\times C$	105.125	1	105.125	11.521	显著
A, C, S_e } S_e^{Δ}	6.125, 3.125, 27.250 } 36.500	1, 1, 2 } 4	9.125		
总和	448.125	7			

从表 2-17 中 F 值的大小也可以看出因素的主次顺序为 $A\times B>B>B\times C$，这与极差分析结果是一致的。

(6)优选方案的确定

交互作用 $A\times B$、$B\times C$ 都对试验指标有显著影响，所以因素 A、B、C 优选水平的确定应依据 A、B 水平搭配表(表 2-18)和 B、C 水平搭配表(表 2-19)。由于指标是越小越好，所以因素 A、B 优选水平搭配为 A_1B_2，因素 B、C 优选水平搭配为 B_2C_2。于是，最后确定的优方案为 $A_1B_2C_2$。

表 2-18　例 2-3 因素 *A*、*B* 水平搭配表

因素 B	因素 A	
	A_1	A_2
B_1	(15+25)/2=20.0	(9+16)/2=12.5
B_2	(3+2)/2=2.5	(19+8)/2=13.5

表 2-19　例 2-3 因素 *B*、*C* 水平搭配表

因素 B	因素 C	
	C_1	C_2
B_1	(15+9)/2=12.0	(25+16)/2=20.5
B_2	(3+19)/2=11.0	(2+8)/2=5.0

2.5.3 三水平正交试验法的方差分析

对于三水平正交试验法的方差分析，由于 $r=3$，所以任一列（第 j 列）的离差平方和

$$S_j=\frac{3}{n}\sum_{i=1}^{3}K_{ji}^2-P \tag{2-19}$$

【例 2-4】 某种产品的得率受 A、B、C、D 四个因素影响，并且考虑交互作用 $A\times B$、$A\times C$、$A\times D$，选择正交表 $L_{27}(3^{13})$进行试验，每个因素取三个水平，得到试验结果 $y_i(i=1,2,\cdots,27)$详见表 2-20，试通过方差分析确定较好的方案。

表 2-20 例 2-4 试验设计结果及方差分析

试验号	1	2	3	4	5	6	7	8	9	10	得率
	A	B	$(A\times B)_1$	$(A\times B)_2$	C	$(A\times C)_1$	$(A\times C)_2$	$(A\times D)_1$	D	$(A\times D)_2$	y_i
1	1	1	1	1	1	1	1	1	1	1	0.422
2	1	1	1	1	2	2	2	2	2	2	0.354
3	1	1	1	1	3	3	3	3	3	3	0.523
4	1	2	2	2	1	1	1	2	2	2	0.576
5	1	2	2	2	2	2	2	3	3	3	0.514
6	1	2	2	2	3	3	3	1	1	1	0.388
7	1	3	3	3	1	1	1	3	3	3	0.619
8	1	3	3	3	2	2	2	1	1	1	0.436
9	1	3	3	3	3	3	3	2	2	2	0.281
10	2	1	2	3	1	2	3	1	2	3	0.153
11	2	1	2	3	2	3	1	2	3	1	0.158
12	2	1	2	3	3	1	2	3	1	2	0.117
13	2	2	3	1	1	2	3	2	3	1	0.387
14	2	2	3	1	2	3	1	3	1	2	0.306
15	2	2	3	1	3	1	2	1	2	3	0.282
16	2	3	1	2	1	2	3	3	1	2	0.134
17	2	3	1	2	2	3	1	1	2	3	0.163
18	2	3	1	2	3	1	2	2	3	1	0.219
19	3	1	3	2	1	3	2	1	3	2	0.511
20	3	1	3	2	2	1	3	2	1	3	0.184
21	3	1	3	2	3	2	1	3	2	1	0.065
22	3	2	1	3	1	3	2	2	1	3	0.733
23	3	2	1	3	2	1	3	3	2	1	0.488
24	3	2	1	3	3	2	1	1	3	2	0.367
25	3	3	2	1	1	3	2	3	2	1	0.554
26	3	3	2	1	2	1	3	1	3	2	0.716
27	3	3	2	1	3	2	1	2	1	3	0.353

续上表

试验号	1	2	3	4	5	6	7	8	9	10	得率
	A	B	$(A\times B)_1$	$(A\times B)_2$	C	$(A\times C)_1$	$(A\times C)_2$	$(A\times D)_1$	D	$(A\times D)_2$	y_i
K_1	4.113	2.487	3.403	3.897	4.089	3.623	3.029	3.438	3.073	3.117	—
K_2	1.919	4.041	3.529	2.754	3.319	2.763	3.720	3.245	2.916	3.362	
K_3	3.971	3.475	3.071	3.352	2.595	3.617	3.254	3.320	4.014	3.524	

解:(1)计算离差平方和

各因素和交互作用的均方为

$$T=\sum_{i=1}^{27}y_i=0.422+0.354+\cdots+0.353=10.003$$

$$Q=\sum_{i=1}^{27}y_i^2=0.422^2+0.354^2+\cdots+0.353^2=4.607$$

$$P=\frac{T^2}{n}=\frac{10.003^2}{27}=3.706$$

总离差平方和

$$S_T=Q-P=4.607-3.706=0.901$$

各因素及交互平方和

$$S_A=\frac{1}{9}(4.113^2+1.919^2+3.971^2)-P=0.335$$

$$S_B=\frac{1}{9}(2.487^2+4.041^2+3.475^2)-P=0.137$$

$$S_{(A\times B)_1}=\frac{1}{9}(3.403^2+3.529^2+3.071^2)-P=0.012$$

$$S_{(A\times B)_2}=\frac{1}{9}(3.897^2+2.754^2+3.352^2)-P=0.072$$

$$S_C=\frac{1}{9}(4.089^2+3.319^2+2.595^2)-P=0.124$$

$$S_{(A\times C)_1}=\frac{1}{9}(3.623^2+2.763^2+3.617^2)-P=0.054$$

$$S_{(A\times C)_2}=\frac{1}{9}(3.029^2+3.720^2+3.254^2)-P=0.028$$

$$S_{(A\times D)_1}=\frac{1}{9}(3.438^2+3.245^2+3.320^2)-P=0.002$$

$$S_D=\frac{1}{9}(3.073^2+2.916^2+4.014^2)-P=0.078$$

$$S_{(A\times D)_2}=\frac{1}{9}(3.117^2+3.362^2+3.524^2)-P=0.009$$

故

$$S_{A\times B}=S_{(A\times B)_1}+S_{(A\times B)_2}=0.012+0.072=0.084$$

$$S_{A\times C}=S_{(A\times C)_1}+S_{(A\times C)_2}=0.054+0.028=0.082$$

$$S_{A\times D}=S_{(A\times D)_1}+S_{(A\times D)_2}=0.002+0.009=0.011$$

误差的离差平方和

$$S_e=S_T-(S_A+S_B+S_{A\times B}+S_C+S_{A\times C}+S_D+S_{A\times D})=0.050$$

(2)计算自由度

总自由度

$$f_T=n-1=27-1=26$$

各因素自由度

$$f_A=f_B=f_C=f_D=r-1=2$$

交互作用自由度

$$f_{A\times B}=f_A\times f_B=2\times 2=4$$

$$f_{A\times B}=f_{A\times C}=f_{A\times D}=4$$

误差自由度

$$f_e=f_{11}+f_{12}+f_{13}=2+2+2=6$$

(3)计算均方

$$\overline{S}_A=S_A/f_A=0.335/2=0.168$$

$$\overline{S}_B=S_B/f_B=0.137/2=0.068$$

$$\overline{S}_{A\times B}=S_{A\times B}/f_{A\times B}=0.084/4=0.021$$

$$\overline{S}_C=S_C/f_C=0.124/2=0.062$$

$$\overline{S}_{A\times C}=S_{A\times C}/f_{A\times C}=0.082/4=0.020$$

$$\overline{S}_D=S_D/f_D=0.078/2=0.039$$

$$\overline{S}_{A\times D}=S_{A\times D}/f_{A\times D}=0.011/4=0.003$$

误差的均方

$$\overline{S}_e=S_e/f_e=0.050/6=0.008$$

由于 $\overline{S}_{A\times D}<S_e$，说明交互作用 $A\times D$ 对试验结果的影响很小，可以将它归入误差。

新误差离差平方和

$$S_e^{\Delta}=S_e+S_{A\times D}=0.050+0.011=0.061$$

新误差自由度

$$f_e^{\Delta}=f_e+f_{A\times D}=6+4=10$$

新误差均方

$$\overline{S}_e^{\Delta}=S_e^{\Delta}/f_e^{\Delta}=0.061/10=0.006$$

(4)计算 F 值

$$F_A=\frac{\overline{S}_A}{\overline{S}_e^{\Delta}}=\frac{0.168}{0.006}=28.00$$

$$F_B=\frac{\overline{S}_B}{\overline{S}_e^{\Delta}}=\frac{0.068}{0.006}=11.33$$

$$F_{A\times B}=\frac{\overline{S}_{A\times B}}{\overline{S}_e^{\Delta}}=\frac{0.021}{0.006}=3.50$$

$$F_C=\frac{\overline{S}_C}{\overline{S}_e^{\Delta}}=\frac{0.062}{0.006}=10.33$$

$$F_{A\times C}=\frac{\overline{S}_{A\times C}}{\overline{S}_e^{\Delta}}=\frac{0.020}{0.006}=3.33$$

$$F_D=\frac{\overline{S}_D}{\overline{S}_e^{\Delta}}=\frac{0.039}{0.006}=6.50$$

(5)F 检验

查得临界值 $F_{0.05}(2,10)=4.10$，$F_{0.01}(2,10)=10.04$，$F_{0.05}(4,10)=3.48$，$F_{0.01}(4,10)=5.99$，所以对于给定显著性水平 $\alpha=0.05$，因素 A、B、C 对试验结果都有非常显著影响，因素 D 和交互作用 $A\times B$ 对试验结果都有显著影响，交互作用 $A\times C$ 对使用结果没有显著影响。最后将方差分析结果列于方差分析表中，详见表 2-21。

表 2-21　例 2-4 方差分析表

因　子	S	f	$\overline{S}$	F	显著性
A	0.335	2	0.168	28.00	非常显著
B	0.137	2	0.628	11.33	非常显著
$A\times B$	0.084	4	0.021	3.50	显著
C	0.124	2	0.062	10.33	非常显著
$A\times C$	0.082	4	0.020	3.33	无
D	0.078	2	0.039	6.50	显著
$\left.\begin{matrix}A\times D\\S_e\end{matrix}\right\}S_e^{\Delta}$	$\left.\begin{matrix}0.011\\0.050\end{matrix}\right\}0.061$	$\left.\begin{matrix}4\\6\end{matrix}\right\}10$	0.006		
总　和	0.901	26			

(6)优选方案的确定

由于试验指标是产品得率是越大越好，从表 2-20 可以看出，在不考虑交互作用的情况下，优选方案应取各因素最大 K 值所对应的水平即为 $A_1B_2C_1D_3$。从方差分析的结果可以看出，交互作用 $A\times C$ 和 $A\times D$ 对试验结果无显著影响，交互作用 $A\times B$ 对试验结果的影响程度也不及因素 A、B、C，所以本例在确定因素 A、B、C、D 优选水平时可以不考虑交互作用，即优选方案为 $A_1B_2C_1D_3$。

3 模型试验基础

在工程实践中，需要用试验研究的方法来求解理论研究无法解决的问题，探求复杂现象的客观规律。但试验研究的方法也有很大的局限性。例如，由于试验所得出的结论往往只能适用于与试验条件完全相同的现象，对于尚处于研究开发阶段的产品或结构，或者是由于条件限制无法直接进行试验的对象（建筑、大型设备等），一般是无法通过直接试验进行研究的。对此，早在100多年前人们已经在探索研究使用模型试验——一种以相似理论为根据的试验研究方法。

模型试验是建立在相似理论基础上的试验方法。它是用方程分析法或量纲分析法导出所研究现象的相似准则，并在依据相似理论建立起来的模型中研究对象的工作过程和规律，通过试验求出相似准则之间的关系，再推广到实际的工程原型（产品或结构）中，从而得到工程原型工作规律的一种研究方法，即模型试验是利用相似于原型的模型来探求原型客观规律的方法。近几十年，模型试验在土木工程、水利工程、航空航天、地面车辆等领域得到了广泛应用。

3.1 相似现象及概念

3.1.1 物理现象的数学描述

一般来说，每一类物理现象均可根据自然规律（例如物理定律），并依靠数学工具，把表征现象各个参量的依赖关系用一个或一组方程式（简称现象的关系方程式）表示出来，即采用数学形式对物理现象进行描述。

例如，对黏性不可压缩流体的稳定等温运动现象，可由式(3-1)～式(3-4)所组成的方程式组来描述。

根据质量守恒定律可导出连续性方程式

$$\frac{\partial v_x}{\partial x}+\frac{\partial v_y}{\partial y}+\frac{\partial v_z}{\partial z}=0 \tag{3-1}$$

式中，v_x、v_y、v_z 为在直角坐标系的 x、y、z 轴上速度分量。

根据牛顿第二定律可导出运动方程式

对 x 轴

$$v_x\frac{\partial v_x}{\partial x}+v_y\frac{\partial v_x}{\partial y}+v_z\frac{\partial v_x}{\partial z}=g_x-\frac{1}{\rho}\frac{\partial p}{\partial x}+\frac{\eta}{\rho}\left(\frac{\partial^2 v_x}{\partial x^2}+\frac{\partial^2 v_x}{\partial y^2}+\frac{\partial^2 v_x}{\partial z^2}\right) \tag{3-2}$$

对 y 轴

$$v_x\frac{\partial v_y}{\partial x}+v_y\frac{\partial v_y}{\partial y}+v_z\frac{\partial v_y}{\partial z}=g_y-\frac{1}{\rho}\frac{\partial p}{\partial y}+\frac{\eta}{\rho}\left(\frac{\partial^2 v_y}{\partial x^2}+\frac{\partial^2 v_y}{\partial y^2}+\frac{\partial^2 v_y}{\partial z^2}\right) \tag{3-3}$$

对 z 轴

$$v_x \frac{\partial v_z}{\partial x}+v_y \frac{\partial v_z}{\partial y}+v_z \frac{\partial v_z}{\partial z}=g_z-\frac{1}{\rho} \frac{\partial p}{\partial z}+\frac{\eta}{\rho}\left(\frac{\partial^2 v_z}{\partial x^2}+\frac{\partial^2 v_z}{\partial y^2}+\frac{\partial^2 v_z}{\partial z^2}\right) \tag{3-4}$$

式中 ρ——流体的密度；

g_x, g_y, g_z——在 x、y、z 轴上重力加速度的分量；

p——压力；

η——流体的动力黏度。

在运动方程式(3-2)～式(3-4)中，等号左边表示单位质量流体的惯性力；等号右边第一项表示单位质量流体的重力，第二项表示单位质量流体所受到压力，第三项表示单位质量流体表面所受到的摩擦力(又称黏滞力)。

在上述 4 个方程中，x、y、z 是自变量，v_x、v_y、v_z 及 p 是因变量(未知量)，而 ρ、η、g_x、g_y、g_z是常量。未知量有 4 个，方程也是 4 个，这是一组完整方程式。

上述关系方程式表达了黏性不可压缩流体稳定等温运动的普遍规律。其既可描述江河中水的流动，又可描述风洞中空气的流动等。求解上述关系方程式所得的结果是对同一类流动现象均将适用的通解。而为求得描述某一特定具体现象(如在某一具体形状的通道内，水的某一种状态的流动等)的特解，则必须给出称为“单值条件”的附加条件。完整的关系方程式和一些单值条件描述具体的特定现象。

单值条件的作用是从同一关系方程式所描述的无数现象(又称现象群)中把某一具体的特定现象单一区分出来。其包括以下各项内容：

(1)空间(几何)条件：所有具体现象都发生在一定的几何空间内。因此，参与现象物体的几何现象和一些单值条件才描述具体的特定现象。例如，为描述流体在管内的流动，就应给出管径及管长的具体数值。

(2)物理条件：所有具体现象都是在具有一定物理性质的介质参与下进行的。因此，参与现象介质的物理性质也是单值条件的内容。例如，为描述特定的黏性不可压缩流体的稳定等温运动，就应给出流体密度 ρ、黏度 η 的具体数值。

(3)边界条件：所有具体现象都必然受到与其直接相邻周围情况的影响。因此，边界处的情况也是单值条件的内容。例如，管道中流体流动直接受进口、出口处流速的影响。因此，应给出进口、出口处流速的平均值及其分布规律。

(4)初始条件：现象的演变往往与初始状态有关。如初始时刻的流速、温度、物理性质等将直接影响现象的演变过程。因此，初始条件也是单值条件的内容。考虑上述流动现象为稳定流动，则可不计此条件。

当上述单值条件给定后，流体的速度场(流体中各点的速度值)、流动状态(层流或紊流等)和压力分布规律(流体中任意两点间的压力差值)也就被确定下来。这样就相应地描述一个具体特定的流动现象。

3.1.2 相似的概念

“相似”一般是指两个事物并不完全一样，但又相差无几。在相似现象问题中的相似的定义要比一般生活中的定义严格得多，其主要包括空间(几何)相似、时间相似、运动相似和力相似等。

(1)空间(几何)相似。表现为:两个几何体所有对应线段的比值相等,所有对应角相等。例如,图 3-1 所示的两个长方体如果相似,则

$$\frac{l''_1}{l'_1}=\frac{l''_2}{l'_2}=\frac{l''_3}{l'_3}=\frac{l''_4}{l'_4}=C_l(\text{常数})$$

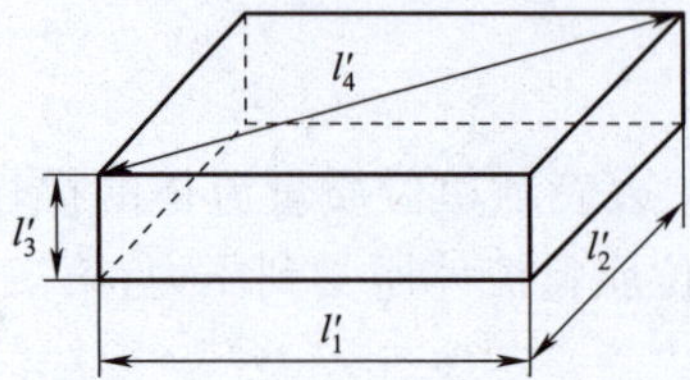

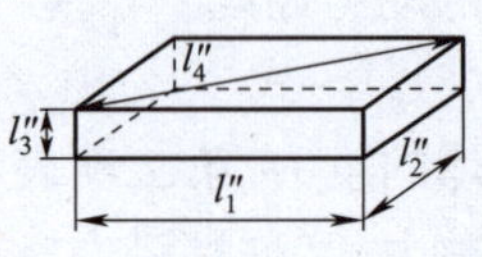

图 3-1 相似长方体

(2)时间相似(谐时性)。表现为:在所研究问题的过程中,各个时间间隔之比值或周期之比值均保持为一个固定常数,如图 3-2 所示。

$$\frac{t''_1}{t'_1}=\frac{t''_2}{t'_2}=\cdots=\frac{t''_5}{t'_5}=C_t(\text{常数})$$

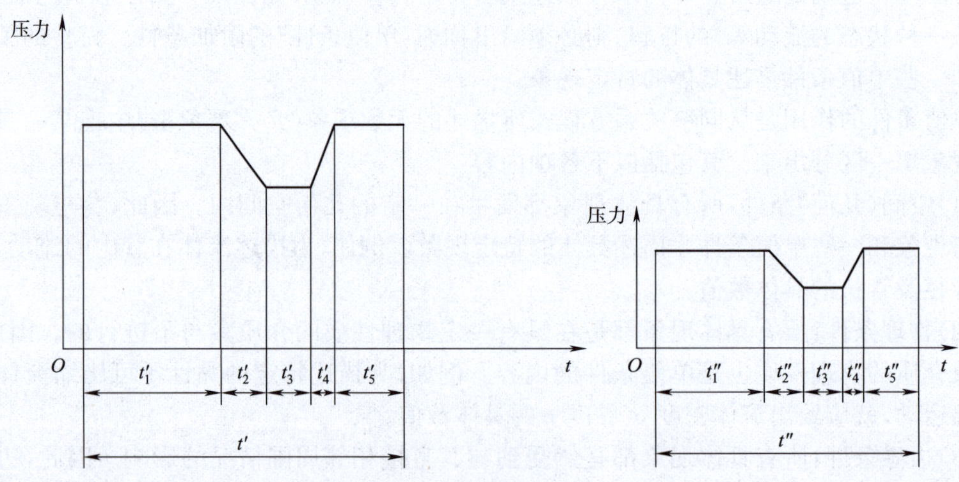

图 3-2 时间相似

(3)运动相似。表现为:对于瞬时各对应点速度(及加速度)的方向一致,且大小的比值相等,即速度场(及加速度场)的几何相似,如图 3-3 所示。

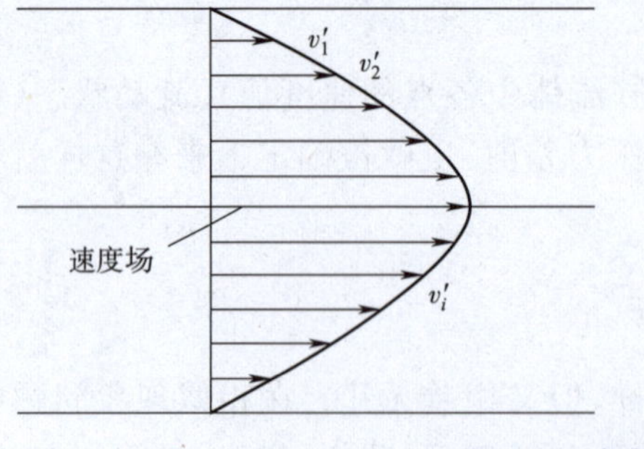

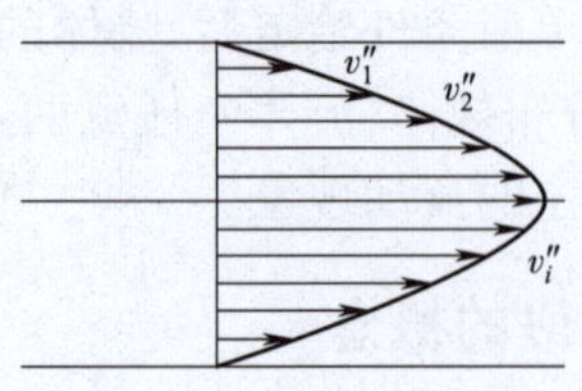

图 3-3 速度相似

$$\frac{v''_1}{v'_1}=\frac{v''_2}{v'_2}=\cdots=\frac{v''_i}{v'_i}=C_v\text{（常数）}$$

（4）力相似。表现为：各对应点上作用力的方向一致且大小的比值相等，即力场的几何相似，如图 3-4 所示。

$$\frac{l''_1}{l'_1}=\frac{l''_2}{l'_2}=\frac{l''_3}{l'_3}=C_l\text{（常数）}$$

$$\frac{q''_1}{q'_1}=\frac{q''_2}{q'_2}=\frac{q''_3}{q'_3}=C_q\text{（常数）}$$

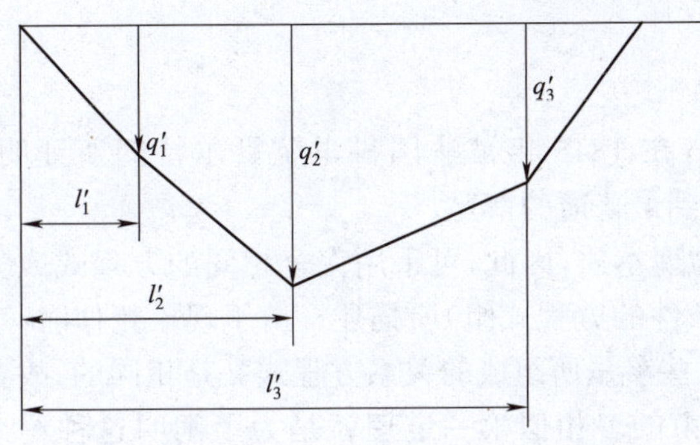

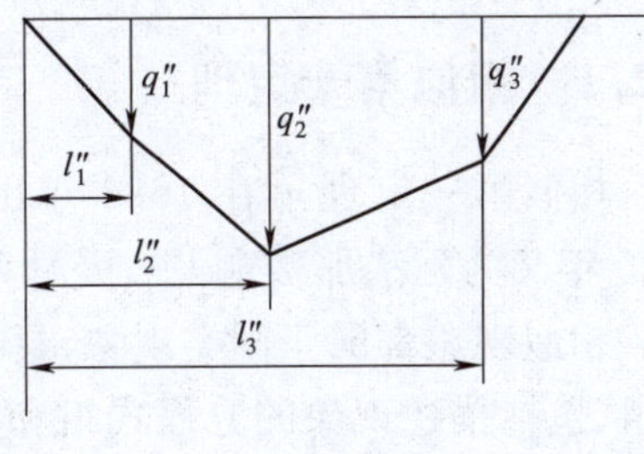

图 3-4　力相似

其他还有温度相似、浓度相似等等。

工程中的各种现象，如流体的流动、钢轮与钢轨、轮胎与路面的相互作用等等，一般均伴随有许多物理量的变化。对于这种包含有许多物理量变化的现象（通称现象系统），相似则是指：对应瞬时各对应点上表征该现象所有参量有确定不变的比值（若是向量则其方向必须一致）。

3.1.3 相似现象

相似现象首先是同一类的物理现象，并且是采用相同的数学公式描述的同类物理现象，如上面所述的黏性不可压缩流体的稳定等温运动现象。但是需要注意，不同的物理现象可以用相同的数学公式来描述，例如，对于 RLC 振荡电路和单自由度质量—弹簧—阻尼系统，如图 3-5 所示，其运动规律均可表达为一个二阶系统的振荡方程

$$\frac{\mathrm{d}^2 y(t)}{\mathrm{d}t}+2\zeta\bar{\omega}_n\frac{\mathrm{d}y(t)}{\mathrm{d}t}+\bar{\omega}_n^2 y(t)=\bar{\omega}_n^2 x(t)$$

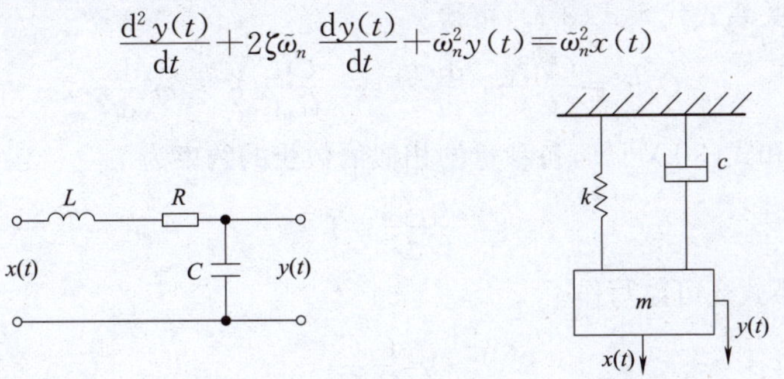

（a）RLC 振荡电路　　（b）单自由度质量—弹簧—阻尼系统

图 3-5　二阶振荡系统

但显然,上面两个系统是两个不同的物理系统,并不是相似现象。

相似的两个现象不仅属于同一类的物理现象,描述物理现象的单值条件也相似。单值条件指把一个物理现象从同类现象中区分出来的条件,包括几何相似、运动相似、动力相似、温度相似等。因此,相似现象之间具有哪些规律?要实现两个物理现象相似,需要满足哪些条件?针对此类问题,相似理论给出了解答。

3.2 相似理论基础

3.2.1 相似第一定理

相似第一定理早在1686年由牛顿提出,在1848年被法国科学院贝尔特朗所证明。1925年又为阿法那赛也夫—爱林费斯特推广到最普通的情况。

相似现象都属于同类现象,具有相同的物理本质,因此,可采用完全相同的方程式或方程组(包括描述现象的方程式组和描述单值条件的方程式组)所描述。由于现象相似时,表征现象的诸参量各有确定不变的比值,而由这些参量所组成的关系方程式又是相同的,故各参量的相似倍数不能是任意的,而是相互约束的。相似第一定理就是为了阐明这种约束关系。

相似第一定理的内容为:彼此相似的现象,其相似指标等于1。

下面以两个质点系统做动力相似运动的情况为例来阐明这一定理。根据力学知识,质点系统的运动规律可用牛顿第二定律来描述。表征第一个运动现象的参量:m'为质量,v'为速度,t'为时间,则

$$F'=m'\frac{\mathrm{d}v'}{\mathrm{d}t'} \tag{3-5}$$

如表征第二个运动现象的诸多参量用上标“″”表示,因为相似,则

$$F''=C_F F',\quad m''=C_m m',\quad v''=C_v v',\quad t''=C_t t' \tag{3-6}$$

描述第二个运动现象的关系方程式相应地应为

$$F''=m''\frac{\mathrm{d}v''}{\mathrm{d}t''} \tag{3-7}$$

将式(3-6)的关系式代入式(3-7),可得

$$C_F F'=\frac{C_m C_v}{C_t}m'\frac{\mathrm{d}v'}{\mathrm{d}t'} \quad 或 \quad \frac{C_F C_t}{C_m C_v}F'=m'\frac{\mathrm{d}v'}{\mathrm{d}t'} \tag{3-8}$$

比较式(3-5)和式(3-8)可知,各参量的相似倍数受的约束为

$$\frac{C_F C_t}{C_m C_v}=1$$

这种约束关系式还可以写作

$$C=\frac{C_F C_t}{C_m C_v} \tag{3-9}$$

式(3-9)就是相似第一定理针对质点运动过程的数学表达式,其中C称为“相似指标”。若将式(3-6)代入式(3-9),可得

$$\frac{F't'}{m'v'}=\frac{F''t''}{m''v''} \quad 或 \quad \frac{Ft}{mv}=\prod=不变量 \tag{3-10}$$

式(3-10)说明:对于所述的相似现象,存在一个数值相同的无量纲的综合量$\frac{Ft}{mv}$。这种综合量统称为“相似准则”,通常用符号 $\prod$ 表示。

这样,相似第一定理也可表述为:彼此相似的现象必定具有数值相同的相似准则。

一些有典型意义的相似准则通常用首先提出者的名字命名。例如,上述相似准则称为牛顿准则,并用 Ne 表示,即 $Ne=\frac{Ft}{mv}$。

对于复杂的现象,包含有几个相似指标,则对应有几个相似准则。如前述黏性不可压缩流体的稳定等温运动现象,共有 3 个相似准则

$$\prod_1=Re=\frac{\rho vl}{\eta}(称为雷诺准则)$$

$$\prod_2=Fr=\frac{gl}{v^2}(称为傅鲁德准则)$$

$$\prod_3=Eu=\frac{p}{\rho v^2}(称为欧拉准则)$$

在相似现象中的对应点或对应截面上,上述 3 个相似准则数值将对应相等。

相似准则中各参量应取同一点或同一截面上的值。如 $Re=\frac{\rho vl}{\eta}$中,l 取某一截面的水力直径,v、ρ、η 取该截面上的平均值。

值得注意的是,同一现象中不同点或不同截面的相似准则具有不同的数值。但是,在对应瞬时整个相似现象群同一对应点或对应截面的相似准则却具有相同的数值;另外,相似准则一定是由现象关系方程式所包含的某几个或全部参量按照一定函数关系组成的无因次量。

相似第一定理表述了彼此相似现象具有的基本性质。

3.2.2 相似第二定理

相似第二定理(相似必要条件)指,凡同一类现象(即被同一个关系方程式或完整的关系方程式组所描述的现象),当单值条件相似,而且由单值条件所包含的物理量所组成的相似准则相等,则这些现象就必定相似。

这个定理阐明了现象相似的必要且充分条件。

因为单值条件是确定具体特定现象的,所以通常称单值条件所包含的物理量为定性量,并把全由单值条件所包含物理量所组成的相似准则称为定性准则。

以前述黏性不可压缩流体的稳定等温运动现象为例,当满足下列条件时,现象就彼此相似。

1. 单值条件相似

(1)几何条件相似,如流体是在管内流动,则管径 d 和管长 l 的相似倍数应相等,即

$$\frac{d''}{d'}=\frac{l''}{l'}=C_l$$

(2)物理条件相似,即

$$\frac{\rho''}{\rho'}=C_\rho,\quad \frac{\eta''}{\eta'}=C_\eta,\quad \frac{g''}{g'}=C_g$$

(3)边界条件相似,即

$$\frac{v''_x}{v'_x}=\frac{v''_y}{v'_y}=\frac{v''_z}{v'_z}=C_v$$

由于壁面处的速度皆为零,故壁面处速度相似自然得到保证。

(4)初始条件相似,因其是稳定流动,故可不计此条件。

2. 由单值条件所包含的物理量所组成的相似准则相等

$$Fr=\frac{g''l''}{v''^2}=\frac{g'l'}{v'^2}=\text{不变量}$$

$$Re=\frac{\rho''v''l''}{\eta''}=\frac{\rho'v'l'}{\eta'}=\text{不变量}$$

相似第二定理还可以简明地表述:当两个同类现象诸多对应的定性准则数值相等时,则这两个现象就相似。

为证明第二定理,可以设想有一个第一现象,其性质为已知,另有一个第二现象满足第二定理的要求,现证明其与第一现象一定相似。我们知道,与第一现象相似的现象有无穷多个,所以有这些现象必定具有与第一现象相同内容的单值条件,区别只是诸多参量的相似倍数不同。而相似倍数可以进行不同的选择,只要满足由相似倍数组成的相似指标等于 1 就满足相似第一定理的要求,所以在上述无穷多个相似现象群中,必能选出一个现象,相对于第一现象来说,其定性量的相似倍数与第二现象相同,称为第三现象。基于上述三个现象是同类,其关系方程式是同一个,所以表征第二现象和第三现象的诸参量的数值比对应相同,因此它们是同一个现象。而第三现象相似于第一现象,则第二现象必定相似于第一现象。

3.2.3 相似第三定理

相似第三定理,指描述现象的关系方程式可以转变成相似准则之间的关系式(简称准则关系式)。相似准则关系式可表达为

$$f(\prod{}_1,\prod{}_2,\prod{}_3,\cdots,\prod{}_n)=0 \tag{3-11}$$

式中,n 为正整数。

相似第三定理通常简称为"$\prod$ 定理"。

式(3-5)所示的关系方程式,相似第三定理所述的转变是很显然的。只有在等式两边同时除以 $m'\frac{\mathrm{d}v'}{\mathrm{d}t'}$,再应用积分类比法则,就可导出如下准则关系式:

$$\frac{Ft}{mv}-1=0$$

在相似准则 $\prod_1,\prod_2,\prod_3,\cdots,\prod_n$ 中的定性准则如用 $\prod_{定1},\prod_{定2},\prod_{定3},\cdots,\prod_{定n}$ 表示;其余是包含有非单值条件的物理量(称为被决定量)的相似准则,通常称为非定性准则,用 $\prod_{非(m+1)},\prod_{非(m+2)},\prod_{非(m+3)},\cdots,\prod_{非(m+n)}$ 表示。因为定性准则是由单值条件所包

含的物理量所组成，根据前述单值条件的性质，所以定性准则是决定现象的准则，一经确定，现象即被确定，非定性准则也随之被确定。根据上述因果关系，就可把相似准则关系式(3-11)表示成任一非定准则与定性准则之间的单值函数关系，即

$$\prod_{非i} = f_i\left(\prod_{定1},\prod_{定2},\prod_{定3},\cdots,\prod_{定n}\right) \tag{3-12}$$

式中，$i=(m+1),(m+2),\cdots,n$。

以前述黏性不可压缩流体的稳定等温运动现象为例，非定性准则只有一个 Eu，因为压力 p 为被决定量。定性准则有 Re 和 Fr，因为 Re 和 Fr 中所包含的物理量皆为定性量。则准则关系式可表述为

$$Eu=f(Re,Fr) \tag{3-13}$$

我们可以通过模型试验来求得式(3-13)的具体形式。

在 Re 和 Fr 准则中包含有几何尺寸 l，其可取物理的任一线性尺寸。如对流体在管道内的流动现象，通常取某截面的水力直径 d 为 l。此时，称 d 为 Re 和 Fr 准则的"定性尺寸"。显然，定性尺寸不同时，准则的数值也跟着改变。当给出准则关系式时，应注明是取那一个线性尺寸为定性尺寸的。

基于上述讨论，相似准则关系是由描述现象的关系方程式转变而来，而相似现象群是由同一个关系方程式来描述，且其对应点相似准则的数值相同。这样，相似现象的准则关系式必定是相同的。相似第三定理对模型试验具有重要的指导意义，其告诉人们应把模型试验的结果整理成准则关系式，这种准则关系式将同样适用于与模型相似的原型。

上述三个定理是相似理论的主要内容，同时是模型试验研究方法的理论基础。相似第一定理阐明了模型试验时应测量的量：诸多相似准则所包含的一切量。相似第二定理阐明了模型试验应遵守的条件：必须保证模型和原型的单值条件相似，且诸多定性准则对应相等。相似第三定理阐明了整理试验结果的方法：必须把试验结果整理成相似准则之间的关系式。这样，我们就可用模型的试验研究来揭示原型内在的规律性。

3.3 相似准则的求解

3.3.1 方程分析法

根据关系方程式导出相似准则的方法称为方程分析法。在描述现象的关系方程式可以事先求得的情况下，方程分析法是导出相似准则有效且准确的方法。常用的方程分析法有相似转换法和积分类比法。

1. 相似转换法

相似转换法导出相似准则的步骤如下：

(1)写出关系方程式和全部单值条件。

(2)写出相似倍数的表示式。

(3)将相似倍数的表示式代入关系方程式中进行相似转换，进而得出相似指标式，如式(3-9)所示。

(4)将相似倍数的表示式代入相似指标式，求得相似准则。

(5)用与步骤(3)、(4)同样的方法,从单值条件方程式中求得相似准则。

下面用前述黏性不可压缩流体的稳定等温运动现象为例,对上述步骤加以具体介绍。

第1步,写出关系方程式,见式(3-1)~式(3-4)。

第2步,写出相似倍数表示式。

$$\begin{cases}\dfrac{v''_x}{v'_x}=\dfrac{v''_y}{v'_y}=\dfrac{v''_z}{v'_z}=C_v, & \dfrac{p''}{p'}=C_p, \quad \dfrac{\rho''}{\rho'}=C_\rho \\ \dfrac{\eta''}{\eta'}=C_\eta, & \dfrac{g''_x}{g'_x}=\dfrac{g''_y}{g'_y}=\dfrac{g''_z}{g'_z}=C_g \\ \dfrac{x''}{x'}=\dfrac{y''}{y'}=\dfrac{z''}{z'}=C_l \end{cases} \tag{3-14}$$

第3步,进行相似转化。设有两个彼此相似的现象系统,描述第一系统的运动方程式可写成(只写出一个坐标的方程式即可)

$$v'_x\frac{\partial v'_x}{\partial x'}+v'_y\frac{\partial v'_x}{\partial y'}+v'_z\frac{\partial v'_x}{\partial z'}=g'_x-\frac{1}{\rho'}\frac{\partial p'}{\partial x'}+\frac{\eta'}{\rho'}\left(\frac{\partial^2 v'_x}{\partial x'^2}+\frac{\partial^2 v'_x}{\partial y'^2}+\frac{\partial^2 v'_x}{\partial z'^2}\right) \tag{3-15}$$

第一系统的连续性方程式可写成

$$\frac{\partial v'_x}{\partial x'}+\frac{\partial v'_y}{\partial y'}+\frac{\partial v'_z}{\partial z'}=0 \tag{3-16}$$

第二系统的方程式可写成

$$v''_x\frac{\partial v''_x}{\partial x''}+v''_y\frac{\partial v''_x}{\partial y''}+v''_z\frac{\partial v''_x}{\partial z''}=g''_x-\frac{1}{\rho''}\frac{\partial p''}{\partial x''}+\frac{\eta''}{\rho''}\left(\frac{\partial^2 v''_x}{\partial x''^2}+\frac{\partial^2 v''_x}{\partial y''^2}+\frac{\partial^2 v''_x}{\partial z''^2}\right) \tag{3-17}$$

第二系统的连续性方程可写成

$$\frac{\partial v''_x}{\partial x''}+\frac{\partial v''_y}{\partial y''}+\frac{\partial v''_z}{\partial z''}=0 \tag{3-18}$$

根据式(3-14)的关系,有

$$\begin{cases} v''_x=C_v v'_x,\cdots, \quad p''=C_p p', \quad \rho''=C_\rho\rho', \quad \eta''=C_\eta\eta' \\ g''_x=C_g g'_x,\cdots, \quad x''=C_l x',\cdots \end{cases} \tag{3-19}$$

把式(3-19)代入式(3-17)和式(3-18),即进行相似转换得

$$\frac{C_v^2}{C_l}\left(v'_x\frac{\partial v'_x}{\partial x'}+v'_y\frac{\partial v'_x}{\partial y'}+v'_z\frac{\partial v'_x}{\partial z'}\right)=C_g g'x-\frac{C_p}{C_\rho C_l}\frac{1}{\rho'}\frac{\partial p'}{\partial x'}+\frac{C_\eta C_v}{C_\rho C_l^2}\frac{\eta'}{\rho'}\left(\frac{\partial^2 v'_x}{\partial x'^2}+\frac{\partial^2 v'_x}{\partial y'^2}+\frac{\partial^2 v'_x}{\partial z'^2}\right) \tag{3-20}$$

$$\frac{C_v}{C_l}\left(v'_x\frac{\partial v'_x}{\partial x'}+v'_y\frac{\partial v'_y}{\partial y'}+v'_z\frac{\partial v'_z}{\partial z'}\right)=0 \tag{3-21}$$

比较式(3-15)与式(3-20),以及式(3-16)与式(3-21)可知,各参量的相似倍数之间的关系必须满足:

$$\frac{C_v^2}{C_l}=C_g=\frac{C_p}{C_\rho C_l}=\frac{C_\eta C_v}{C_\rho C_l^2} \tag{3-22}$$

$$\frac{C_v}{C_l}=\text{常数} \tag{3-23}$$

由式(3-22)可得

$$\frac{C_v^2}{C_l}=C_g \tag{3-24}$$

$$\frac{C_v^2}{C_l}=\frac{C_p}{C_\rho C_l} \tag{3-25}$$

$$\frac{C_v^2}{C_l}=\frac{C_\eta C_v}{C_\rho C_l^2} \tag{3-26}$$

经整理可以得

$$\frac{C_g C_l}{C_v^2}=1 \tag{3-27}$$

$$\frac{C_p}{C_\rho C_v^2}=1 \tag{3-28}$$

$$\frac{C_\rho C_v C_l}{C_\eta}=1 \tag{3-29}$$

由式(3-23)得不出相似倍数之间的任何约束，故据此得不出相似指标式。

第 4 步，求出相似准则。将式(3-14)代入式(3-27)、式(3-28)、式(3-29)，经整理得

$$\frac{g'l'}{v'^2}=\frac{g''l''}{v''^2} \quad 或 \quad \frac{gl}{v^2}=Fr=不变量$$

$$\frac{p'}{\rho'v'^2}=\frac{p''}{\rho''v''^2} \quad 或 \quad \frac{p}{\rho v^2}=Eu=不变量$$

$$\frac{\rho'v'l'}{\eta'}=\frac{\rho''v''l''}{\eta''} \quad 或 \quad \frac{\rho vl}{\eta}=Re=不变量$$

2. 积分模拟法

积分模拟法较相似转换法简单，故应用较多。这种方法的原理：由于相似现象的关系式是完全相同的，因此关系方程中任意相对应两项的比值也应该相等。以式(3-15)和式(3-17)为例，则

$$\frac{g'_x}{v'_x\dfrac{\partial v'_x}{\partial x'}}=\frac{g''_x}{v''_x\dfrac{\partial x''_x}{\partial x''}} \tag{3-30}$$

根据前述的积分类比法，式(3-30)可写成

$$\frac{g'_x}{v'_x\dfrac{v'_x}{x'}}=\frac{g''_x}{v''_x\dfrac{v''_x}{x''}} \quad 或 \quad \frac{g'_x x'}{v'^2_x}=\frac{g''_x x''}{v''^2_x} \tag{3-31}$$

由于$\frac{x''}{x'}=\frac{l''}{l'}=C_l$，$\frac{v''_x}{v'_x}=\frac{v''}{v'}=C_v$，$\frac{g''_x}{g'_x}=\frac{g''}{g'}=C_g$，则式(3-31)可以写成

$$\frac{g'l'}{v'^2}=\frac{g''l''}{v''^2} \quad 或 \quad \frac{gl}{v^2}=Fr=不变量$$

这样，就得到了一个相似准则。

根据上述，可将积分类比法的步骤归纳如下：

(1)写出关系方程式和全部单值条件。

(2)用关系方程式中的任一项除以其他各项(对于类型相同的项，如 $v_x\frac{\partial v_x}{\partial x}$、$v_y\frac{\partial v_x}{\partial y}$、

$v_z \dfrac{\partial v_x}{\partial z}$取其中一项即可)。

(3)所有导数用对应量的比值代替。另外,沿各坐标轴的分量用量本身代替。坐标用定性尺寸代替。例如$\dfrac{\partial v_x}{\partial x}$、$\dfrac{\partial^2 v_x}{\partial x^2}$用$\dfrac{v}{l}$、$\dfrac{v^2}{l^2}$代替,即可求得相似准则。

下面仍以前述黏性不可压缩流体的稳定等温运动现象为例,具体介绍上述步骤。

第 1 步,写出关系式,见式(3-1)~式(3-4)。

第 2 步,两项相除。

由运动方程式(3-2)可得

$$\frac{\text{右边第一项}}{\text{左边项}}=\frac{g_x}{v_x \dfrac{\partial v_x}{\partial x}} \tag{3-32}$$

$$\frac{\text{右边第二项}}{\text{左边项}}=\frac{\dfrac{1}{\rho}\dfrac{\partial p}{\partial x}}{v_x \dfrac{\partial v_x}{\partial x}} \tag{3-33}$$

$$\frac{\text{右边第三项}}{\text{左边项}}=\frac{\dfrac{\eta}{\rho}\dfrac{\partial^2 v_x}{\partial x^2}}{v_x \dfrac{\partial v_x}{\partial x}} \tag{3-34}$$

连续性方程式由于只有一项,故写不出上述比例式。

第 3 步,运用积分类比法则,就可得到下列相似准则:

由式(3-32)得到:$gl/v^2=Fr=$不变量。

由式(3-33)得到:$p/\rho v^2=Eu=$不变量。

由式(3-34)得到:$\eta/\rho vl=1/Re=$不变量。

3.3.2 量纲分析法

当事先无法求得描述现象的关系方程式时,可采用量纲分析法(又称因次分析法)来推求相似准则。相似准则是一个无因次量,这一特点是应用量纲分析法求相似准则的依据。

1. 量纲概念和量纲分析法举例

物理量(测量)单位的种类称“量纲”(或“因次”)。例如,米、厘米、毫米是不同的(测量)单位,但这些单位属于同一类,皆为长度类单位,如统一地用符号 L 表示,则称 L 是长度类各单位的量纲。

在国际单位制(SI)中,当研究力学和机械运动现象时,取长度、质量和时间作为“基本量”,其量纲相应地用符号 L、M、T 表示,称为“基本量纲”,而其他一些物理量则是由上述基本量根据该物理量的定义或相应的物理定律导出,称这些量为“导出量”。例如速度定义为距离/时间,距离(以长度 l 表示)和时间 t 为基本量,则速度的因次公式为

$$[v]=\frac{\mathrm{L}}{\mathrm{T}}\text{或 }\mathrm{LT}^{-1}$$

又如,力的计算公式为 $F=ma=m\dfrac{\mathrm{d}^2 l}{\mathrm{d}t^2}$,则力的量纲公式为

$$[F]=\mathrm{M}\frac{\mathrm{L}}{\mathrm{T}^2}\text{或 LMT}^{-2}$$

同理，积分 $\int y\mathrm{d}x$ 的量纲为 $[y\mathrm{d}x]$ 或 $[y][x]$。任何参量 Z 的量纲记为 $[Z]$，如 Z 为无量纲，记为 1。上述以长度、质量、时间为基本量的量纲系统通常称为质量系统。在工程中还常用以长度、力、时间作为基本量，其量纲相应地用符号 L、F 和 T 表示。同样可导出一系列导出量的量纲。这种量纲系统通常称为力系统。

表 3-1 列出常用导出量的量纲。

表 3-1　常用导出量量纲

导 出 量	质量系统中量纲	力系统中量纲
面积	$[A]=\mathrm{L}^2$	L^2
体积	$[V]=\mathrm{L}^3$	L^3
速度	$[v]=\mathrm{LT}^{-1}$	LT^{-1}
加速度	$[a]=\mathrm{LT}^{-2}$	LT^{-2}
力	$[F]=\mathrm{LMT}^{-2}$	F
质量	M	$F\mathrm{L}^{-1}\mathrm{T}^{-2}$
重力	$[G]=\mathrm{LMT}^{-2}$	F
压力	$[G]=\mathrm{L}^{-1}\mathrm{MT}^{-2}$	$F\mathrm{L}^{-2}$
力矩	$[M]=\mathrm{L}^2\mathrm{MT}^{-2}$	$F\mathrm{L}$
功	$[W]=\mathrm{L}^2\mathrm{MT}^{-2}$	$F\mathrm{L}$
功率	$[P]=\mathrm{L}^2\mathrm{MT}^{-3}$	$F\mathrm{LT}^{-1}$
应变	$[\varepsilon]=1$	1
弹性模量	$[E]=\mathrm{L}^{-1}\mathrm{MT}^{-2}$	$F\mathrm{L}^{-2}$
动力黏度	$[\eta]=\mathrm{L}^{-1}\mathrm{MT}^{-1}$	$F\mathrm{L}^{-2}\mathrm{T}$
密度	$[\rho]=\mathrm{L}^{-3}\mathrm{M}$	$F\mathrm{L}^{-2}$

由上述内容可见：在质量系统中，任一个导出量的量纲可统一地用方程式(3-35)来表示

$$[A]=\mathrm{L}^{\alpha}\ \mathrm{M}^{\beta}\ \mathrm{T}^{\gamma} \tag{3-35}$$

式中，α、β、γ 对某一个导出量来说是一个确定的常数。

既然任何导出量的量纲均可由式(3-35)表示，则在力学研究中，当基本量长度、质量和时间的(测量)单位一经取定后，其他一些物理量的(测量)单位就可根据该量的量纲公式导出。前者通常称为“基本单位”，后者称为“导出单位”。

在国际单位制(SI)中，取长度、质量和时间的单位分别为米、千克、秒。则由速度的量纲公式 $[v]=\mathrm{LT}^{-1}$ 可导出速度的单位为米/秒，由力的量纲公式 $[F]=\mathrm{LMT}^{-2}$ 可导出力的单位为千克·米/秒^2＝牛顿。这种在确定几个基本量的单位后，其他量的单位按一定规律导出的单位制称为“绝对单位制”。通常应用的就是这种制度。

在取用绝对单位制的情况下，当力学基本单位一经取定，原则上任何力学物理量 A 可统一表达为

$$A=l^{\alpha}m^{\beta}t^{\gamma}=B\,(\mathrm{L})^{\alpha}\,(\mathrm{M})^{\beta}\,(\mathrm{T})^{\gamma} \tag{3-36}$$

式中 l,m,t——基本量长度、质量和时间的大小；

α,β,γ——确定的常数，也可以等于零，如 $\alpha=1,\beta=\gamma=0$，则此时 A 就是基本量长度 l；

B——代表物理量 A 的大小。

(L)，(M)，(T)——基本量所取值的大小。

由积分类比法推导相似准则的方法可见：在描述现象完善且正确的关系式中，每一项的量纲必定相同（这种关系方程式称为量纲齐次式），因为同类量才能相加减，只有量纲相同才同类。因此，相似准则一定是表征现象参量的幂函数。

下面用实例来介绍量纲分析法。

【例 3-1】 求质点系统做动力相似运动现象的相似准则。

表征质点系统做动力相似运动现象的参量有力 F、质量 m、速度 v 和时间 t。这些量将被一定的自然规律（牛顿第二定律）所联系。相似准则是由表征现象的参量所组成，且是这些参量的幂函数，故可表示为

$$\prod = F^{x_1} m^{x_2} v^{x_3} t^{x_4}$$

式中，x_1、x_2、x_3、x_4 为待定的常数。

$\prod$ 量纲公式为

$$\left[\prod\right] = (\mathrm{LMT^{-2}})^{x_1}\ \mathrm{M}^{x_2}\ (\mathrm{LT^{-1}})^{x_3}\ \mathrm{T}^{x_4}$$

由于相似准则是一个无量纲的量，所以有

$$\begin{cases} 对于\ \mathrm{L}: x_1 + x_3 = 0 \\ 对于\ \mathrm{M}: x_1 + x_2 = 0 \\ 对于\ \mathrm{T}: -2x_1 - x_3 + x_4 = 0 \end{cases} \tag{3-37}$$

由式(3-37)中 3 个方程式求解 4 个未知数，可令其中一个未知数为某定值后再求解。如令 $x_1=1$，可求得 $x_2=-1, x_3=-1, x_4=-1$，则

$$\left[\prod\right] = Fm^{-1}v^{-1}t = \frac{Ft}{mv} = Ne$$

这就是牛顿准则。

【例 3-2】 求黏性不可压缩流体的稳定等温相似运动的相似准则。

表征运动现象的参量有流速 v、管道性尺寸 l、压力 p、介质密度 ρ、介质的动力黏度 η 和重力加速度 g，则相似准则就可表示为

$$\prod = p^{x_1} \eta^{x_2} g^{x_3} v^{x_4} l^{x_5} \rho^{x_6} \tag{3-38}$$

式中，x_1、x_2、x_3、x_4、x_5、x_6 为待定的常数。

$\prod$ 的量纲公式为

$$\left[\prod\right] = (\mathrm{L^{-1}MT^{-2}})^{x_1}\ (\mathrm{L^{-1}MT^{-1}})^{x_2}\ (\mathrm{LT^{-2}})^{x_3}\ (\mathrm{LT^{-1}})^{x_4}\ \mathrm{L}^{x_5}\ (\mathrm{L^{-3}M})^{x_6}$$

由于相似准则是一个无量纲的量，所以有

$$\begin{cases} 对于\ \mathrm{L}: -x_1 - x_2 + x_3 + x_5 - 3x_6 = 0 \\ 对于\ \mathrm{M}: x_1 + x_2 + x_6 = 0 \\ 对于\ \mathrm{T}: -2x_1 - x_2 - x_3 - x_4 = 0 \end{cases} \tag{3-39}$$

由式(3-39)中 3 个方程求解 6 个未知数，可令其中 3 个未知数为某值后再求其独立解。

如令 $x_1=x_2=0,x_3=1$，则可求得 $x_4=2,x_5=1,x_6=0$，就可得到

$$\prod_1=\frac{v^2}{gl}=Fr$$

如令 $x_1=1,x_2=x_3=0$，则可求得 $x_4=-2,x_5=0,x_6=-1$，就可得到

$$\prod_2=\frac{p}{\rho v^2}=Eu$$

如令 $x_1=x_2=0,x_2=-1$，则可求得 $x_4=x_5=0,x_6=1$，就可得到

$$\prod_3=\frac{\rho vl}{\eta}=Re$$

2. 现象的独立的相似准则数目的确定

无论在判断现象彼此是否相似，还是在设计模型试验时，事先确定现象的独立的相似准则的数目是很重要的。因为它可用来检查求得的相似准则是否有遗漏或是多余。所谓相似准则是互相独立的，即这些相似准则中的任一个均不是其余准则的幂函数的乘积。

下面推导计算现象的独立的相似准则数目的公式。

设某一现象由 n 个参量 $A_1,A_2,A_3,\cdots,A_i,\cdots,A_n$ 来表征。由式(3-36)，第 i 个参量 A_i 可表示为

$$A_i=l^{\alpha_i}m^{\beta_i}t^{\gamma_i}$$

式中，$i=1,2,3,\cdots,n$；因 n 个参量为已知，所以 α_i、β_i、γ_i 是已知的常数，如某个量的 $\alpha_i,\beta_i,\gamma_i$ 中有两个等于零时，则该量就是基本量。例如，$\alpha_i=1,\beta_i=\gamma_i=0$，则 A_i 就是基本量——长度。

所述现象的任一个相似准则可以表示为

$$\begin{aligned}\prod_j&=A_1^{x_1}A_2^{x_2}A_3^{x_3}\cdots A_i^{x_i}\cdots A_n^{x_n}\\&=(l^{\alpha_1}m^{\beta_1}t^{\gamma_1})^{x_1}(l^{\alpha_2}m^{\beta_2}t^{\gamma_2})^{x_2}(l^{\alpha_3}m^{\beta_3}t^{\gamma_3})^{x_3}\cdots(l^{\alpha_i}m^{\beta_i}t^{\gamma_i})^{x_i}\cdots(l^{\alpha_n}m^{\beta_n}t^{\gamma_n})^{x_n}\end{aligned}$$

如能求得 $x_1,x_2,x_3\cdots,x_i,\cdots,x_n$，即可得到相应的相似准则。

因为相似准则是无量纲量，所以有

$$\begin{cases}\text{对于 L:}\alpha_1x_1+\alpha_2x_2+\cdots+\alpha_ix_i+\cdots+\alpha_nx_n=0\\\text{对于 M:}\beta_1x_1+\beta_2x_2+\cdots+\beta_ix_i+\cdots+\beta_nx_n=0\\\text{对于 T:}\gamma_1x_1+\gamma_2x_2+\cdots+\gamma_ix_i+\cdots+\gamma_nx_n=0\end{cases}\tag{3-40}$$

式(3-40)由 3 个线性齐次方程式组成，有 n 个未知数。显然，方程式的数目等于参量所包含基本量纲的数目，而需要确定的未知数数目等于参量的数目。

根据线性代数理论，式(3-40)有无穷多组解，但其基础解的数目等于变量数目减去式(3-39)系数矩阵的“秩”数。

式(3-40)的系数矩阵

$$\boldsymbol{K}_1=\begin{pmatrix}\alpha_1&\alpha_2&\alpha_3&\cdots&\alpha_i&\cdots&\alpha_n\\\beta_1&\beta_2&\beta_3&\cdots&\beta_i&\cdots&\beta_n\\\gamma_1&\gamma_2&\gamma_3&\cdots&\gamma_i&\cdots&\gamma_n\end{pmatrix}\tag{3-41}$$

如矩阵 $\boldsymbol{K}_1$ 的秩为 r，则式(3-41)的基础解数目

$$m=n-r \tag{3-42}$$

也就是，所述现象只能有 $n-r$ 个相互独立的相似准则。或者表述为 $n-r$ 个相似准则是该现象相似准则的完整集合。

例如方程组(3-39)的系数矩阵

$$\boldsymbol{K}_2=\begin{pmatrix} -1 & -1 & 1 & 1 & 1 & -3 \\ 1 & 1 & 0 & 0 & 0 & 1 \\ -2 & -1 & -2 & -1 & 0 & 0 \end{pmatrix} \tag{3-43}$$

矩阵 $\boldsymbol{K}_2$ 的秩 $r=3$，而参量的数目为 6，则只能有 3 个相互独立的相似准则。在此情况下，若令 $x_1=3, x_2=-5, x_3=-2$，可相应地求得 $x_4=3, x_5=3, x_6=2$，有

$$\prod\nolimits_2=\frac{v^3 l^3 p^3 \rho^2}{\eta^5 g^2}=\left(\frac{vl\rho}{\eta}\right)^5\left(\frac{p}{\rho v^2}\right)^3\left(\frac{v^2}{gl^2}\right)^2=Re^5 Eu^3 Fr^2$$

显然，Π_2 相对于 Re、Eu、Fr 来说不是独立的相似准则，而是 Re、Eu、Fr 准则的幂函数的乘积，可由这 3 个准则求得。

3. 求现象的相似准则完整集合的方法

一般可按下述步骤进行：

(1)列出参数的指数关系式(3-40)。

(2)列出参量的指数关系式的量纲矩阵式(3-41)，并计算其秩。

(3)根据式(3-42)计算独立相似准则的数目。

(4)根据参量的指数关系式，求参量的指数值。为此先列出求解 x_{n-2}, x_{n-1}, x_n 的方程式(假定量纲矩阵的秩 $r=3$)，表述为

$$\begin{cases} x_{n-2}=\alpha'_1 x_1+\alpha'_2 x_2+\cdots+\alpha'_{n-3} x_{n-3} \\ x_{n-1}=\beta'_1 x_1+\beta'_2 x_2+\cdots+\beta'_{n-3} x_{n-3} \\ x_n=\gamma'_1 x_1+\gamma'_2 x_2+\cdots+\gamma'_{n-3} x_{n-3} \end{cases} \tag{3-44}$$

根据式(3-42)、式(3-40)将有 $n-3$ 个基础解。根据线性代数理论，这 $n-3$ 个基础解系可由式(3-44)用如下方法求得

求第一个解：令 $x_1=1, x_2=x_3=\cdots=x_{n-3}=0$，可求得 $x_{n-2}=\alpha'_1, x_{n-1}=\beta'_1, x_n=\gamma'_1$。

求第二个解：令 $x_2=1, x_1=x_3=\cdots=x_{n-3}=0$，可求得 $x_{n-2}=\alpha'_2, x_{n-1}=\beta'_2, x_n=\gamma'_2$。

……

求第 $n-3$ 个解：令 $x_{n-3}=1, x_1=x_2=\cdots=x_{n-4}=0$，可求得 $x_{n-2}=\alpha'_{n-3}, x_{n-1}=\beta'_{n-3}$，$x_n=\gamma'_{n-3}$。

(5)根据解矩阵列出相似准则完整集合，显然，解矩阵的每一行就是组成相似准则的参量的一组指数。在上述情况下，相似准则的完整集合为

根据解矩阵第 1 行，可列出

$$\prod\nolimits_1=A_1 A_{n-2}^{\alpha'_1} A_{n-1}^{\beta'_1} A_n^{\gamma'_1}$$

根据解矩阵第 2 行，可列出

$$\prod\nolimits_2=A_2 A_{n-2}^{\alpha'_2} A_{n-1}^{\beta'_2} A_n^{\gamma'_2}$$

$$\vdots$$

根据解矩阵第 $n-3$ 行，可列出

$$\prod_{n-3} = A_{n-3}A_{n-2}^{\alpha'_{n-3}}A_{n-1}^{\beta'_{n-3}}A_{n}^{\gamma'_{n-3}}$$

3.4 模型设计准则及数据处理

3.4.1 模型设计的准则

相似第二定理是设计模型的总准则。为使模型中的现象和原型中的现象相似，在设计模型时应遵守以下基本条件：

(1)模型中的现象和原型中的现象应当是同类现象。

(2)对应瞬时，在模型和原型的对应点(或对应截面)上诸多定性准则对应相等。

(3)模型和原型必须呈几何相似。

(4)模型的边界条件与原型的边界条件必须相似。

(5)模型的初始条件和原型的初始条件必须相似。

现以设计黏性不可压缩流体在圆管内做稳定等温流动现象的模型为例，阐述上述条件如何实现。

为实现第一个条件，则流体在模型中也必须做稳定等温流动。

为实现第二个条件，则模型和原型的雷诺准则和傅鲁德准则必须相等。

为实现雷诺准则相等，则模型尺寸与模型中流体流动速度应服从关系式(3-29)，即

$$C_v=\frac{C_\eta}{C_\rho C_l} \tag{3-45}$$

若模型采用与原型同样性质的介质，即 $\eta''=\eta'$、$\rho''=\rho'$，于是 $C_\eta=1$、$C_\rho=1$，则式(3-45)变为 $C_v=1/C_l$。

这表明，在所述条件下，为实现模型和原型的雷诺准则相等，当模型尺寸为原型的 C_l 倍时，则在模型中流体的速度就应为原型的 $1/C_l$ 倍。

为保证傅鲁德准则相等，则模型尺寸与模型中流体流动速度应服从关系式(3-27)，即

$$C_v=\sqrt{C_g C_l} \tag{3-46}$$

这表明，在所述条件下，为实现模型和原型的傅鲁德准则相等，当模型尺寸为原型的 C_l 倍时，则在模型中流体的流速为原型的 $\sqrt{C_l}$ 倍。

显然，当模型采用与原型相同性质的流体时，式(3-45)和式(3-46)的要求无法同时满足。因此，模型和原型不能采用相同性质的流体。因为流体的运动黏度 $\gamma=\eta/\rho$，将 $C_\gamma=C_\eta/C_\rho$ 代入式(3-29)可得

$$C_v=\frac{C_\gamma}{C_l} \tag{3-47}$$

由式(3-46)和式(3-47)可得

$$C_\gamma=C_l^{\frac{3}{2}} \tag{3-48}$$

这表明，为实现模型和原型的雷诺准则和傅鲁德准则相等，则模型应满足下列两个条件：当模型尺寸为原型的 C_l 倍时，模型中流体的流速应为原型的 $\sqrt{C_l}$ 倍；模型中流体的运动黏度应为原型的 $C_l^{3/2}$ 倍。

为实现第三个条件，应取模型的圆管直径和长度为原型的 C_l 倍。边界条件相似包括入口和出口以及管壁流体流速相似。试验表明，黏性流体在管道中流动时，不管入口处速度分布如何，流经一定距离后，速度分布皆趋于一致。因此，入口和出口处的速度相似一般无须专门保证，而只要保证入口和出口的几何相似即可。由于模型和原型壁面处流体的流速皆为零，故壁面处的流速相似自然得到保证。因为是稳定流动，所以不可计初始条件相似这一条件。

【例 3-3】 有一小型车辆，高 $h=1.5$ m，在公路上行驶，行驶速度 $v_p=108$ km/h，拟通过风洞中模型试验来确定此轿车在公路上以此速行驶时的空气阻力。已知该风洞系低速全尺寸风洞($C_l=2/3$)，并假定风洞试验段内气流温度与车辆在公路上行驶时的温度相同，试求风洞试验时，风洞试验段内的气流速度。

解：首先根据流动性质确定决定性相似准数，这里选取雷诺数 Re 作为决定性相似准数，即 $C_lC_\rho C_v/C_\eta=1$。再根据决定性相似准数相等，确定几个比例系数的相互约束关系。由于采用的流体介质物理特性相同，由式(3-45)得到流速的相似比例 $C_v=1/C_l$，最后得到风洞试验段内的气流速度应该是 $v_m=v_p/C_l=108\times3/2=162$ km/h。

【例 3-4】 某一桥墩长为 24 m，墩宽为 4.3 m，两桥台的距离为 90 m，水深为 8.2 m，平均流速为 2.3 m/s。如试验室供水流量仅有 0.1 m^3/s，求该模型可选取的尺度比例系数。

解：对流动起主要作用的重力作用，取傅鲁德相似准数 Fr 为决定性相似准数，有 $C_v^2/(C_gC_l)=1$。因为物理介质相同，即 $C_g=1$，由式(3-46)得到流速的相似比例 $C_v=\sqrt{C_l}$，因此定义流量相似比例系数

$$C_q=C_l^3C_t^{-1}=C_l^2C_v=C_l^{\frac{5}{2}}$$

原型河流的流量

$$q_p=v_p(B_p-b_p)h_p=2.3\times(90-4.3)\times8.2=1\ 616\ \text{m}^3/\text{s}$$

原型和模型的尺寸比例系数

$$C_l=\frac{l_p}{l_m}=\left(\frac{q_p}{q_m}\right)^{\frac{2}{5}}=\left(\frac{1\ 616}{0.1}\right)^{\frac{2}{5}}=48.24$$

为了便于模型制作，对尺度比例系数取整，可以取比 48.24 稍大的整数作为尺度比例系数，最终选 $C_l=50$。然后再根据几何相似比例确定小比例试验的流量和流速等参数。

3.4.2 模型试验数据的处理

为使模型试验的结果能推广到与模型相似的原型上，根据相似第三定理，应将模型试验结果整理成相似准则之间的关系式(简称准则关系式)。例如，描述黏性流行强迫流动现象的准则关系式可表达为

$$Eu=CRe^n \tag{3-49}$$

在进行模型试验时，改变流速 v，测定对应的 p，则由

$$Eu=\frac{p}{\rho v^2},\quad Re=\frac{\rho vl}{\eta}$$

就可算得一系列 Re 和 Eu 对应值，进而就可根据试验数据的回归分析等有关方面的内容决定出式(3-49)中的常数 C 和 n，进而求得描述所述现象的准则关系式。把式(3-49)展开，就

可得到便于应用的、对所有与模型相似的现象群(包括原型)均适用的关系方程式

$$p=C\frac{\rho^{n+1}v^{n+2}l^{n}}{\eta^{n}} \tag{3-50}$$

值得注意的是,通过模型试验求得的准则关系式仅适用于试验所确认各参量的变化范围内,把这种关系式任意外推是不允许的。

【例 3-5】在例 3-3 中,通过风洞模型试验,获得模型轿车在风洞试验段中的风速为 45 m/s 时,空气阻力为 1 000 N,求此轿车以 108 km/h 的速度在公路上行驶时,所受的空气阻力。

解:在设计模型时,定下 $C_l=2/3$,$C_v=(45\times3.6)/108=3/2$,在相同的流体和相同的温度时,流体密度比例系数 $C_\rho=1$,那么空气阻力的比例系数 $C_F=C_\rho C_l^2 C_v^2=1$。因此,该轿车在公路上以 108 km/h 的速度行驶所遇到的空气阻力 $F_p=F_m/C_F=1\ 000$ N。

3.5 列车模型风洞试验

列车模型风洞试验是进行列车空气动力学研究的重要方法之一。在能模拟空气流的风洞设施中利用列车模型进行试验,被广泛应用于列车的绕流流场特性、列车表面附面层的发展与分离、列车的气动外形设计、列车横风稳定性等研究。

列车模型风洞试验是以相似理论为依据,试验时,以不动的列车模型受强迫流动的空气流作用来模拟列车在线路上行驶所受到的空气流作用。根据相似第二定理,当模型原型几何相似、雷诺准则相等以及实现边界条件相似时,列车模型在风洞中所受到的空气流作用将相似于列车在线路上行驶时所受到的空气流动作用。这样,按相似准则整理的风洞试验数据也将适用于列车的实际使用情况。

3.5.1 风　　洞

风洞是一种按一定要求设计的管道,在这个特殊的管道中,借助于动力装置产生可以人为控制的气流,根据运动的相对性和相似性原理进行各种空气动力试验的设备。

为了满足不同类型空气动力试验的要求,现代风洞的种类十分繁多。按照试验段气流的马赫数 Ma 来分类,有低速风洞($Ma<0.3$)、亚音速风洞($0.3\leqslant Ma<0.8$)、跨音速风洞($0.8\leqslant Ma<1.4$)、超音速风洞($1.4\leqslant Ma<5$)、高超音速风洞($Ma\geqslant5$)等 5 种。按照试验对象,风洞可分为航空风洞、建筑风洞和地面车辆风洞等。由于风速和边界条件不同,不同种类的风洞一般只适应于特定的测试对象。列车模型风洞试验一般在低速的地面车辆风洞中进行,因此本书主要介绍低速风洞。

1. 低速风洞的类型

按通过试验段气流循环形式来分,低速风洞有两种基本类型:直流式和回流式。

直流式风洞的特点是把通过试验段的气流排在风洞外部。这种风洞设备简单,建造成本低,但电机功率大,空气温度难以保持恒定,流场品质易受外界的干扰。

回流式风洞的特点是通过试验段的气流经循环系统再返回试验段。回流式风洞能回收气流动能,鼓风机用的电动机功率小,并能保持恒定的空气温度和湿度,但构造复杂,设备庞

大,建造成本高。世界上大多数风洞是回流式的,如图 3-6 所示。

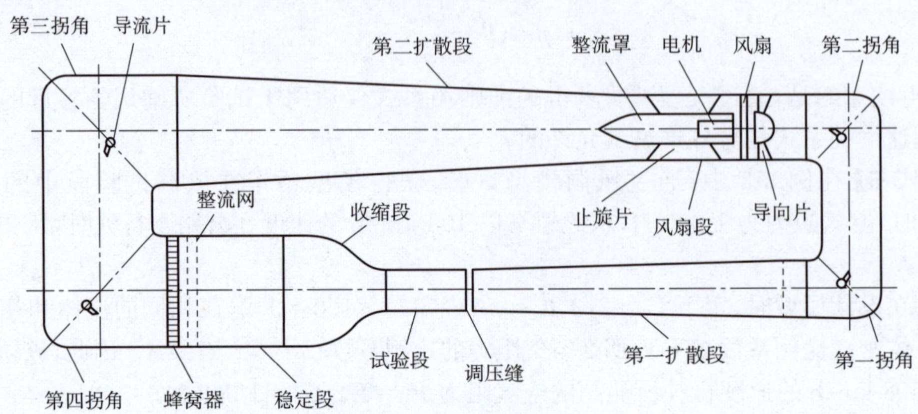

图 3-6 回流式低速风洞

回流式风洞一般是压力风洞。这种风洞需在试验前用人工方法控制洞内气体的绝对压力,使其为大气压的 0.125~25 倍。压力高可提高试验雷诺数,压力低时可提高马赫数,故设计成环形回流式比较合理,但环形回流式风洞的洞体需要承受较大的内外压差。

2. 低速风洞主要部件的功能

回流式低速风洞主要部件有:试验段,调压缝(孔),扩压段,拐角与导流片,稳定段、蜂窝器和整流网,收缩段,动力段等。各部分功能如下:

(1)试验段

试验段是风洞试验中模拟流场、进行模型空气动力试验的主要部件,是整个风洞的核心。要求试验段的气流稳定、速度大小和方向在空间分布均匀湍流度低、静压梯度低。

(2)调压缝(孔)

闭口回流式低速风洞试验段的后方,一般都有调压缝(通气缝)或调压孔(通气孔)。调压缝(孔)的功用是向风洞内补充空气,以保持试验段的压力与风洞外环境大气的压力基本相等。

(3)扩压段

低速风洞的扩压段是一种沿气流方向扩张的管道,故又称扩散段。其功用在于使气流减速,使动能转变为压力能,以减少风洞中气流的能量损失,降低风洞工作所需的功率。

(4)拐角与导流片

回流式风洞的通道中通常有四个使气流折转 90°的拐角。风洞中的拐角一般都装有导流片,导流片的功用就在于减小气流流经拐角时所产生的分离,减小二次流旋涡的强度,从而减少气流的能量损失,使气流流过拐角后的流场品质得到改善。

(5)稳定段、蜂窝器和整流网

稳定段是一段横截面相同的管道,其特点是横截面积大,气流速度低,并具有一定的长度,一般都装有整流装置。蜂窝器和整流网,其功能在于使来自上游的紊乱的不均匀的气流稳定下来使旋涡衰减、气流速度和方向均匀性提高。

(6)收缩段

收缩段是一段顺滑过渡的收缩曲线形管道,在低速风洞中位于稳定段与试验段之间。收缩段的功能是使来自稳定段的气流均匀地加速,并有助于试验段的流场品质(气流的均匀性、湍流度等)得到改善。

(7)动力段

低速风洞的动力段,一般由动力段外壳风扇、驱动风扇的电动机、整流罩、导向片或预扭片、止旋片或反扭片等部分组成。动力段的功用是向风洞内的气流补充能量,以保证气流以一定的速度稳定地运转。

3.5.2 列车模型风洞试验原理

对列车在空气中的等速直线运动,按照运动的相对性原理,可以认为列车静止不动,与列车速度大小相同,方向相反的空气流过列车,列车上承受的空气动力与列车运动在静止空气中承受的空气动力完全相同。

列车气动特性风洞模型试验正是根据运动相对性原理和流动相似原理,将列车和线路等物体按几何相似制作成缩比模型,并固定在风洞的试验段。风洞的动力装置产生气流通过稳定、加速和整流,使之成为具有所需要的速度、密度和压力的均匀气流。当其流过列车模型,在满足雷诺相似准则即雷诺数相等的条件下,测量列车模型的空气动力特性,就可以得到实际列车的空气动力特性。

具体地,使列车模型风洞试验的雷诺数与列车在线路上行驶时相同,即

$$Re=\frac{\rho' v' l'}{\eta'}=\frac{\rho'' v'' l''}{\eta''} \tag{3-51}$$

由于风洞中的气压通常是标准大气压,空气流的性质与大气中相同,所以 $\eta'=\eta''$,$\rho'=\rho''$。这样,当模型较列车原型缩小某一倍数时,则风洞中的气流流速应比列车的行驶速度扩大同样的倍数。当然,列车模型设计得大一些,同样风速下模拟的车速就高一些,模型试验的准确度也将高一些。

现以测定列车的空气阻力系数来说明上述试验原理。由空气动力学得知,列车所受到空气阻力

$$P_w=C\rho A v^2 \tag{3-52}$$

式中 C——列车流线型系数;

ρ——空气的密度;

A——列车的迎风面积;

v——列车与空气的相对速度。

因为地面上空气密度 ρ 变化甚小,可视为常数,对某一具体的列车来说,则 $C\rho$ 也可视为是一个常数,用 K 表示,称为空气阻力系数。列车的空气阻力系数可用列车模型由风洞试验测得。在做风洞试验时,利用风洞设施中的测力装置测得模型在气流速度为 v''时的空气阻力 P''_w 后,就可用式(3-52)算出流线型系数 C。由于 C 是一个无量纲量,所以对模型和原型其数值相等。因为 $\rho'=\rho''$,所以列车模型在气流速度为 v''时的空气阻力系数 K″也就是列车原型在行驶速度为 C_1v''(C_1 为列车模型的相似倍数)时的空气阻力系数。

3.5.3 列车风洞试验技术

1. 测力试验

列车风洞模型测力试验是列车模型最基本的试验内容之一。试验目的是测量列车模型在各种路况、不同来流和不同侧偏角下的空气阻力、升力、侧向力、侧偏力矩、倾覆力矩和俯仰力矩。试验方法是在给定的动压条件下,采用六分量天平测量列车模型在各种条件下的气动力和力矩。

风洞中用来测量作用在列车模型上的气动力和力矩的测量仪器是气动力天平。按测量的力和力矩的数量,气动力天平可以分为单分量天平、三分量天平、四分量天平和六分量天平;按工作原理,主要有机械式天平、电阻应变式天平和磁悬式天平。列车风洞模型试验中大多采用盒式电阻应变式天平,并尽可能安装在列车模型的内部。

2. 测压试验

测压试验(也称压力分布试验),其目的是测量列车各部分,如车头、车尾、车窗、风挡、转向架、空调、风道口等表面的压力分布,为研究各部分的气动特性和绕流模型的流动提供依据。通过压力分布的测量可以确定列车上升力、侧向力和压差阻力,确定列车表面附面层的转捩点和分离点的位置,从而可以大致分析列车表面附面层的状态。因此,风洞模型压力分布测量是研究列车气动特性、验证数值计算方法是否准确的一个重要手段。

压力分布试验使用测压模型。测压模型除在模型表面的适当位置布置测压孔并在模型内部留有传压管道布管槽和一定空间外,其他要求和测力模型基本相同。

压力分布测量的主要仪器是压力扫描阀和压力传感器。压力扫描阀一般尽可能放入模型内部,这样可以减少管道的长度,同时也可避免管道对流场的影响。压力扫描阀的信号线一般由列车模型的尾部穿出。如果同时进行测力试验,也可和测力天平的数据线一起顺天平支杆穿出。

测压孔的布置一般不采用均匀分布,在压力变化剧烈的地方,测压孔的布置要适当密一些;在压力变化平缓的地方,测压孔的布置要适当疏一些。

测压试验所测得的压力,最后应化为无量纲的压力系数,其定义为

$$C_p=\frac{p_b}{q}=\frac{p-p_a}{0.5\rho v^2} \tag{3-53}$$

式中 p_b——绝对压力(Pa);

p_a——环境大气压力,即参考压力(Pa);

q——动压,$q=0.5\rho v^2$;

ρ——空气密度(kg/m^3);

v——空气相对于列车的流速,这里为吹风速度(m/s)。

根据伯努利方程可知,低速时在驻点处,压力系数等于1,这是流场中压力系数的最大值。

根据附面层转捩和分离的特性,可用压力系数的分布曲线来判断物面上附面层转捩点和分离点的位置,在曲面附面层的情况下,附面层转捩往往发生在开始出现逆压梯度的地方,可以近似地认为,最小压力点就是附面层的转捩点。

由于分离区的压力基本保持不变，故可以认为压力系数分布曲线和 x 坐标轴平行的一段就是分离区。

由公式 $u/v=\sqrt{1-C_p}$ 可以很方便地从压力分布计算出速度分布，其中 u 为流场速度。

3.5.4 地面效应模拟技术

列车模型在进行风洞试验时，除了要求风洞的流场足够均匀外，还需要采取措施来模拟地面效应。列车在道路上行驶时，空气相对于轨道是静止的，因此在轨道上不存在附加层。在风洞中进行列车模型试验时，如果直接用风洞底部壁面作为列车风洞试验用的地板，那么来流在风洞壁面形成的附面层顺着流向不断增厚，列车模型底部的流动和压力分布将发生很大的变化。由于列车空气动力特性与列车底部的流场特性密切相关，这将使得列车模型的阻力减小，升力增大，其他力矩值也将相应变化。目前国内外消除风洞壁面附面层影响的方法主要是在距地面一定高度安装列车模型试验专用地板，将列车安装在专用地板上。消除风洞壁面附面层影响的列车模型专用地板试验方法有两种：活动地板法和固定地板法。

1. 活动地板法

活动地板法是目前最令人满意的模拟地面效应影响的方法。活动地板的速度和风洞的气流速度相匹配，能够很好地模拟空气、地面和列车的相对运动，附面层引起的影响将大大削弱。法国的高速列车 TGV 在配置传送带（活动地板的一类）的风洞中进行的模型试验，取得和实车试验吻合很好的结果。目前，国内同济大学、吉林大学的汽车风洞具有移动带装置，可以模拟汽车地面效应，但汽车风洞的风速较低，用于实施高速列车的风洞试验是有困难的。

2. 固定地板法

目前我国大多数高速列车风洞试验都是利用航空风洞进行，但航空风洞都没有活动地板装置。为了适应高速列车的风洞试验，航空风洞一般采用固定地板装置来模拟地面效应。该装置又可分为无抽吸固定地板和抽吸固定地板。

无抽吸固定地板的优点是结构简单，便于模型安装和调试。缺点是虽成功避免了风洞壁面附面层的影响，但在固定地板上又产生了新的附面层，该附面层依然对列车的底部流场有较大影响。

抽吸固定地板通过抽吸来控制附面层的厚度来改善固定地板附面层影响问题的一种方法。图 3-7 是一种均匀吸气的抽吸地板装置。整个地板由四块地板前后拼接而成，地板上表面均匀分布着小孔，孔间距 5 mm，孔径 0.6 mm，地板采用空心结构，驻室通过板两边的抽吸管道与真空罐相连。为确保抽吸沿整个地板的均匀性，必须精心设计驻室和抽吸管道的截面积分布。

研究结果表明，利用均匀抽吸地板可以有效地改善地板附面层影响，提高列车模型风洞试验气动载荷的测试精度。

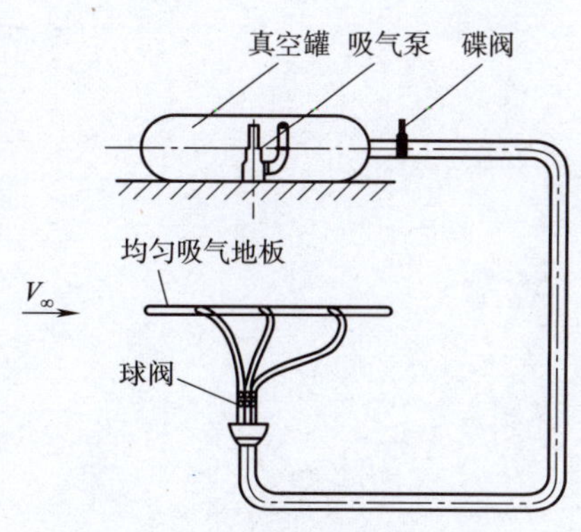

图 3-7 抽吸地板结构示意

3.5.5 列车模型风洞试验的局限性

列车在线路上行驶时，除其车轮与轨道接触外，其余部分均处在自由大气中，而在列车模型风洞中，上述边界条件只能做到近似。在风洞中，气流被风洞的四壁所包围，洞壁的存在将使空气绕流模型的状态产生畸变，在大多数情况下，会产生附加作用力，而使试验的准确度降低。为保证试验有足够的准确度，列车模型的迎风面积不应大于风洞试验段截面积的10％。

用列车模型风洞试验技术可以缩短列车外形设计周期，并能节省大量的费用。但需要指出，制作与实物准确相似的模型是困难的，在模型上模拟列车车下空间的气流和压力分布也很难办到，而且准确地实现空气流的动力相似也是不可能的。因此，模型试验结果总会有误差，这种误差有时可达40％甚至更高。通常，模型风洞试验数据须由实测的经验数据进行修正后才能用于原型。因此，列车模型风洞试验不能替代实车试验。

4 现代测试系统

20 世纪 70 年代以来，计算机、微电子等技术迅猛发展并逐步进入测量和仪器仪表技术领域。在计算机和微电子计算的推动下，测量技术与仪器不断进步，相继出现了智能仪器、总线仪器、PC 仪器、VXI 仪器、虚拟仪器等计算机化仪器及其自动测试系统，计算机与现代仪器设备间的界限日渐模糊，测量领域和范围不断拓宽。与计算机技术紧密结合，已是当今仪器与测控技术发展的主潮流。

配以相应软件和硬件的计算机将能够完成许多仪器仪表的功能，实质上相当于一台多功能的通用测量仪器。此类现代仪器设备的功能已不再由按钮和开关的数量来限定，而是取决于存储器内软件的数量。从这个意义上，可以认为计算机与现代仪器设备日渐趋同，两者间已表现出全局意义上的相通性。

本章主要讨论计算机辅助测试技术的基本原理及其系统构成方式，并对目前基于计算机的测试系统发展现状作简要介绍。

4.1　计算机测试系统的基本组成

计算机测试系统的基本组成框图如图 4-1 所示，主要在计算机系统上增加了数据采集模块（多路模块开关、采样保持、A/D、D/A、控制逻辑）和相应的软硬件模块。与传统的测试系统比较，计算机测试系统通过数据采集模块将传感器输出的模拟信号转换为数字信号，利用计算机系统丰富的软、硬件资源达到测试自动化和智能化的目的。因此，数据采集模块是计算测试系统的核心。

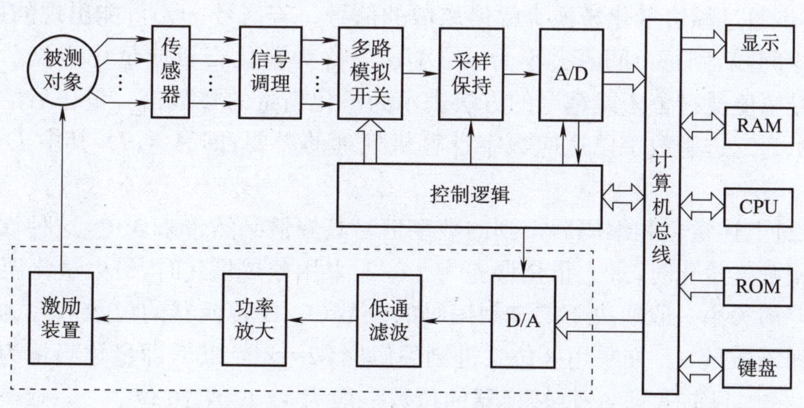

图 4-1　计算机测试系统的基本组成框图

4.1.1 A/D 转换与 D/A 转换

将模拟量转换成与其对应的数字量的过程称为模/数(A/D)转换，反之，将数字量转换成与其对应的模拟量的过程则称为数/模(D/A)转换，实现上述过程的装置分别称为 A/D 转换器和 D/A 转换器。A/D 和 D/A 转换是数字信号处理的必要程序。通常所用的 A/D 和 D/A 转换器其输出的数字量大多是用二进制编码表示，以便与计算机系统相适应。

随着大规模集成电路技术的发展，各种类型的 A/D 和 D/A 转换芯片已大量供应市场，其中大多数是采用电压—数字转换方式，输入、输出的模拟电压也都标准化，如单极性 0～5 V、0～10 V 或双极性±5 V、±10 V 等，给使用带来极大方便。

1. A/D 转换

A/D 转换过程包括采样、量化和编码三个步骤，其转换过程如图 4-2 所示。

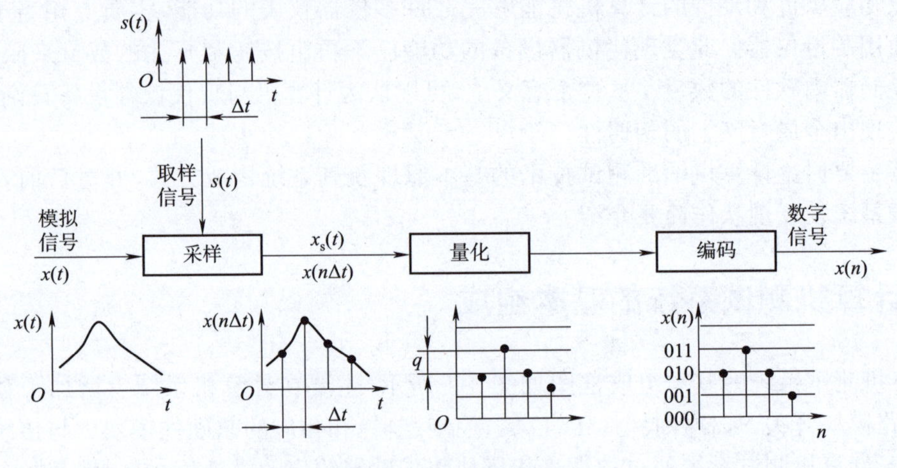

图 4-2 A/D 转换过程

由图 4-2 可见，采样是将连续时间信号离散化。采样后，信号在幅值上仍然是连续取值的，必须进一步通过幅值量化转换为幅值离散的信号。若信号 $x(t)$可能出现的最大值为 A，令其分为 d 个间隔，则每个间隔大小为 $q=A/d$，q 称为量化当量或量化步长。量化的结果是将连续信号幅值通过舍入或截尾的方法表示为量化当量的整数倍。量化后的离散幅值需通过编码表示为二进制数字以适应数字计算机处理的需要，即 $A=qD$，其中 D 为编码后的二进制数。

显然，经过上述量化和编码后得到的数字信号其幅值必然带来误差，这种误差称为量化误差。当采用舍入量化时，最大量化误差为$\pm q/2$，采用截尾量化时，最大量化误差为$-q$。

量化误差的大小一般取决于二进制编码的位数(A/D 转换器的位数)，因为其决定了幅值被分割的间隔数量 d。如采用 8 位二进制编码时，$d=2^8=256$，即量化当量为最大可测信号幅值的 1/256。目前常见 A/D 转换器的位数一般为 12 位或 16 位。

实际的 A/D 转换器通常利用测量信号与标准参考信号进行比较获得转换后的数字信号，根据其比较的方式可将其分为直接比较型和间接比较型两大类。

直接比较型 A/D 转换器将输入模拟电压信号直接与作为标准的参考电压信号相比较，

得到相应的数字编码，如逐次逼近式 A/D 转换器通过将待转换的模拟输入量 U_i 与一个推测信号 U_R 相比较，根据比较结果调节 U_R 以向 U_i 逼近。该推测信号 U_R 由 D/A 转换器的输出获得，当 U_R 与 U_i 相等时，D/A 转换器的输入数字量即为 A/D 转换的结果，具体实现框图如图 4-3 所示。

"推测"输出的具体过程如下：使移位寄存器的每一位从最高位开始依次置 1，每置一位时均进行比较，若 $U_i<U_R$，则比较器输出为 0，并使该位清零；若 $U_i>U_R$，则比较器输出为 1，并使该位保持为 1，直至比较至最后一位为止。此时数据锁存器中的数值即为转换结果。显然，逐次逼近式 A/D 转换是在移位时钟控制下进行的其比较的次数等于其位数，完成一次转换共需要 $n+1$ 个时钟脉冲（最后一个时钟脉冲用于表明移位寄存器溢出，转换结束）。

直接型 A/D 转换器属于瞬时比较，转换速度快，常作为数字信号处理系统的前端，缺点是抗干扰能力差。

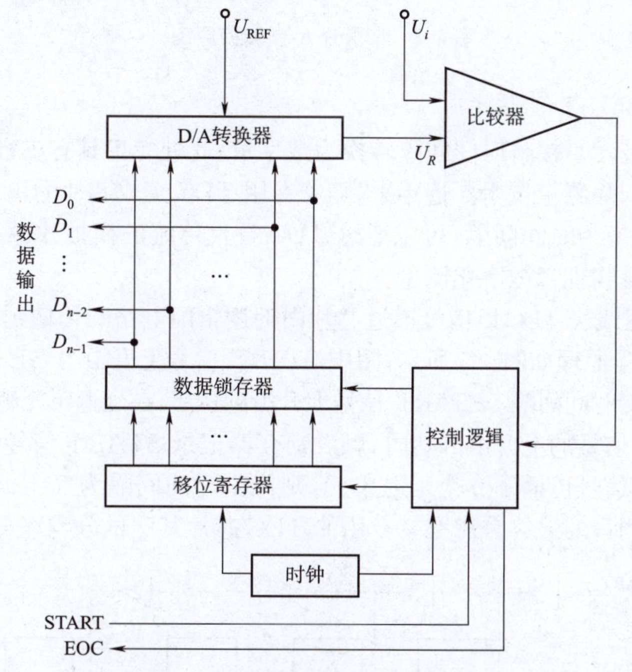

图 4-3 逐次逼近式 A/D 原理框图

间接比较型 A/D 转换器首先将输入的模拟信号与参考信号转换为某种中间变量（如时间、频率、脉冲宽度等），然后再对其进行比较得到相应的数字量输出。如双积分式 A/D 转换器通过时间作为中间变量实现转换。其原理是：先对输入模拟电压 U_i 进行固定时间的积分，然后通过控制逻辑转为对标准电压 U_{REF} 进行反向积分，直至积分输出返回起始值，这样对标准电压积分的时间 T 将正比于 U_i，如图 4-4 所示。U_i 越大，反向积分时间越长。若用高频标准时钟测量时间 T，即可得到与 U_i 相应的数字量。

间接型 A/D 转换器抗干扰能力强，但转换速度慢，常用于数字显示系统中。

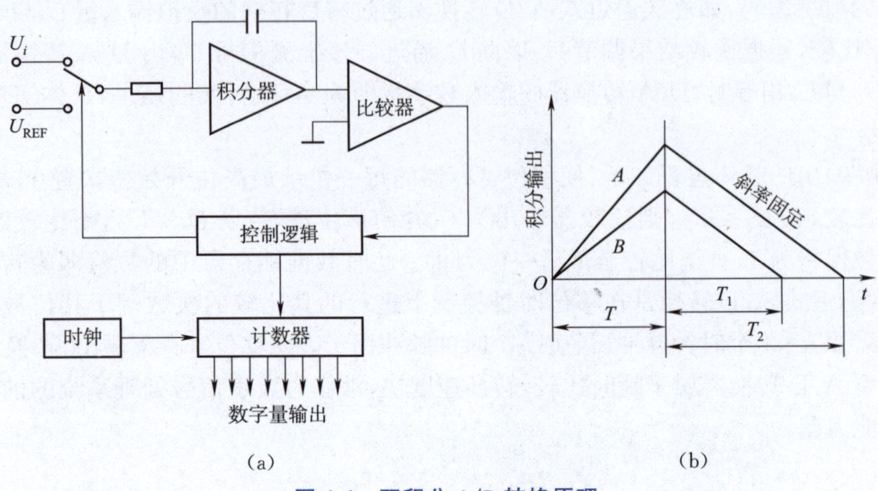

图 4-4　双积分 A/D 转换原理

2. 时间数字转换(TDC)技术

时间数字转换技术直接将时间间隔转换为数字量,此处专指具有皮秒(1 ps=10^{-12} s)分辨率的高精度时间间隔测量技术。近年来,随着专用 TDC 集成芯片的出现,通过将应变、流量、厚度等物理量转换为时间间隔,可以通过 TDC 替代传统的模拟式 A/D 转换器,直接实现应变、流量、厚度等物理量数字化测量。

常用的抽头延迟线法 TDC 以信号通过芯片内部逻辑门电路的传输延迟来实现高精度的时间间隔测量,其测量原理如图 4-5 所示,图中 START 信号上升沿与 STOP 信号上升沿之间的时间间隔 T 为待测时间间隔。START 信号上升沿到达后,在延迟单元组成的专用延迟线中进行传播,当 STOP 信号的上升沿到达时,触发锁存器记录 START 信号传播所经延迟单元的状态,若 START 信号传播了 n 个延迟单元,则待测时间间隔为 $T=n\tau$,显然延迟单元的延迟周期 τ 决定了测量的最终分辨率。专用的 TDC 芯片其测试分辨率可达 15 ps。

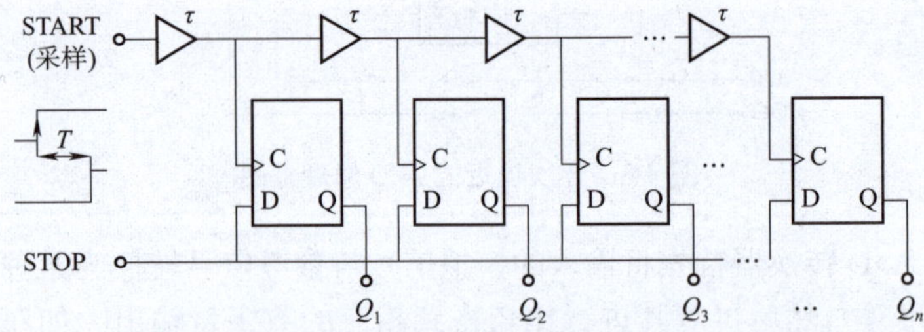

图 4-5　抽头延迟线法 TDC 原理

图 4-6(a)为 TDC 芯片应用于应变测量的原理框图,其中 R_{sg1} 和 R_{sg2} 为组成一个测量半桥的两个电阻应变片,C_{load} 为放电电容,每一个应变片都和 C_{load} 相连组成一个低通滤波器。开始测量时,序列发生器首先控制芯片内部电子开关导通对 C_{load} 充电到上限电压 U_{cap},然后分别控制 A_1/A_2 或 A_3/A_4 导通,使得电容电压通过相应的应变电阻放电,直到电压降到下限放电电压 U_{trig},整个放电过程历经的时间由 TDC 模块测量,该充、放电的过程接着再重复一

次，区别在于第二次放电在另外一只应变电阻上完成，两次充、放电循环构成了一次完整的应变测量。图 4-6(b)为电容充放电曲线，开始时，R_{sg1} 和 R_{sg2} 阻值相等，当被测物体应力状态发生变化时，R_{sg1} 和 R_{sg2} 的电阻值也发生变化，同时引起电容放电时间的变化，C_{load} 通过两个应变电阻的放电方程分别为

$$U_{trig}=U_{cap}\left(1-e^{-\frac{t_1}{R_{sg1}C_{load}}}\right) \tag{4-1}$$

$$U_{trig}=U_{cap}\left(1-e^{-\frac{t_2}{R_{sg2}C_{load}}}\right) \tag{4-2}$$

若对称粘贴于承受弯矩的试件表面的两个应变片电阻变化分别为 $\pm\Delta R$，将阻值代入式(4-1)、式(4-2)，可求得

$$\frac{\Delta R}{R}=\frac{t_1-t_2}{t_1+t_2}=K\varepsilon \tag{4-3}$$

式中 K——应变片灵敏度系数；

ε——结构或部件的应变($\mu\varepsilon$)；

t_1，t_2——TDC 测量的两次放电时间(s)。

由式(4-3)可见，被测试件应变值仅与电容放电时间有关。

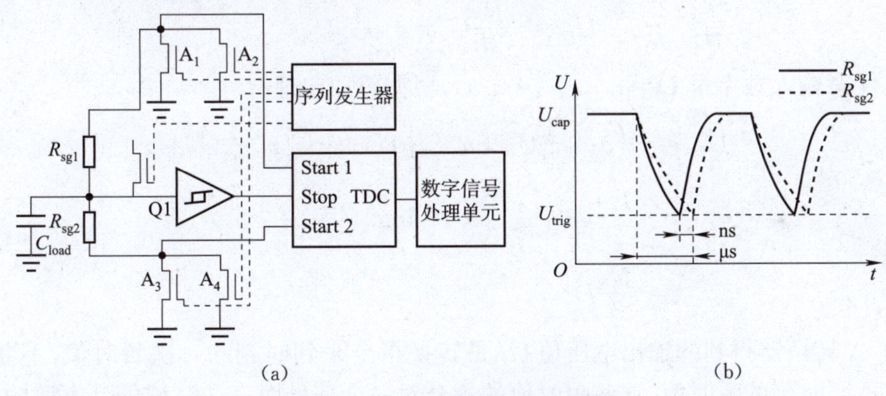

图 4-6 TDC 时间测量原理框图

3. D/A 转换

D/A 转换器将输入的数字量转换为模拟电压或电流信号输出，其基本要求是输出信号 A 与输入数字量 D 成正比，即

$$A=qD \tag{4-4}$$

式中，q 为量化当量，即数字量的二进制码最低有效位所对应的模拟信号幅值。

根据二进制计数方法，一个数是由各位数码组合而成的，每位数码均有确定的权值，即

$$D=2^{n-1}a_{n-1}+2^{n-2}a_{n-2}+\cdots+2^1a_1+2^0a_0 \tag{4-5}$$

式中，$a_i(i=0,1,\cdots,n-1)$等于 0 或 1，表示二进制数的第 i 位，即二进制数可表示为 $a_{n-1}a_{n-2}\cdots a_1a_0$。

为了将数字量表示为模拟量，应将每一位代码按其权值大小转换成相应的模拟量，然后根据叠加原理将各位代码对应的模拟分量相加，其和即为与数字量成正比的模拟量，此即为 A/D 转换的基本原理。

上述过程通常通过 T 形电阻解码网络实现，其原理如图 4-7 所示。

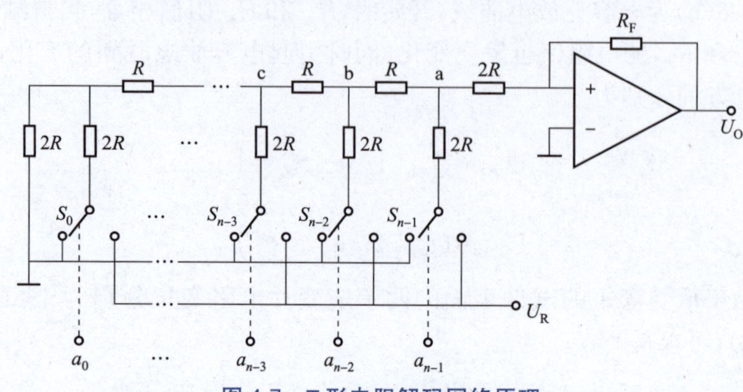

图 4-7　T 形电阻解码网络原理

当输入量 $a_i(i=0,1,\cdots,n-1)$中仅有第 i 位为 1 时，分析可得

$$U_a=\frac{1}{3\times 2^{n-i-1}}U_R \tag{4-6}$$

若取 $R_F=3R$，则

$$U_O=-\frac{R_F}{2R}U_a=-\frac{1}{2^{n-i}}U_R \tag{4-7}$$

对于任意输入数字量 $D=a_{n-1}a_{n-2}\cdots a_1a_0$，根据叠加定理有

$$\begin{aligned} U_O&=-\left(a_{n-1}\frac{1}{2^1}U_R+a_{n-2}\frac{1}{2^2}U_R+\cdots+a_0\ \frac{1}{2^n}U_R\right)\\ &=-\frac{U_R}{2^n}(2^{n-1}a_{n-1}+2^{n-2}a_{n-2}+\cdots+2^0a_0)\\ &=-\frac{U_R}{2^n}D \end{aligned} \tag{4-8}$$

从 D/A 转换器得到的输出电压值 U_O 是转换指令来到时刻的一次瞬时值，不断转换可得到各个不同时刻的瞬时值，这些瞬时值的集合对一个信号而言在时域仍是离散的，要将其恢复为原来的时域模拟信号，还必须通过保持电路进行波形复原。

保持电路在 D/A 转换器中相当于一个模拟存储器，其作用是在转换间隔的起始时刻接收 D/A 转换输出的模拟电压脉冲，并保持到下一转换间隔的开始(零阶保持器)。由图 4-8 可见，D/A 经保持器输出的信号实际为许多矩形脉冲构成，为了得到光滑的输出信号，还必须通过低通滤波滤去其中的高频噪声，从而恢复出原信号。

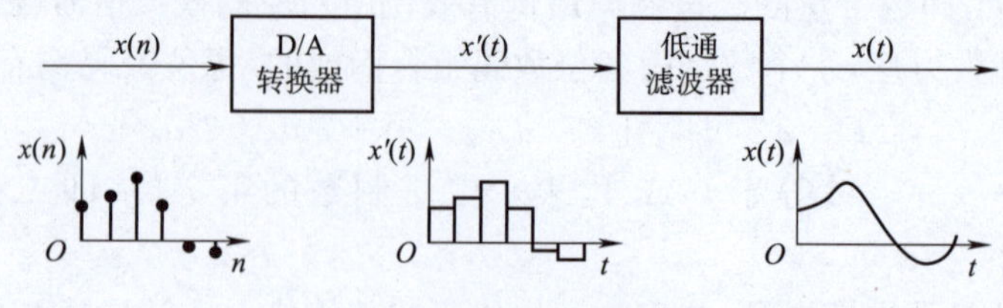

图 4-8　D/A 转换过程

对于 D/A 转换，只要转换间隔与量化当量足够小，就可以精确恢复出原来的时域波形。

4.1.2 采样保持(S/H)

在对模拟信号进行 A/D 变换时,从启动变换到变换结束,需要一定的时间,即 A/D 转换器的孔径时间。当输入信号频率较高时,由于孔径时间的存在,会造成较大的孔径误差。要防止这种误差的产生,必须在 A/D 转换开始时将信号电平保持不变,而在 A/D 转换结束后又能跟踪输入信号的变化,即使输入信号处于采样状态。能完成上述功能的器件称为采样保持器,图 4-9 给出了采样保持的波形。由上述分析可知采样保持器在保持阶段相当于一个“模拟信号存储器”。在 A/D 转换过程中,采样保持对保证 A/D 转换的精确度具有重要作用。

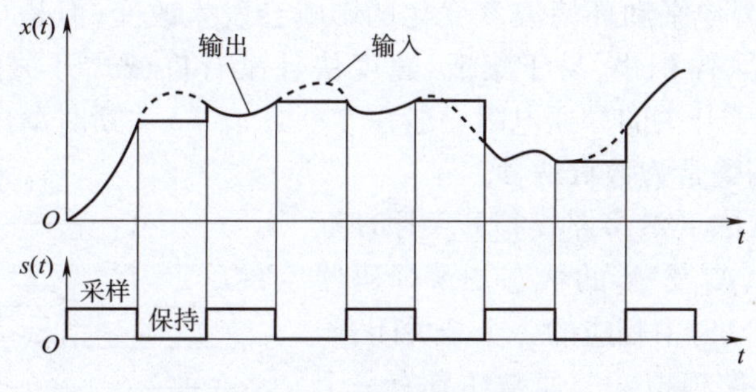

图 4-9 采样保持波形

采样保持电路的基本原理如图 4-10(a)所示,主要由保持电容 C,输入、输出缓冲放大器以及控制开关 S 组成。图中,两放大器均接成跟随器形式,采样期间,开关闭合,输入跟随器的输出给电容器 C 快速充电;保持期间,开关断开,由于输出缓冲放大器的输入阻抗极高,电容器上存储的电荷将基本维持不变,保持充电时的最终值供 A/D 转换。

采样保持器工作状态由外部控制信号控制,由于开关状态的切换需要一定的时间,因此实际保持的信号电压会存在一定的误差,如图 4-10(b)所示这种时间滞后称为采样保持器的孔径时间,显然,其必须远小于 A/D 的转换时间,同时也必须远小于信号的变化时间。

实际系统中,是否需要采样保持电路,取决于模拟信号的变化频率和 A/D 转换时间,通常对直流或缓变低频信号进行采样时可不用采样保持电路。

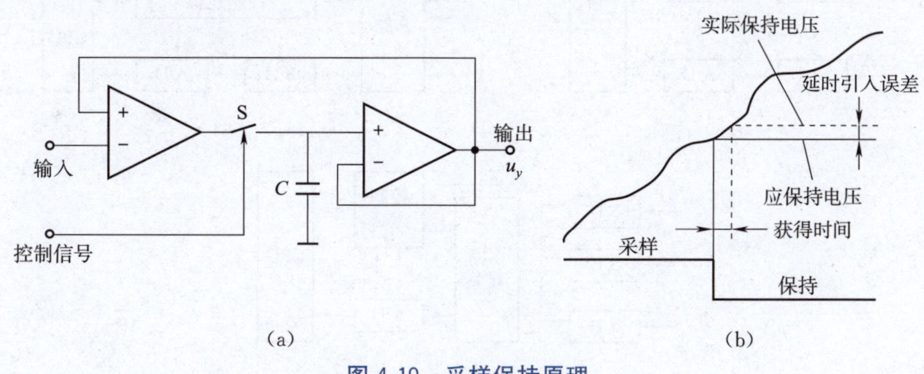

图 4-10 采样保持原理

4.1.3 多路模拟开关

多路模拟开关的作用是实现信号测量通道的切换，将多路输入信号分时输入公用的输入回路进行测量。实际的测试系统通常需要进行多参量的测量，即采集来自多个传感器的输出信号，如果每一路信号都采用独立的输入回路(信号调理、采样/保持、A/D)，则系统成本将比单路成倍增加。同时，由于模拟器件、阻容元件参数、特性不一致，对系统的校准带来很大困难。因此通常采用多路模拟开关，使得某一时刻只对一路信号进行处理，简化了系统结构，降低了系统成本。

目前，计算机测试系统中常采用 CMOS 场效应模拟电子开关，尽管模拟电子开关的导通电阻受电源模拟信号电平和环境温度变化的影响会发生改变，但是与传统的机械触点式开关相比，具有功耗低、体积小、易于集成、速度快且没有机械式开关的抖动现象等优点。CMOS 场效应模拟电子开关的导通电阻一般在 200 Ω 以下，关断时漏电流一般可达纳安级甚至皮安级，开关时间通常为数百纳秒。

图 4-11 为八选一 CMOS 多路模拟开关原理框图，根据控制信号 A_0、A_1 及 A_2 的状态，3-8 译码器在同一时刻只选中 S_0～S_7 中相应的一个开关闭合。实际的 CMOS 集成多路模拟开关通常还具有一个使能(enable)控制端，当使能输入有效时才允许选中的开关闭合，否则所有开关均处于断开状态。使能端的存在主要是便于通道扩展，如将八选一扩展为十六选一。

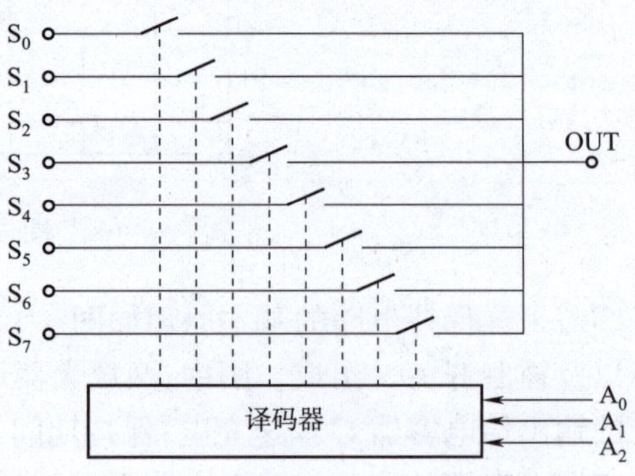

图 4-11 多路模拟开关原理框图

4.1.4 多通道数据采集系统的组成方式

计算机多通道模拟信号输入子系统常称为多通道数据采集系统，按不同的要求类型如图 4-12 所示。

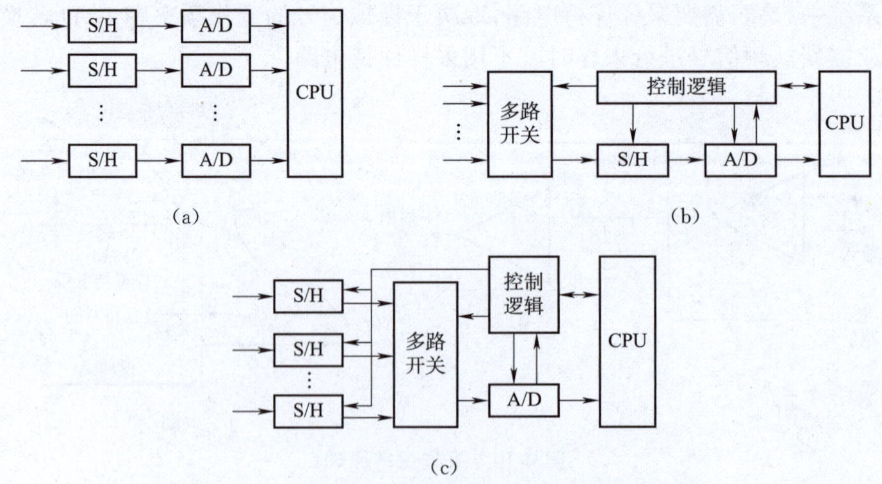

图 4-12 计算机多通道数据采集系统的典型结构

(1)每通道具有独立的采样保持和 A/D 转换器。这种系统主要适用于高速数据采集,每个通道的采样速率都能达到 A/D 转换器的最大转换速度,如图 4-12(a)所示。

(2)多通道分时共享采样保持电路和 A/D 转换器。这种系统较为常见,系统结构简单,必要时还可外加多路模拟开关扩展输入通道。但由于这类系统一般采取通道巡回检测的方式,一般采样速度不高,如图 4-12(b)所示。

(3)多通道共享 A/D 转换器。这种系统也常称为同步数据采集系统,每个通道有一个采样保持电路,并受同一信号控制,保证同一时刻采样各通道信号,有利于对各个通道的信号波形进行相关分析,如图 4-12(c)所示。

近年来,随着微电子技术的迅速发展,已经出现了单片集成式数据采集系统,将多路开关采样保持以及 A/D 甚至 D/A 集成于一体,并与计算机接口兼容,极大地简化了系统的设计和结构,如 6 通道 1 位同步采样 A/D 转换器芯片 AD7656、8 通道 14 位同步采样 A/D 转换器芯片 MAX1320 等。

4.2 虚拟仪器

虚拟仪器(virtual instrument,VI)是目前国内外测试技术界和仪器制造界十分关注的热门话题。虚拟仪器是一种概念性仪器,迄今为止,业界还没有一个明确的国际标准和定义。

虚拟仪器实际上是一种基于计算机的自动化测试仪器系统,是现代计算机技术和仪器技术完美结合的产物,是当今计算机辅助测试(computer-aided testing,CAT)领域的一项重要技术。虚拟仪器利用集成在计算机上的一组软件与仪器模块相连接,将计算机硬件资源与仪器硬件有机地融合为一体,从而把计算机强大的计算处理能力和仪器硬件的测量、控制能力结合在一起,大大缩小了仪器硬件的成本和体积,并通过计算机强大的图形界面和数据处理能力提供对测量数据的分析和显示。

虚拟仪器技术的开发和应用的活跃源于 1986 年美国国家仪器公司(Nation Instruments,NI)设计的 LabVIEW,其为一种基于图形的开发、调试和运行程序的集成化环境,实现了虚拟仪器的概念。NI 提出的"软件即仪器"(The software is the instrument)的口号,彻底打破了仪器只能由生产厂家定义,用户无法改变的模式,利用虚拟仪器,用户可以很方便地组建自己的自动测试系统。

虚拟仪器具有传统独立仪器无法比拟的优势,尤其是复杂环境下的自动化测试是虚拟仪器的强项,可以完成传统的独立仪器难以胜任的任务,甚至是不可完成的工作。

4.2.1 虚拟仪器的出现

电子测量仪器发展至今,大体分为四代:模拟仪器、数字化仪器、智能仪器和虚拟仪器。

第一代:模拟仪器,如指针式万用表、晶体管电压表等。其基本结构是电磁机械式,借助指针来显示最终结果。

第二代:数字化仪器,如目前相当普及如数字电压表、数字频率计等。这类仪器将模拟信号的测量转化为数字信号测量,并以数字方式输出最终结果。

第三代:智能仪器。这类仪器内置微处理器既能进行自动测试又具有一定的数据处理能力，习惯上称为智能仪器。其功能块以硬件或固化的软件形式存在。

第四代：虚拟仪器。虚拟仪器是由计算机硬件资源、模块化仪器硬件和用于数据分析、过程通信及图形用户界面的软件组成的测控系统，是一种由计算机操纵的模块化仪器系统。与传统仪器一样，虚拟仪器也由三大功能块构成：信号的采集与控制、信号的分析与处理、结果的表达与输出，如图 4-13 所示。

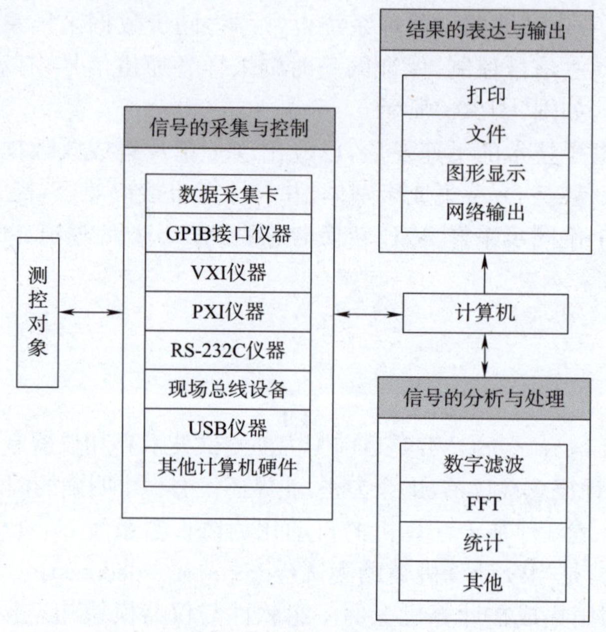

图 4-13 虚拟仪器结构

与传统仪器相比，虚拟仪器有以下优点：

(1)融合计算机强大的硬件资源，突破了传统仪器在数据处理、显示、存储等方面的限制，大大增强了传统仪器的功能。

(2)利用了计算机丰富的软件资源，实现了部分仪器硬件的软件化，增加了系统灵活性。通过软件技术和相应数值算法，可以实时、直接地对测试数据进行各种分析与处理。同时，图形用户界面(GUI)技术使得虚拟仪器界面友好、人机交互方便。

(3)基于计算机总线和模块化仪器总线硬件实现了模块化、系列化，提高了系统的可靠性和易维护性。

(4)基于计算机网络技术和接口技术，具有方便灵活的互联能力广泛支持各种工业总线标准。因此，利用 VI 技术可方便地构建自动测试系统实现测量、控制过程的智能化、网络化。

(5)基于计算机的开放式标准体系结构。虚拟仪器的硬、软件都具有开放性、可重复使用及互换性等特点。用户可根据自己的需要选用不同厂家的产品，使仪器系统的开发更为灵活、效率更高，缩短了系统组建时间。

虚拟仪器可广泛应用于电子测量、振动分析、声学分析、故障诊断、航天航空、军事工程、电力工程、机械工程、建筑工程、铁路交通、地质勘探、生物医疗、教学及科研等诸多方面，遍及国民经济的各个领域。虚拟仪器的发展对科学技术的发展和国防、工业、农业的生产将产生不可估量的影响。

虚拟仪器的体系结构如图 4-14 所示，下面从硬件、软件系统两个方面介绍虚拟仪器的构建技术，以及其发展趋势。

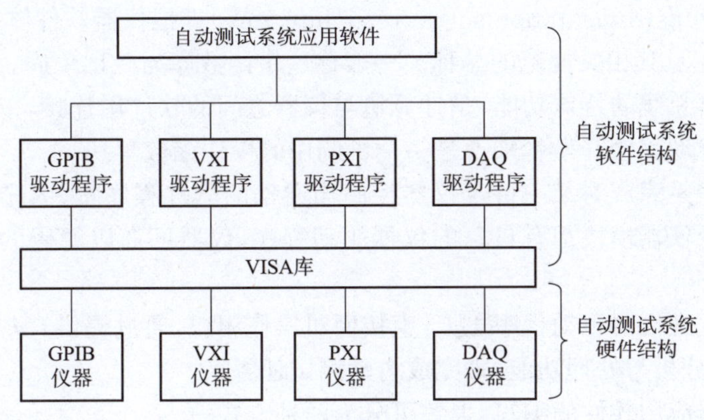

图 4-14 虚拟仪器体系结构

4.2.2 虚拟仪器的硬件系统

虚拟仪器的硬件系统一般分为计算机硬件平台和测控功能硬件。

计算机硬件平台可以是各种类型的计算机如普通台式计算机、便携式计算机、工作站嵌入式计算机等。计算机管理的软、硬件资源是虚拟仪器的硬件基础。计算机技术在显示、存储能力、处理性能、网络、总线标准等方面的发展推动了虚拟仪器系统的快速发展。

按照测控功能硬件的不同，虚拟仪器可分为 GPIB、VXI、PXI 和 PC 插卡式 4 种标准体系结构。这里简要介绍 PC 插卡式虚拟仪器系统。

PC 插卡是基于计算机标准总线的内置(ISA、PCI、PC/104 等)或外置(如 USB、IEEE 1394 等)功能插卡，其核心主要是数据采集(data acquisition，DAQ)卡。其更加充分地利用计算机的资源，大大增加了测试系统的灵活性和扩展性。利用 DAQ 可方便快速地组建基于计算机的仪器，实现“一机多型”和“一机多用”。在性能上，随着 A/D 转换技术、仪器放大技术、抗混叠滤波技术与信号调理技术的迅速发展，DAQ 的采样速率已达到 1 Gbit/s，精度高达 24 位，通道数高达数十个，并能任意结合数字 I/O，模拟 I/O、计数器/定时器等通道。

仪器厂家生产了大量的 DAQ 功能模块可供用户选择，如示波器、数字万用表、串行数据分析仪、动态信号分析仪、任意波形发生器等。在 PC 计算机上挂接若干 DAQ 功能模块，配合相应的软件，就可以构成一台具有若干功能的 PC 仪器(个人仪器)。PC 仪器，既具有高端仪器的测量品质，又能满足测量需求的多样性。对大多数用户来说，这种方案既实用又具有很高的性价比。

4.2.3 虚拟仪器的软件系统

虚拟仪器技术最核心的思想，就是利用计算机的硬/软件资源，使本来需要硬件实现的技术软件化(虚拟化)，以便最大限度地降低系统成本，增强系统的功能与灵活性。基于软件在 VI 系统中的重要作用，VXI 即插即用(VXI plug&play，简称 VPP)系统联盟提出了系统框架、驱动程序、VISA、软面板、部件知识库等一系列 VPP 软件标准，推动了虚拟仪器软件标准化的进程。

虚拟仪器的软件框架从低层到顶层，包括 3 部分：VISA 库、仪器驱动程序、应用软件。

VISA(virtual instrumentation software architecture)虚拟仪器软件体系结构，实质就是标准的 I/O 函数库及其相关规范的总称。一般称这个函数库为 VISA 库。其驻留于计算机系统之中执行仪器总线的特殊功能，是计算机与仪器之间的软件层连接，以实现对仪器的程控。其对于仪器驱动程序开发者来说是一个可调用的操作函数集。

仪器驱动程序是完成对某一特定仪器控制与通信的软件程序集，为应用程序实现仪器控制的桥梁。每个仪器模块都有自己的仪器驱动程序，仪器厂商以源码的形式将仪器驱动程序提供给用户。

应用软件建立在仪器驱动程序之上，直接面对操作用户，通过提供直观友好的测控操作界面、丰富的数据分析与处理功能，来完成自动测试任务。

对于虚拟仪器应用软件的编写，大致可分为两种方式：

(1)使用通用编程软件进行编写。主要有 Visual Basic、Visual C++、Delphi 和 PowerBuilder。

(2)用专业图形化编程软件进行开发。如 VEE、HPTIG、LabVIEW、LabWindows/CVI、Ez-Test、Tek-TNS 平台软件。

应用软件还包括通用数字处理软件。通用数字处理软件包括用于数字信号处理的各种功能函数，如频域分析的功率谱估计、快速傅里叶变换(FFT)、快速哈达玛变换(FHT)、快速傅里叶逆变换(IFFT)和细化分析等；时域分析的相关分析、卷积运算、反卷运算、均方根估计、差分积分运算和排序等；数字滤波等。这些功能函数为用户进一步扩展虚拟仪器的功能提供了基础。

图 4-15 为使用 LabVIEW 语言编写的铁道车辆运行平稳性 Sperling 指标测试程序框图及运行界面示例。为了解决数据采集与数据处理不同步的问题，该程序使用生产/消费者模式，提高了程序的鲁棒性。

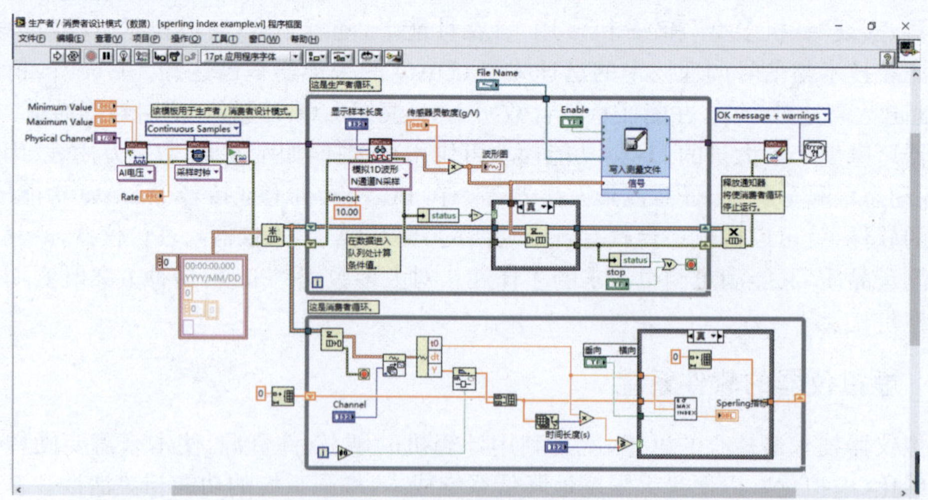

(a)程序框图

图 4-15

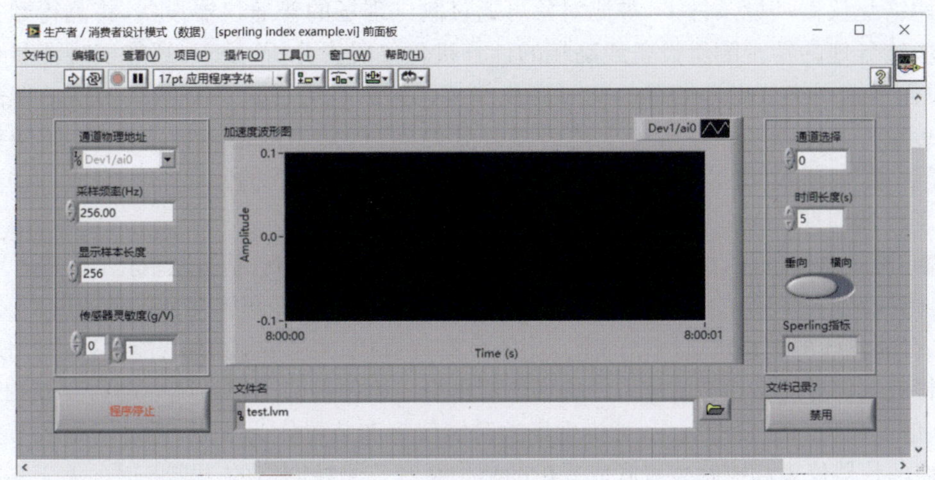

(b)运行界面

图 4-15 铁道车辆 Sperling 指标测试 LabVIEW 程序

4.2.4 虚拟仪器的发展趋势

虚拟仪器采纳了一条标准化、开放性、多厂商的技术路线，经过 10 多年发展，正沿着总线与驱动程序的标准化、硬/软件的模块化、硬件模块的即插即用化、编程平台的图形化等方向发展。

随着计算机网络技术、多媒体技术、分布式技术等飞速发展，融合了计算机技术的 VI 技术，其内容会更加丰富。如简化仪器数据传输的 Internet 访问技术 DataSocket、基于组件对象模型(COM)的仪器软硬件互操作技术 OPC、软件开发技术 ActiveX 等。这些技术不仅能有效提高测试系统的性能水平，而且也为“软件仪器时代”的到来做好了技术上的准备。

此外，可互换虚拟仪器(interchangeable virtual instruments，IVI)是虚拟仪器领域一个很重要的发展方向。目前 IVI 是基于 VXI 即插即用规范的测试/测量仪器驱动程序建议标准，其允许用户无须更改软件即可互换测试系统中的多种仪器。比如，从 GPIB 转换到 VXI 或 PXI。这一针对测试系统开发者的 IVI 规范通过提供标准的通用仪器类软件接口可以节省大量工程开发时间，其主要作用为：关键的生产测试系统发生故障或需要重校时无须离线进行调整；可在由不同仪器硬件构成的测试系统上开发单一测试软件系统，以便充分利用现有资源；试验室开发的测试代码可以移植到生产环境中的不同仪器上。

4.3 网络化测试仪器

总线式仪器、虚拟仪器等计算机化仪器技术的应用使组建集中和分布式测控系统变得更为容易。但集中测控越来越满足不了复杂、远程(异地)和范围较大的测控任务的需求，为此，组建网络化的测控系统就显得非常必要。以 Internet 为代表的网络技术的出现以及与其他高新科技的相互结合，为测量与仪器技术带来了前所未有的发展空间和机遇，网络化测量技术与具备网络功能的新型仪器应运而生。

在网络化仪器环境条件下，被测对象可通过测试现场的普通仪器设备，将测得数据通过网络传输给异地的精密测量设备或高端的计算机化仪器去分析、处理，还能实现测量信息的共享，进而掌握网络节点处信息的实时变化趋势；另外，也可通过具有网络传输功能的仪器将数据传至原端即现场。在带来上述诸多好处的同时，采用网络测量技术、使用网络化仪器，能显著提高测量功效，有效降低监测、测控工作的人力和财力投入，缩短完成一些类型计量测试工作的周期。

目前，测控系统的设计思想明显受到计算机网络技术的影响，基于网络化、模块化、开放性等原则，测控网络由传统的集中模式转变为分布模式，成为具有开放性、可互操作性、分散性、网络化、智能化的测控系统。网络的节点上不仅有计算机、工作站，还有智能测控仪器仪表，测控网络将有与信息网络相似的体系结构和通信模型。比如目前测控系统中迅猛发展的现场总线，其通信模型和 OSI 模型对应，可将现场的智能仪表和装置作为节点，通过网络将节点连同控制室内的仪器仪表和控制装置联成有机的测控系统。测控网络的功能将远远大于系统中各独立个体功能的总和。其结果是测控系统的功能显著增强，应用领域及范围明显扩大。

软件是网络化测试仪器开发的关键，Windows、Unix、Netware 等网络化计算机操作系统、现场总线、标准的计算机网络协议，如 OSI 的开放系统互联参考模型 RM、Internet 的 TCP/IP 协议等，在开放性、稳定性可靠性方面均有很大优势，采用这些很容易实现测控网络的体系结构。在开发软件方面，如 NI 公司的 LabVIEW 和 LabWindows/CVI、HP 公司的 VEE、微软公司的 VB、VC 等，都有开发网络应用项目的工具包。

总之，随着计算机技术、网络通信技术的进步并不断拓展，以计算机和工作站为基础，通过组建网络来构成测控系统以提高生产效率和共享信息资源，已成为现代仪器仪表发展的方向。从某种意义上说，计算机和现代仪器仪表已相互包容，计算机网络也就是通用的仪器网络，继“计算机就是仪器”和“软件就是仪器”概念之后，“网络就是仪器”的概念确切地概括了仪器的网络化发展趋势。

4.3.1 基于现场总线技术的网络化测控系统

现场总线是用于过程自动化和制造自动化的现场设备或仪表互连的现场数字通信网络，其嵌在各种仪表和设备中，具有可靠性高、稳定性好、抗干扰能力强、通信速率快、造价低廉、维护成本低等优点。

现场总线面向工业生产现场，主要用于实现生产、过程领域的基本测控设备（现场级设备）之间以及与更高层次测控设备（车间级设备）之间的互联。这里现场级设备指的是最低层次的控制、监测、执行和计算设备，包括传感器、控制器、智能阀门、微处理器和存储器等各种类型的工业仪表产品等。

与传统测控仪表相比，基于现场总线仪表单元具有如下优点：

(1)彻底网络化。从最底层的传感器和执行器以及上层的监控/管理系统均通过现场总线网络实现互联，同时还可进一步通过上层监控/管理系统连接到企业内部网甚至互联网。

(2)一对 N 结构。一对传输线，N 台仪表单元双向传输多个信号，接线简单，工程周期短，费用低，维护容易，彻底抛弃了传统仪表单元一台仪器、一对传输线只能单向传输一个信号的缺陷。

(3)可靠性高。现场总线采用数字信号实现测控数据,抗干扰能力强,精度高;而传统仪表由于采用模拟信号传输,往往需要提供辅助的抗干扰和提高精度的措施。

(4)操作性好。操作员在控制室即可了解仪表单元的运行情况,且可以实现对仪表单元的远程参数调整、故障诊断和控制过程监控。

(5)综合功能强。现场总线仪表单元是以微处理器为核心构成的智能仪表单元,可同时提供检测、变换和补偿功能,实现一表多用。

(6)组态灵活。不同厂商的设备既可互联也可互换,现场设备间可实现互操作,通过结构重组,可实现系统任务的灵活调整。

现场总线种类繁多,但不失一般性,基于现场总线的网络化测控系统如图 4-16 所示。

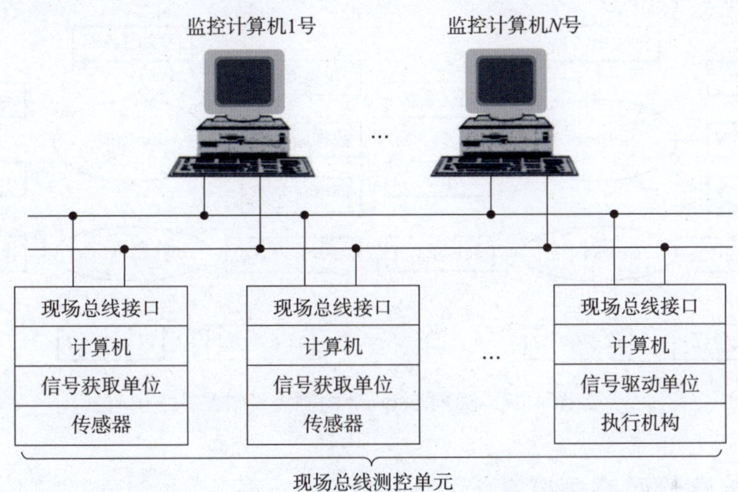

图 4-16 基于现场总线技术的网络化测控系统

现场总线网络测控系统目前已在实际生产环境中得到成功的应用,由于其内在的开放式特性和互操作能力,现场总线控制系统(FCS)已有逐步取代分布控制系统(DCS)的趋势。

4.3.2 面向 Internet 的网络测控系统

当今时代,以 Internet 为代表的计算机网络迅速发展及相关技术也日益完善,突破了传统通信方式的时空限制和地域障碍,使更大范围内的通信变得十分容易。Internet 拥有的硬件和软件资源正在越来越多的领域中得到应用,如电子商务、网上教学、远程医疗、远程数据采集与控制、高端测量仪器设备资源的远程实时调用、远程设备故障诊断等。与此同时,高性能、高可靠性、低成本的网关、路由器、中继器及网络接口芯片等网络互联设备的不断进步,又方便了 Internet、不同类型测控网络、企业网络间的互联。利用现有 Internet 资源而不需建立专门的拓扑网络,使组建测控网络、企业内部网络以及与 Internet 的互联都十分方便。

典型面向 Internet 的测控系统结构如图 4-17 所示。图中现场智能仪表单元通过现场级测控网络与企业内部网 Intranet 互连,而具有 Internet 接口能力的网络化测控仪器通过嵌入于其内部的 TCP/P 协议直接连接于企业内部网上。如此,测控系统在数据采集、信息发布、系统集成等方面都以企业内部网络(Intranet)为依托。将测控网和企业内部网及Internet互联,便于实现测控网和信息网的统一。在这样构成的测控网络中,网络化仪器设备充当着网络中独立节点的角色,信息可跨越网络传输至所及的任何领域,实时、动态(包括远程)的在线测控可成为现实。

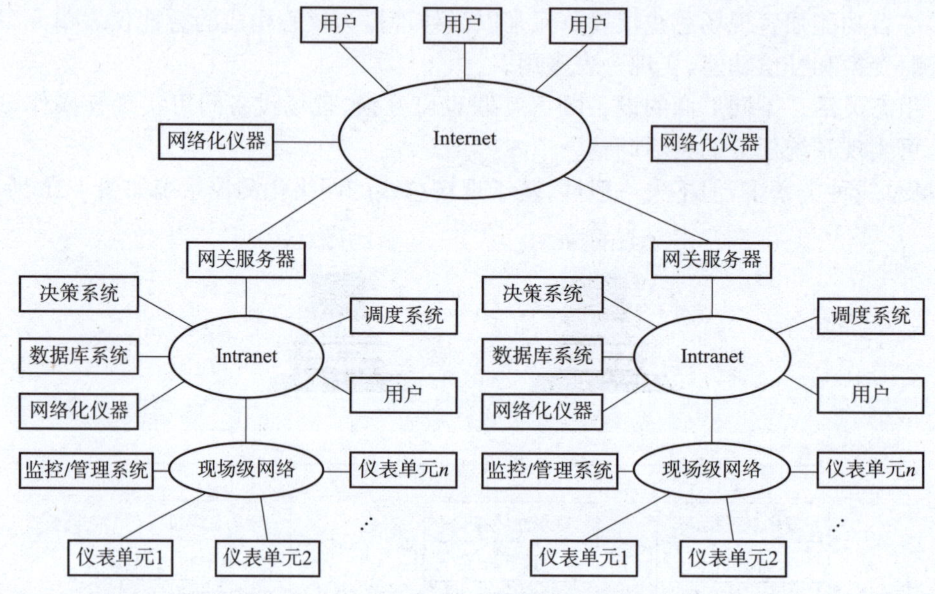

图 4-17　面向 Internet 的测控系统结构

4.3.3　无线传感器网络测控系统

随着微机电系统、片上系统、无线通信和低功耗嵌入式技术的飞速发展,传统的传感器正逐步朝着微型化、智能化、信息化和网络化的方向发展,无线传感器网络(wireless sensor network,WSN)技术应运而生。WSN由部署在监测区域内的大量静止或移动的传感器节点组成,网络节点间通过无线通信方式形成一个分布式的多跳自组织网络,传感器节点相互协作以感知、采集、处理和传输网络覆盖地理区域内被感知对象的信息,并发送给观察者。传感器、感知对象和观察者构成了无线传感器网络的三个要素。

无线传感器网络结构如图 4-18 所示,包括传感器节点、汇聚节点和管理节点,其中传感器节点分布在监测区域内,节点以自组织的形式构成网络,通过多跳中继方式将监测数据传送到汇聚节点,通过卫星、互联网或移动通信网络等将监测信息传送到管理节点供终端用户使用,而用户也可以通过管理节点发布监控命令至传感器节点,实现参数配置或远程控制数据采集。

WSN底层传感器节点间通常采用低功耗低速率无线局域网协议 IEEE 802.15.4 和 ZigBee 协议。ZigBee 网络可由多达 65 000 个无线数传模块(传感器节点)组成,在整个网络范围内,每一个 ZigBee 网络数传模块之间可以相互通信,全功能 ZigBee 模块可实现类似于移动网络基站的功能,通过路由协议将网络节点间的通信距离从标准的 75 m 扩展到数千米甚至无限远。

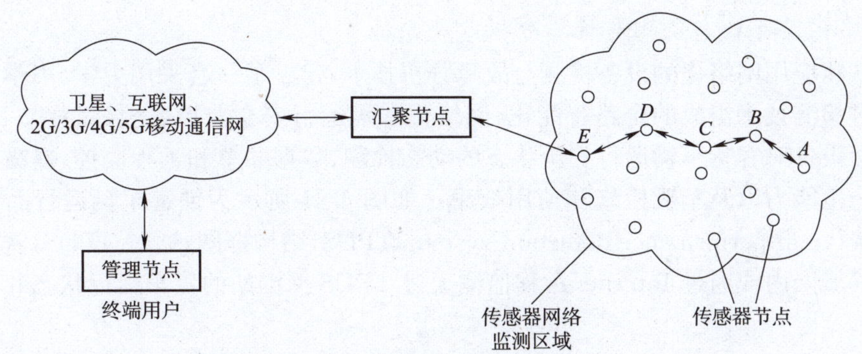

图 4-18 无线传感器网络结构

4.3.4 网络化测试仪器与系统实例

网络化测试仪器已经在现实中得以运用。以下是现有网络化测试仪器的典型实例。

1. 网络化智能传感器

网络化智能传感器与计算机技术和网络技术相结合，使传感器从传统的现场模拟信号通信方式转为现场级的全数字通信方式成为现实，即产生了网络化传感器。网络化传感器是在智能传感器基础上，把网络协议作为一种嵌入式应用，嵌入现场智能传感器的 ROM 中，使其具有网络接口能力，这样网络化传感器像计算机一样成为测控网络上的节点登临网络，并具有网络节点的组态性和互操作性。利用现场总线网络、局域网和广域网，处在测控点的网络传感器将测控参数信息加以必要的处理后登临网络，联网的其他设备便可获取这些参数，进而再进行相应的分析和处理。目前，IEEE 已经制定了兼容各种现场总线标准的智能网络化传感器接口标准 IEEE 1451。如图 4-19 所示为典型基于网络化智能传感器的分布式测控系统结构框图。

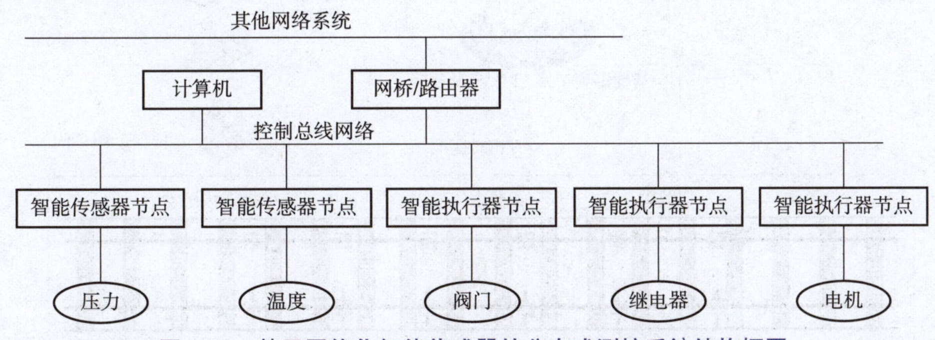

图 4-19 基于网络化智能传感器的分布式测控系统结构框图

如图 4-20 所示为某公司开发的带 CAN 总线接口的智能氮氧化物传感器，由前端传感器件和电子控制单元组成，电子控制单元控制检测进程，完成检测数据的处理，并通过 CAN 总线将数字化的检测结果发送给主控设备。该传感器已广泛应用于车用内燃机的废气后处理系统中。

图 4-20 CAN 总线接口氮氧化物传感器

2. 网络化设备状态监测与故障分析诊断系统

我国铁路应用网络化的设备检测与故障分析技术，建立了一套采用力学、声学、光学、红外线等先进检测技术组成的全路智能化、网络化车辆运行安全监控系统(简称“5T 系统”)，实现了地面设备对客货车辆运行安全状态的动态检测、数据共享和远程监控，提高了铁路运输的安全防范能力以及车辆检修和使用效率。如图 4-21 所示为铁道车辆运行品质轨旁动态监测系统(train performance detection system，TPDS)结构框图，通过 TPDS，铁路各级用户可以在局域网内或通过 Internet 远程监测通过 TPDS 探测站的货车运行状态并进行故障分析诊断。

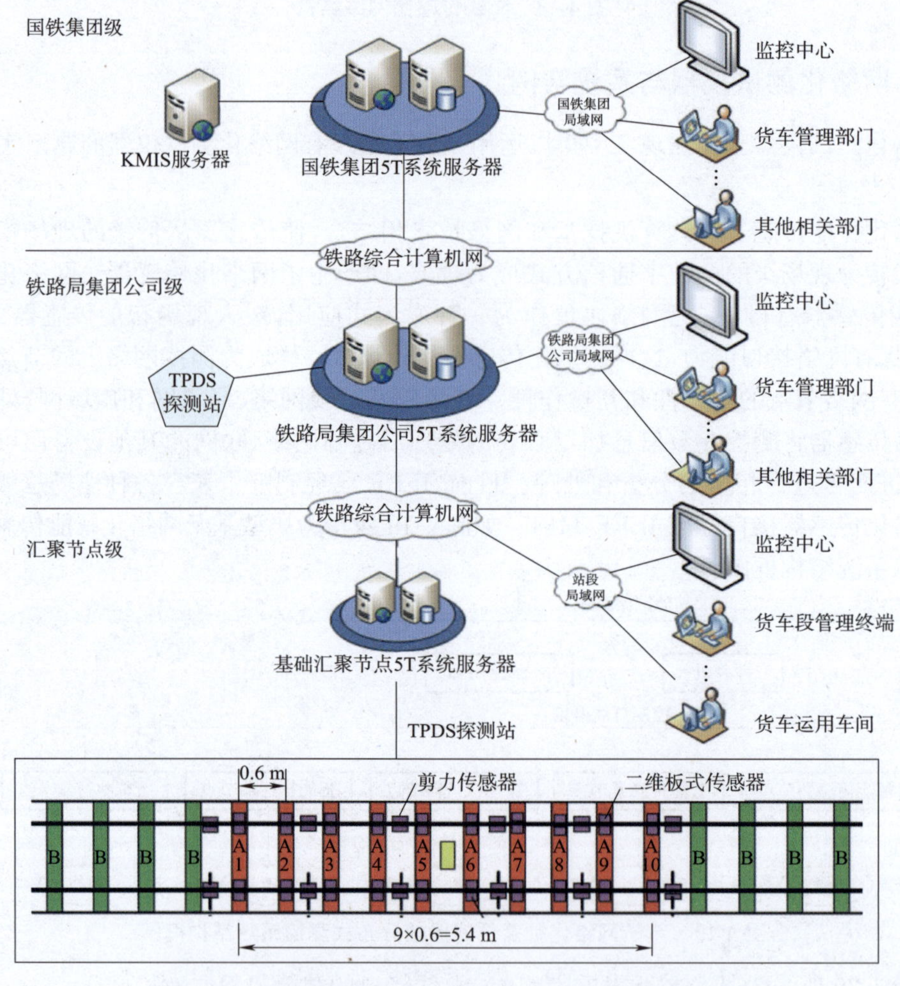

图 4-21 铁道车辆运行品质轨旁动态监测系统结构框图

3. 基于 TDC 和 ZigBee、Wi-Fi 技术的无线应变监测系统

无线应变测量技术结合了应变电测技术和新兴的无线通信技术，从而避免用导线作为应变测试系统数据传输方式带来的诸多不便。无线应变监测系统由基于 ZigBee 互连的无线应变采集终端构成，应变采集终端采用时间数字转换技术实现高精度应变检测，检测结果

通过 ZigBee、Wi-Fi 网关和无线路由器连接至 Internet。如图 4-22(a)所示为无线应变监测系统总体结构框图,如图 4-22(b)所示为应变采集终端节点原理框图。

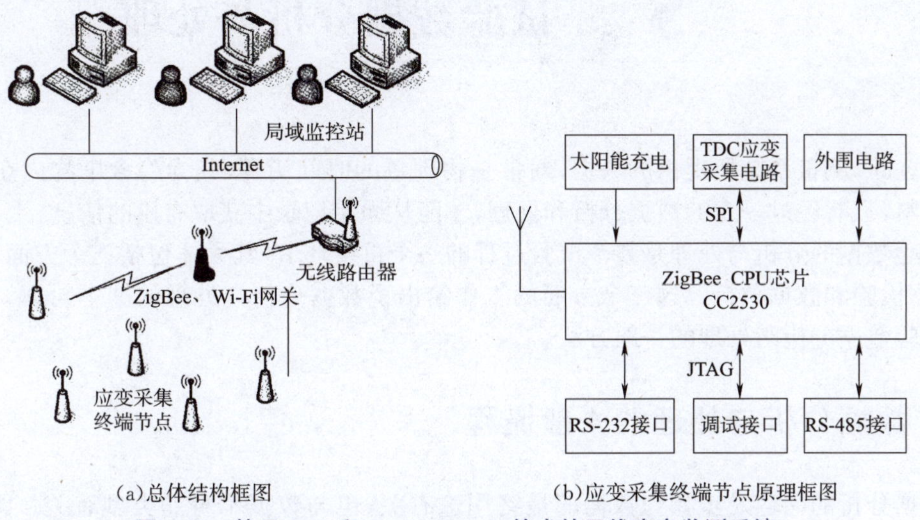

(a)总体结构框图　　(b)应变采集终端节点原理框图

图 4-22　基于 TDC 和 ZigBee、Wi-Fi 技术的无线应变监测系统

5 试验数据分析与处理

试验时，测量系统所提供的数据，通常是物理量的时间历程，其为隐含事物内在规律的原始资料，只有经过一定的数据分析和处理，才能从原始记录中获取有用的信息。

试验数据的分析与处理是整个试验过程的一个重要环节，其大体包括三个方面：数据准备、数据检验和数据分析。这三个方面的工作给出了数据分析与处理的基本轮廓。本章将介绍试验数据分析与处理的一般方法。

5.1 数据分析与处理的一般流程

数据分析的内容及步骤与数据的最终用途有关，也与数据本身的类型有关。图 5-1 列出了数据分析工作的主要内容和一般流程，图中实线方框为数据分析的内容，虚线方框为准备性项目。

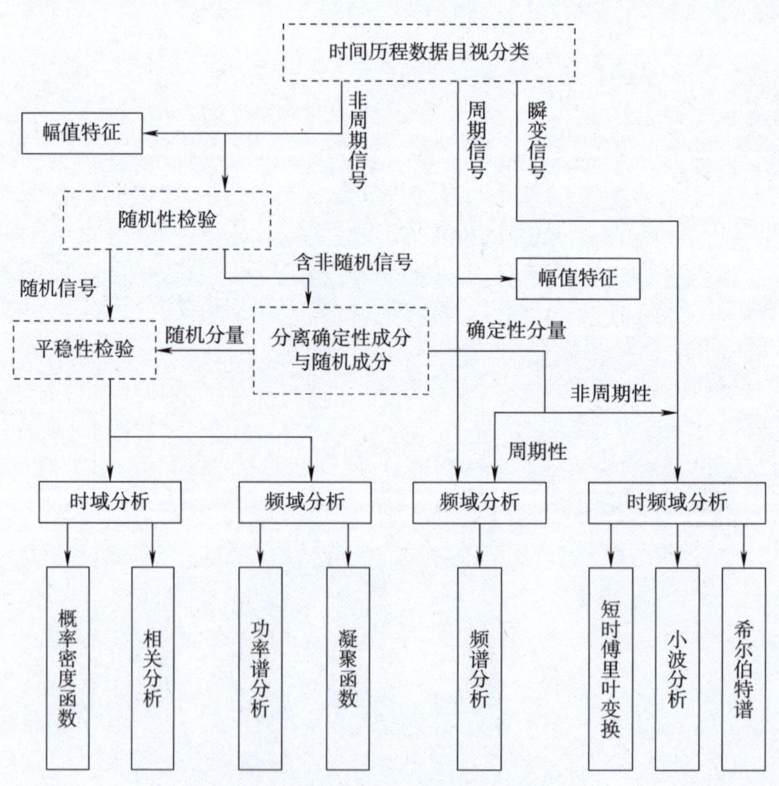

图 5-1 数据分析的内容及流程

数据的类型不同，处理的过程和方法也不同，所以在数据处理前，首先要鉴别数据类型，通常采用下列步骤进行。

5.1.1　试验数据的目视分类

试验数据的类型，可以通过分析测定现场的环境条件，凭直观经验做出初步判断，也可以从时间历程的图形特点进行判断。图 5-2 列出了四种典型信号的时间历程图形。图 5-2(a)为正弦波，具有明显的周期性，这是判断数据是否为确定性信号的一个较为显著的标志。图 5-2(b)是正弦波加随机过程，也隐现一定的周期性，但不如图 5-2(a)那样规则和明显。这种特征暗示该试验数据中可能混有周期性成分。图 5-2(c)和图 5-2(d)是窄带和宽带随机过程的时间历程图形，一般用目视很难进行区分。

目视分类主要是区分确定性信号或随机信号。如果数据的时间历程图形虽无明显重复特征，但其形状接近某种函数的图形，那么可以考虑它是某种确定性信号的可能性较大。如果暂时无法确认是否为确定性信号，可以先进行随机性检验，并尽可能把潜在的周期分量分离出来，以确保进行统计分析的数据中所含的随机成分占绝对优势。

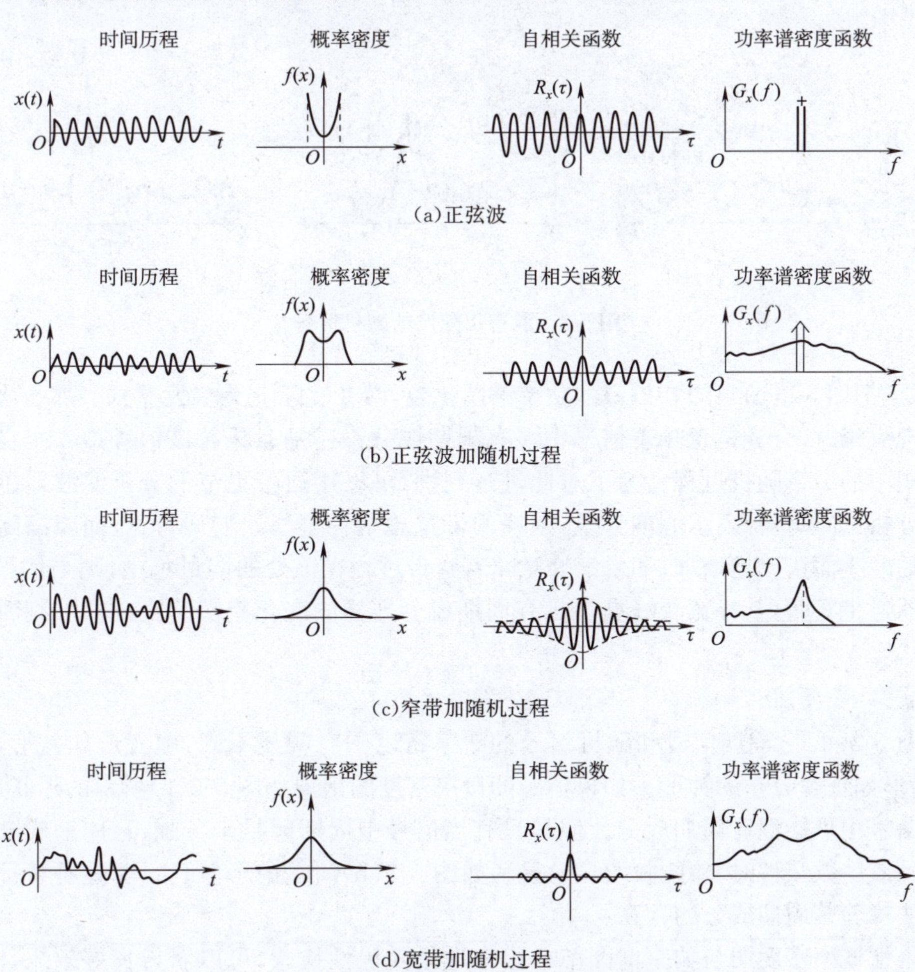

图 5-2　五种典型数据的时间历程及统计特征图形

5.1.2 试验数据的随机性检验

随机性检验主要是判明数据中是否有隐含周期成分，所以又称为周期性检验。工程实践中采用以下几种方法进行检验。

1. 功率谱图形检验法

由图 5-2 上的功率谱密度图形可知，当随机信号中混有周期分量时[图 5-2(b)]，其功率谱图形会出现一个尖峰(理论上有一个 δ 函数)，但是周期分量较弱时，只有采用通带较窄的分析滤波器，才能在功率谱图上显现出周期分量的存在。例如，图 5-3 为随机信号中混有正弦波信号的功率谱图形。其正弦信号功率仅占随机信号 1/12，当采用通带 $B=50$ Hz 的分析滤波器时，在功率谱图[图 5-3(a)]上很难辨别出正弦成分的存在。若采用通带 $B=10$ Hz 的滤波器时，在功率谱图[图 5-3(b)]上已经提示可能含有正弦成分，进一步减小滤波器的通带宽($B=2$ Hz)，其功率谱图[图 5-3(c)]上就明显地出现类似于 δ 函数的尖峰。由此可见，即使随机信号中含有的周期分量很弱，采用高分辨率的谱分析方法，也会显示周期成分的存在。

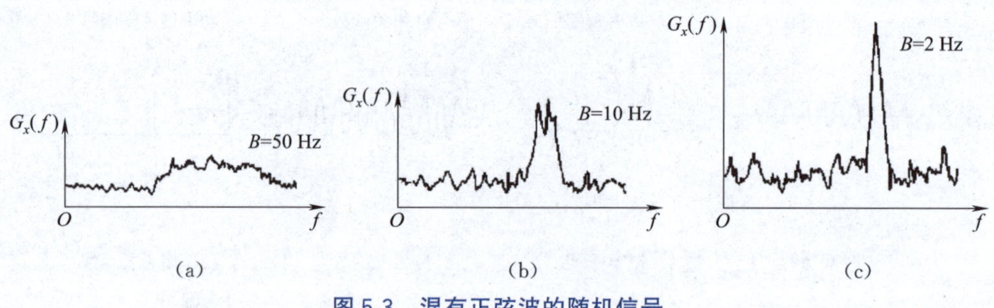

图 5-3　混有正弦波的随机信号

但是，把图 5-3(c)与图 5-2(c)的功率谱图比较，两者实际上无多大差别。那么当功率谱图上出现尖峰时，究竟是意味着信号中混有周期成分？还是意味着该信号是一个在尖峰处有能量集中的窄带随机过程？为了对此进行判别，可以用通带更窄的分析滤波器重复一次功率谱分析：如果谱峰表示周期分量，则峰的带宽总是等于滤波器通带宽，而峰高随滤波器通带宽的减小而正比地增加；如果谱峰意味着窄带过程在该处的能量集中，则当信号带宽大于滤波器通带宽时，其峰宽及峰高不具有周期成分那样的变化趋势。由此即可判明谱峰的含意。

2. 概率密度图形检验法

由图 5-2 可见，周期信号和随机信号的概率密度图有明显不同，前者形如盆形，界线明显，后者形如正态分布的钟形。如果信号的概率密度图呈现如图 5-2(b)所示的形状，这就提示随机信号中可能混有周期成分。但是只有当信号中周期分量十分强，且周期成分的频率只是一种或少数几种时，才能较明显地显示如图 5-2(b)所示的形状；否则，这种特征会被淹没而无法检验其周期成分的存在。

如果把概率密度图与功率谱图结合起来进行随机性检验，可以获得良好效果。首先用高分辨率的功率谱分析仪找出谱峰的频率范围，然后按其中心频率，对信号做窄带通滤波，并把滤波后的信号做概率密度分析。如果信号中含有周期成分，则其概率密度图形显示如图 5-2(b)所示的典型形状，否则说明信号中无周期成分。

3. 自相关图形检验法

从图 5-2 的自相关图上可知，如果随机信号中无周期成分，自相关函数值随时移增大而趋于零或均值的平方；如果信号是正弦波或含有周期成分，自相关函数呈现连续振荡状，如图 5-2(a)及图 5-2(b)所示。根据这一特点，也可判断信号的随机性和周期性。

实际处理中，选用何种方法检验随机性，需视设备条件而定。在设备条件许可而单一方案又不能做出肯定结论时，可考虑采用多种方法的综合判断。

5.1.3 试验数据的平稳性检验

试验数据是平稳还是非平稳的、是各态历经还是非各态历经的，数据分析的内容和方法均不同。因此在具体分析之前，须对数据是否满足平稳过程和各态历经性条件进行检验。

1. 平稳性检验

平稳过程，是指其统计特性如均值、方差、均方值等均不随时间的推移而发生变化的随机过程。平稳过程的一维概率密度与时间无关，即各时刻的概率分布相同；二维概率密度不依赖于具体时刻 t_1、t_2，仅与两时刻之差 $\tau=t_1-t_2$ 有关；它的相关函数及协方差是时移 τ 的函数，而与过程中的时刻 t 无关。与平稳过程相反的是非平稳过程，其统计特征随着时间的推移而变化，因此其均值、方差等均与所取的时刻 t 有关。

关于数据的平稳性检验，理论上应该以随机过程的总体来检验，显然这是办不到的。因此，工程上所说的平稳过程是指：把单个时间历程记录分成若干段，每段各自按时间平均求得的统计特征都彼此一样的随机过程。这一平稳概念与以上的平稳过程概念不同，通常称为自平稳。自平稳概念是数学上平稳概念的近似。

数据的平稳性可根据产生此数据的现象及其物理特性，并结合时间历程图形做出判断。一般来说，只要现象的基本物理因素不随时间变化，就可认为数据是平稳的。反之，数据是非平稳的。若在时间历程记录中，各分段的均值变化不大，峰谷较为均匀，也可以认为是平稳的。反之，均值波动很大，或有较明显的某种趋势，则数据是非平稳的。

2. 各态历经性检验

在平稳过程中，如果对其任一时间历程记录按时间平均求得的统计特征，等于该过程的集平均的统计特征，则称这样的平稳过程具有各态历经性。

各态历经性在工程及试验上的实际意义在于不需要做大量重复试验，只要根据一份或几份时间历程记录，就可以按时间平均的办法，获得总体的统计特征。

在有关随机过程理论的数学著作中，给出了各态历经的充要条件，但在实践中，按该条件对试验数据进行检验是十分困难的。工程上往往采用如下方法检验：从产生物理现象的原因和分析试验资料入手，首先假设过程具有各态历经性，并进行数据处理，如处理结果与实际不相符，则修改假设，另做处理。

试验数据经分类和检验后，即可转入具体处理阶段。平稳随机数据可根据需要，对幅值域(均值、概率分布等)、时域(相关函数)及频率域(自谱、互谱)做出分析。周期性数据可做幅值和频谱分析。实际处理时，检验与分析工作往往需要交叉进行。

5.2 采样及信号预处理

试验数据分析可以用模拟设备或数字设备进行。模拟设备对连续时间历程记录进行运算处理,通常采用各种电子电路的硬件来实现,这种对模拟信号直接进行处理的方法称为模拟处理法。数字设备只能对离散数字进行运算,通常是把连续记录通过采样转化为离散数字序列,采用计算机来实现,称为数字处理法。相比于模拟处理法,数字处理法具有实现容易、灵活性强、精度高、速度快、价格低等优点。随着计算机技术的不断发展,数字处理法已成为试验分析的主要方式。

5.2.1 采样与采样定理

当采用数字法处理数据时,须把连续信号转换为离散的数字量。将连续信号转换为离散数字量的过程称为采样,通常是用 A/D 转换器实现。

采样过程实质是在特定时刻 t_n 读取连续信号 $x(t)$ 上一个瞬时值 $x_n(n=0,1,2,\cdots,N-1)$,构成一个离散时间序列 $\{x_n\}$。常用的采样方法是等间隔采样法,即以相等间隔 $\Delta t=T_s$ 读取连续信号上的一个数。采样的时间间隔 T_s,称为采样周期,$f_s=1/T_s$ 称为采样频率。

采样周期 T_s 决定了采样信号的质量和数量:T_s 太小,即采样频率 f_s 太高,会使 $\{x_n\}$ 的数量剧增,使得数据处理速度变慢;T_s 太大,即采样频率 f_s 太低,会使原始信号的某些信息被丢失,影响数据处理的精度,这时将采样后的信号恢复成原来的信号时就会出现失真现象。因此,必须有一个选择采样周期 T_s 的准则,以确保 $\{x_n\}$ 能不失真地恢复成原始信号 $x(t)$。这个准则就是采样定理。

采样定理表明,如果 $x(t)$ 是一个带限信号(最高频率 f_c 有限值),$x(t)$ 只有以 $f_s>2f_c$ 采得的离散序列才能完全表征连续函数 $x(t)$ 的所有信息。如果采样频率 $f_s\leqslant 2f_c$,将发生 $x(t)$ 中的高频成分 $|f|>1/2f_s$ 被折到低频成分 $|f|<1/2f_s$ 上去的现象,称为频率混淆。

为了避免混淆,可以采用以下措施:

(1)控制采样间隔(采样频率)。如果预计信号中最高频率为 f_c,则采样频率 f_s 必须大于信号最高频率 f_c 的两倍。在实际工作中,一般采样频率应选为信号中最高频率的 2.56 倍以上。

(2)采样前对 $x(t)$ 实施低通滤波,过滤掉信号中影响较弱的高频成分,然后根据滤波后信号的最高频率选取采样频率。

5.2.2 信号预处理

对试验数据进行处理分析之前,必须进行预处理工作,用于发现和处理数据中可能存在的各种问题。常用的数据预处理方法主要包括零均值化处理、剔除坏点、消除趋势项、数据平滑和滤波等。

1. 零均值化处理

零均值化处理也叫中心化。由于各种原因测试所得的信号均值往往不为零,为了简化后续处理的计算工作,在分析数据之前一般要将被分析的数据转化为零均值的数据,这种处理就叫零均值化处理。零均值化处理对信号的低频段有特殊的意义。这是因为信号的非零均值相当于在此信号上叠加了一个直流分量，而直流分量的傅里叶变换是在零频率处的冲击函数。因此，如果不去掉均值，在估计信号的功率谱时，将在零频率处出现一个很大的谱峰，并会影响在零频率左、右处的频谱曲线，使之产生较大的误差。

零均值化就是对采样后所得的离散数据序列$\{x(n)\}$减去其直流量，即

$$u(n)=x(n)-\hat{\mu}_x \tag{5-1}$$

式中，$\hat{\mu}_x$ 为离散数据序列$\{x(n)\}$的均值估计值。

零均值化处理只改变了数据的均值，不改变数据的其余特性，不会对数据产生其他影响。

2. 剔除坏点

坏点是指原始数据在采集过程中由于仪器临时故障原因而采集到的异常数据。这些异常数据往往会对信号的分析结果产生影响，必须剔除。

例如，对于高速列车的振动信号，原始采集数据变化呈现一定的周期，在钢轨连接处有一定的增强，其余地方较平缓，大部分数据仍在正常范围内波动。假设振动数据服从正态分布，则任意数据点落在距离均值 3 倍标准差以上的概率小于 0.26%，因此可以认为这些数据点是坏点（也称异常点），必须加以处理。为了保持与原数据的完整性，这些坏点可用附近数据的均值替代。需要说明的是，这里的标准差倍数取 3 只是经验数值，具体实施时，可根据实际情况将这个倍数进一步放大或缩小。

3. 消除趋势项

通常把连续信号中周期大于记录时间的频率分量称为趋势项。趋势项的存在，有可能使相关函数及功率谱密度产生畸变，甚至使低频谱值完全失真。因此消除趋势项是数据预处理的一项重要工作。但是，如果趋势项不是误差，而是原始数据中本来包含成分，这样的趋势项就不能消除，所以消除趋势项要特别谨慎。

工程上消除趋势项最常用的方法是最小二乘法，该方法既能消除多项式趋势项，又能消除线性趋势项。该趋势项是一个缓变的信号，可以用一个多项式来拟合该趋势项，多项式的阶次随趋势项的形状确定。如图 5-4(a)所示连续信号 $x(t)$ 含有线性趋势项 $z(t)$。为了消除 $z(t)$，可先用最小二乘法拟合趋势项[图 5-4(c)]，然后在数据中减去趋势项即可[图 5-4(b)]。

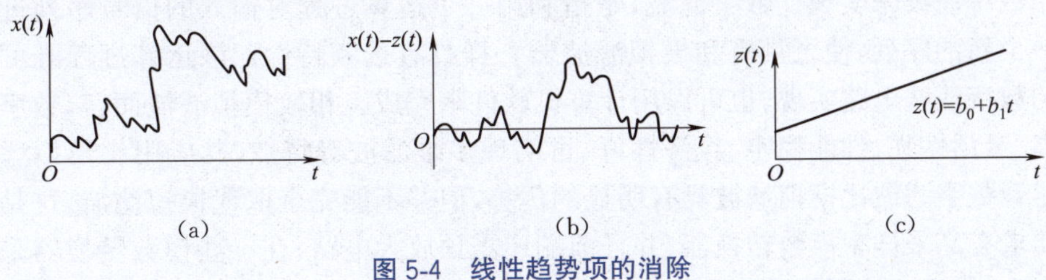

图 5-4　线性趋势项的消除

需要注意的是，处理坏点和消除线性趋势项的顺序不能互换，如果互换，那么坏点会参与趋势项系数的运算，从而对线性趋势项的确定造成较大的影响。

4. 数据平滑

采集的信号一般含有数据误差，会给数据分析带来困难。数据平滑是指除去数据采集中偶然因素所造成的数据误差。数据平滑的主要方法是根据某点临近采样点的波幅对该点

进行波幅修正，从而达到对波形去噪的目的，以保证数据分析结果的准确性。

常用的平滑处理方法有平均法、样条函数法和五点三次平滑法。平均法算法简单，但平滑效果比较差；样条函数法是利用样条插值逼近采样点来实现平滑，平滑效果好，但计算相对复杂；五点三次平滑法利用多项式最小二乘逼近对采样点进行平滑滤波，算法简单，效果比较好。

五点三次平滑方法用临近的 5 个点加权来修正数据值。假设 $\overline{x}_i$ 是 x_i 的修正值，起始两点和最后两个数据采用 $\overline{x}_{-2}$，$\overline{x}_{-1}$，$\overline{x}_{+1}$，$\overline{x}_{+2}$ 的平滑公式平滑，其余点采用平滑公式 $\overline{x}_0$ 平滑。平滑公式为

$$\begin{cases} x_{-2}=\dfrac{1}{70}(69x_{-2}+4x_{-1}-6x_0+4x_{+1}-x_{+2}) \\ x_{-1}=\dfrac{1}{35}(2x_{-2}+27x_{-1}+12x_0-8x_{+1}+2x_{+2}) \\ x_0=\dfrac{1}{35}(-3x_{-2}+12x_{-1}+17x_0+12x_{+1}-3x_{+2}) \\ x_1=\dfrac{1}{35}(2x_{-2}-8x_{-1}+12x_0+27x_{+1}+2x_{+2}) \\ x_2=\dfrac{1}{70}(-x_{-2}+4x_{-1}-6x_0+4x_{+1}+69x_{+2}) \end{cases} \tag{5-2}$$

5. 滤波

在测试过程中，测试信号有时不可避免地混入一些干扰信号，在进行试验数据处理之前，需要将干扰信号从测试信号中分离出来。另外，测量信号通常包含多个频率成分，有时需要对各个频段进行筛选处理。工程上讲信号的分离与筛选称为滤波。实现滤波处理的设备称为滤波器。

信号滤波器方法可分为模拟滤波和数字滤波。模拟滤波是指利用电阻、电容、电感、晶体管和集成运算放大器等基本电子器件构成滤波电路，使信号通过该电路，从而实现按照预定要求把信号中某些频率成分抑制或衰减掉，让另一些频率成分通过。这样的电子线路称为滤波器。最常用的模拟滤波器是 RC 调谐式无源滤波器和有源滤波器，RC 调谐式无源滤波器由电阻和电容组成，有源滤波器由 RC 调谐网络和运算放大器组成。数字信号的滤波一般采用数字滤波来实现。数字滤波，是指利用一个运算过程对输入的信号序列进行运算以产生一个新的序列，使之具有和模拟滤波器一样具有选频特性。该运算过程既可以由硬件构成的数字滤波电路实现，也可以用计算机软件来完成。相较模拟滤波而言，数字滤波具有精度高、灵活性强、性能稳定、经济性好、可实现多维滤波等特点，其应用比模拟滤波更加广泛。尽管数字滤波比模拟滤波具有明显的优势，但并不能完全取代模拟滤波，这是因为数字滤波要求有高采样率模数转换器，并且前端还需预放大电路，在一些模数转换器采样率不高的场合中，模拟滤波器将更具优势。

5.3 时域分析

时域分析是根据试验数据的时间历程记录或波形，分析信号的组成和特征量。通过分析可以确定：

(1)信号波形的幅值特征参数;

(2)信号波形的概率密度分布特性;

(3)信号前后的相关程度。

5.3.1 幅值特征

1. 均值、均方值和方差

对于经过采样后的离散信号$\{x_n\}(n=1,2,\cdots,N)$,其均值、均方值和方差的估计值分别为

$$\hat{\mu}_x = \frac{1}{N}\sum_{n=1}^{N} x_n \tag{5-3}$$

$$\hat{\Psi}_x^2 = \frac{1}{N}\sum_{n=1}^{N} x_n^2 \tag{5-4}$$

$$\hat{\sigma}_x^2 = \frac{1}{N}\sum_{n=1}^{N} (x_n - \mu_x)^2 \tag{5-5}$$

信号的均值μ_x反映了信号的静态分量,即常值分量。均方值Ψ_x^2反映信号的强度,均方值的正平方根称为均方根值x_{rms}。方差σ_x^2反映了信号的波动分量,方差的正平方根称为标准差σ_x。

2. 峰值指标和峭度指标

在机械故障诊断中,通常采用峰值指标I_{p}和峭度指标C_{q}来反映信号中的冲击特征。

(1)峰值指标I_{p}

$$I_{\mathrm{p}} = \frac{x_{\mathrm{p}}}{x_{\mathrm{rms}}} \tag{5-6}$$

式中,x_{p}是振动波形中的单峰最大值。

由于x_{p}是一个时不稳参数,不同的时刻变化很大。因此,在机械故障诊断系统中采用以下方式以提高峰值指标的稳定性:在一个信号样本的总长中,找出绝对值最大的10个峰值,用这10峰值的算术平均值作为峰值x_{p}。

(2)峭度指标C_{q}

$$C_{\mathrm{q}} = \frac{\frac{1}{N}\sum_{n=1}^{N}(|x_n| - \mu_x)^4}{x_{\mathrm{rms}}^4} \tag{5-7}$$

峭度指标C_{q}对信号中的冲击特性很敏感。对于常用的机械设备,正常情况下其值应该在3左右,如果这个值接近4或超过4,则说明机械的运动状态中存在冲击性振动。

3. 歪度指标和裕度指标

(1)歪度指标C_{w}反映振动信号的非对称性。

$$C_{\mathrm{w}} = \frac{\frac{1}{N}\sum_{n=1}^{N}(|x_n| - \mu_x)^3}{x_{\mathrm{rms}}^3} \tag{5-8}$$

除了有急回特性的机械外,即不存在摩擦碰撞的情况下,歪度指标变化不大。当存在着某一方向的摩擦或碰撞,会造成振动信号波形的不对称,使得歪度指标C_{w}增大。

(2)裕度指标 C_e 用于检测机械设备中的磨损情况。

$$C_e=\frac{x_{rms}}{\mu_x} \tag{5-9}$$

在不存摩擦碰撞的情况下,即歪度指标变化不大的条件下,系统的平均值与磨损量有关。若歪度指标变化不大,均方根值 x_{rms} 与均值 μ_x 的比值增大,说明由于磨损导致的间隙增大,因而振动的能量指标——均方根值 x_{rms} 比均值 μ_x 增加快,其裕度指标 C_e 增大。

5.3.2 概率密度分布

$x(t)$是各态历经随机过程的样本,样本时间为 T,如图 5-5 所示。$x(t)$在$(x,x+\Delta x)$区间内取值的总时间 $T_x=\sum_{i=1}^{N}\Delta t_i$,当 $T\to\infty$时,比值 T_x/T 就是事件$[x<x(t)\leqslant x+\Delta x]$的概率,记为

$$P[x<x(t)\leqslant x+\Delta x]=\lim_{T\to\infty}\frac{T_x}{T} \tag{5-10}$$

概率密度函数 $p(x)$定义为

$$p(x)=\lim_{\Delta x\to 0}\frac{P[x<x(t)\leqslant x+\Delta x]}{\Delta x}=\lim_{\Delta x\to 0}\frac{1}{\Delta x}\left(\lim_{T\to\infty}\frac{T_x}{T}\right) \tag{5-11}$$

概率密度函数提供了信号在幅值域分布的信息。不同类型时间信号具有不同的概率密度函数图形(图 5-5),借此可以识别试验数据的基本类型。

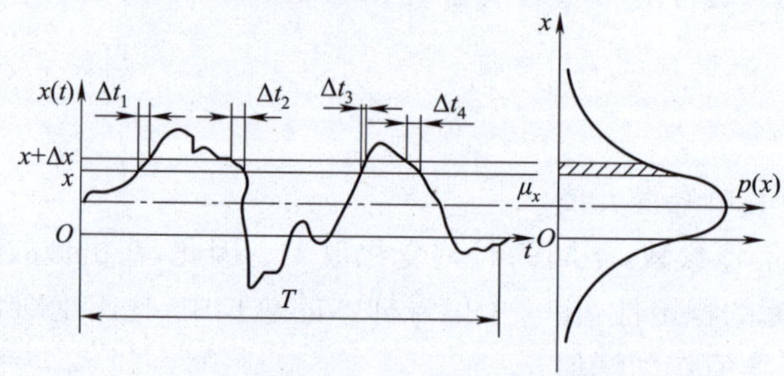

图 5-5 概率密度函数的计算

对于离散时域信号$\{x_n\}(n=1,2,\cdots,N)$,其概率密度函数估计值

$$\hat{p}(x)=\frac{N_x}{N\Delta x} \tag{5-12}$$

式中 Δx——以 x 为中心的窄区间宽度;

N_x——落在 $x\pm\Delta x$ 区间中的采样点数。

窄区间宽度 Δx 的大小取决于试验数据分组区间数目,即

$$\Delta x=\frac{x_{max}-x_{min}}{k} \tag{5-13}$$

式中 k——分组区间的数目;

x_{max}——试验数据中的最大值;

x_{min}——试验数据中的最小值。

5.3.3 相关分析

1. 自相关函数

如果 $x(t)$ 是某各态历经随机过程的一个样本，$x(t+\tau)$ 是 $x(t)$ 时移 τ 后的样本，则 $x(t)$ 的相关函数 $R_x(\tau)$ 定义为

$$R_x(\tau) = \lim_{T \to \infty} \frac{1}{T} \int_0^T x(t)x(t+\tau)\mathrm{d}t \tag{5-14}$$

不同类型时间信号具有不同的自相关函数(图 5-2)。由图可知，只要信号中含有周期成分，其自相关函数在 τ 很大时都不衰减，并具有明显的周期性。不包含周期成分的随机信号，当 τ 稍大时自相关函数将趋紧于零；宽带随机噪声的自相关函数很快衰减到零；宽带随机噪声的自相关函数则有较慢的衰减特性。

对于离散时域信号 $\{x_n\}(n=1,2,\cdots,N)$，其自相关函数的估计值为

$$\hat{R}_x(r) = \frac{1}{N}\sum_{n=1}^{N} x(n)x(n+r) \quad (r = 0,1,2,\cdots,m, \quad m < N) \tag{5-15}$$

2. 互相关函数

两个各态历经的随机信号 $x(t)$ 和 $y(t)$ 的相关系数定义为

$$\begin{cases} R_{xy}(\tau) = \lim\limits_{T \to \infty} \dfrac{1}{T} \displaystyle\int_0^T x(t)y(t+\tau)\mathrm{d}t \\ R_{yx}(\tau) = \lim\limits_{T \to \infty} \dfrac{1}{T} \displaystyle\int_0^T y(t)x(t+\tau)\mathrm{d}t \end{cases} \tag{5-16}$$

周期信号与随机信号的互相关函数为零。两个不同频率的周期信号，其互相关函数为零。两个同频率的周期信号或包含有同频率周期成分的信号，即使 $\tau \to \infty$，其互相关函数也不收敛，并会出现该频率的周期成分。

对于两个离散时域信号 $\{x_n\}$、$\{y_n\}(n=1,2,\cdots,N)$，其互相关函数的估计值为

$$\hat{R}_{xy}(r) = \frac{1}{N}\sum_{n=1}^{N} x(n)y(n+r) \quad (r = 0,1,2,\cdots,m, \quad m < N) \tag{5-17}$$

3. 相关分析的应用

互相关函数在工程中有重要的应用价值，主要有：

(1)相关滤波

利用互相关函数可以识别、提取混淆在噪声中的信号。对一个线性系统激振，所测得的振动信号中常常含有大量的噪声干扰。根据线性系统的频率保持性，只有和激振频率相同的成分才可能是由激振而引起的响应，其他成分均是干扰。因此，只要将激振信号和所测得的响应信号进行互相关处理，就可以得到由激振而引起的响应，消除了噪声。这种利用互相关函数同频相关、不同频不相关的性质来实现消除信号中噪声干扰的方法称为相关滤波。

(2)相关测速

利用互相关函数可以测量系统延时，在得到系统延时的基础上，可以实现相关测速以及相关测距。

图 5-6 是测定热轧钢带运动速度的示意图。钢带表面的反射光经透镜聚焦在相距为 d 的两个光电池上。反射光强度的波动，经过光电池转换为电信号，再进行相关处理。当可调

延时 τ 等于钢带上某点在两个测试点之间经过所需的时间时，互相关函数为最大值。该钢带的运动速度 $v=d/\tau_d$。

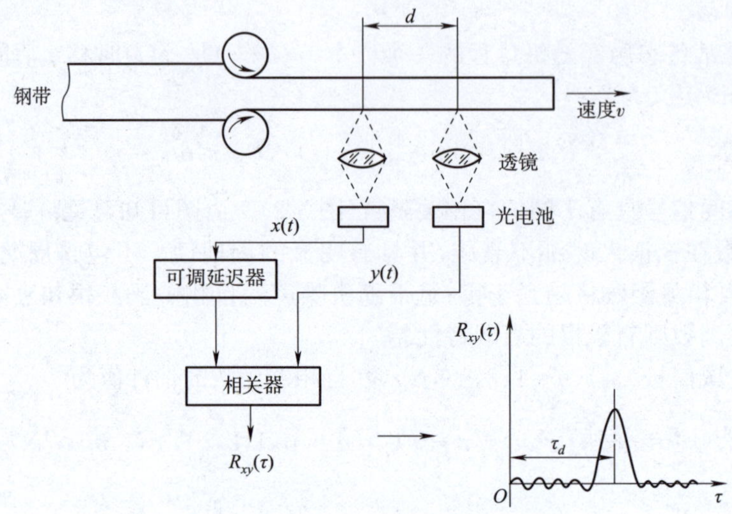

图 5-6 钢带运动速度的非接触测量

利用相关测速的原理，在汽车前后轴上放置传感器，可以测量汽车在冰雪面上行驶时，车轮滑动加滚动的车速。在船体底部前后一定距离安装两套向水底发射、接受声呐的装置，可以测量航船的速度。

(3)传递通道的相关测定

相关分析方法可以应用于工业噪声传递通道的分析和隔离、剧场音响传递通道的分析和音响效果的完善、复杂管路振动的传递和振源的判别等。图 5-7 是汽车司机座振动传递途径的识别示意图。在发动机、司机座、后桥放置三个加速度传感器，将输出并放大的信号进行相关分析。可以看到，发动机与司机座的相关性较差，而后桥与司机座的互相关较大，可以认为司机座的振动主要是由汽车后轮的振动引起的。

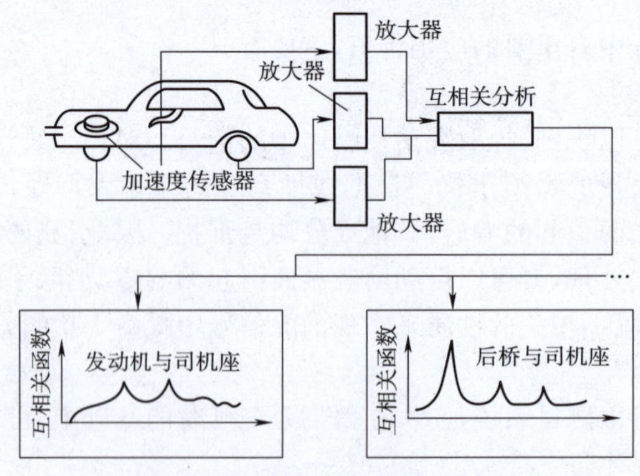

图 5-7 车辆振动传递途径的识别

(4)声学应用

相关分析在声学测量中应用很多，如可以区分不同时间到达的声音，测定物体的吸声系数和衰减系数，从多个独立声源或振动源中测出某一声源到一定地点的声功率等。图 5-8 是测量墙板声音衰减的示意图，离被测墙板不远处放置一个宽带声源，声压是 $x_1(t)$，在墙板的另一边紧挨着墙板放置一个微音器，其输出信号 $x_2(t)$ 是由穿透墙板的声压和绕过墙板的声压叠加而成。由于穿透声传播的时间最短，因而图 5-9 中的相关函数 $R_{x_1x_2}(\tau)$ 的第一个峰就表示穿透声的功率。

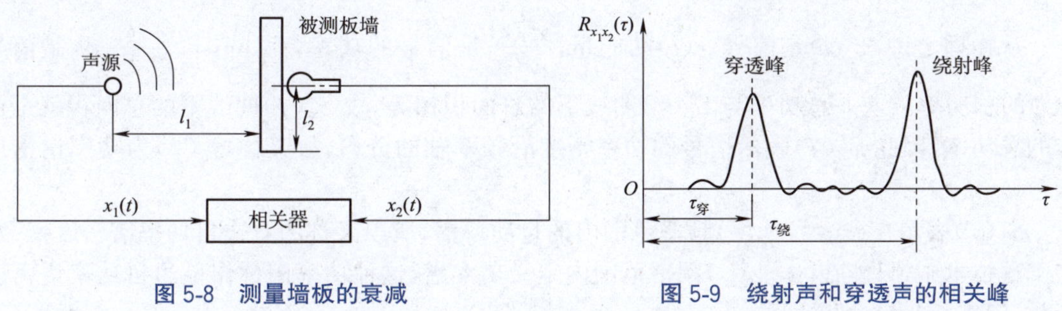

图 5-8　测量墙板的衰减　　　图 5-9　绕射声和穿透声的相关峰

5.4 频域分析

频域分析方法就是根据信号的频域描述来估计和分析信号的组成和特征量。通过信号的频域分析，可以解决以下问题：

(1)确定信号中含有的频率组成成分；

(2)确定信号中各个频率成分的幅值；

(3)分析各信号之间的相互关系；

(4)通过系统的输入与输出的频谱，求得系统的传递函数，识别系统的动力学参数；

(5)通过频谱分析，寻找系统的振动噪声源和进行故障诊断。

信号的频域描述称为频谱。对于不同类型的信号和不同的分析参数，频谱可以表示为不同的形式。实际的信号往往是混杂有确定性信号的随机信号，并且不能由确定性函数计算其谱函数。由于试验只能在有限时间内完成，因而不能按频谱定义从无限区间求得真实的频谱。由有限长的离散时间采样序列求得的频谱，只是信号真实频谱的一种估计值，故称为谱估计。

5.4.1 功率谱密度

1. 自功率谱密度

假定随机信号的 $x(t)$ 均值为零，并且没有周期性分量，则其自相关函数 $R_x(\tau)$ 满足绝对可积的条件，则该随机信号的自功率谱密度(自谱)是其自相关函数的傅里叶变换

$$S_x(f)=\int_{-\infty}^{\infty}R_x(\tau)\mathrm{e}^{-\mathrm{j}2\pi f\tau}\,\mathrm{d}\tau \tag{5-18}$$

其逆变换为

$$R_x(\tau)=\int_{-\infty}^{\infty}S_x(f)\mathrm{e}^{\mathrm{j}2\pi f\tau}\mathrm{d}f \tag{5-19}$$

由于 $S_x(f)$ 和 $R_x(\tau)$ 之间是傅里叶积分变换对的关系，两者是唯一对应的，$S_x(f)$ 中包含着 $R_x(\tau)$ 的全部信息。由于 $R_x(\tau)$ 为偶函数，$S_x(f)$ 也为偶函数。

当 $\tau=0$ 时，有

$$R_x(0)=\int_{-\infty}^{\infty}S_x(f)\mathrm{d}f=\lim_{T\to\infty}\int_0^T\frac{x^2(t)}{T}\mathrm{d}t \tag{5-20}$$

从物理上讲，$x^2(t)$ 是信号 $x(t)$ 的能量，$\frac{x^2(t)}{T}$ 是信号的功率，而 $\lim_{T\to\infty}\int_0^T\frac{x^2(t)}{T}\mathrm{d}t$ 是信号 $x(t)$ 的总功率。这一总功率与 $S_x(f)$ 曲线下的总面积相等，故 $S_x(f)$ 曲线下的总面积就是信号的总功率，因此 $S_x(f)$ 表示信号的功率密度沿频率轴的分布，故又称 $S_x(f)$ 为功率谱密度函数。

$S_x(f)$ 表示在 $(-\infty,+\infty)$ 频率范围内的自功率谱，所以又称为双边自功率谱密度函数。在工程技术中，只能在 $[0,+\infty)$ 频率范围内定义功率谱，这种功率谱称作单边自功率谱密度函数，记作 $G_x(f)$，即

$$G_x(f)=\begin{cases}2S_x(f) & f\geqslant 0\\ 0 & \text{其他}\end{cases} \tag{5-21}$$

2. 互功率谱密度

如果互相关函数 $R_{xy}(\tau)$ 满足绝对可积的条件，则 $S_{xy}(f)$ 定义为信号 $x(t)$ 和 $y(t)$ 的互功率谱密度函数，即

$$S_{xy}(f)=\int_{-\infty}^{\infty}R_{xy}(\tau)\mathrm{e}^{-\mathrm{j}2\pi f\tau}\mathrm{d}\tau \tag{5-22}$$

互功率谱密度函数简称互谱或互功率谱，其逆变换为

$$R_{xy}(\tau)=\int_{-\infty}^{\infty}S_{xy}(f)\mathrm{e}^{\mathrm{j}2\pi f\tau}\mathrm{d}f \tag{5-23}$$

互相关函数不是偶函数，因此互功率谱具有虚、实两部分。$S_{xy}(f)$ 中包含着 $R_{xy}(\tau)$ 的全部信息。

对于互功率谱函数，也可定义单边互功率谱函数 $G_{xy}(f)$，即

$$G_{xy}(f)=\begin{cases}2S_{xy}(f) & f\geqslant 0\\ 0 & \text{其他}\end{cases} \tag{5-24}$$

5.4.2 功率谱的应用

1. 求解传递函数

如图 5-10 所示的线性系统，若输入为 $x(t)$，输出为 $y(t)$，系统的频率响应函数为 $H(f)$，则

$$H(f)=\frac{Y(f)}{X(f)} \tag{5-25}$$

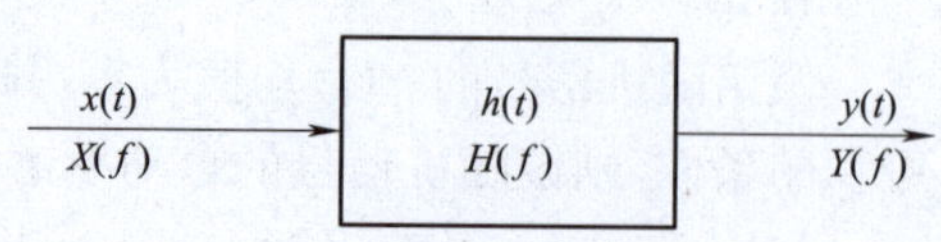

图 5-10 理想的单输入输出系统

式中，$H(f)$、$Y(f)$、$X(f)$ 均为 f 的复数函数。

设 $X^*(f)$是 $X(f)$的共轭值，则有

$$H(f)=\frac{Y(f)}{X(f)}\times\frac{X^*(f)}{X^*(f)}=\frac{S_{xy}(f)}{S_x(f)}=\frac{G_{xy}(f)}{G_x(f)} \tag{5-26}$$

式(5-26)说明，系统的频率响应函数可以由输入、输出间的互谱密度函数与输入功率谱密度函数之比求得，并且所得到的 $H(f)$不仅含有幅频特性而且含有相频特性。

利用互谱分析求解传递函数的优点是其中的互谱 $S_{xy}(f)$不受测量噪声的影响，但是输入信号的自谱 $S_x(f)$仍然无法排除输入端测量噪声的影响，从而形成测量误差。

2. 设备诊断

自功率谱密度函数 $S_x(f)$反映信号的频率结构，这一点和幅值谱$|X(f)|$相近，但是自功率谱密度所反映的是信号幅值的平方，因此其频域结构特征更为明显。

图 5-11 是试验测得的变速器加速度信号的功率谱图，其中图 5-11(a)是变速器正常工作的谱图，图 5-11(b)是运行不正常时的谱图。从图中可以对比出，不正常的变速器在 9.2 Hz 和 18.4 Hz 上增加了峰值，这两个频率为设备故障诊断提供了依据。

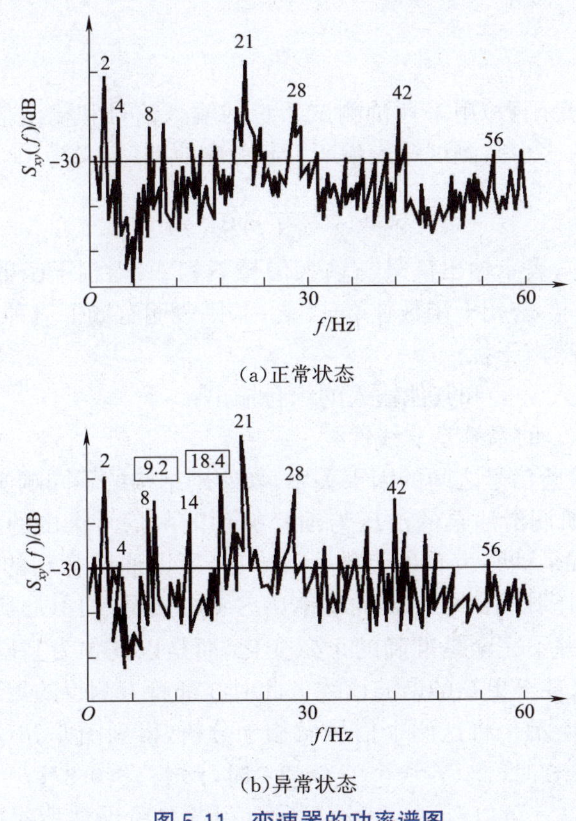

图 5-11 变速器的功率谱图

在机器增速或降速过程中，对不同转速时的振动信号进行等间隔采样，并进行功率谱分析，将各转速下的功率谱组合在一起成为一个转速——功率谱三维图，又称为瀑布图。如图 5-12 所示某压缩机振动信号瀑布图。图中，在转速为 6 000 r/min 时有转速 0.5 倍频的振动，反映存在油膜涡动故障。在转速 6 000 r/min 附近的一倍频有较大振幅，说明该机器

在 6 000 r/min 转速附近存在共振，这时的转速称为临界转速。

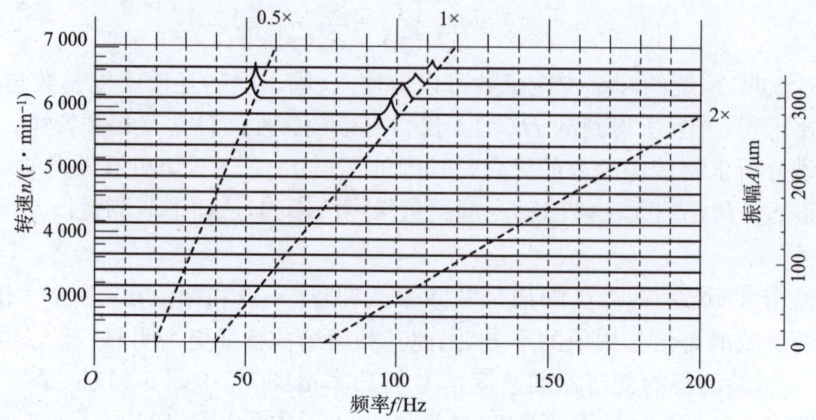

图 5-12　某压缩机振动瀑布图

5.4.3　相干函数

相干函数(也称凝聚函数)用来评价测试系统的输入信号和输出信号之间的因果性，即输出信号的功率谱中有多少是测试输入量所引起的响应，其定义为

$$\gamma_{xy}^{2}(f)=\frac{|S_{xy}(f)|^{2}}{S_{x}(f)S_{y}(f)} \tag{5-27}$$

如果相干函数为零，表示输出信号与输入信号不相干；当相干函数为 1 时，表示输出信号与输入信号完全相干。若相干函数在 0～1 之间，则表明有如下三种可能：

(1)测试中有外界噪声干扰；

(2)输出 $y(t)$是输入 $x(t)$和其他输入的综合输出；

(3)联系 $x(t)$和 $y(t)$的系统是非线性的。

相干函数常用来检验信号之间的因果关系，如鉴别结构的不同响应间的关系。

图 5-13 是用柴油机润滑油泵的油压与油管振动的两信号求出的自谱和相干函数。润滑油泵转速为 781 r/min，油泵齿轮的齿数为 $z=14$，所以油压脉动的基频是 $f_0=nz/60\approx 182.23$ Hz。所测得油压脉动信号 $x(t)$的功率谱 $S_x(f)$如图 5-13(a)所示，除了包含基频谱线外，还由于油压脉动并不完全是准确的正弦变化，而是以基频为基础的非正弦周期信号，因此还存在二、三、四次甚至更高的谐波谱线。此时在油管上测得的振动信号 $y(t)$的功率谱图 $S_y(f)$如图 5-13(b)所示。将这两个信号做相干分析，得到图 5-13(c)所示的曲线。由该相干函数图可见，当 $f=f_0$时，$\gamma_{xy}^2(f)\approx 0.9$；$f=2f_0$时，$\gamma_{xy}^2(f)\approx 0.37$；$f=3f_0$时，$\gamma_{xy}^2(f)\approx 0.8$；$f=4f_0$时，$\gamma_{xy}^2(f)\approx 0.75$。可以看到由于油压脉动引起各阶谐波所对应的相干函数值都比较大，而在非谐波的频率上相干函数值很小。所以可以得出结论，油管的振动主要是由于油压脉动所引起。

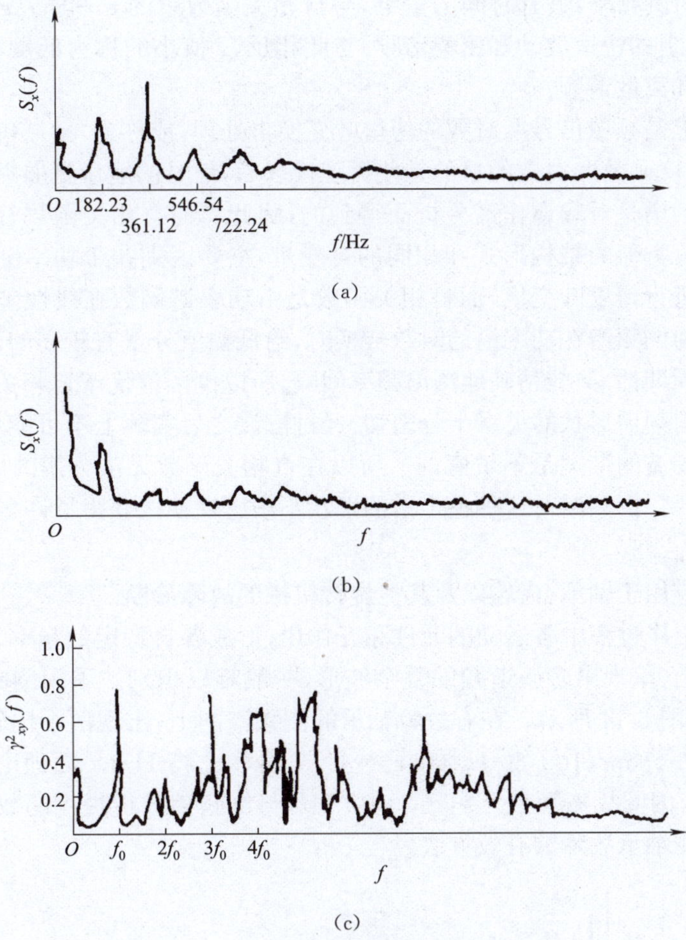

图 5-13 油压脉动与油管振动的相干分析

5.4.4 倒频谱分析

1. 倒频谱的定义

倒频谱也称为二次频谱，它可以检测复杂信号频谱图上的周期成分，分离和提取在密集泛频信号中的周期成分。对于具有同簇谐频和异簇谐频、多成分的边谱等复杂信号的分析效果很好。倒频谱用于对语言分析中的语言音调的测定、检测机械振动谱图中的谐波分量作故障监测和诊断以及排除回波等方面是很有效的。倒频谱分析包括功率倒频谱分析和复倒频谱分析这两种主要形式，以下仅介绍功率倒频谱。

功率倒频谱 $C_x(\tau)$ 的定义为"对数功率谱的功率谱"，其表达式为

$$C_x(\tau)=|F[\lg S_x(f)]|^2 \tag{5-28}$$

式中，F 为傅里叶变换。

工程上常用的是式(5-28)的开方形式，即

$$C_a(\tau)=\sqrt{C_x(\tau)}=|F[\lg S_x(f)]| \tag{5-29}$$

自变量 τ 称为倒频率，具有时间的量纲，与自相关函数中的 τ 一样。τ 值大的称为倒频率，表示在频谱图上的快速波动和密集谐频；与此相反，τ 值小的称为低倒频谱，表示在频谱图上的缓慢波动和离散谐频。

倒频谱实际上是频域信号取对数的傅里叶变换再处理，或称为“频域信号的傅里叶再变换”。对功率谱密度函数取对数的目的是使再变换以后，信号的能量更加集中。

因为功率倒频谱是对频谱作谱分析而得到的，因此其与自相关函数有关。功率倒频谱与自相关函数具有类似的结构形式和相同的自变量，主要区别在于功率倒频谱是对功率谱作对数转换后再进行傅里叶变换，而自相关函数是由功率谱函数在线性坐标上的傅里叶逆变换得到的。因为倒频谱在功率谱的对数转换时，给低幅值分量有较高的加权，其作用既可以帮助判断谱的周期性，又能精确地测出频率间隔，所以倒频谱优于自相关函数。相关函数检测回波的峰值与频谱形状的关系十分密切，经过滤波之后实际上不可能加以检测，而功率谱的对数对这种滤波的带宽是不敏感的。所以在自相关函数无法分辨的场合，功率倒频谱还能显示出延时峰。倒频谱对这种整个谱的形状不敏感性使之获得了许多应用。

2. 倒频谱的应用

倒频谱广泛应用于轴承、齿轮以及其他旋转机械的故障诊断。

滚动轴承在工作过程中各运动的元件相互作用，形成各自特定的频率，并相互叠加和调制。在功率谱图上，呈现出多簇谐频的复杂波形，一般难以识别。采用倒频谱分析后，则可以很容易识别，如图 5-14 所示。在有故障轴承的倒频谱图上，出现两个比较明显的峰，其倒频率分别为 $\tau_1=9.47$ ms(105.60 Hz)和 $\tau_2=37.9$ ms(26.35 Hz)。而理论分析滚珠故障频率为 $f_1=106$ Hz，内圈故障频率为 $f_2=26.35$ Hz，与倒频谱分析提供的数据相符。这说明倒频谱分析是检测轴承故障的有效方法。

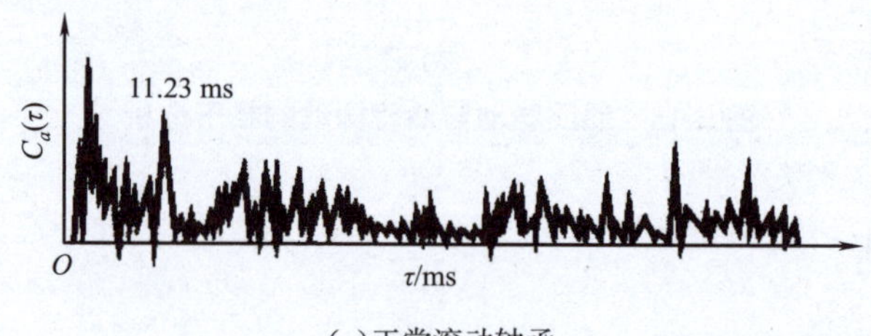

(a)正常滚动轴承

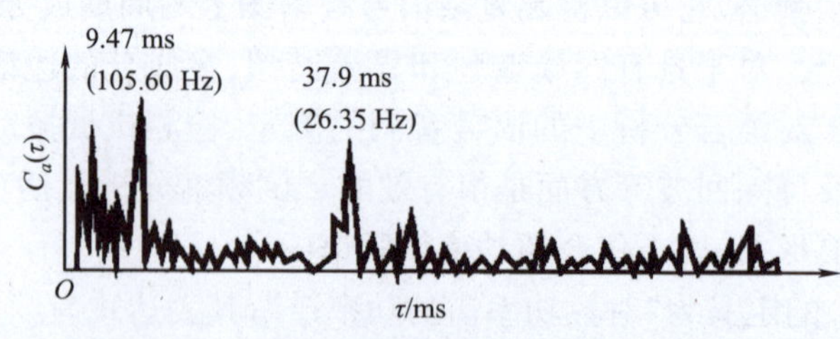

(b)有故障滚动轴承

图 5-14 某滚动轴承振动加速度的倒频谱分析

5.5 时频分析

随机信号在理论上可以分为平稳信号和非平稳信号两大类。许多实际信号，比如语音信号，都是非平稳信号。时变非平稳特性是现实信号的普遍规律。对于许多信号，仅用时域或频域里的各种方法去分析往往不能揭示信号内部的局部特征和信息。时频分析就是一种能将频谱随时间的演变关系明确表现出来的方法。

对于一个能量有限的信号 $x(t)$，傅里叶变换作为信号表示的一种重要工具，在信号的分析与处理中起了重要的作用。但傅里叶变换是一种全局性的变换式，即每一时刻 t 的信号值 $x(t)$ 都是全部频率分量 $X(f)$ 共同贡献的结果。全局性的变换在实际应用中会碰到一些问题。对于实际信号 $x(t)$，能得到的仅是一个有限时间段内的信号。对于非平稳信号(含时变的确定性信号)，在不同时间段内信号的频谱是变化。例如，当需要通过舰船螺旋桨噪声监测船速时，需要计算的正是螺旋桨噪声信号频谱随时间变化的情况。显然，傅里叶变换将无法满足这一要求。

为克服传统傅里叶变换的这种全局性变换的局限性，对于非平稳信号的分析与处理，必须使用局部变换的方法，用时间和频率的联合函数来表示信号，这就是时频分析法。时频分析法是指用时间和频率的联合函数来表示非平稳信号，并对其进行分析和处理的一种方法。其基本任务是建立一个同时用时间和频率描述信号能量分布密度，并以同样的方式来计算信号其他特征量的函数。时频分析法特别适合一些具有明显非平稳特征的信号处理，如诊断齿轮冲击故障和滚动轴承故障等。

5.5.1 短时傅里叶变换

短时傅里叶变换的基本思想是用一个随时间平移的窗函数 $h(t-\tau)$ 将原来的非平稳信号分为若干平稳或近似平稳段，用傅里叶变换分析这些信号，然后就可以得到在那个时间间隔的相对精确的频谱。

设 $h(t)$ 是中心位于 $\tau=0$、高度为 1、宽度有限的时窗函数，通过 $h(t)$ 所观察到的信号 $x(t)$ 的部分是 $x(t)h(t)$，如图 5-15 所示。

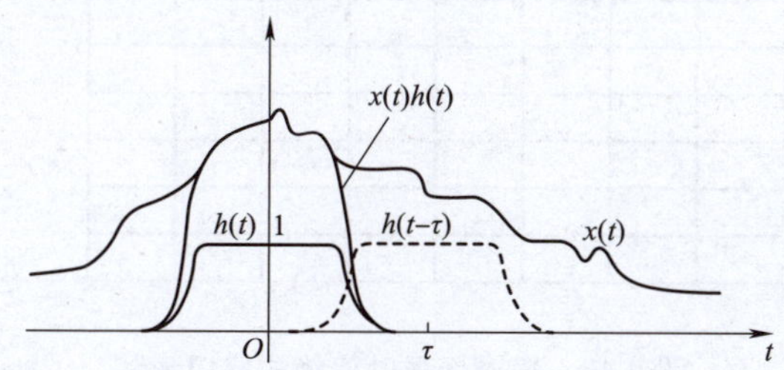

图 5-15　时窗函数为 $h(t)$ 的信号 $x(t)$ 的短时傅里叶变换

当信号 $x(t)$ 经过中心位于 τ 的时窗 $h(t-\tau)$ 的傅里叶变换便是短时傅里叶变换，即

$$\mathrm{STFT}_x(t,f)=\int_{-\infty}^{+\infty}x(t)h(t-\tau)\mathrm{e}^{-2\pi ft}\,\mathrm{d}t \tag{5-30}$$

短时傅里叶变换的关键是窗函数 $h(t)$ 的选取。由于高斯函数的傅里叶变换仍然是高斯函数，因此最优时间局部化的窗函数是高斯函数，即 $h_G(t)=\frac{1}{2\sqrt{\pi\alpha}}\mathrm{e}^{-\frac{t^2}{4\alpha}}(\alpha>0)$。

当给定了时窗函数 $h(t)$ 及其傅里叶变换 $H(f)$，则短时傅里叶变换区分两个纯正弦波的带宽 Δf 为

$$(\Delta f)^2=\frac{\int f^2|H(f)|^2\mathrm{d}f}{\int|H(f)|^2\mathrm{d}f} \tag{5-31}$$

如果两个正弦波之间的频率间隔大于 Δf，那么这两个正弦波就能够被区分开。

同样，时域中的分辨率 Δt 为

$$(\Delta t)^2=\frac{\int t^2|h(t)|^2\mathrm{d}t}{\int|h(t)|^2\mathrm{d}t} \tag{5-32}$$

如果两个脉冲的时间间隔大于 Δt，那么这两个脉冲就能够被区分开。

然而，短时傅里叶变换的时间分辨率 Δt 和频率分辨率 Δf 不可能同时任意小。根据[海森伯]不确定性原理，时间和频率分辨率的乘积受到以下限制：

$$\Delta t\Delta f\geqslant\frac{1}{4\pi} \tag{5-33}$$

式(5-33)中，当且仅当采用了高斯窗函数，等式成立。式(5-33)表明，要提高时间分辨率，只能降低频率分辨率，反之亦然。因此，短时傅里叶变换的时间与频率的最高分辨率是受到[海森伯]不确定性原理制约的。这一点在实际应用中应当注意。

短时傅里叶变换的窗口宽度是由窗函数的特性以及窗函数的长度所确定的。一旦窗函数确定下来，整个时频平面上窗宽是保持不变的，即时频平面上的时频分辨率保持不变，呈现出完全相等的矩形，如图 5-16 所示。

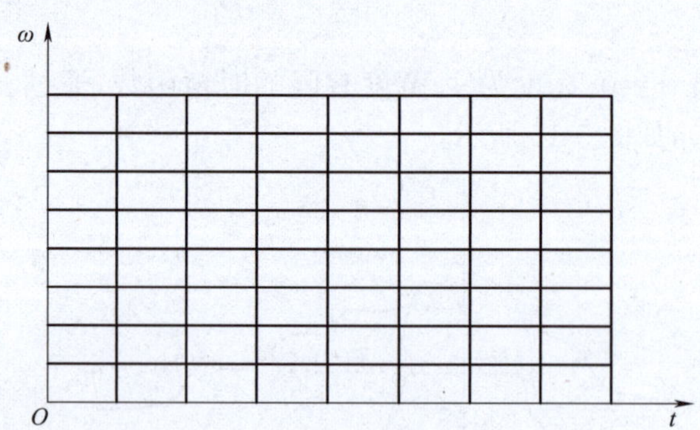

图 5-16 短时傅里叶变换的窗口形状

由于短时傅里叶变换的基础仍是傅里叶变换，虽能分析非平稳信号，但更适合分析准平稳信号。如果信号是由高频突发分量和长周期准平稳分量组成，那么短时傅里叶变换能给出满意的时频分析结果。

5.5.2 小波分析

小波分析的思想来源于伸缩和平移方法，其为非平稳信号处理提供了一种新的方法。“小波”的“小”是指局部非零，具有紧支性和衰减性；“波”是指具有波动性，包含频率的特性。小波变换的目的就是既要看到信号的全貌，又要看到信号的细节。

在平方可积实数空间 $L^2(\mathrm{R})$中，函数 $\Psi(t)$满足容许条件

$$\int_{-\infty}^{+\infty} \Psi(t)\,\mathrm{d}t = 0 \tag{5-34}$$

称为基本小波或母小波。$\Psi(t)$通过伸缩 a 和平移 b 产生一个函数簇$\{\Psi_{a,b}(t)\}$，称为小波(小波基函数)。有

$$\Psi_{a,b}(t)=a^{-1/2}\Psi\left(\frac{t-b}{a}\right) \tag{5-35}$$

式中，a 是尺度因子，有 $a>0$；b 是时移因子。如果 $a<1$，则波形收缩；反之，则波形伸展。这里 $a^{-1/2}$可保证在不同的 a 值下，即在小波函数的伸缩过程中能量保持相等。在二进伸缩、平移小波中，$a=2^{-j}$，$b=na$，j、$n\in Z$。

小波函数一般为双窗函数，窗口中心在$(0,\omega_0^-)$和$(0,\omega_0^+)$两点，也就是具有带通性质。如图 5-17 所示两种典型的基本小波及其傅里叶变换，从频域可以看出其带通特点。

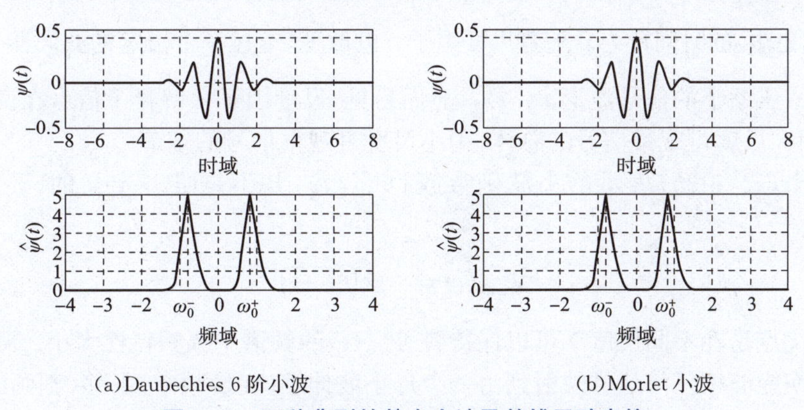

图 5-17　两种典型的基本小波及其傅里叶变换

信号 $x(t)$的小波变换为

$$WT_x(b,a) = a^{-1/2}\int_{-\infty}^{+\infty} x(t)\Psi\left(\frac{t-b}{a}\right)\mathrm{d}t = \langle x(t),\Psi_{a,b}(t)\rangle \tag{5-36}$$

式(5-36)表示的小波变换是用信号 $x(t)$与小波基函数 $\Psi_{a,b}(t)$进行内积运算。这一内积运算旨在探求信号 $x(t)$中包含与小波基函数 $\Psi_{a,b}(t)$最相关或最相似的分量，小波变换的实质就将 $x(t)$分解为不同频带的子信号。因此，构造出一个小波基函数 $\Psi_{a,b}(t)$，就能够进行一种小波变换。如何进行有效的小波变换，关键取决于小波基函数的构造与选择。

对信号 $x(t)$进行小波变换相当于通过小波的尺度因子和时移因子变化去观察信号。当 a 减小时，小波函数的时宽减小，频宽增大；当 a 增大时，小波函数的时宽增大，频宽减小。小波变换在时频平面上的窗口形状是变化的，在高频处时间分辨率高，频率分辨率低；在低频处时间分辨率低，频率分辨率高，即具有自适应窗的性质，如图 5-18 所示。

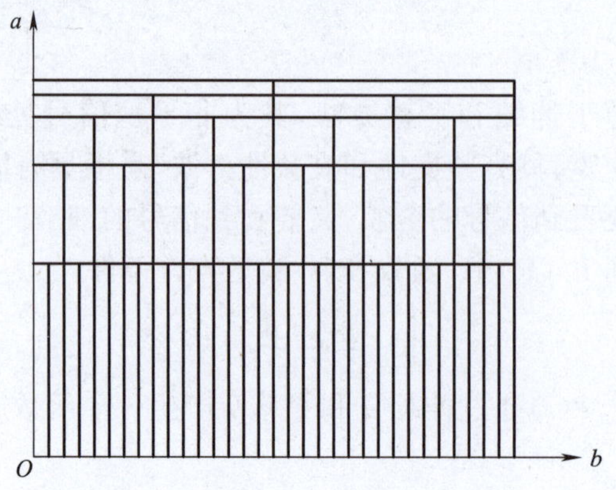

图 5-18 时频平面上小波变换的窗口形状

式(5-36)可改写为

$$WT_x(b,a) = a^{-1/2}\int_{-\infty}^{+\infty} x(at)\Psi\left(t-\frac{b}{a}\right)\mathrm{d}t = \left\langle x(at), \Psi_{a,b}\left(t-\frac{b}{a}\right)\right\rangle \tag{5-37}$$

式(5-37)表明,当尺度因子 a 增大(或减小),函数 $\Psi\left(t-\frac{b}{a}\right)$ 在时域中伸展(或缩短),可计及信号更长(或更短)的时间行为。随着尺度因子 a 的改变,通过一个恒定的滤波器 $\Psi\left(t-\frac{b}{a}\right)$ 观察到被伸展或压缩了的信号波形 $x(at)$。显而易见,尺度因子 a 解释了信号在变换过程中尺度的变化,用大尺度可观察信号的总体,用小尺度可观察信号的细节。

应当指出,式(5-35)表示的小波函数簇 $\{\Psi_{a,b}(t)\}$ 并不是唯一定义的,还可采用如下定义:

$$\Psi_{a,b}(t)=\frac{1}{a}\Psi\left(\frac{t-b}{a}\right) \tag{5-38}$$

这种表示的优点是在不同尺度下可以保持各 $\Psi_{a,b}(t)$ 的频谱中幅频特性大小一致。

小波变换能够把任何信号映射到由一个母小波伸缩(变换频率)平移(刻画时间)而成的一组基函数上去,实现信号在不同频带、不同时刻的合理分离,为动态信号的非平稳性描述、故障特征频率的分离、微弱信息的提取以实现早期故障诊断提供了高效、有力的工具。这些优点来自小波变换的多分辨分析和小波基函数的正交性。

5.5.3 希尔伯特—黄变换

希尔伯特—黄变换(Hilbert-Huang transform,HHT)由经验模式分解和希尔伯特谱分析两个理论部分构成。经验模式分解可以将任意信号分解为一系列固有模式函数的集合,固有模式函数经过希尔伯特谱分析,可以得到瞬时频率。一个非线性、非平稳时间序列经过希尔伯特—黄变换,最终表示为幅值(能量)的时频谱图。

1. 瞬时频率

瞬时频率是物理现象中比较直观的概念,音调变化着的声音、转子启动信号、故障齿轮调频信号和许多非周期性变化的现象都体现了其存在。

瞬时频率可根据希尔伯特变换来定义。

任意的一个时间序列 $x(t)$ 的希尔伯特变换 $y(t)$ 为

$$y(t)=\frac{1}{\pi}\int_{-\infty}^{+\infty}\frac{x(\tau)}{t-\tau}\mathrm{d}\tau=\frac{1}{\pi t}*x(t) \tag{5-39}$$

根据傅里叶变换

$$\mathrm{F}\left(\frac{1}{\pi t}\right)=-j\,\mathrm{sgn}(f)=\begin{cases}-j & f>0\\ +j & f<0\end{cases} \tag{5-40}$$

信号 $x(t)$ 的希尔伯特变换是原信号 $x(t)$ 与 $1/(\pi t)$ 在时域内的卷积，结果是给原来的实信号转换为一个幅值和频率不变、但相位平移 90°的信号。

希尔伯特变换是从时域到时域的变换，其在时域内进行，不同于在时域和频域间进行转换的傅里叶变换。希尔伯特变换的结果是将原信号的相位平移了 90°，所以这种变换又称为 90°移相滤波器，如果对余弦信号重复作希尔伯特变换，就有：cos→sin→－cos→－sin→cos。希尔伯特变换只影响原信号的相位，不会影响到原来信号的幅值。希尔伯特变换前后，原信号的能量不会由于相位的移动发生变化。由于变换只是将原信号作了 90°相移，原信号与它的希尔伯特变换构成正交副。

构造解析信号

$$z(t)=x(t)+\mathrm{i}y(t)=a(t)\mathrm{e}^{\mathrm{i}\theta(t)} \tag{5-41}$$

原信号 $x(t)$ 和它的希尔伯特变换对 $y(t)$ 分别构成解析信号的实部和虚部，其中幅值函数为

$$a(t)=\sqrt{x(t)^2+y(t)^2} \tag{5-42}$$

相位函数为

$$\theta(t)=\arctan\frac{y(t)}{x(t)} \tag{5-43}$$

相位函数的导数定义为瞬时频率

$$\omega(t)=\frac{\mathrm{d}\theta(t)}{\mathrm{d}t} \tag{5-44}$$

为了使按式(5-44)定义的瞬时频率为时间 t 的单值函数，要求所分析的信号必须是“单分量”信号，即在任一时刻，只存在一个频率值与之对应，满足上述要求的信号称为本征（固有）模式函数（intrinsic mode function）或基本模式分量。

2. 本征模式函数

一个本征模式函数要满足以下两个条件：一是在整个数据集合中，极点的数目和过零点的数目必须相等或最多相差一个；二是由局部极大值和极小值所形成的包络均值都等于零。第一个条件与传统稳态高斯信号处理过程中所要求的窄带条件相类似。第二个条件实质是要求信号的均值为零，把对信号的全局要求改变为局部要求，目的是防止由于波形的不对称引起瞬时频率的不必要波动。

满足以上两个条件的模式分量，其连续两个过零点之间只有一个极值点，即只包括一个单模式的振荡，没有复杂的叠加波存在。需要注意，如此定义的基本模式分量并不被限定为窄带信号，可以是具有一定带宽的非平稳信号，例如纯粹的频率和幅度调制函数。一个典型

的基本模式分量如图 5-19 所示。

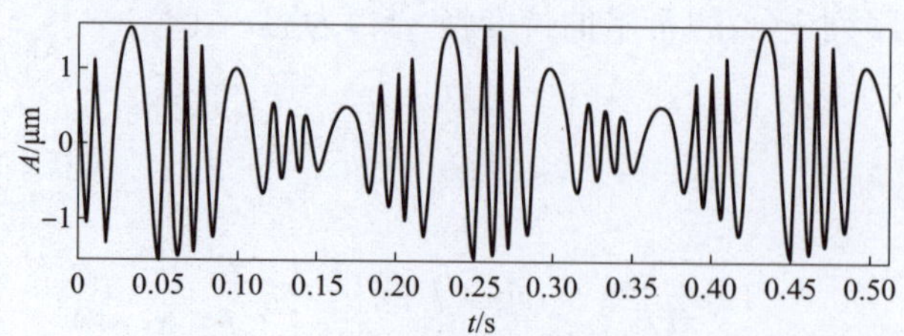

图 5-19 一个典型的固有模式函数

本征模式函数的局部特性,使函数在任意一点的瞬时频率具有了明确的物理意义。

3. 经验模式分解

实际的信号很难保证符合本征模式函数的要求,这时需要对原始信号进行分解处理,将其转换为多个本征模式函数的组合。这种信号处理方法称为经验模式分解(empirical mode decomposition,EMD),该分解方法也称为筛选过程。

基于基本模式分量的定义,可以得到信号的模式分解原理。其分解原理如下:

(1)把原始信号 $x(t)$ 作为待处理信号,确定该信号的所有局部极值点(包括极大值点和极小值点),然后将所有极大值点和所有极小值点分别用三次样条曲线连接起来,得到 $x(t)$ 的上、下包络线,使信号的所有数据点都处于这两条包络线之间,取上下包络线均值组成的序列为 $m(t)$,如图 5-20(b)所示。

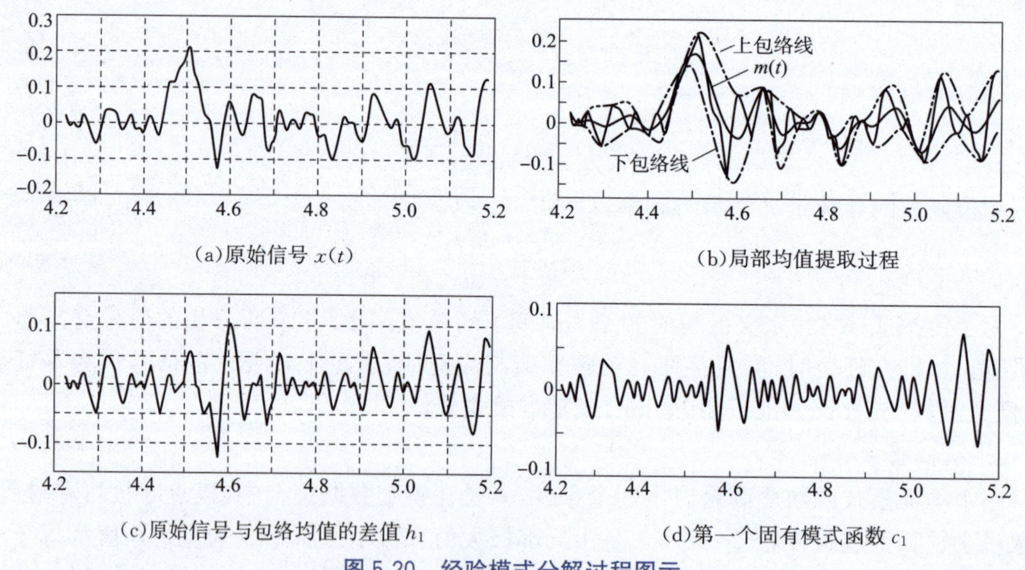

图 5-20 经验模式分解过程图示

(2)从待处理信号 $x(t)$ 中减去其上、下包络线均值 $m(t)$,得到

$$h_1(t)=x(t)-m(t) \tag{5-45}$$

检测 $h_1(t)$ 是否满足基本模式分量的两个条件。如果不满足,则把 $h_1(t)$ 作为待处理信号,重复上述操作,直至 $h_1(t)$ 是一个基本模式分量,记

$$c_1(t)=h_1(t) \tag{5-46}$$

(3)从原始信号 $x(t)$ 中分解出第一个基本模式分量 $c_1(t)$ 之后，从 $x(t)$ 中减去 $c_1(t)$，得到剩余值序列

$$r_1(t)=x(t)-c_1(t) \tag{5-47}$$

(4)把 $r_1(t)$ 作为新的“原始”信号。重复上述操作，依次可得第二、第三直至第 n 个基本模式分量，记为 $c_1(t), c_2(t), \cdots, c_n(t)$，这个处理过程在满足预先设定的停止准则后即可停止，最后剩下原始信号的余项 $r_n(t)$。

这样就将原始信号 $x(t)$ 分解为若干基本模式分量和一个余项的和，即

$$x(t)=\sum_{i=1}^{n} c_1(t)+r_n(t) \tag{5-48}$$

上述第(4)步中的停止条件称为分解过程的停止准则，可以是如下两种条件之一：①当最后一个基本模式分量 $c_n(t)$ 或剩余分量 $r_n(t)$ 变得比预期值小时便停止；②当剩余分量 $r_n(t)$ 变成单调函数，从中不能再筛选出基本模式分量为止。

基本模式分量的两个限定条件只是一种理论上的要求，在实际的筛选过程中，很难保证信号的局部均值绝对为零。如果完全按照上述两个限定条件判断分离出的分量是否为基本模式分量，很可能需要过多的重复筛选，从而导致基本模式分量失去了实际的物理意义。为了保证基本模式分量保存足够的反映物理实际的幅度与频率调制，必须确定一个筛选过程的停止准则。

筛选过程的停止准则可以通过限制两个连续的处理结果之间的标准差 S_d 的大小来实现。

$$S_d=\sum_{t=0}^{T} \frac{|h_{k-1}(t)-h_k(t)|^2}{h_k(t)^2} \tag{5-49}$$

式中 T——信号的时间跨度；

$h_{k-1}(t), h_k(t)$——在筛选基本模式分量过程中两个连续的处理结果的时间序列；

S_d——标准差通常取 0.2～0.3。

4. 希尔伯特谱

在经验模式分解的基础上，得到了本征模式函数，就可以根据公式(5-44)计算瞬时频率。

对每一个本征模式函数进行希尔伯特变换后，解析信号可以表示为

$$x(t)=\sum_{i=0}^{n} a_i(t)\mathrm{e}^{\mathrm{j}\theta(t)}=\sum_{i=0}^{n} a_i(t)\mathrm{e}^{\mathrm{j}\int \omega_i(t)\mathrm{d}t} \tag{5-50}$$

式中 $a_i(t)$——第 i 个固有模式函数的幅值；

$\omega_i(t)$——第 i 个固有模式函数的瞬时频率。

由于残余项 r_n 在一般情况下，包含的能量比较大，而我们感兴趣的却常常是高频率低能量的信息，为了避免残余项冲击其他信息，因此在构建希尔伯特谱时可以不考虑残余项。

根据式(5-50)，可以把信号幅值在三维空间表达成时间与瞬时频率的函数，这种幅值的时频分布谱图被称为希尔伯特幅值谱 $H(\omega,t)$，简称希尔伯特谱，记做

$$H(\omega,t)=\begin{cases}\sum_{i=0}^{n} a_i(t)\mathrm{e}^{\mathrm{j}\int \omega_i(t)\mathrm{d}t} \\ 0\end{cases} \tag{5-51}$$

在希尔伯特谱的基础上，进一步定义希尔伯特边界谱为

$$h(\omega)=\int_0^T H(\omega,t)\mathrm{d}t \tag{5-52}$$

式中，T 是信号的整个采样持续时间。由式(5-52)看出，边界谱 $h(\omega)$ 是时频谱对时间轴的积分，表达了每个频率在全局上的幅度或能量分布，反映了概率意义上幅值在整个时间跨度上的积累。

需要说明的是，边界谱中的频率含义与傅里叶谱中的频率含义是不同的。在傅里叶谱中，只有在某一频率处能量的存在，就意味着这个频率始终存在于信号的整个时间跨度内。而在边缘谱中，在某一频率处有能量的存在，仅说明在数据的整个时间长度上，很可能有这样一个频率的波动在局部出现过。事实上，基于经验模式分解的希尔伯特谱是一个加权的联合时间—频率—幅度分布，在每一个时间频率点的权值就是局部幅度值。因此，在边界谱中某一频率仅代表有这样频率的波动存在，这个波动发生的精确时间在希尔伯特谱图中给出。

如果将原始数据用傅里叶级数展开，可表达为

$$x(t)=\sum_{i=0}^{n}\mathrm{a}_i\mathrm{e}^{\mathrm{j}\omega_i t} \tag{5-53}$$

式中，a_i 和 ω_i 都是常数。对比式(5-50)和式(5-53)，可以明显地看出，希尔伯特—黄变换用随时间变化的幅度和瞬时频率对信号进行分解，比傅里叶级数表达更一般化，赋予了基于局部时间特征的波动模式分量的瞬时频率以实际的物理意义。因此，基于EMD的时频分析方法能够定量地描述频率和时间的关系，实现了对时变信号完整的、准确的分析，非常适于分析非平稳信号。实践证明，希尔伯特—黄变换优于其他现有的时频分析方法。

5.6 数字滤波

5.6.1 数字滤波的原理

数字滤波是利用一个离散时间系统对输入的数字信号 $x(n)$ 进行加工处理，从而改变信号的频谱，使之与模拟滤波器一样具有选频特性。广义上，数字滤波是由计算机程序来实现的，是具有某种算法的数字处理过程。实现数字滤波的装置和系统称为数字滤波器，如图 5-21 所示。

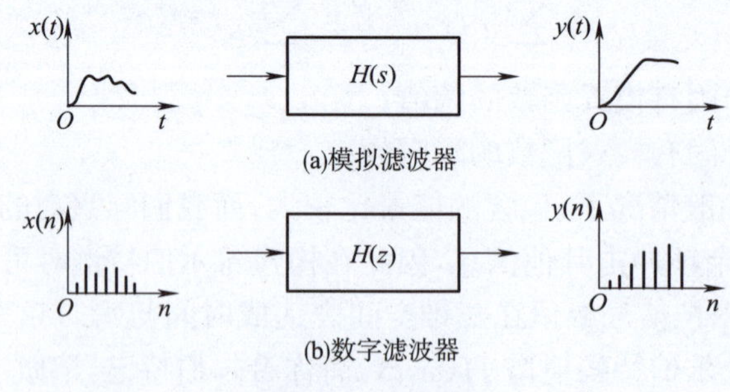

图 5-21　滤波器

数字滤波器与模拟滤波器相比，其作用是相同的，但构成及分析方法却又不同。模拟滤波器的数学模型为微分方程式，运算内容则为微积分、乘法、加法；构成模拟滤波器的元器件

为电阻、电容、运算放大器等电路元件构成的。数字滤波器的数学模型为差分方程式,运算内容为延时、乘法、加法运算。构成数字滤波器的元器件为加法器、乘法器、延时器等。两者对比归纳可详见表 5-1。

表 5-1 模拟滤波器与数字滤波器对比

项 目	模拟滤波器	数字滤波器
输入、输出	模拟信号	数字信号
系统	连续时间	离散时间
系统特性	时不变、叠加、齐次	非移变、叠加、齐次
数学模型	微分方程	差分方程
运算内容	微(积)分、乘、加	延时、乘、加
系统构成	分立元件 (电阻、电容、运算放大器等)	软件:程序 硬件:乘、加、延时模块
系统函数	传递函数(*S* 域)	转移函数(*Z* 域)

例如,图 5-22 所示的一阶低通滤波器的电路方程为

$$RC\frac{\mathrm{d}u_2(t)}{\mathrm{d}t}+u_2(t)=u_1(t) \tag{5-54}$$

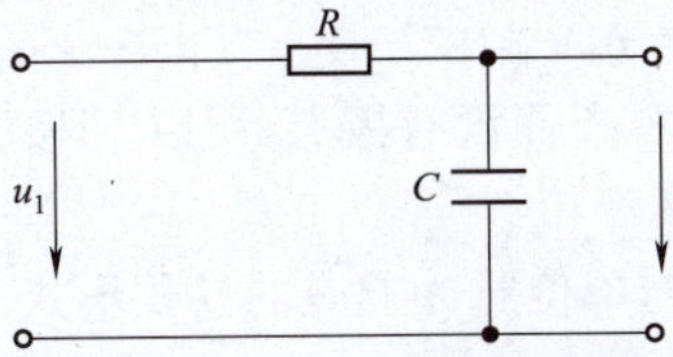

图 5-22 一阶低通滤波器电路

要用计算机来实现一阶低通滤波器电路类似的功能,则必须把输入信号 $u_1(t)$ 离散化,得到的输出信号 u_2 也是离散的。如果是等间隔采样,并且采样间隔足够小,则

$$u_2(t)\rightarrow u_2(nT)\rightarrow u_2(n)$$

$$\frac{\mathrm{d}u_2(t)}{\mathrm{d}t}\rightarrow\frac{u_2(t+T)-u(T)}{T}\rightarrow\frac{u_2(nT+T)-u(nT)}{T}\rightarrow u_2(n+1)-u_2(n)$$

于是式(5-54)对应的一阶低通滤波器的差分方程为

$$RC[u_2(n+1)-u_2(n)]+u_2(n)=u_1(n)$$

写成一般形式

$$y(n+1)=b_1x(n)-a_1y(n)$$

或

$$y(n)=b_1x(n-1)-a_1y(n-1) \tag{5-55}$$

式中 $y(n)$——输出信号;

$x(n)$——输入信号;

a_1,b_1——滤波器系数。

数字滤波器可用软件或硬件实现。软件实现方法是按照差分方程式或框图所表示的输出与输入序列的关系,编制计算机程序,在通用计算机上实现。硬件实现方法是把用数字电路制成的加法器、乘法器、延时器等,按框图加以连接,构成运算器,即数字滤波器来实现。

5.6.2 数字滤波器的分类

数字滤波器一般有下列几种分类。

1. 按照滤波器的频率通阻特性分类

和模拟滤波器相类似，数字滤波器按照其频率通阻特性可分为低通滤波器、高通滤波器、带通滤波器和带阻滤波器。

2. 按照数字滤波器的单位冲击响应 $h(n)$ 的时间特性分类

根据滤波器的单位冲击响应 $h(n)$ 是一个有限长序列还是一个无限长序列，滤波器可分为有限冲击响应滤波器和无限冲击响应滤波器。

有限冲击响应滤波器简称 FIR 滤波器，其差分方程的一般形式为

$$y(n)=\sum_{r=0}^{M}b_r x(n-r) \tag{5-56}$$

FIR 滤波器的输出值只与输入值（包括现在的输入和以前的输入）有关，而与输出无关，所以这种滤波器又被称为非递归滤波器。

在离散系统中，一般采用 Z 变换来代替连续时间系统中的傅里叶变换或拉普拉斯变换。$H(z)$ 是 Z 变换下系统的传递函数，这时 FIR 滤波器的转移函数为

$$H(z)=b_0+b_1z^{-1}+b_2z^{-2}+\cdots+b_mz^{-m} \tag{5-57}$$

FIR 滤波器的传递换算只有零点而没有极点，所以 FIR 滤波器也称全零点滤波器，这种滤波器的系统总是稳定的。

把输出 $y(n)$ 写成输入 $x(n)$ 与单位脉冲响应的卷积形式

$$y(n)=x(n)*h(n)=\sum_{k=0}^{\infty}h(k)x(n-k) \tag{5-58}$$

与滤波器的差分方程式(5-56)比较，单位冲击响应序列就是差分方程的系数序列。FIR 系统的单位脉冲响应 $h(n)$ 只有有限项。

无限冲击响应滤波器简称 IIR 滤波器，其差分方程的一般形式为

$$y(n)=\sum_{k=1}^{N}a_k y(n-k)+\sum_{r=0}^{M}b_r x(n-r) \tag{5-59}$$

其转移函数为

$$H(z)=\frac{\sum_{k=0}^{M}b_k z^{-k}}{1-\sum_{k=1}^{M}a_k z^{-k}} \tag{5-60}$$

IIR 滤波器的输出值不仅取决于输入值，而且还取决于以前的输出值，所以这种滤波器又称递归式滤波器。IIR 滤波器的传递函数包含有零点和极点，所以系统在一定条件下才能稳定。IIR 系统的单位脉冲响应 $h(n)$ 为无穷多项。

5.6.3 数字滤波器的运算结构

一个数字滤波器，可以用一个差分方程来表示，也可以其单位冲击响应 $h(n)$ 来表示，亦可用转移函数 $H(z)$ 来表示。在描述系统的运算过程及实现方法时，一般采用运算结构图。例如

由差分方程式(5-55)所表示的一阶低通滤波器则可由图 5-23 所示的运算结构图来描述。

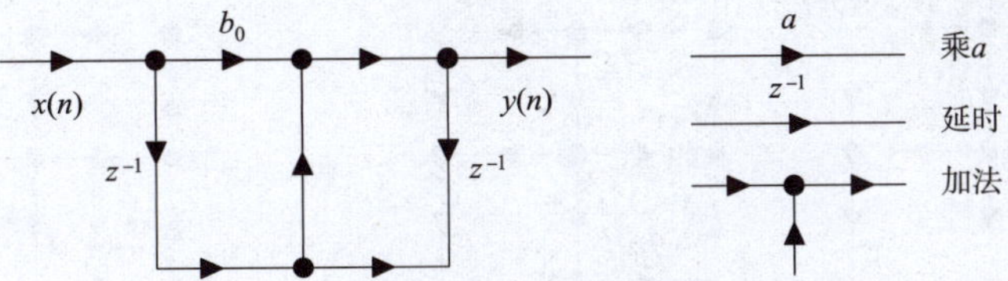

图 5-23　一阶低通数字滤波器的运算结构

FIR 滤波器差分方程的运算结构可由图 5-24 表示。

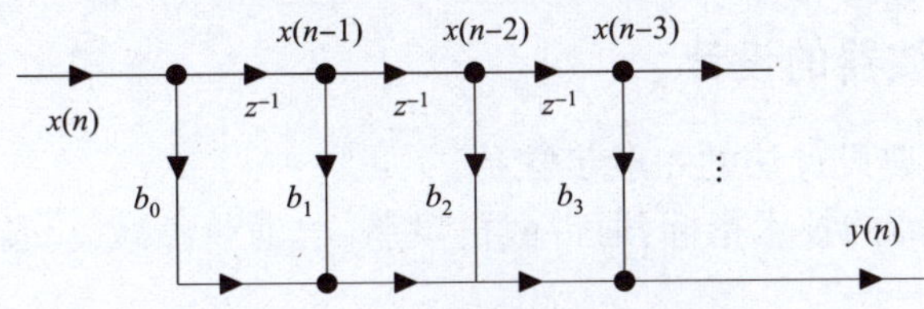

图 5-24　FIR 滤波器的运算结构

IIR 滤波器差分方程的运算结构可表示为图 5-25 所示的标准型结构。

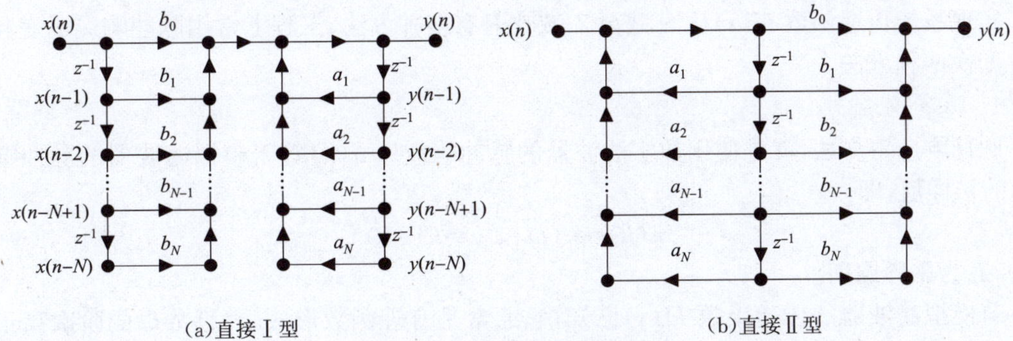

图 5-25　IIR 滤波器的运算结构

也可以把 IIR 滤波器传递函数式(5-60)分解为

$$\text{串联型结构}\quad H(z)=b_0\prod_{k=1}^{K}\frac{1+b_{k1}z^{-1}+b_{k2}z^{-1}}{1-a_{k1}z^{-1}-a_{k2}z^{-2}} \tag{5-61}$$

$$\text{并联型结构}\quad H(z)=\sum_{k=1}^{K}\frac{c_{k0}z^{-1}+c_{k1}z^{-1}}{1-a_{k1}z^{-1}-a_{k2}z^{-2}} \tag{5-62}$$

所对应的串联型结构和并联型结构运算分别如图 5-26 和图 5-27 所示。

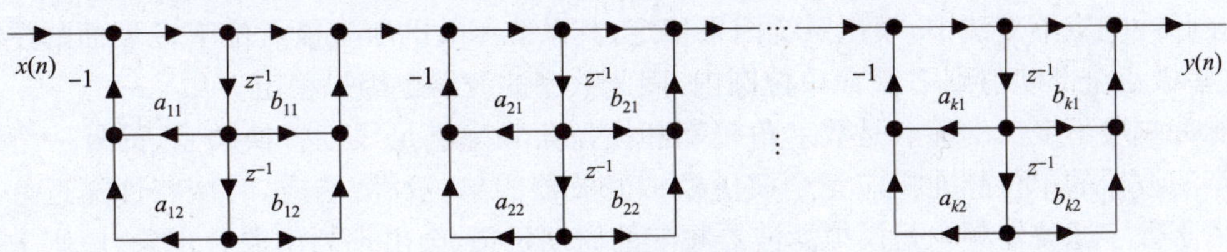

图 5-26　串联型运算结构

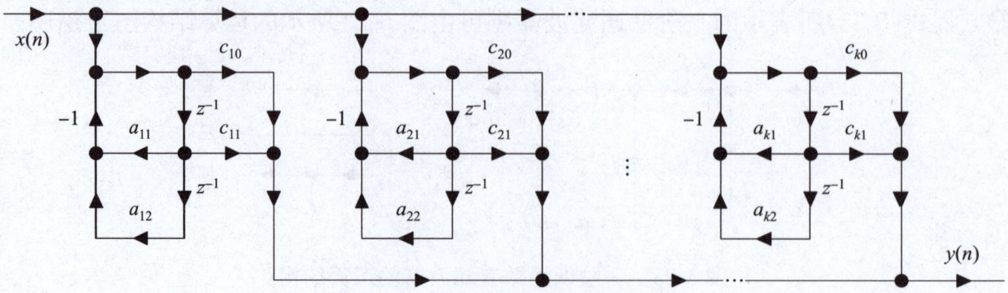

图 5-27 并联型运算结构

5.6.4 IIR 数字滤波器的设计

IIR 数字滤波器经典设计法的一般步骤是：

(1)确定数字滤波器的技术指标：通带截止频率 ω_p，通带衰减 α_p，阻带截止频率 ω_s，阻带衰减 α_s。

(2)将数字滤波器的技术指标转换成模拟滤波器的技术指标。

(3)按照模拟滤波器的设计要求设计模拟滤波器。

(4)将模拟滤波器传递函数 $H(s)$按某种方法转换成数字滤波器的系统函数 $H(z)$。

实现系统传递函数 $H(s)$从 S 域至 Z 域映射有多种方法，工程上常用脉冲响应不变和双线性变换两种方法。

1. 脉冲响应不变法

脉冲响应不变法，就是使用数字滤波器的脉冲响应序 $h(n)$等于模拟滤波器的脉冲响应 $h(t)$的采样值，即

$$h(n)=h(t)\big|_{t=nt}=h(nT) \tag{5-63}$$

式中，T 为采样周期。

若模拟滤波器的传递函数 $H(s)$已知，它通常是有理函数形式，并且分母的阶次高于分子的阶次且仅含单极点，则可以表示成部分分式形式，即

$$H(s)=\sum_{k=1}^{N}\frac{A_k}{s-s_k} \tag{5-64}$$

式(5-64)所对应的数字滤波器的系统函数为

$$H(z)=\sum_{k=1}^{N}\frac{A_k}{1-\mathrm{e}^{s_kT}z^{-1}} \tag{5-65}$$

在脉冲响应不变法中，从 S 平面到 Z 平面的映射不是简单的代数映射，而是 S 平面上每一条宽为 $2\pi/T$ 的横带重复地映射成整个 Z 平面，如图 5-28 所示。

在脉冲响应不变法中，模拟系统因果稳定，其系统函数的所有极点位于 S 平面的左半平面，这些极点全部映射到 Z 平面单位圆内，因此数字滤波器也因果稳定。

脉冲响应不变法的优点是数字角频率和模拟角频率满足线性转换关系，另外一个优点是数字滤波器的单位脉冲响应完全模仿模拟滤波器的单位冲激响应，时域特性逼近好。缺点是由于数字滤波器频响是模拟滤波器频响的周期延拓，会出现频率混叠现象，原则上脉冲响应不变法只适用于低通、带通滤波器的设计。

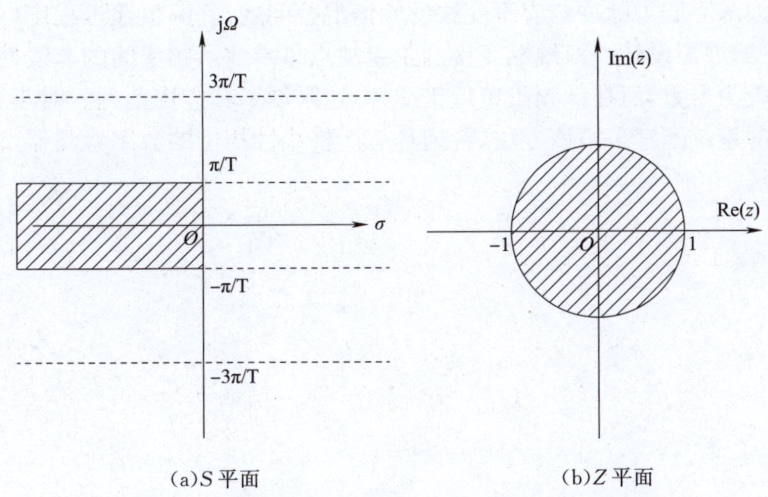

图 5-28 脉冲响应不变法中 S 平面与 Z 平面的关系

2. 双线性变换法

由于 S 平面和 Z 平面的单值双线性映射关系为

$$\begin{cases} s=\dfrac{2}{T}\times\dfrac{1-z^{-1}}{1+z^{-1}} \\ z=\dfrac{1+\dfrac{T}{2}s}{1-\dfrac{T}{2}s} \end{cases} \tag{5-66}$$

双线性变换法中，S 平面和 Z 平面的单值双线性映射关系如图 5-29 所示。S 平面的轴映射成 Z 平面的单位圆周，左半平面映射成单位圆内部，右半平面映射成单位圆外部。与冲激响应不变法不同，双线性变换法是一种从 S 平面到 Z 平面的单值可逆映射。

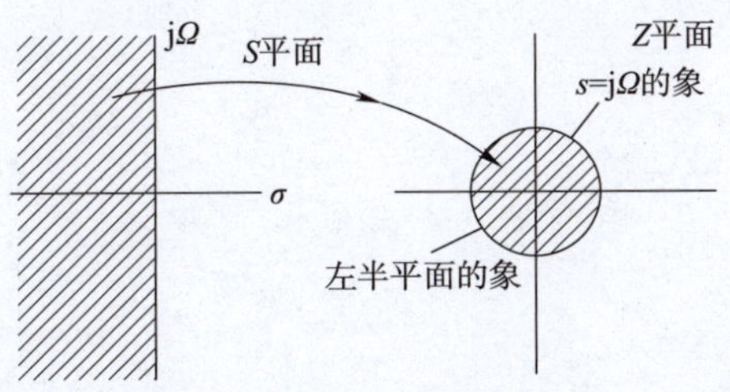

图 5-29 双线性变换中 S 平面与 Z 平面的关系

若已知模拟滤波器的系统函数 $H(s)$，将式(5-66)代入 $H(s)$ 即可得到数字滤波器的系统函数 $H(z)$，即

$$H(z)=H(s)\Big|_{s=\frac{2}{T}\times\frac{1-z^{-1}}{1+z^{-1}}} \tag{5-67}$$

由于双线性变换法是简单的代数映射，因此变换后的数字滤波器的幅度响应没有混叠失真。如果模拟滤波器是稳定的，即 $H(s)$ 的所有极点都在 S 平面的左半平面内，那么经双线性变换映射后的极点都在 Z 平面的单位圆内，因此数字滤波器也是稳定的。

双线性变换法克服了脉冲响应不变法的频谱混叠问题，其幅值逼近程度好，可适用于高通、带阻等各种滤波器设计。双线性变换的主要缺点是导致了频率间的非线性关系，这种非线性在高频段较为严重，而在低频段接近于线性，这限制了其应用范围。对于频率响应不平坦（起伏较大）的系统不宜采用该方法，希望具有严格线性相位的数字滤波器，也不能用双线性变换设计方法。

6 动力学性能试验

铁道车辆动力学性能主要包括运行稳定性和运行平稳性。动力学性能试验是通过检测车辆在线路上运行时的运行稳定性、运行平稳性以及车辆系统动力学参数等，对车辆运行的安全性和平稳性进行评价，从而为车辆的安全、舒适、可靠的运行提供依据，为车辆的设计和优化提供数据支持。

6.1 运行稳定性的评价指标

铁道车辆运行稳定性的评价指标主要包括脱轨系数、轮重减载率、轮轴横向力、横向稳定性等。

6.1.1 脱轨系数

铁道车辆在线路上运行时受到各种力的作用，在最不利的组合情况下可能使得车轮离开钢轨的约束造成轮轨分离，称为脱轨。脱轨会破坏车辆的正常运行，可能造成重大的人员伤亡和财产损失，因此铁道车辆绝对禁止发生脱轨事故。

目前评价车辆脱轨安全性的主要评价指标是脱轨系数。脱轨系数最早由法国学者纳达尔(Nadal)提出，定义为车轮所承受的横向外力 Q 和垂向外力 P 之比，如图 6-1 所示。随着研究的深入，在 Nadal 公式的基础上，出现多种脱轨评价准则。

1. Nadal 公式

Nadal 于 1896 年首先根据车轮出现爬轨趋势的静力平衡条件，提出了临界脱轨系数 Q/P 的计算公式，并以此作为车轮开始脱轨的判断准则，该脱轨评价标准被各国铁路广泛应用。

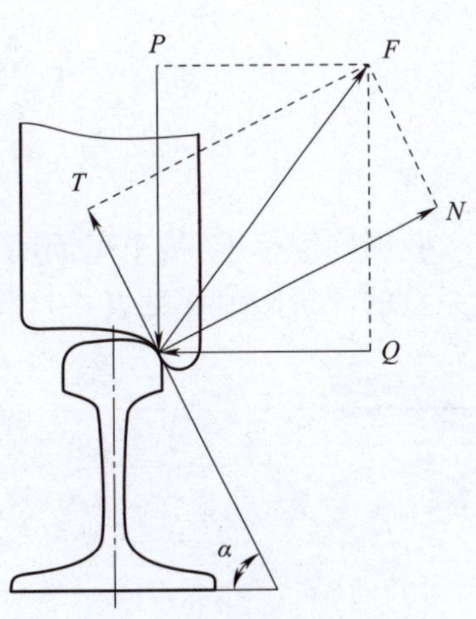

图 6-1　车轮脱轨的临界状态

Nadal 假设脱轨侧车轮处于两点接触状态，且轮缘接触点超前于踏面接触点，在轮缘接触点车轮相对钢轨有向下运动的趋势。根据这一假设，可以得到脱轨临界状态下轮轨接触点的受力状态，如图 6-1 所示。

由图 6-1 可知，在垂向外力 P 和横向外力 Q 的作用下，钢轨对轮缘接触点的法向反力为 N，切向摩擦力为 T，合力为 F，其与 P 和 Q 的合力大小相等，方向相反。设车轮的轮缘角为 α，轮轨间摩擦系数为 μ，则可在轮缘接触处的切向和法向建立力平衡方程

$$\begin{cases} P\sin\alpha - Q\cos\alpha = \mu N \\ N = P\cos\alpha + Q\sin\alpha \end{cases} \tag{6-1}$$

求解方程可得 Q/P 的极限值为

$$\frac{Q}{P} = \frac{\tan\alpha - \mu}{1 + \mu\tan\alpha} \tag{6-2}$$

式(6-2)给出了车轮在横向力作用下逐渐爬上钢轨的 Q/P 限值，称为 Nadal 限值。要使车轮不脱轨，则脱轨系数 Q/P 值应小于 Nadal 限值，即

$$\frac{Q}{P} < \frac{\tan\alpha - \mu}{1 + \mu\tan\alpha} \tag{6-3}$$

由式(6-3)可见，车轮脱轨的临界值由摩擦系数 μ 和轮缘角 α 决定。铁路车轮的轮缘角一般控制在 68°～70°之间。但摩擦系数的变化范围较大，可以在 0.1～0.5 之间变化，一般在 0.2～0.35 之间。图 6-2 给出了不同摩擦系数和不同轮缘角时的脱轨临界值，可见摩擦系数越大，脱轨系数临界值越小，说明车轮更容易脱轨，当 $\mu=0.32$、$\alpha=68°$时，$Q/P=1.2$。

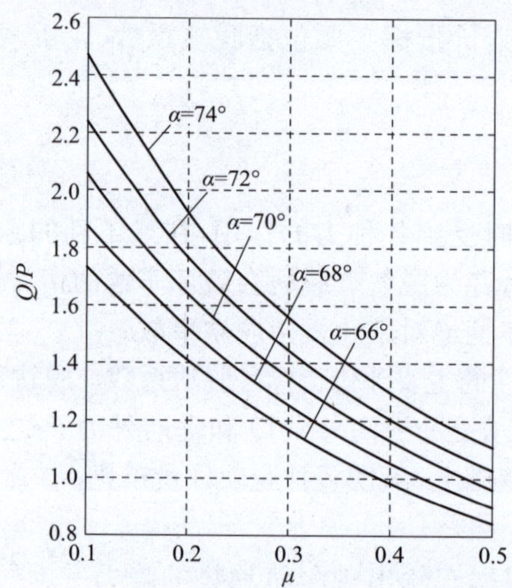

图 6-2　不同摩擦系数和轮缘角时的脱轨临界值

我国国家标准《机车车辆动力学性能评定及试验鉴定规范》(GB/T 5599—2019)中，脱轨系数的评价限值详见表 6-1，其中轮轨横向力 Q 和轮轨垂向力 P 采用测力轮对方法测量。

表 6-1　脱轨系数评价限值表

车　　种	脱轨系数 Q/P	
	曲线半径 250 m≤R≤400 m 侧向通过 9 号、12 号道岔	其他线路(曲线半径 R>400 m)
客车、动车组	≤1.0	≤0.8
机车	≤0.9	≤0.8
货车	≤1.2	≤1.0

式(6-3)是一种最基本的脱轨条件，仅考虑了一侧车轮的受力状态，没有考虑另一侧车

轮的受力状态及其影响，是一个保守的公式。实际上，车轮的脱轨条件不仅与摩擦系数和轮缘角有关，而且还与轮对冲角、线路的曲线半径、车轮直径、运行速度及轮轨间的蠕滑力等因素有着复杂的联系。

2. Marie 公式

Marie 公式是以 Nadal 公式为基础，考虑整个轮对的左右侧车轮受力状态得到的。轮对的受力状态如图 6-3 所示，当轮对向左侧脱轨时，右侧的轮子接触点在踏面上，可以近似地将 $\mu_2 P_2$ 认为是右轮踏面上的横向力，与轮轴横向力 H 合并后等于作用在左侧轮子上的 Q_1 力，因此有

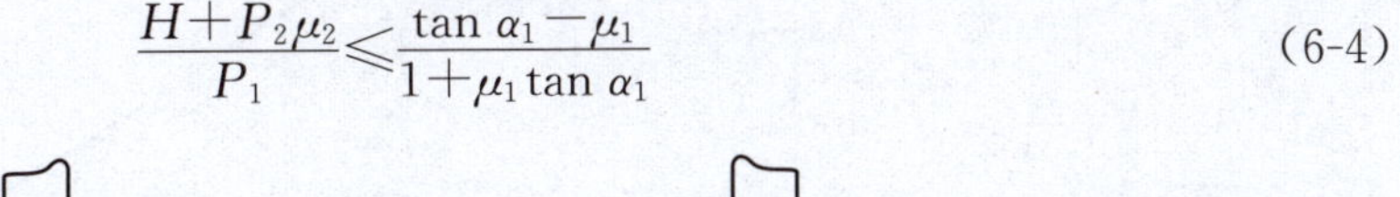

$$\frac{H+P_2\mu_2}{P_1}\leqslant\frac{\tan\alpha_1-\mu_1}{1+\mu_1\tan\alpha_1} \tag{6-4}$$

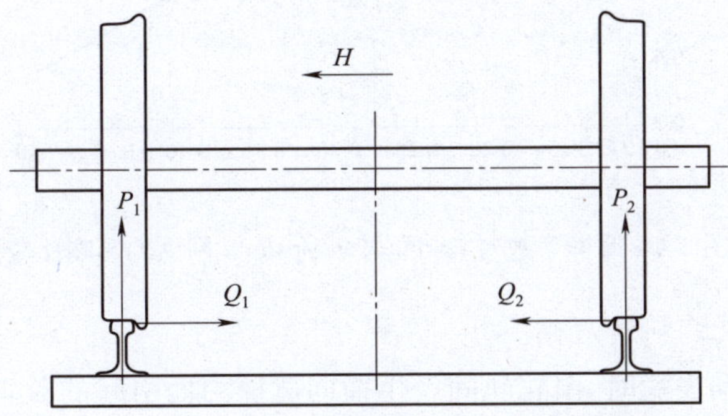

图 6-3 轮对受力示意(向左侧脱轨)

Marie 公式与 Nadal 公式是完全一致的。当仅能测量到轮轴横向力 H 时，可采用 Marie 公式作为脱轨系数的计算公式。

3. Weinstock 准则

Weinstock 准则是 Nadal 公式的修订，综合考虑了左右侧车轮的共同作用，采用轮对的两侧车轮 Q/P 绝对值之和作为评判指标。Weinstock 准则中，车轮不脱轨的条件是轮对左右车轮的 Q/P 值之和的绝对值要小于 Nadal 限值和非轮缘贴靠侧的轮轨摩擦系数之和，即

$$\sum|Q/P|\leqslant\mu+\text{Nadal 限值} \tag{6-5}$$

当轮缘角为 68°时，Nadal 与 Weinstock 脱轨限值随摩擦系数的变化如图 6-4 所示。由图可知，摩擦系数对 Weinstock 限值的影响比 Nadal 限值要小，特别是摩擦系数较大时。除了对摩擦系数的变化不敏感外，Weinstock 准则与 Nadal 准则相比的另一个优点是：在小冲角与负冲角情况下，比 Nadal 公式具有较小的保守性，降低了误判率。

美国 AAR 标准中规定的货车安全认证试验，综合采用了单轮 Nadal 准则和整轴 Weinstock 准则，有

$$\begin{cases} Q/P<1.0 \\ \sum|Q/P|\leqslant\mu+\text{Nadal 限值}<1.5 \end{cases} \tag{6-6}$$

上述规定中假设同一轴轮缘接触侧与非接触侧轮轨摩擦系数均为 0.5。

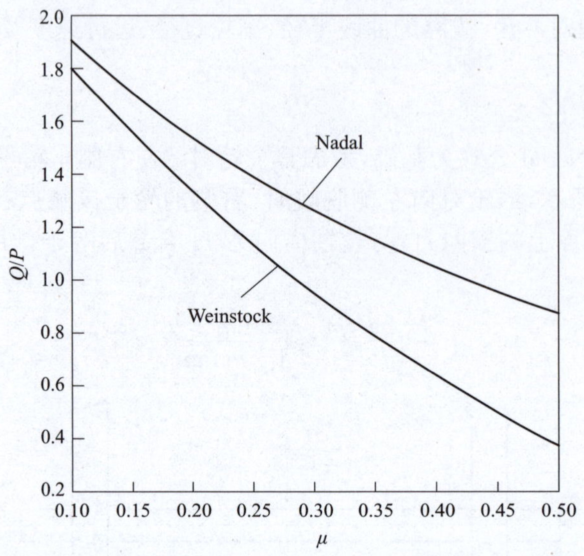

图 6-4 摩擦系数对 Nadal 与 Weinstock 判据的影响比较

4. JNR 的动态脱轨判断准则

高速车辆蛇行运动失稳时，由轮轨间产生横向碰撞力而引起的脱轨称之为蛇行脱轨(跳轨)。日本国铁(JNR)就新干线高速列车的运行安全性问题进行了理论分析和试验研究，研究表明，横向碰撞力引起脱轨时只在很短的时间内起作用。根据冲量定理来研究轮缘与钢轨间的横向碰撞时，得到了理论上的脱轨系数的界限值为

$$\left(\frac{Q_{max}}{P}\right)_{cr}=0.05\frac{1}{t} \tag{6-7}$$

考虑 20%的安全系数，得界限值为

$$\left(\frac{Q_{max}}{P}\right)_{cr}=0.04\frac{1}{t} \tag{6-8}$$

综合爬轨脱轨限值和跳轨脱轨限值，JNR 采用式(6-9)对车辆的脱轨安全性进行评价。

$$\frac{Q}{P}\leqslant\begin{cases}\lambda\\ \dfrac{0.05}{t}\lambda\end{cases} \tag{6-9}$$

式中，λ 为脱轨系数的目标值，并由此区分危险限度($\lambda=0.8$)和最大容许限度($\lambda=1.0$)两类标准，图 6-5 为 JNR 的脱轨评定标准。

JNR 的脱轨判断准则的优点是：区分了稳态爬轨脱轨和动态跳轨脱轨的不同性质，考虑了横向力作用时间对脱轨的影响。需要注意的是：在用该标准对爬轨脱轨过程进行评价时，轮重数值选取轮重测量波形的瞬态值。在对跳轨脱轨过程进行判断时，轮重不包括簧下质量产生的惯性力，而等于轮对自重与车体、转向架间车轮垂向作用力之和。在进行数据处理时应忽略轮重测量波形中剧烈变动的成分，而只用比较缓和变动的成分作为轮重值，以此来判断车轮发生跳轨的可能性。

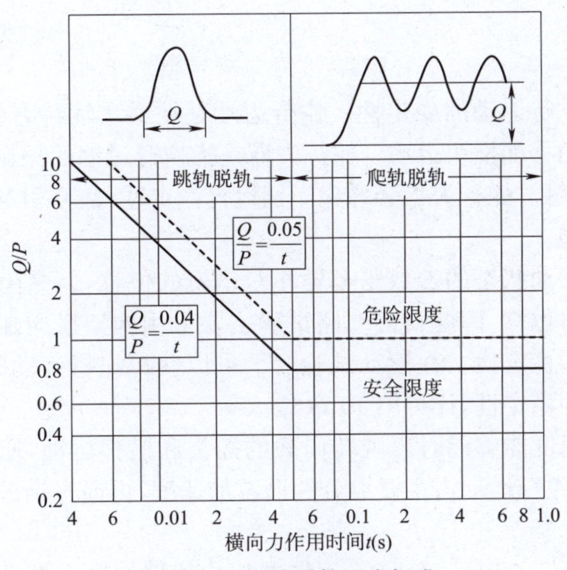

图 6-5　JNR 的脱轨评定标准

6.1.2　轮重减载率

轮重减载率为特定工况下因轮重减载而脱轨的另一种脱轨安全指标。如图 6-3 所示，由于横向力 H 作用，使右侧的轮重 P_2 减少，轮重减载率定义为轮重减载量 ΔP 与平均静轮重 $\overline{P}$ 之比，即

$$\frac{\Delta P}{\overline{P}}=\frac{\overline{P}-P_{\mathrm{d}}}{\overline{P}} \tag{6-10}$$

式中，P_{d} 为动态轮重(kN)。

中国和日本等国家除采用脱轨系数之外，还将轮重减载率作为辅助的评价指标。实践表明是有意义的。因为当车轮大幅度减载，相应的轮轨横向力往往也很小，受测量误差的影响，难以求出正确的脱轨系数，特别是当轮载减至零时将无法测出脱轨系数。因此，在评定车辆运行安全性时有必要对车轮轮重减载程度进行指标限定。

我国国家标准 GB/T 5599—2019 中，轮重减载率评定按速度分类如下：

(1)当试验速度 $v\leqslant 160$ km/h 时，$\frac{\Delta P}{P}\leqslant 0.65$；

(2)当试验速度 $v>160$ km/h 时，$\frac{\Delta P}{P}\leqslant 0.80$。

6.1.3　轮轴横向力

轮轴横向力用于评定车辆在运行过程中是否会因为过大的横向力而导致轨距扩宽或线路产生严重变形。

我国国家标准 GB/T 5599—2019 中，轮轴横向力 H 评定按式(6-11)计算：

$$H\leqslant 15+\frac{P_0}{3} \tag{6-11}$$

式中，P_0 为静轴重(kN)。

6.1.4 横向稳定性

横向稳定性是指蛇行运动的稳定性。蛇行运动是铁道车辆特有的现象，表现为车轮相对轨道发生周期性的横移和摇头运动。蛇行失稳是指蛇行运动的振幅逐渐变大或进入极限环，直至轮缘与钢轨接触。蛇行失稳会恶化车辆运行稳定性，甚至引起脱轨。车辆正常运行时不允许发生蛇行失稳。

最直接反映蛇行运动状态的参数是车轮相对钢轨的位移，但是由于线路试验很难测量到车轮相对钢轨的绝对位移，因此目前线路试验主要采用构架横向加速度或轮轨力等间接方法来评价蛇行运动的稳定性。在滚动试验台上可以获得蛇行运动的各种临界速度，能更加全面评价蛇行运动的稳定性，详见第 10 章。

构架端部横向加速度能够同时反映转向架的摇头和横移运动，通过在蛇行运动频率范围内带通滤波，可得到蛇行运动占主要成分的谐波加速度，再通过谐波连续次数和幅值来评价蛇行运动稳定性。

我国国家标准 GB/T 5599—2019 采用转向架构架端部横向振动加速度来评价横向稳定性。对轴箱上方构架振动加速度进行实时连续采样，然后用 0.5～10 Hz 进行带通滤波，当加速度峰值有连续 6 次以上达到或超过 8 m/s^2时，判定转向架横向失稳。

6.2 轮轨力测量技术

在评估铁道车辆稳定性，特别是脱轨安全性时，必须测定轮轨间的动态作用力，其中包括轮轨间的横向力和垂向力。

目前轮轨力测量主要采用应变测量方法，一般是在车轮或钢轨上粘贴应变片，通过标定将车轮或钢轨改造成为一个测力传感器，然后在线路上测量车轮或钢轨的应变，换算得到轮轨作用力。

6.2.1 轮轨力测量方法分类

轮轨间的作用力可以从车辆上或线路上测量得到。表 6-2 列出了目前比较成熟的轮轨力测量方法。

表 6-2 轮轨力测量方法分类

测量对象	测量部位	测量种类	特　点
车辆	车轮辐板（间断法）	轮轨垂向力、横向力	测量精度高，频率响应高，数据处理简单，测力轮对制作、标定比较简单，成本较高，但车轮每转一圈只有两个有效数据
	车轮辐板（连续法）	轮轨垂向力、横向力、轮轨力作用点位置	测量精度最高，频率响应最高，数据处理复杂，测力轮对制作、标定复杂，成本最高
	车轴	轮轨垂向力、横向力、纵向力	测量精度较高，频率响应较高，数据处理比较简单，测力车轴制作、标定比较简单，成本较低

续上表

测量对象	测量部位	测量种类	特　点
车辆	一系悬挂	轮轨垂向力、纵向力，轮轴横向力	测量精度较低，频率响应较低，数据处理简单，测力弹簧制作、标定简单，成本低
	构架/侧架	轮轨垂向力，轮轴横向力	测量精度低，频率响应低，数据处理简单，测力构架制作简单，标定比较复杂，成本较低
线路	钢轨	轮轨垂向力、横向力	测量精度高，频率响应高，数据处理简单，测力钢轨制作、标定简单，成本低，测量长度受限，有效数据少
	轨枕垫	轮轨垂向力、横向力、纵向力	测量精度较高，频率响应较高，数据处理比较简单，测力轨枕垫制作、标定比较复杂，成本较高，有效数据受限于测力轨枕垫布置长度
	轨道	轮轨垂向力、横向力、纵向力	测量精度较高，频率响应较高，数据处理比较复杂，测力轨道制作、标定复杂，成本高，有效数据受限于测力轨道长度

从车辆上测量轮轨力，能够得到个别车辆在线路运行全程的轮轨作用力，可以用来评价该车辆的动力学性能，也可以用来评估运行线路的状态进而指导线路维护。从线路上测量轮轨力，能够得到通过该测量点的所有车辆的运行状态进而指导车辆维护。本书主要介绍从车辆方面的轮轨力测量技术。

6.2.2　间断测量的车轮力法

目前最广泛应用的轮轨力测量方法是车轮力法，能够测量轮轨力的轮对称为测力轮对。测力轮对是在车轮辐板表面粘贴应变片，当车轮受到轮轨力作用时产生应变，通过测量车轮应变反推轮轨间的作用力。

根据测量数据的特点，车轮力法有间断测量和连续测量两种方法。用间断方法测量轮轨力时，车轮每旋转一周的测量数据中只有两个峰值真实反映了轮轨作用力，其余的数据均是虚假数据。虽然间断测量的车轮力法不能连续测量轮轨间的作用力，在测试中会漏掉一些有价值的数据，但其标定简单，数据处理容易，因此目前仍在广泛使用。

目前铁道车辆使用的车轮大多是幅板车轮，其间断测量测力轮对的应变片如图 6-6 所示。

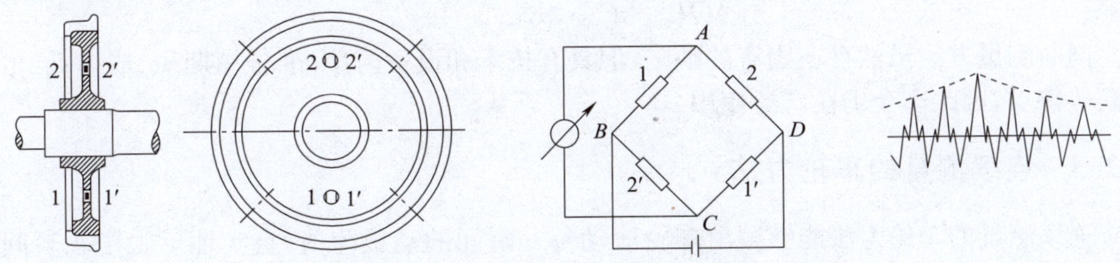

(a)轮轨垂向力测量的应变片布置方式、测量桥路及输出波形

图　6-6

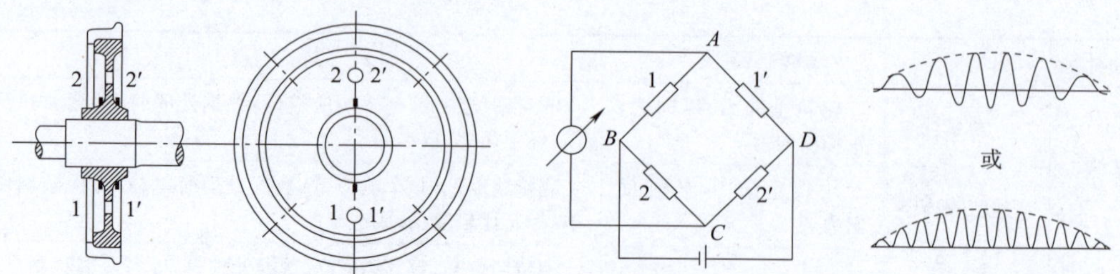

(b)轮轨横向力测量的应变片布置方式、测量桥路及输出波形

图 6-6 幅板轮对上轮轨力间断测量方法

由于幅板轮对的结构使得应变片同时存在垂向力和横向力。上述方法中,测量垂向载荷的电桥输出中,常常包含着横向载荷的干扰,反之亦然。为此需要对电桥的输出数据进行求解后才能得到轮轨力。

设车轮在已知垂直力 P_c 作用下,垂向电桥的输出应变为 ε_{pp},横向电桥的输出应变为 ε_{pq};车轮在已知横向力 Q_c 作用下,垂向电桥的输出应变为 ε_{qp},横向电桥的输出应变为 ε_{qq}。测力轮对经过标定后,就可得到垂向力和横向力的比例系数 K_{pp}、K_{qq},及其相互间的影响系数 E_{pq}、E_{pq},如式(6-12)所示。

$$\begin{cases} K_{pp}=\varepsilon_{pp}/P_c \\ K_{qq}=\varepsilon_{qq}/Q_c \\ E_{pq}=\varepsilon_{pq}/P_c \\ E_{qp}=\varepsilon_{qp}/Q_c \end{cases} \tag{6-12}$$

根据标定求得的比例系数、影响系数后,轮轨间的垂向力 P 和横向力 Q 与测力轮对电桥输出的应变关系为

$$\begin{pmatrix} K_{pp} & E_{pq} \\ E_{qp} & K_{qq} \end{pmatrix}\begin{pmatrix} P \\ Q \end{pmatrix}=\begin{pmatrix} \varepsilon_p \\ \varepsilon_q \end{pmatrix} \tag{6-13}$$

式中,ε_p、ε_q 分别为垂向和横向电桥的应变输出。

求解方程(6-13),就得到了轮轨间的垂向力 P 和横向力 Q 为

$$\begin{pmatrix} P \\ Q \end{pmatrix}=\begin{pmatrix} K_{pp} & E_{pq} \\ E_{qp} & K_{qq} \end{pmatrix}^{-1}\begin{pmatrix} \varepsilon_p \\ \varepsilon_q \end{pmatrix} \tag{6-14}$$

间断测量方法虽然存在固有的缺陷,但具有技术和设备简单、准备周期短、成本低、可靠性高等特点,因此迄今仍在广泛使用。

6.2.3 连续测量的车轮力法

连续测量的车轮力法能够测出车轮滚动每一瞬间的动载荷值,真实地反映了轮轨间作用力的动态变化状况,并且还可以测量出轮轨接触点的变化,因此连续测量的测力轮对是轮轨力测量的最佳选择。

我国国家标准 GB/T 5599—2019 中给出了一种连续测量测力轮对的应变片布置方式、测量桥路及输出波形如图 6-7 所示。当车轮辐板的径向位置选择合适时,使得上述垂向力桥的输出接近三角波,横向力桥的输出接近正弦波,这时该方法具有较高的测量精度。

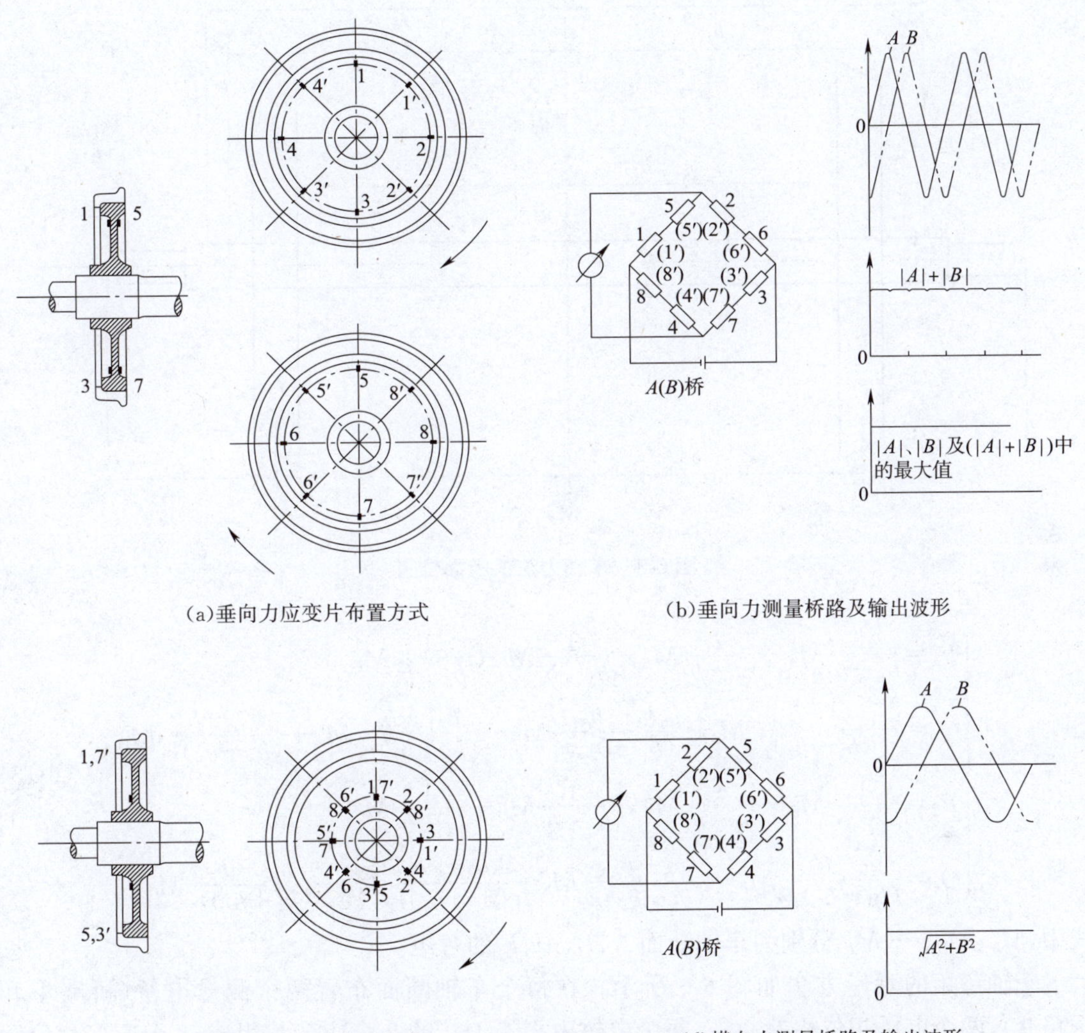

(a)垂向力应变片布置方式　　(b)垂向力测量桥路及输出波形

(c)横向力应变片布置方式　　(d)横向力测量桥路及输出波形

图 6-7　幅板轮对上的轮轨力连续测量方法

6.2.4　车轴力法

车轴力法也称轴测法，其测量原理是根据车轴上弯矩与轮轨作用力之间的关系，通过测出车轴上几个断面的弯矩推算出作用在车轮上的轮轨垂向力和横向力。

车轴力法需要在车轴的六个断面上布置应变片，其中在车轮外侧的两端轴颈上各取两个断面（A、B、E、F），在车轮内侧的车轴上取两个断面（C、D），如图 6-8 所示。

当忽略纵向力的影响，由图 6-8 可以得到轮轨垂向力、横向力与各断面弯矩之间的关系：

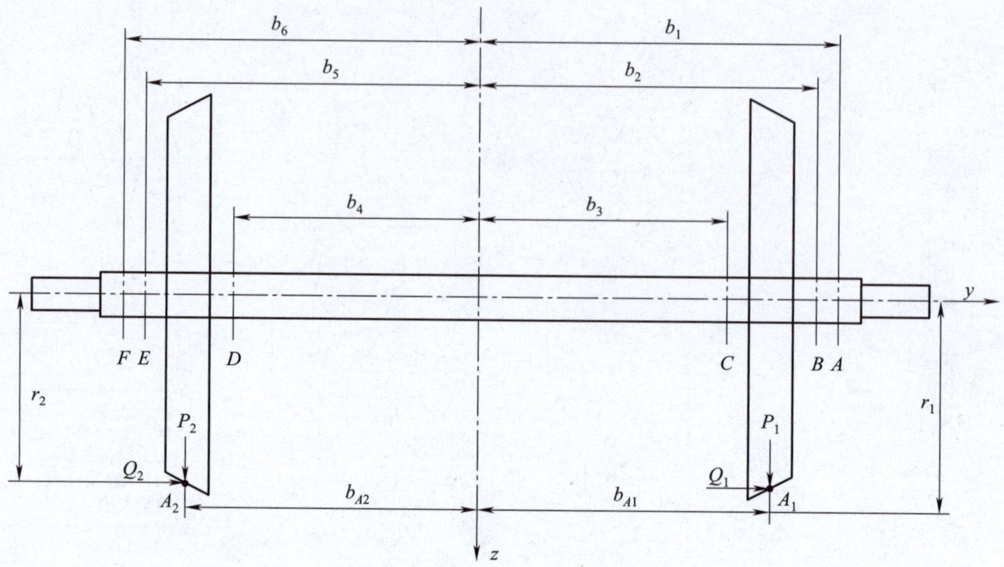

图 6-8 车轴力法的断面位置

$$
\begin{cases}
P_1=\dfrac{1}{b_1-b_2}M_A-\dfrac{1}{b_1-b_2}M_B-\dfrac{1}{b_3+b_4}M_C+\dfrac{1}{b_3+b_4}M_D \\
Q_1=-\dfrac{b_2-b_{A1}}{(b_1-b_2)r_1}M_A+\dfrac{b_1-b_{A1}}{(b_1-b_2)r_1}M_B-\dfrac{b_{A1}+b_4}{(b_3+b_4)r_1}M_C+\dfrac{b_{A1}-b_3}{(b_3+b_4)r_1}M_D \\
P_2=\dfrac{1}{b_6-b_5}M_F-\dfrac{1}{b_6-b_5}M_E-\dfrac{1}{b_4+b_3}M_D+\dfrac{1}{b_4+b_3}M_C \\
Q_2=\dfrac{b_5-b_{A2}}{(b_6-b_5)r_2}M_F-\dfrac{b_6-b_{A2}}{(b_6-b_5)r_2}M_E+\dfrac{b_{A2}+b_3}{(b_4+b_3)r_2}M_D-\dfrac{b_{A2}-b_4}{(b_4+b_3)r_2}M_C
\end{cases}
\tag{6-15}
$$

式中，M_A、M_B、…、M_F 分别为车轴断面 A、B、…、F 的弯矩。

车轴弯矩的测量方法如图 6-9 所示。在每个车轴断面布置两个测量电桥（桥路Ⅰ和桥路Ⅱ），两个电桥相位相差 90°。每个电桥由相隔 180°的 2 个应变片组成，2 个应变片位于电桥邻边。

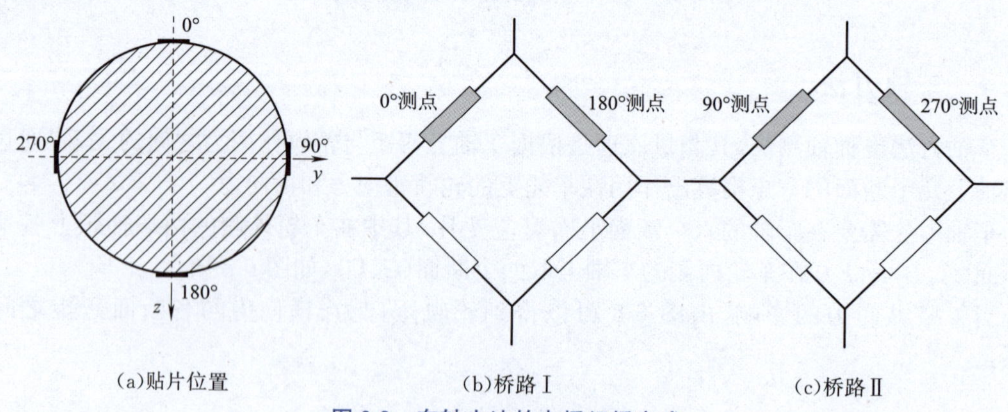

图 6-9 车轴力法的电桥组桥方式

桥路Ⅰ和桥路Ⅱ的应变输出 ε_1、ε_2 与该部位车轴弯矩 M 之间的关系为

$$\begin{cases} \varepsilon_1 = \dfrac{M}{W}\sin\theta \\ \varepsilon_2 = \dfrac{M}{W}\cos\theta \end{cases} \tag{6-16}$$

式中，W 为车轴的弯曲模量；θ 为车轮的转角。

由式(6-16)可得到车轴的弯矩

$$M = W\sqrt{\varepsilon_1^2 + \varepsilon_2^2} \tag{6-17}$$

另外，通过测量车轴的剪应变可以得到轮轨纵向力，如图 6-10 所示。

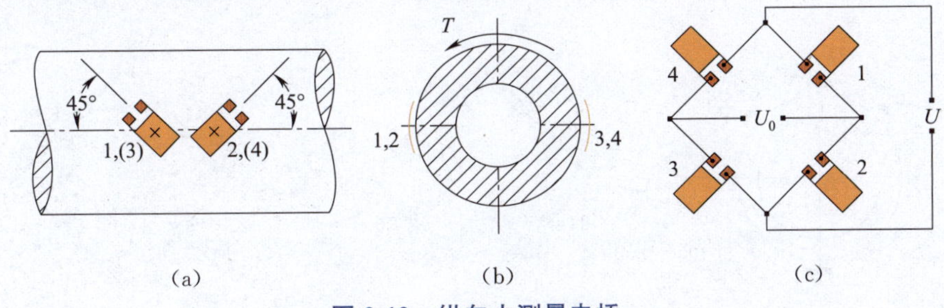

图 6-10　纵向力测量电桥

6.2.5　一系悬挂力法

通过测量一系悬挂的作用载荷，也可间接得到轮轨作用力。由于车辆一系悬挂具有多种形式，因此需要根据一系悬挂的具体结构来制定轮轨力测量方案。

很多地铁车辆的一系悬挂采用圆锥橡胶弹簧。根据圆锥橡胶弹簧的结构特点，可以在圆锥橡胶弹簧的钢质下支柱上粘贴应变片，再通过标定将圆锥橡胶弹簧改造为测力传感器，测量出作用在圆锥橡胶弹簧上的垂向力和横向力，从而得到作用在轮对上的轮轨力。测力轴箱弹簧结构如图 6-11 所示，其中测力部位为圆锥橡胶弹簧的钢质下支柱，装车时下支柱与轴箱体刚性连接，可视为轴箱体的延伸。为了提高测量精度，需要对圆锥橡胶弹簧的钢质下支柱进行加工，使测力部位成为空心圆柱结构。

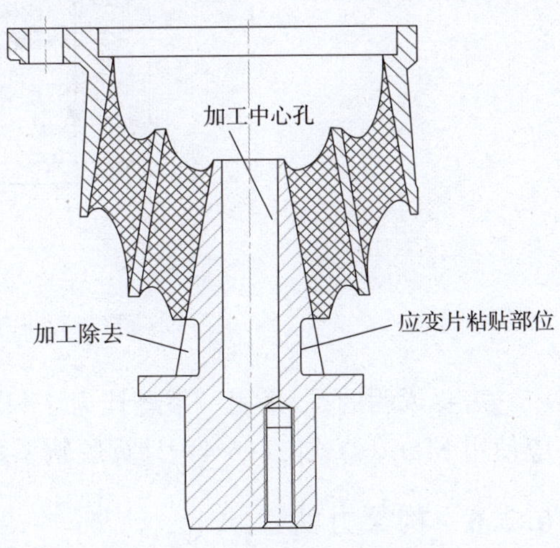

图 6-11　测力轴箱弹簧的结构

测力弹簧的应变片粘贴位置和组桥方式如图 6-12 所示。垂向力测量电桥由 4 组与横向偏转 45°的直角应变花组成，这样布置方法用来消除横向力和纵向力的影响，以及垂向力作用位置变化的影响，使得测量得到的垂向力与其加载位置无关。横向力测量电桥由 4 个与横向对齐的应变片组成，根据上下两组的应变片产生弯矩差得到横向力，这样布置及组桥的好处是可以消除横向力作用点位置变化带来的影响，使测得的横向力与其加载位置无关，同时还可以消除垂向力

的影响。如果在纵向布置类似的电桥，还可以测量作用在弹簧上的纵向力。

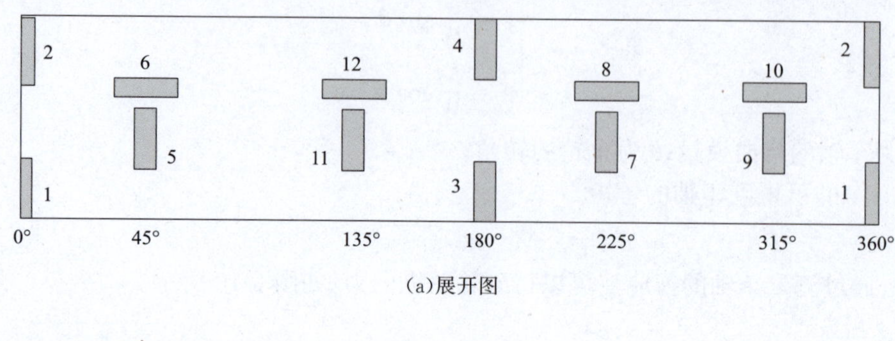

(a)展开图

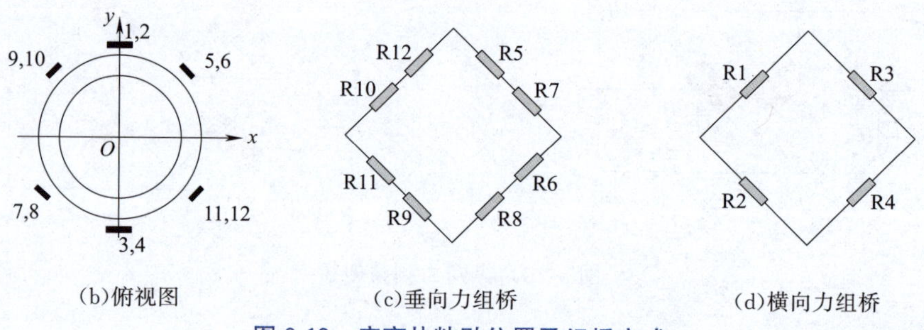

(b)俯视图　(c)垂向力组桥　(d)横向力组桥

图 6-12　应变片粘贴位置及组桥方式

一系悬挂作用力还可以通过精确测量一系悬挂的位移，然后通过弹簧的刚度换算得到，如图 6-13 所示。随着激光位移传感器的普及，通过精确测量一系悬挂的动态位移间接获得轮轨力的方法得到发展，尤其是对广泛使用弹性车轮的有轨电车。基于一系位移的轮轨力间接测量方法具有准备周期短、成本低的优点，便于快速、大规模测量轮轨力。如果借助转向架试验台进行一系悬挂位移—载荷的标定，能够大幅提高这种间接方法的测量精度。

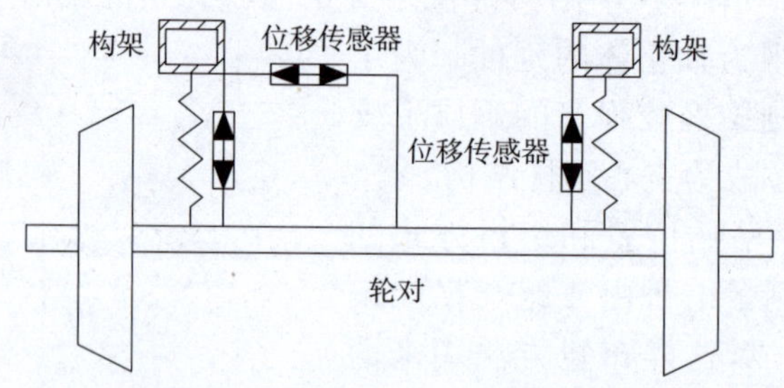

图 6-13　一系悬挂的位移测量方案

需要说明的是，采用一系悬挂力法只能测得轮轴横向力，而无法得到轮轨横向力，这时应使用 Marie 公式[式(6-4)]计算脱轨系数。

6.2.6　构架力法

构架力法指通过测量转向架构架或侧架的应变来获得轮轨间的垂直力和横向力，根据转向架的结构特点采用不同的布点方法。

对于具有 H 形构架的转向架，构架的垂直力和横向力测点可布置在构架侧梁悬臂部分近根部的同一断面上，为减少垂直力与横向力的相互影响，应变片应粘贴在测量断面的几何中心线(即中心轴)上，如图 6-14 所示。

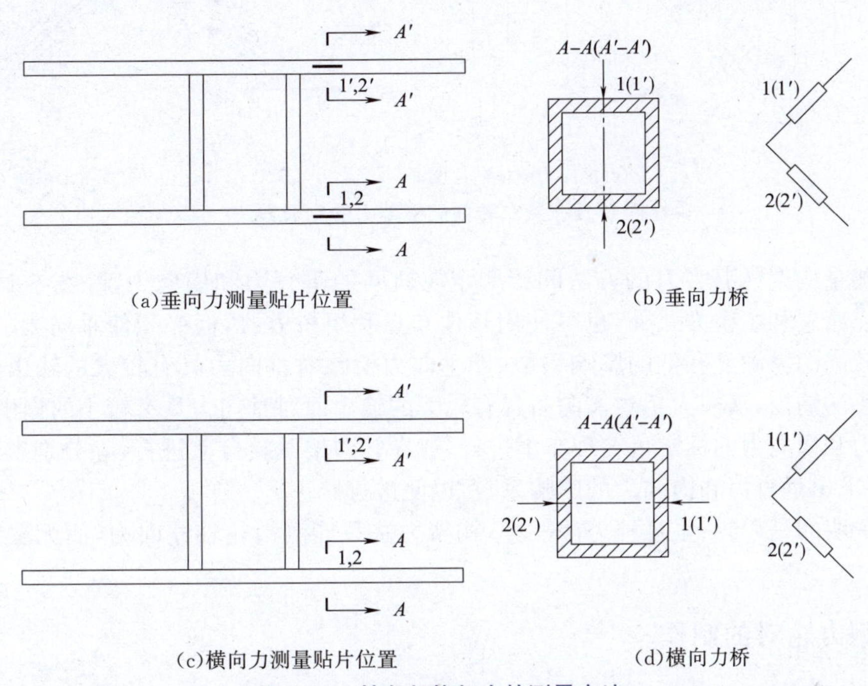

(a)垂向力测量贴片位置　　(b)垂向力桥

(c)横向力测量贴片位置　　(d)横向力桥

图 6-14　转向架构架力的测量方法

对于三大件式货车转向架，侧架垂直力测点可布置在转向架两侧架上部的轴箱中心线位置，侧架横向力测点布置在距轴箱中心线 390～400 mm 处的侧架侧面上，如图 6-15 所示。图中括号内为所测量转向架另一侧架的测点，t 为温度补偿片。横向力测量时，因应变片 1、2、3、4 与应变片 5、6、7、8 连接在相邻桥臂上，可以利用桥路进行温度补偿，不需要另贴温度补偿片。

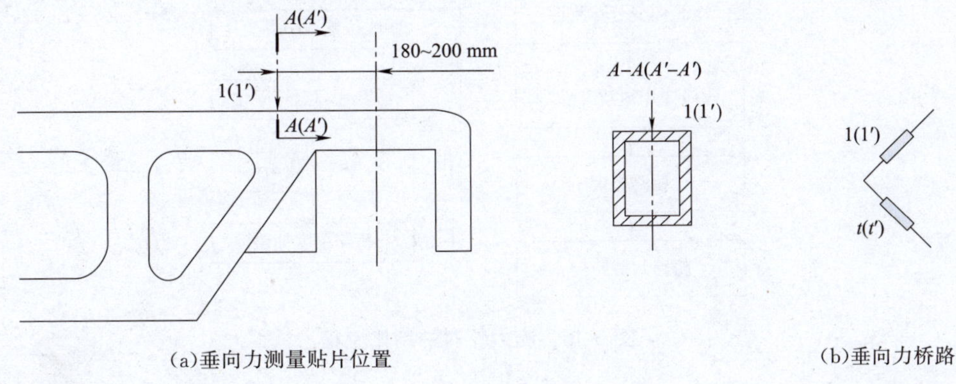

(a)垂向力测量贴片位置　　(b)垂向力桥路

图　6-15

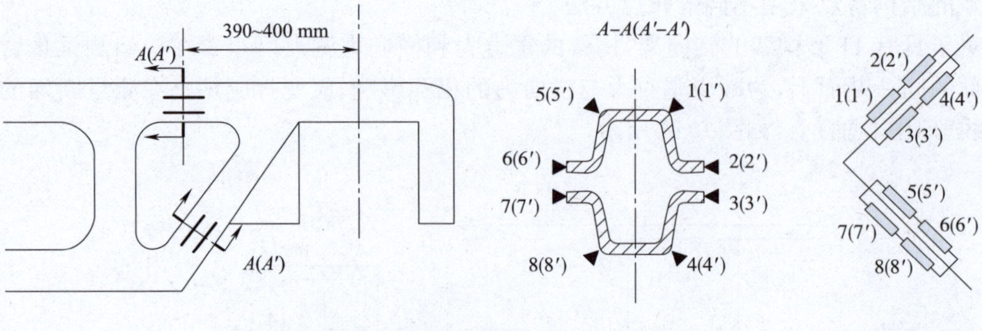

(c)横向力测量贴片位置　　(d)横向力桥路

图 6-15　货车转向架侧架力的测量方法

利用测量构架(侧架)力的方法间接测定轮轨间的垂直力和横向力,除图 6-14、图 6-15 所示的测点布置和组桥方式外,也可使用其他布点和组桥方式,但必须使垂向力、横向力桥路输出有较高的灵敏度和低的影响系数,即垂向力桥路对垂向力具有较大的输出而对横向力具有较小的输出,横向力桥对横向力具有较大的输出而对垂向力具有较小的输出。

垂直力和横向力的标定可在现车上进行,或在转向架试验台上进行,除分别求出标定系数外,还要求出垂直力和横向力的影响系数,以便进行修正。

需要说明的是,与一系悬挂力法一样,构架力法只能测得轮轴横向力,而无法得到轮轨横向力。

6.2.7　测力轮对的制作

测力轮对的制作流程如图 6-16 所示,其中关键的步骤是应变片粘贴位置的选取和桥路标定。

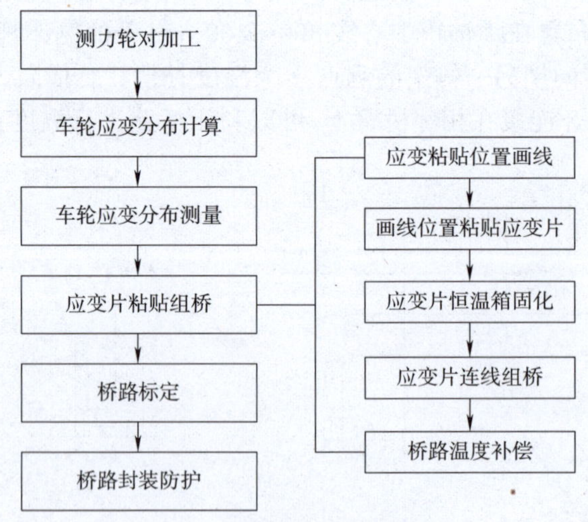

图 6-16　测力轮对的制作流程

1. 测力轮对加工

为了安装集流环和穿入导线，与普通轮对相比，测力轮对(图 6-17)在结构上需要进行以下改动：

(1)车轴两端钻出深孔(空心车轴不需要)。

(2)车轮轮毂孔内侧钻出 2～4 个均布斜孔，并与车轴的深孔相交贯通，以上两个孔用于穿入导线。

(3)轴端加工出 2 个沉孔，用于安装集流环。

(4)对连续测量的测力轮对，需要在车轮两侧幅板上刻画圆周线和每隔 15°刻画角度线，同一车轮两侧幅板上的角度线必须重合，用于应变片的准确定位。

2. 车轮应变分布计算

测力轮对在制作之前，需要计算车轮在垂向力和横向力作用下的应变分布，以选择在合适的半径位置粘贴应变片。车轮应变分布计算一般采用有限元方法，通常是将整个轮对离散建模，然后在车轴部位施加约束，在踏面滚动圆部位施加垂向作用力，在轮缘部位施加横向力，输出车轮辐板上沿径向分布的车轮应变，如图 6-18 所示。

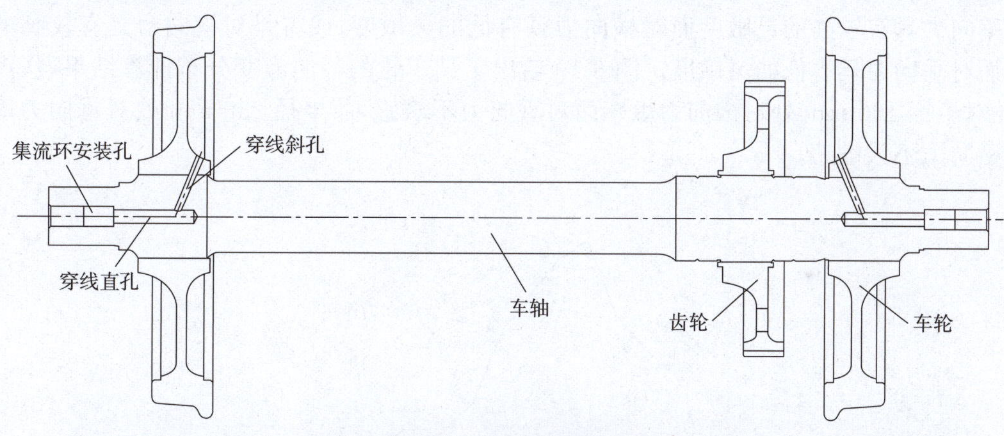

图 6-17 测力轮对的结构

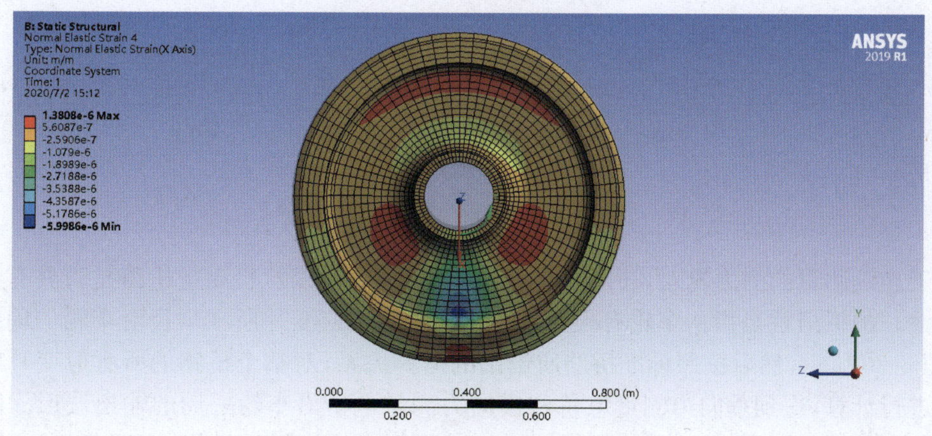

(a)垂向力作用下轮对内侧径向应变云图

图 6-18

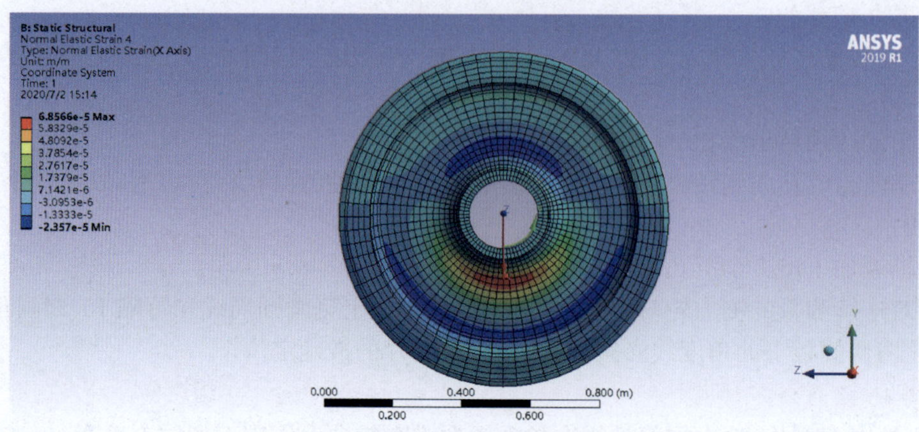

(b)横向力作用下轮对内侧径向应变云图

图 6-18　轮对有限元模型和计算结果

计算车轮应变分布的目的是寻找应变片合适的粘贴位置。合适的位置是指该处车轮应变对垂向力具有较高的灵敏度而对横向力具有低的灵敏度,或者是对横向力具有较高的灵敏度而对垂向力具有低的灵敏度。图 6-19 给出了某车轮的径向应变分布计算结果,从图可知,轮对半径 160 mm 处对横向力敏感而对垂向力不敏感,而半径 230 mm 处对垂向力敏感而对横向力不太敏感。

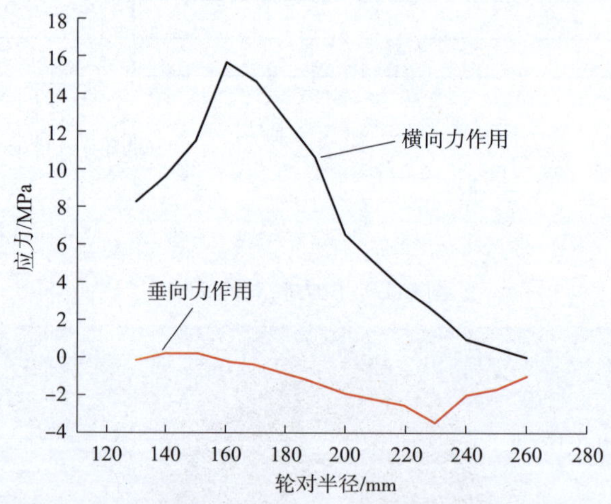

图 6-19　车轮径向应变沿车轮半径的分布

对于连续测量的测力轮对,还需要进行虚拟组桥分析,以检验测量桥路是否具有良好的输出特性。虚拟组桥是指从车轮有限元计算结果中输出应变片所在半径沿车轮一周的应变值,如图 6-20 所示,然后按照标准桥路所给出的运算关系,对整个桥路的所有应变片输出值相应地进行计算,得到垂向力测量电桥和横向力测量电桥沿车轮一周的输出波形。图 6-21 给出了某车轮按照标准 GB/T 5599—2019 桥路进行虚拟组桥的结果,由图可知,垂向力桥基本具有三角波输出特性,横向力桥具有正弦波输出特性。

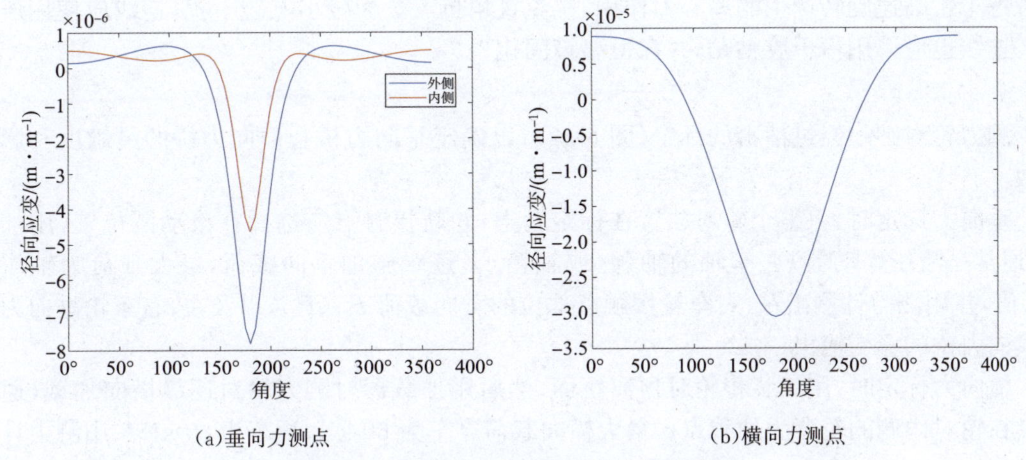

(a)垂向力测点 (b)横向力测点

图 6-20 测点径向应变沿车轮周长的分布

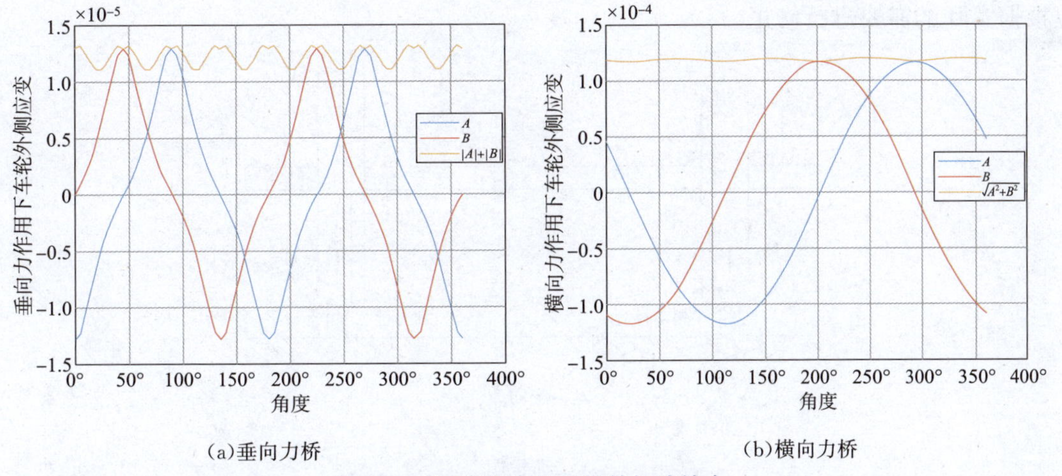

(a)垂向力桥 (b)横向力桥

图 6-21 某车轮虚拟组桥的桥路输出

3. 车轮应变分布测量

参考车轮应变分布的有限元计算结果，在车轮内外辐板上典型半径处粘贴应变片，然后在测力轮对标定试验台上对轮对进行加载，测量在垂向力和横向力分别作用下的应变值，以验证有限元计算结果的准确性。如果测量结果与有限元计算结果一致，则可进行下一环节。否则，要找出造成测量结果与有限元计算结果差异的原因，或重新进行有限元计算，直至两者相一致。

4. 应变片粘贴和组桥

在确定应变片的粘贴位置和桥路组成方式后，就可以在车轮上粘贴应变片并进行组桥。制作高精度的测力轮对，对贴片位置的要求很高，必须在有性能良好的画线台上确定贴片位置。为了保证应变片粘贴牢固，应采用恒温固化的慢干胶，并在恒温箱内进行固化。

各应变片连线组桥时，需要仔细设计测量电桥中的应变片分布和连接关系，合理选择温度补偿方式，连线应尽量等长以使各桥臂中所产生的热输出能够相互抵消，连线的走向布置应考虑车轮高速旋转产生的离心力作用，避免直角折弯。为减小电磁干扰，连线应使用屏蔽线。连线也应采用慢干胶粘贴，并在恒温箱固化。

5. 桥路标定

测力轮对必须经过精密的标定(图 6-22)，以确定垂向力桥和横向力桥的灵敏度和影响系数。

垂向力标定时，将整个轮对放置在标定台上，轮轨接触点应选择在滚动园位置，用加载器(通常是液压作动器)在车轴的轴颈(或轴箱)上逐级施加垂向载荷，最大载荷为轴重的 1.7 倍，并用测力计测出左、右车轮接触点部位的垂向载荷 P_{c1}、P_{c2}，以及左、右车轮垂向力桥和横向力桥的应变输出。

横向力标定时，用工装将轮对顶离轨面，然后用加载器对测力轮对逐级横向加载，通常选择在轮对内侧的轮背为加载点。最大横向载荷客车为 60 kN，货车为 80 kN。用测力计测出横向加载力 Q_c，以及左、右车轮垂向力桥和横向力桥的应变输出。需要说明的是，如果取横向力向外的方向为正，与台架加载方向相同，则横向灵敏系数的正负号不需要改变，否则应根据实际的需要进行修正。

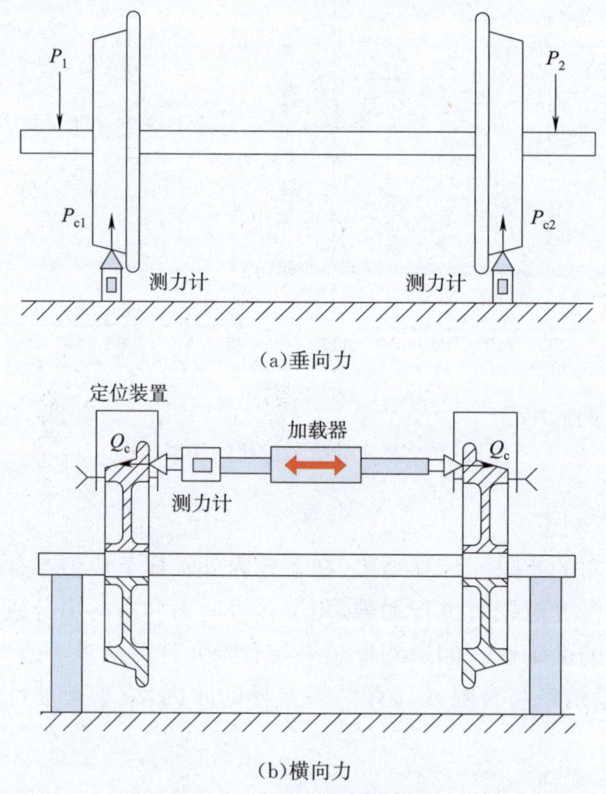

图 6-22 测力轮对的标定

图 6-23 给出了某轮对的标定结果。垂向力标定载荷 P_c 作用时，垂向力桥 A_v、B_v 的输出近似为三角波，垂向力桥总的输出为 $|A_v|+|B_v|$，同时横向力桥也有输出 $|A_l|+|B_l|$，应用式(6-12)可以得到垂向力作用下的垂向力桥的灵敏系数 k_{pp} 以及横向力桥的影响系数 E_{pq}。横向力作用 Q_c 时，横向力桥 A_l、B_l 的输出近似为正弦波，横向力桥总的的输出为

$\sqrt{A_l^2+B_l^2}$，同时垂向力桥也有输出$\sqrt{A_v^2+B_v^2}$，应用式(6-12)可以得到横向力作用下的横向力桥的灵敏系数k_{qq}以及垂向力桥的影响系数E_{qp}。

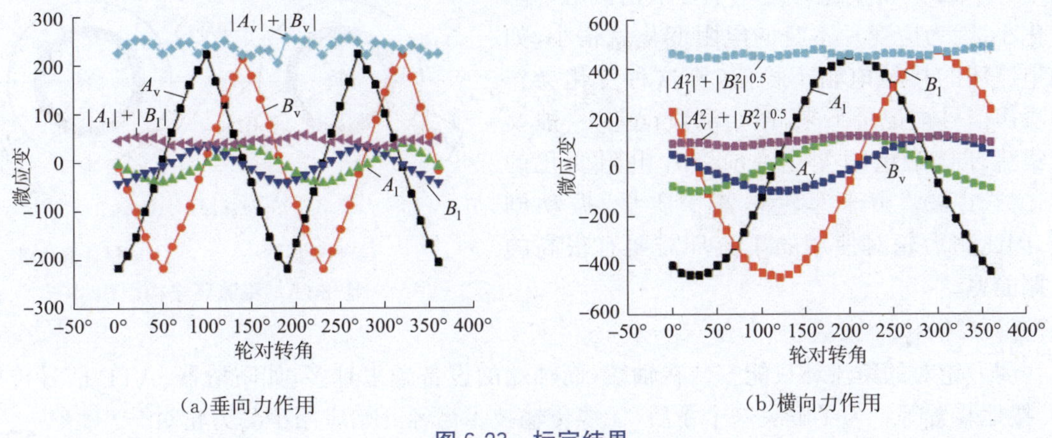

(a)垂向力作用　　(b)横向力作用

图 6-23　标定结果

目前测力轮对的标定都是在专用的测力轮对标定台上进行，图 6-24 是中国铁道科学研究院集团有限公司(以下简称铁科院)的测力轮对标定台。

图 6-24　测力轮对标定台

6. 桥路封装保护

经过标定后的测力轮对，如果其测量准确度满足相关规定，就可以对其桥路进行电磁屏蔽防护，涂抹防护涂层以保护应变片和连线，然后安装集流环。

7. 集流环

由于轮对是一个旋转体，因此电桥的输出线路与测试仪器的连接须经过转换装置。转换装置有两种，一种为集流环，另一种为无线传输装置，目前较常用的是集流环。由于需要安装在车轴孔内，空间受限，测力轮对一般使用的是周面接触的集流环装置，其结构原理如图 6-25 所示。对集流环的基本要求是接触电阻变化小，因为应变片本身的电阻变化就很小，如果集流环的接触电阻不稳定，则这种变化会作为噪声信号被记录下来，产生测量误差，一般要求集流环接触电阻变化为应变片电阻变化的 1/100～1/50。由于车轮是簧下质量，振动剧烈，因此测力轮对使用的集流环需要有很高的抗振能力。

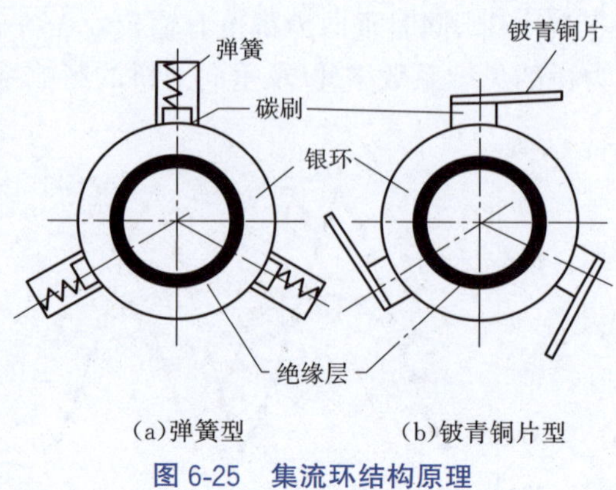

图 6-25 集流环结构原理

8. 无线传输技术

测力轮对的集流环只能安装在轴端，而轴端的设备越来越多，如防滑器、ATP 信号传感器、接地装置等。为了解决这个矛盾，无线传输技术已经开始应用于测力轮对。

无线传输技术是利用在空间传播无线电波、电磁波或光波来传输信号，较好地解决了信号有线传输方式存在的一系列问题。它是将应变电桥输出的微弱电压信号经过前置处理后，通过无线的方式传送到车上的分析仪器或设备。

图 6-26 给出了测力轮对的一种无线传输方案。在发射端，应变电桥信号经过调理放大后转换为频率信号，再经过 FR 调制后发射。在接收端，信号经 FR 解调后转换为频率信号，再转换为电压信号，然后经过低频滤波(去除边频)还原为应变电桥信号，经过放大后输入到后端的数据采集系统。

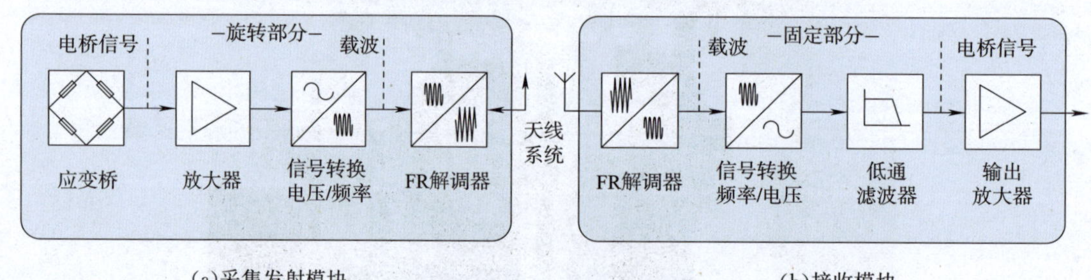

图 6-26 无线传输方案

上述无线传输技术中，测力轮对上的测量电路、信号无线发送装置所需要能量输入可采取感应供电或电池供电。感应供电的基本原理是电磁感应。电感集流环是应用一次线圈与二次线圈之间的电磁感应现象来传输信号的。它的工作原理与变压器很相似，只是普通变压器上一次和二次线圈是同绕在一个磁芯上。在测力轮对上，二次线圈缠绕在车轴上，一次线圈为固定的 U 形铁芯线圈，或为套在二次线圈外且和二次线圈同心的环线线圈。静止的和旋转的磁芯同轴布置，但互相不接触，留有一个很小的空气间隙。加在一次线圈上的高频电压，通过电磁感应在旋转的二次线圈上感应出电压，经稳压、整流后为应变电桥、信号处理电路及发射模块提供能量。感应供电的优点是适合长时间测量，满足测力轮对的工作需求。

6.3 正余弦法测力轮对的测量原理

间断方法测量的标定简单，数据处理容易，但在轮对旋转一周中只能得到 2 个有效数据，会漏掉一些有价值的数据。连续方法测量时则可以测出每一瞬间的动载荷值，真实地反映轮轨间作用力的动态变化状况，这对高速列车尤其重要，故目前实际应用中越来越倾向于采用连续方法测量的测力轮对测量轮轨作用力。连续方法测量的测力轮对有多种结构，这里介绍铁科院提出的正余弦桥法测力轮对的测量原理。

6.3.1 正余弦桥法的测量原理

在正常载荷情况下，车轮仅仅产生线弹性变形。当车轮不转动时，在垂向力 P 和横向力 Q 作用下，轮对上的任一点都有

$$K_{pi}P+K_{qi}Q=\varepsilon_i \tag{6-18}$$

式中 ε_i——测点的应变输出；

K_{pi}——测点的垂向力 P 的灵敏系数；

K_{qi}——测点的横向力 Q 的灵敏系数。

当车轮旋转时，假设垂向力 P 和横向力 Q 保持恒定，有

$$K_{pi}(\theta)P+K_{qi}(\theta)Q=\varepsilon_i(\theta) \tag{6-19}$$

式中，$\varepsilon_i(\theta)$ 为测点的径向应变输出，为转角 θ 的函数。

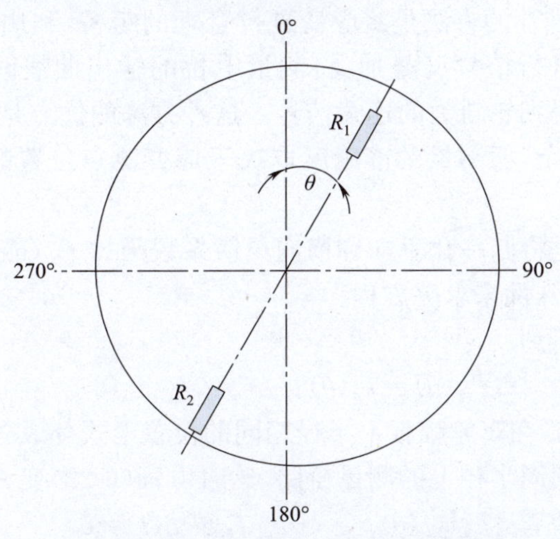

图 6-27 轮对的转角与应变片设置位置

$K_{pi}(\theta)$ 为测点对垂向力 P 的标定系数，为转角 θ 的函数，可以表达为

$$K_{pi}(\theta)=k_{pi}f_{pi}(\theta) \tag{6-20}$$

式中 $f_{pi}(\theta)$——周期为 2π 的归一化垂向灵敏系数函数；

k_{pi}——垂向灵敏度系数。

$K_{qi}(\theta)$ 为测点对横向力 Q 的标定系数，也是转角 θ 的函数，同样地，可以表达为

$$K_{qi}(\theta)=k_{qi}f_{qi}(\theta) \tag{6-21}$$

式中 $f_{qi}(\theta)$——周期为 2π 的归一化横向灵敏系数函数；

k_{qi}——横向灵敏度系数。

实际运用中，当车轮旋转时，垂向力 P 和横向力 Q 都是随着时间变化，在任一角度 θ，任一时刻 t，有

$$k_{pi}f_{pi}(\theta)p(t)+k_{qi}f_{qi}(\theta)q(t)=\varepsilon_i(\theta,t) \tag{6-22}$$

式中 $\varepsilon_i(\theta,t)$——测点的径向应变输出，为转角 θ 和时间 t 的函数；

$p(t)$——任一时刻的垂向力，为时间 t 的函数；

$q(t)$——任一时刻的横向力，为时间 t 的函数。

方程(6-22)是一个变系数的方程，其中只有 $\varepsilon_i(\theta,t)$已知，未知的量有 $p(t)$、$q(t)$、$f_{pi}(\theta)$、$f_{qi}(\theta)$，如果 $f_{pi}(\theta)$、$f_{qi}(\theta)$未知，该方程不能求解。

如果能够测得转角 θ，同时通过标定得到 $f_{pi}(\theta)$、$f_{qi}(\theta)$，则式(6-22)变成常系数方程，这时该方程只有两个未知的量 $p(t)$、$q(t)$，理论上在车轮设置 2 个测点，构成 2 个方程就可求解得到轮轨垂向力和横向力。但是，由于 $f_{pi}(\theta)$、$f_{qi}(\theta)$是车轮旋转角的函数，在某些角度 $f_{pi}(\theta)$、$f_{qi}(\theta)$会变为零(或者接近零值)，使得上述方程组变为病态方程而无法求解。

为了解决上述问题，一种方法是在车轮上设置 3 个以上测点，构造 3 个以上的方程，然后根据转角信息从中选择 $f_{pi}(\theta)$、$f_{qi}(\theta)$系数较好的 2 个方程进行求解，但这样做会使得数据处理变得复杂，在计算机上实现测试数据的自动处理变得困难，而且这种方法需要对车轮转角进行同步精确测量，在实施过程中比较复杂。

GB/T 5599—2019 推荐的方法是将应变进行合理的组桥，利用相位相差一定角度的两个互补电桥的电压输出进行信号叉叠加，将测量电桥的输出曲线改造为三角波形，再经过“陷波修正”以及滤波后得到轮轨力的连续信号。这种方法的优点是不需要测量车轮的转角信息，数据处理也不太复杂，但测量的准确度取决于应变测点位置的选择，且无法直接分辨横向力的作用方向。

正余弦桥法的思路是将归一化垂向和横向灵敏系数函数 $f_{pi}(\theta)$、$f_{qi}(\theta)$构建成正余弦函数，利用正余弦函数的特殊性来求解方程。

如果通过组桥可以得到

$$f_{pi}(\theta)=f_p(\theta),\quad f_{qi}(\theta)=f_q(\theta) \tag{6-23}$$

式(6-23)比较容易得到的，在车轮幅板上半径相同的位置上式都成立。

取出两个位于不同圆周半径上的测量桥路，这时方程(6-22)变为

$$\begin{cases}k_{p1}f_p(\theta)p(t)+k_{q1}f_q(\theta)q(t)=\varepsilon_1\\k_{p2}f_p(\theta)p(t)+k_{q2}f_q(\theta)q(t)=\varepsilon_2\end{cases} \tag{6-24}$$

式中 $\varepsilon_1,\varepsilon_2$——桥路 1、2 的应变输出；

k_{p1},k_{q1}——桥路 1 对垂向、横向单位载荷的灵敏度系数；

k_{p2},k_{q2}——桥路 2 对垂向、横向单位载荷的灵敏度系数。

将式(6-24)写成矩阵形式，即

$$\begin{pmatrix}k_{p1} & k_{q1}\\k_{p2} & k_{q2}\end{pmatrix}\begin{pmatrix}f_p(\theta)p(t)\\f_q(\theta)q(t)\end{pmatrix}=\begin{pmatrix}\varepsilon_1\\\varepsilon_2\end{pmatrix} \tag{6-25}$$

从式(6-25)看出，桥路 1 和桥路 2 必须位于不同的圆周半径上，否则不能保证系数矩阵 $\begin{pmatrix} k_{p1} & k_{q1} \\ k_{p2} & k_{q2} \end{pmatrix}$ 线性无关。

如果能够通过组桥构造出具有正余弦特性的归一化灵敏系数函数，即

$$f_p(\theta)=f_q(\theta)=\cos\theta \tag{6-26}$$

则式(6-25)变为

$$\begin{pmatrix} k_{p1} & k_{q1} \\ k_{p2} & k_{q2} \end{pmatrix}\begin{pmatrix} \cos\theta p(t) \\ \cos\theta q(t) \end{pmatrix}=\begin{pmatrix} \varepsilon_1 \\ \varepsilon_2 \end{pmatrix} \tag{6-27}$$

同时在角度相隔 π/2 的相同位置布置另外 2 个一样的桥路，在同一时刻，这 2 个桥路的输出矩阵为

$$\begin{pmatrix} k_{p1} & k_{q1} \\ k_{p2} & k_{q2} \end{pmatrix}\begin{pmatrix} \sin\theta p(t) \\ \sin\theta q(t) \end{pmatrix}=\begin{pmatrix} \varepsilon_3 \\ \varepsilon_4 \end{pmatrix} \tag{6-28}$$

式中，ε_3，ε_4 为桥路 3、4 的应变输出。

联立式(6-27)、式(6-28)，有

$$\begin{cases} \begin{pmatrix} \cos\theta p(t) \\ \cos\theta q(t) \end{pmatrix}=\begin{pmatrix} k_{p1} & k_{q1} \\ k_{p2} & k_{q2} \end{pmatrix}^{-1}\begin{pmatrix} \varepsilon_1 \\ \varepsilon_2 \end{pmatrix} \\ \begin{pmatrix} \sin\theta p(t) \\ \sin\theta q(t) \end{pmatrix}=\begin{pmatrix} k_{p1} & k_{q1} \\ k_{p2} & k_{q2} \end{pmatrix}^{-1}\begin{pmatrix} \varepsilon_3 \\ \varepsilon_4 \end{pmatrix} \end{cases} \tag{6-29}$$

求解式(6-29)可以得到轮轨垂向力和横向力

$$\begin{cases} p(t)=\sqrt{\cos^2\theta p\ (t)^2+\sin^2\theta p\ (t)^2} \\ q(t)=\dfrac{\cos\theta p(t)\times\cos\theta q(t)+\sin\theta p(t)\times\sin\theta q(t)}{p(t)} \end{cases} \tag{6-30}$$

通常状态下由于垂向力 P 总为正值(零值意味着车轮离开轨面，负值不可能出现)，因而垂向力可以通过平方和再开根运算求得。横向力在两个方向都可能出现，即存在正负值的区别，不能通过平方和再开根运算求得，而式(6-30)的 $q(t)$ 算法反映了横向力的方向。

上述测量方法的特点是车轮旋转一周，相隔 π/2 角度的 2 组测量桥路的输出正好是一个完整的正弦波和余弦波，因此该方法称为“单周期双桥路正弦余弦桥法”，简称正余弦桥法。

6.3.2 组桥方法

根据上述分析，正余弦桥法的关键是选择合理的测点与组桥，使得电桥的输出具有正余弦特性。

轮对是轴对称体，应变片感应的应变方向一般也是径向的，如图 6-27 所示。通过有限元计算发现(图 6-20)，车轮的径向应变可视为车轮转角 θ 的周期函数，并且可以分解为简谐函数的级数和，即

$$\varepsilon(\theta)=a_0+a_1\cos\theta+a_2\cos 2\theta+a_3\cos 3\theta+\cdots \tag{6-31}$$

式中，a_0，a_1，a_2，a_3，…为第 0，1，2，3，…阶谐波分量的系数。

上述将车轮径向应变分解为简谐函数级数和的方法称为谐波理论。对于轴对称的任何

旋转体，其应变分布都存在上述规律，其中 a_0 表示径向应变中的直流分量，a_1 表示径向应变中的第 1 阶谐波分量，a_2 表示径向应变中的第 2 阶谐波分量，a_3 表示径向应变中的第 3 阶谐波分量，依次类推，并且通常有 $a_1>a_2>a_3>\cdots$。

根据电桥的加减特性，如果将车轮上对称布置的两个应变片作为电桥的对边连接[图 6-28(a)]，就可以保留测点的对称分量，而消去反对称分量。

径向应变 $\varepsilon(\theta)$ 的对称分量

$$\varepsilon'(\theta)=a_0+a_2\cos 2\theta+a_4\cos 4\theta+\cdots \tag{6-32}$$

相反地，如果将车轮上对称布置的两个应变片作为电桥的邻边连接[图 6-28(b)]，就可以保留测点的反对称分量，而消去对称分量。

径向应变 $\varepsilon(\theta)$ 的反对称分量为

$$\varepsilon'(\theta)=a_1\cos\theta+a_3\cos 3\theta+a_5\cos 5\theta+\cdots \tag{6-33}$$

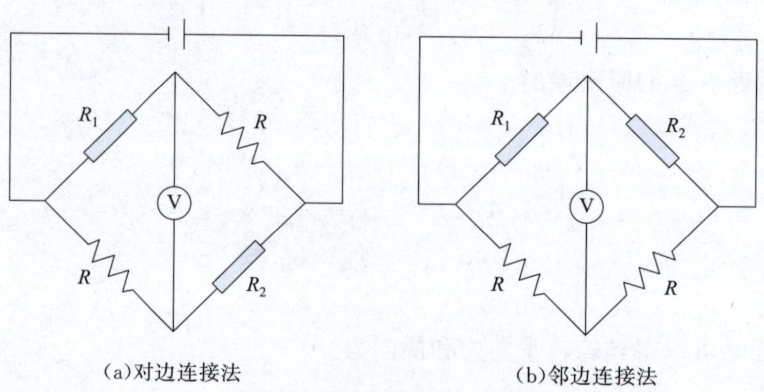

图 6-28　应变片的组桥特性

有限元分析表明，车轮幅板上相当一部分测点的应变反对称分量在 2π 周期内接近余弦波或三角波，而对称分量则无明显规律。式(6-33)给出了径向应变 $\varepsilon(\theta)$ 的反对称分量与正余弦函数相似性的量化指标，为应变片如何组桥而使之具有正余弦函数特性提供了理论基础。

电桥可以认为是一个加(减)法器，而轮对的转动对同一半径上的径向应变而言是一个延时器。通过对同一半径上多个测量应变的合理组桥，可以消除电桥中某些谐波分量，或提高某些谐波分量，使得电桥的输出精确地逼近余弦函数。

当径向应变 $\varepsilon(\theta)$ 的反对称分量使用 0、$\pi/3$ 延时组合时，桥路的输出为

$$\begin{aligned}\varepsilon(\theta)+\varepsilon\left(\theta+\frac{\pi}{3}\right)&=a_1\cos\theta+a_3\cos 3\theta+a_5\cos 5\theta+\cdots\\&\quad+a_1\cos\left(\theta+\frac{\pi}{3}\right)+a_3\cos 3\left(\theta+\frac{\pi}{3}\right)+a_5\cos 5\left(\theta+\frac{\pi}{3}\right)+\cdots\\&=a_1\left(\frac{3}{2}\cos\theta-\frac{\sqrt{3}}{2}\sin\theta\right)+a_5\left(\frac{1}{2}\cos 5\theta-\frac{\sqrt{3}}{2}\sin 5\theta\right)+\cdots\\&=\sqrt{3}\cos\left(\theta+\frac{\pi}{6}\right)-\sqrt{3}\cos\left(5\theta+\frac{5\pi}{6}\right)+\cdots\end{aligned} \tag{6-34}$$

式(6-34)说明，使用 0、$\pi/3$ 延时器组合时消除了 3 阶谐波的影响，电桥的输出接近余弦

函数。使用 0、π/3 延时组合的桥路称为正余弦法的简易桥，如图 6-29 所示。

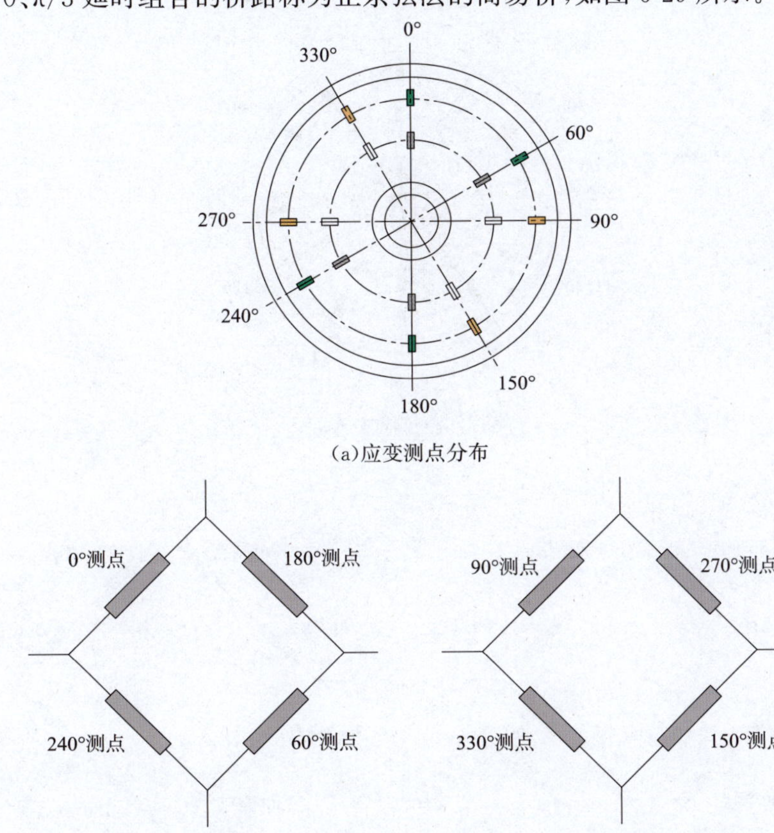

图 6-29　简易桥的应变测点分布和组桥方式

当径向应变 ε(θ) 的反对称分量使用 0、π/5、π/3、8π/15 延时组合时，桥路的输出为

$$
\begin{aligned}
&\varepsilon(\theta)+\varepsilon\left(\theta+\frac{\pi}{5}\right)+\varepsilon\left(\theta+\frac{\pi}{3}\right)+\varepsilon\left(\theta+\frac{8\pi}{15}\right)\\
&=a_1\cos\theta+a_3\cos 3\theta+a_5\cos 5\theta+\cdots\\
&\quad+a_1\cos\left(\theta+\frac{\pi}{5}\right)+a_3\cos 3\left(\theta+\frac{\pi}{5}\right)+a_5\cos 5\left(\theta+\frac{\pi}{5}\right)+\cdots\\
&\quad+a_1\cos\left(\theta+\frac{\pi}{3}\right)+a_3\cos 3\left(\theta+\frac{\pi}{3}\right)+a_5\cos 5\left(\theta+\frac{\pi}{3}\right)+\cdots\\
&\quad+a_1\cos\left(\theta+\frac{8\pi}{15}\right)+a_3\cos 3\left(\theta+\frac{8\pi}{15}\right)+a_5\cos 5\left(\theta+\frac{8\pi}{15}\right)+\cdots\\
&=a_1\cos\theta+a_1\cos\left(\theta+\frac{\pi}{5}\right)+a_1\cos\left(\theta+\frac{\pi}{3}\right)+a_1\cos\left(\theta+\frac{8\pi}{15}\right)\\
&\quad+a_7\cos 7\theta+a_7\cos 7\left(\theta+\frac{\pi}{5}\right)+a_7\cos 7\left(\theta+\frac{\pi}{3}\right)+a_7\cos 7\left(\theta+\frac{8\pi}{15}\right)+\cdots
\end{aligned}
\tag{6-35}
$$

式(6-35)说明，上面的组桥方法消除了 3 阶谐波和 5 阶谐波的影响，可使电桥的输出非常接近余弦函数。使用 0、π/5、π/3、8π/15 延时组合的桥路称为优选桥，如图 6-30 所示。使用优选桥时，通常可在轮对的大多数位置得到都获得较理想的正余弦输出特性。

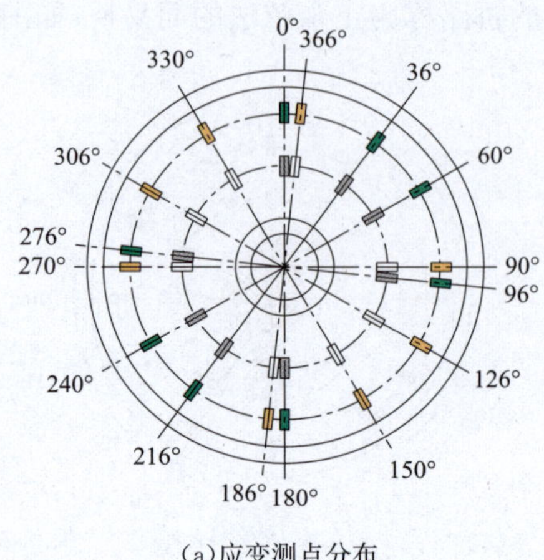

(a)应变测点分布

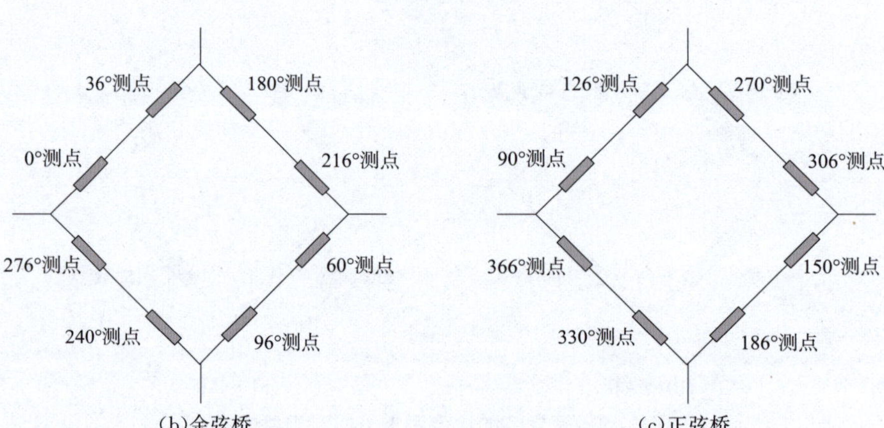

(b)余弦桥　　(c)正弦桥

图 6-30　优选桥应变测点分布和组桥方法

如果不需要考虑轮轨接触点的位置，根据上面的组桥方法和式(6-30)就可以实现轮轨垂向力和横向力的连续测量。

正余弦桥法具有以下特点：

(1)单周期。车轮旋转一周，桥路输出灵敏度变化相应完成一个周期。

(2)双桥路。垂向力或横向力的测量均使用了两组测量电桥。

(3)正弦余弦输出特性。两组测量电桥之间相位相差 90°，两组测量电桥的输出呈正弦、余弦波形，因而具有过零点互补特性。

实践证明，正余弦桥法测力轮对的测量精度高，串扰消除效果好，应变片布置位置容易寻找，并且能够利用桥路自身的特点抑制或消除不利因素的影响，不需要转角信息，后处理过程简单，标定过程准确度较高，配套仪器设备较为简单，可靠性高。

6.3.3 直 流 桥

车轮径向应变分布的谐波理论是正余弦桥法的理论基础。根据车轮径向应变分布的谐波理论，可以构建具有其他输出特性的桥路，以及分析其他桥路的输出特性。

根据式(6-32)，径向应变 $\varepsilon(\theta)$ 的对称分量中包括直流分量，如果取应变片每隔 $\pi/4$ 进行

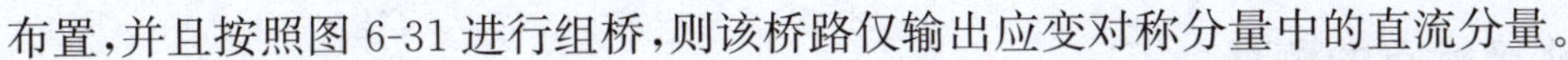

布置,并且按照图 6-31 进行组桥,则该桥路仅输出应变对称分量中的直流分量。

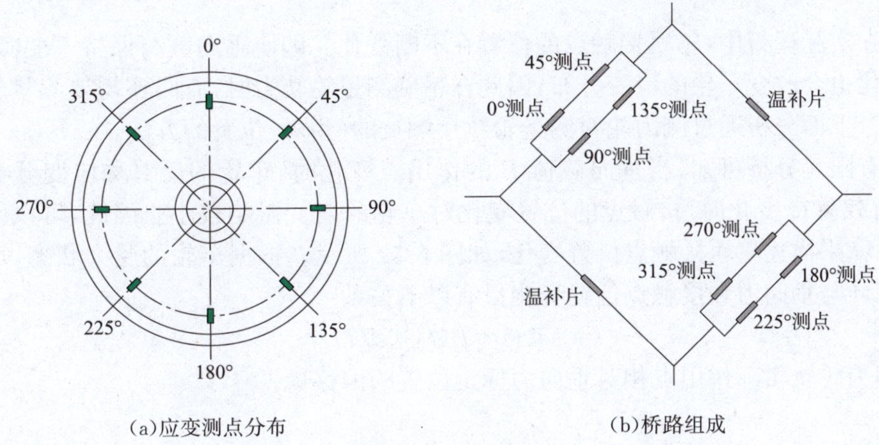

(a)应变测点分布　　(b)桥路组成

图 6-31　直流桥

图 6-31 桥路的输出为

$$
\begin{aligned}
&\frac{1}{2}\left[\varepsilon(\theta)+\varepsilon\left(\theta+\frac{\pi}{4}\right)+\varepsilon\left(\theta+\frac{\pi}{2}\right)+\varepsilon\left(\theta+\frac{3\pi}{4}\right)\right]\\
&=\frac{1}{2}\left[a_0+a_2\cos 2\theta+a_4\cos 4\theta+\cdots\right.\\
&\quad+a_0+a_2\cos 2\left(\theta+\frac{\pi}{4}\right)+a_4\cos 4\left(\theta+\frac{\pi}{4}\right)+\cdots\\
&\quad+a_0+a_2\cos 2\left(\theta+\frac{\pi}{2}\right)+a_4\cos 4\left(\theta+\frac{\pi}{2}\right)+\cdots\\
&\quad\left.+a_0+a_2\cos 2\left(\theta+\frac{3\pi}{4}\right)+a_4\cos 4\left(\theta+\frac{3\pi}{4}\right)+\cdots\right]\\
&=\frac{1}{2}(a_0+a_2\cos 2\theta+a_4\cos 4\theta+\cdots\\
&\quad+a_0-a_2\sin 2\theta-a_4\cos 4\theta+\cdots\\
&\quad+a_0-a_2\cos 2\theta+a_4\cos 4\theta+\cdots\\
&\quad+a_0+a_2\sin 2\theta-a_4\cos 4\theta+\cdots)\\
&=2a_0
\end{aligned}
\tag{6-36}
$$

由式(6-36)看出,直流桥消除了所有对称谐波分量,仅保留了直流分量。

需要注意的是,直流桥只能测量车轮的动态载荷,而无法得到车轮的静载荷。应变测量使用的电桥是差动电路,电桥输出的数值是相对初始零点的变化量,而初始零点在仪器调平过程中被消除,无法得到。对于正余弦桥,车轮旋转一周中的输出波形中包含有车轮的静载荷信息,初始零点的影响仅是造成正余弦波向上或向下整体偏移,该偏移量可以通过对波形整周期截断后求平均值得到。对于直流桥,桥路的输出与车轮的旋转无关,桥路经过调平后消除了车轮静载荷产生的应变输出,仅输出相对调平零点的动态变化量,因此只能得到车轮的动态载荷,车轮静载荷只能通过其他方法如在地面称重台上测量得到,然后作为已知量补充到测试数据中。

对于辐板车轮,直流桥的最大缺点是灵敏度太低,因此直流桥通常应用于辐条车轮。

6.3.4 轮轨接触点的测量

车轮在实际运行中，轮轨接触点的位置在不断变化。即使垂向载荷保持不变时，接触点的位置变化也会改变车轮的应变分布，因此在精确测量轮轨力时，有时还需要测量轮轨接触点的位置。下面分析通过测力轮对测量轮轨接触点的(相对)位置的方法。

通过有限元分析可知，当垂向载荷 P 的作用点变化时，车轮的反对称应变分量变化明显；而横向载荷 Q 变化时，接触点的位置变化对车轮的应变影响较小。因此，可以引入一个附加弯矩 M 来描述轮轨接触点位置变化，如图 6-32 所示。根据车轮的受力状态，可以认为附加弯矩 M 与垂向力和接触点位置变化量有以下关系：

$$M(t)=P(t)\times d(t) \tag{6-37}$$

式中，$d(t)$为轮轨实际作用点相对垂向力标定位置的偏移量。

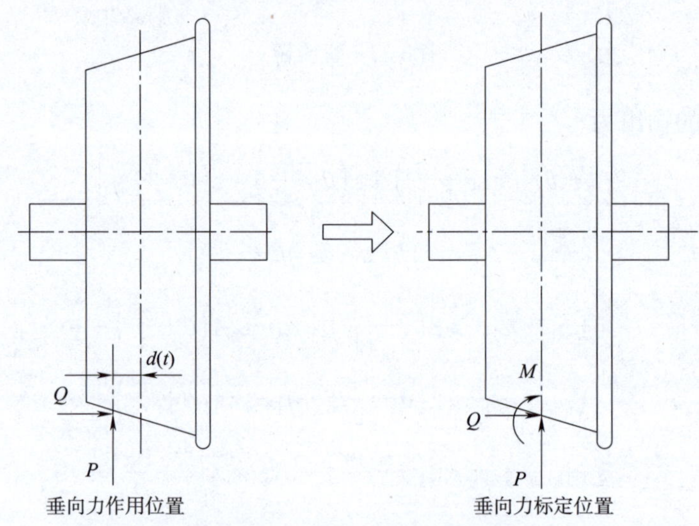

图 6-32　接触点变化引起的附加弯矩示意

根据本节上面的讨论，如果能找到 3 个不同的半径位置，使得方程组(6-38)系数矩阵具有较好的特性，那么就可以得到 P、Q、M 的绝对数值，然后根据式(6-37)可以推算出轮轨接触点位置。

$$\left\{\begin{aligned}&\begin{pmatrix}k_{p1} & k_{q1} & k_{m1}\\ k_{p2} & k_{q2} & k_{m2}\\ k_{p3} & k_{q3} & k_{m3}\end{pmatrix}\begin{pmatrix}p\cos\theta\\ q\cos\theta\\ m\cos\theta\end{pmatrix}\begin{pmatrix}\varepsilon_1\\ \varepsilon_2\\ \varepsilon_3\end{pmatrix}\\ &\begin{pmatrix}k_{p1} & k_{q1} & k_{m1}\\ k_{p2} & k_{q2} & k_{m2}\\ k_{p3} & k_{q3} & k_{m3}\end{pmatrix}\begin{pmatrix}p\sin\theta\\ q\sin\theta\\ m\sin\theta\end{pmatrix}=\begin{pmatrix}\varepsilon_1\\ \varepsilon_2\\ \varepsilon_3\end{pmatrix}\end{aligned}\right. \tag{6-38}$$

需要注意的是，上述 3 组桥路的半径位置要明显差异，以使得式(6-38)的系数矩阵满足满秩的条件。如果无法找到合适的 3 组桥路位置，可以采用直流桥来替代其中 1 组正余弦桥路。

实践证明，采用正余弦桥法测力轮对测量轮轨力时，轮轨接触点的变化对测量结果的影响很小。

6.4　运行平稳性的评价指标

铁道车辆在运行中产生的各种振动会影响旅客乘坐的舒适度和装运货物的完整，衡量铁道车辆运行品质的主要技术参数是运行平稳性，又称为运行性能。

针对车辆的振动水平在何种范围内是可以接受的这个问题，国内外都进行了深入的试验研究，提出了多种评估方法和标准，其中在铁路行业应用的主要有平稳性指标、欧盟标准EN 12299（*Railway applications—Ride comfort for passengers—Measurement and evaluation*）和ISO 2631（*Mechanical Vibration*）系列标准等。上述标准中，均采用车体振动加速度来评价车辆的运行平稳性，对于乘员的乘坐舒适度，评价方法中不仅考虑加速度的大小，还考虑了加速度振动频率的影响。

6.4.1　平稳性指标

用平稳性指标（也称Sperling指标）来评价车辆运行平稳性的方法在国际上获得广泛应用。Sperling基于大量试验而制定的平稳性指标用于评定车辆本身的运行品质和旅客乘坐舒适度，运行品质由车辆本身来衡量，而舒适度则还与旅客对振动环境的敏感度有关。平稳性指标W可由式(6-39)和式(6-40)表示。

用于运行品质的评价：

$$W=3.57\sqrt[10]{\frac{A^3}{f}} \tag{6-39}$$

用于乘坐舒适度的评价：

$$W=3.57\sqrt[10]{\frac{A^3}{f}F(f)} \tag{6-40}$$

式中　A——振动加速度峰值（m/s^2）；

f——振动频率（Hz）；

$F(f)$——频率修正系数，表示人体对各种振动频率的敏感性不同，在常用范围内，垂向和横向的$F(f)$是不同的，详见表6-3。

表6-3　频率修正系数

垂向振动		横向振动	
f/Hz	$F(f)$	f/Hz	$F(f)$
$0.5\leqslant f<5.9$	$0.325f^2$	$0.5\leqslant f<5.4$	$0.8f^2$
$5.9\leqslant f<20.0$	$400/f^2$	$5.4\leqslant f<26.0$	$650/f^2$
$f\geqslant 20.0$	1	$f\geqslant 26.0$	1

以上公式是根据单一频率的等幅振动得到的。由于车辆振动实际上是随机振动，振动加速度包含了多个频率成分，因此需要将测得的振动加速度按频率分组，统计每一频率中的

W 值,而总的平稳性指标

$$X_1 = \sqrt[10]{W_1^{10} + W_2^{10} + \cdots + W_n^{10}} = \sqrt[10]{\sum_{i=1}^{n} W_i^{10}} \tag{6-41}$$

图 6-33 和图 6-34 分别为垂向和横向平稳性曲线,图中已计及 $F(f)$ 的影响,由振动频率和加速度可直接从图中查得相应的平稳性指标值。

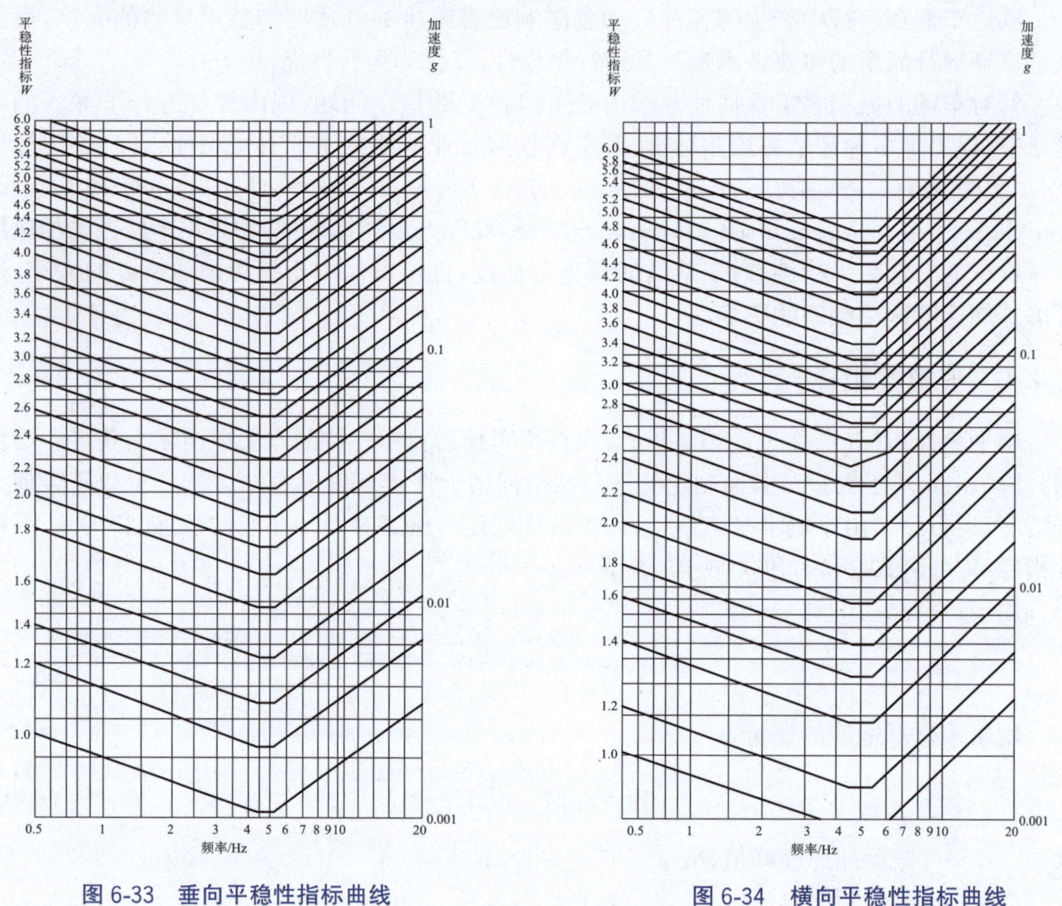

图 6-33 垂向平稳性指标曲线

图 6-34 横向平稳性指标曲线

我国标准 GB/T 5599—2019 中,根据 Sperling 指标对车辆运行平稳性的评价等级详见表 6-4。

表 6-4 平稳性评价等级

平稳性等级	评判等级	客车和动车组	机　　车	货　　车
1 级	优	W≤2.50	W≤2.75	W≤3.50
2 级	良好	2.50<W≤2.75	2.75<W≤3.10	3.50<W≤4.00
3 级	合格	2.75<W≤3.00	3.10<W≤3.45	4.00<W≤4.25

6.4.2 ISO 2631 标准

国际标准化组织(ISO)制定的国际标准《机械振动和冲击:人体承受全身振动的评价》

(ISO 2631)包括一系列标准和版本，关注于不同环境下人体承受振动的评价。其中，《机械振动与冲击：人体承受全身振动的评价　第1部分：一般要求》(ISO 2631-1:1997)规定了评价人体承受振动的基本方法；《机械振动和冲击：人体承受全身振动的评价　第2部分：建筑物内的振动(1～80 Hz)》(ISO 2631-2:2003)针对建筑物内部环境；《机械振动和冲击：人体承受全身振动的评价　第3部分：振动频率在0.1～0.63之间的垂向振动》(ISO 2631-3:1985)针对人体的晕动症；《机械振动和冲击：人体处于全身振动的评价　第4部分：固定导轨运输系统中振动和旋转运动对乘客及乘务员舒适的影响》(ISO 2631-4:2001)针对轨道交通系统；《机械振动和冲击：人体处于全身振动的评价　第5部分：多激波振动评价的试验方法》(ISO 2631-5:2018)针对多激波振动试验。我国国家标准《机械振动与冲击》(GB 13441)等同于ISO 2631标准。

依据振动评价的需求，ISO 2631标准将人体振动的评价分为四类：健康、舒适度、感知和晕动症，其中健康、舒适度、感知评价所覆盖的频率范围是0.1～80 Hz，晕动症是0.1～0.5 Hz。

ISO 2631标准根据振动对人体影响的严酷程度，提出了两种评价方法，当波峰因数≤9时，采用基本评价方法，否则采用附加评价方法。这里的波峰因数定义为频率计权加速度信号的最大峰值与其均方根值的比的模。

(1) 基本评价方法

计权加速度的均方根值

$$a_w = \left[\frac{1}{T}\int_0^T a_w^2(t)\,\mathrm{d}t\right]^{\frac{1}{2}} \tag{6-42}$$

式中　a_w——计权加速度(平移的或旋转的，单位为m/s^2或rad/s^2)；

T——测量时间(s)。

(2)附加评价方法

标准推荐两种附加评价方法：运行均方根和四次方振动剂量，用于高的波峰因数、偶然性冲击、瞬态振动等情况。

①运行均方根

运行均方根评价方法通过使用一个短的积分时间常数来考虑偶然性冲击和瞬态振动。定义振动幅值为最大瞬时振动值MTVV，由$a_w(t_0)$时间历程上的最大值给定。定义

$$a_w(t_0) = \left\{\frac{1}{\tau}\int_{t_0-\tau}^{t_0} [a_w(t)]^2\,\mathrm{d}t\right\}^{\frac{1}{2}} \tag{6-43}$$

式中　$a_w(t_0)$——瞬时频率计权加速度；

τ——运行平均积分时间；

t——时间(积分变量)；

t_0——观测时间(瞬时时间)。

最大瞬时振动值MTVV定义为

$$\mathrm{MTVV} = \max[a_w(t_0)] \tag{6-44}$$

②四次方振动剂量

与基本评价方法相比，四次方振动剂量方法对峰值更为敏感。四次方振动剂量值VDV用$m/s^{1.75}$或$rad/s^{1.75}$表示，定义

$$\mathrm{VDV}=\left\{\int_0^T\left[a_{\mathrm{w}}(t)\right]^4\mathrm{d}t\right\}^{\frac{1}{4}} \tag{6-45}$$

经验表明，在评价健康或者舒适度方面，当$\dfrac{\mathrm{MTVV}}{a_{\mathrm{w}}}>1.5$或$\dfrac{\mathrm{VDV}}{a_{\mathrm{w}}T^{1/4}}>1.75$时，附加评价方法就很重要。

当运用式(6-42)～式(6-45)时，需要运用计权函数对时域信号进行加权滤波处理。图 6-35、图 6-36为 ISO 2631 标准所涉的频率计权曲线。图中，W_{k}用于 z 轴方向和卧姿垂直方向（头部除外）；W_{d}用于 x 轴和 y 轴方向以及卧姿水平方向；W_{f}用于晕动症评价的垂直方向；W_{c}用于座椅—靠背的测量；W_{e}用于旋转振动的测量；W_{j}用于卧姿人体头部下面振动的测量。以上所描述的坐标方向如图 6-37 所示。

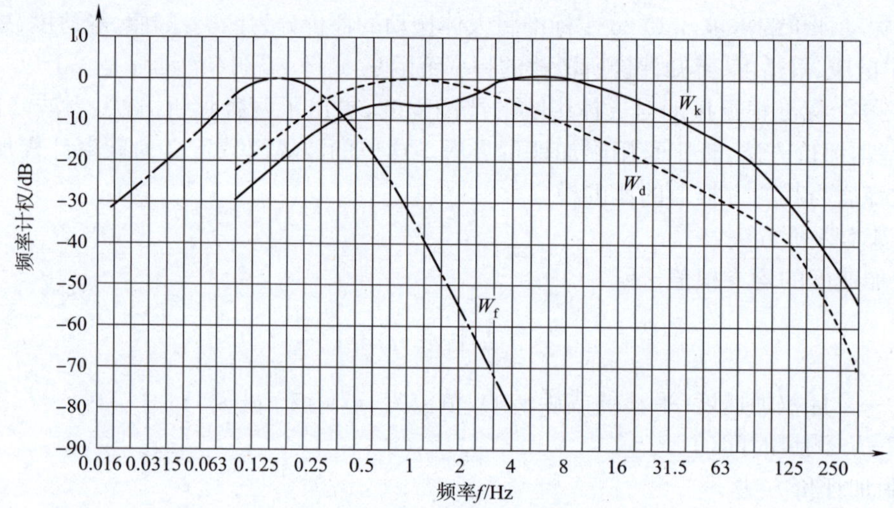

图 6-35　基本计权值的频率计权曲线

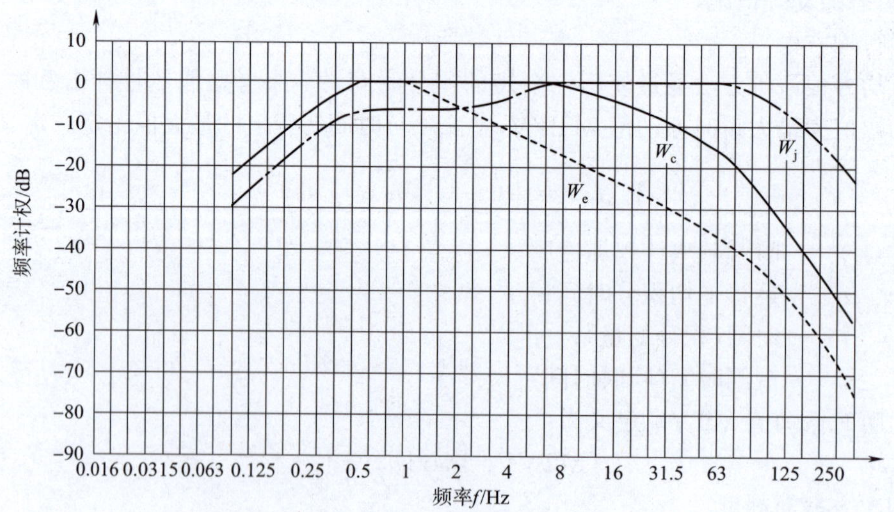

图 6-36　附加计权值的频率计权曲线

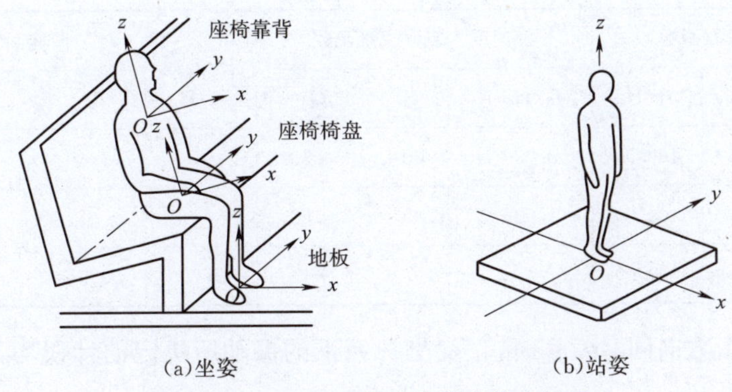

图 6-37 ISO 2631 标准中的人体坐标系

标准 ISO 2631-1 中，频率计权函数以多个传递函数相乘的形式给出

$$H(p)=H_h(p)H_l(p)H_t(p)H_s(p) \tag{6-46}$$

式中 $H_h(p)$——高通滤波器；

$H_l(p)$——低通滤波器；

$H_t(p)$——加速度—速率过渡函数[W_j 中 $H_t(p)=1$]；

$H_s(p)$——向上阶梯函数[W_c、W_d、W_e 中 $H_s(p)=1$]。

上述传递函数具有以下幅频特性：

$$\begin{cases} |H_h(f)|=\sqrt{\dfrac{f^4}{f^4+f_1^4}} \\ |H_l(f)|=\sqrt{\dfrac{f_2^4}{f^4+f_2^4}} \\ |H_t(f)|=\sqrt{\dfrac{f^2+f_2^2}{f_3^2}}\times\sqrt{\dfrac{f_4^4Q_4^2}{f^4Q_4^2+f^2f_4^2(1-2Q_4^2)+f_4^4Q_4^2}} \\ |H_s(f)|=\dfrac{Q_6}{Q_5}\times\sqrt{\dfrac{f^4Q_5^2+f^2f_5^2(1-2Q_5^2)+f_5^4Q_5^2}{f^4Q_5^2+f^2f_5^2(1-2Q_5^2)+f_6^4Q_6^2}} \end{cases} \tag{6-47}$$

式中，f 为振动频率，其余各参数的数值见表 6-5 和表 6-6。

表 6-5 基本频率计权函数的频响特性参数

计权函数	带宽函数		加速度—速率过渡函数			阶梯函数			
	f_1/Hz	f_2/Hz	f_3/Hz	f_4/Hz	Q_4	f_5/Hz	Q_5	f_6/Hz	Q_6
W_k	0.40	100.00	12.50	12.50	0.63	2.37	0.91	3.35	0.91
W_d	0.40	100.00	2.00	2.00	0.63	∞	—	∞	—
W_f	0.08	0.63	∞	0.25	0.86	0.06	0.80	0.10	0.80

表 6-6 附加频率计权函数的传递函数参数

计权函数	带宽函数		加速度—速率过渡函数			阶梯函数			
	f_1/Hz	f_2/Hz	f_3/Hz	f_4/Hz	Q_4	f_5/Hz	Q_5	f_6/Hz	Q_6
W_c	0.40	100.00	8.00	8.00	0.63	∞	—	∞	—
W_e	0.40	100.00	1.00	1.00	0.63	∞	—	∞	—
W_j	0.40	100.00	∞	∞	—	3.75	0.91	5.32	0.91

当振动在多个方向同时发生时，正交坐标系下的振动所决定的计权均方根加速度的振动总量

$$a_v=(k_x^2a_{wx}^2+k_y^2a_{wy}^2+k_z^2a_{wz}^2)^{\frac{1}{2}} \tag{6-48}$$

式中 a_{wx}，a_{wy}，a_{wz}——相应于正交坐标轴 x、y、z 上的计权均方根加速度；

k_x，k_y，k_z——方向因数。

按照式(6-48)计算的振动总量与振动舒适程度评价的关联详见表 6-7。

表 6-7 加速度总量值与主观感受之间的关系

综合振动量总值/(m·s^{-2})	舒适程度
<0.315	没有不舒适
0.315～0.630	稍有不舒适
0.500～1.000	比较不舒适
0.800～1.600	不舒适
1.250～2.500	非常不舒适
>2.000	极不舒适

6.4.3 EN 舒适度指标

ISO 2631 颁布后，对铁道车辆舒适度评定影响巨大。参考 ISO 2631-4 标准，1994 年国际铁路联盟(UIC)正式颁布了 UIC 振动舒适度标准，即 UIC 513 舒适度标准。UIC 513 舒适度标准采用了类似 ISO 2631-4 的方法来评价轨道交通车辆的振动舒适度，两者的差异在于频率计权函数和振动总量形式。UIC 513 标准是专用于铁路环境的文件，在 UIC 513 舒适度标准中，对试验线路、计算方法、传感器安装、舒适度指标计算方法均给予详细的定义，非常方便于实施。GB/T 5599—2019 中，也采用了 UIC 513 舒适度指标。在 UIC 513 标准的基础上，1999 年 CEN 组织发布了 EN 12299 标准，不仅包含了 UIC 513 的基本内容，还补充了曲线通过和瞬态冲击的舒适度。

根据铁道车辆客室布置的特点，EN 舒适度标准制定了三种测量和计算方法，分别是坐姿或站姿的简化方法、坐姿的完整方法、站姿的完整方法。三种方法的计算公式如下：

简化舒适度

$$N_{MV}=6\sqrt{(a_{xP95}^{W_d})^2+(a_{yP95}^{W_d})^2+(a_{zP95}^{W_b})^2} \tag{6-49}$$

坐姿完整舒适度

$$N_{VA}=4(a_{zP95}^{W_b})+2\sqrt{(a_{yA95}^{W_d})^2+(a_{zA95}^{W_b})^2}+4(a_{xD95}^{W_c}) \tag{6-50}$$

站姿完整舒适度

$$N_{VD}=3\sqrt{16\,(a_{xP95}^{W_d})^2+4\,(a_{yP95}^{W_d})^2+(a_{zP95}^{W_b})^2}+5(a_{yD95}^{W_d}) \tag{6-51}$$

在计算式(6-49)～式(6-51)中，N 为舒适度指标；a 为加速度计权均方根值；下标表示加速度的方向、位置和置信概率，其中 x、y、z 表示加速度的轴线方向(图 6-38)，P、A、D 表示测点位于地板、座椅表面和座椅靠背，数字表示置信概率，上标表示频率计权函数，其中 b、c、d 分别表示垂向方向、座椅靠背位置和水平方向。例如，$a_{xP95}^{W_d}$ 表示地板测点的纵向加速度使用 W_d频率计权，取 95%置信点的有效值。

频率计权函数采用与 ISO 2631 类似的形式，以多个频率响应函数相乘的形式给出

$$\begin{cases}\text{对 } W_c, W_d: & H(f)=H_h(f)H_l(f)H_t(f)\\ \text{对 } W_b: & H(f)=H_h(f)H_l(f)H_t(f)H_s(f)\end{cases} \tag{6-52}$$

其具体形式为

$$\begin{cases}H_h(f)=\dfrac{1}{1-\left(\dfrac{f_1}{f}\right)-i\dfrac{f_1}{Q_1 f}}\\[2ex] H_l(f)=\dfrac{1}{1-\left(\dfrac{f}{f_2}\right)+i\dfrac{f}{Q_1 f_2}}\\[2ex] H_t(f)=\dfrac{\left(1+i\dfrac{f}{f_3}\right)}{1-\left(\dfrac{f}{f_4}\right)^2+i\dfrac{f}{Q_2 f_4}}\\[2ex] H_s(f)=K\dfrac{1-\left(\dfrac{f}{f_5}\right)^2+i\dfrac{f}{Q_3 f_5}}{1-\left(\dfrac{f}{f_6}\right)^2+i\dfrac{f}{Q_4 f_6}}\end{cases} \tag{6-53}$$

式中，各参数的数值见表 6-8。

表 6-8　频率计权函数的参数

计权函数	带宽函数			加速度—速度过渡函数			阶梯函数				增益
	f_1/Hz	f_2/Hz	Q_1	f_3/Hz	f_4/Hz	Q_2	f_5/Hz	f_6/Hz	Q_3	Q_4	K
W_b	0.4	100	$1/\sqrt{2}$	16	16	0.63	2.5	4	0.8	0.8	0.4
W_c	0.4	100	$1/\sqrt{2}$	8	8	0.63	—	—	—	—	1.0
W_d	0.4	100	$1/\sqrt{2}$	2	2	0.63	—	—	—	—	1.0

图 6-38 给出了 W_b、W_c、W_d计权曲线。

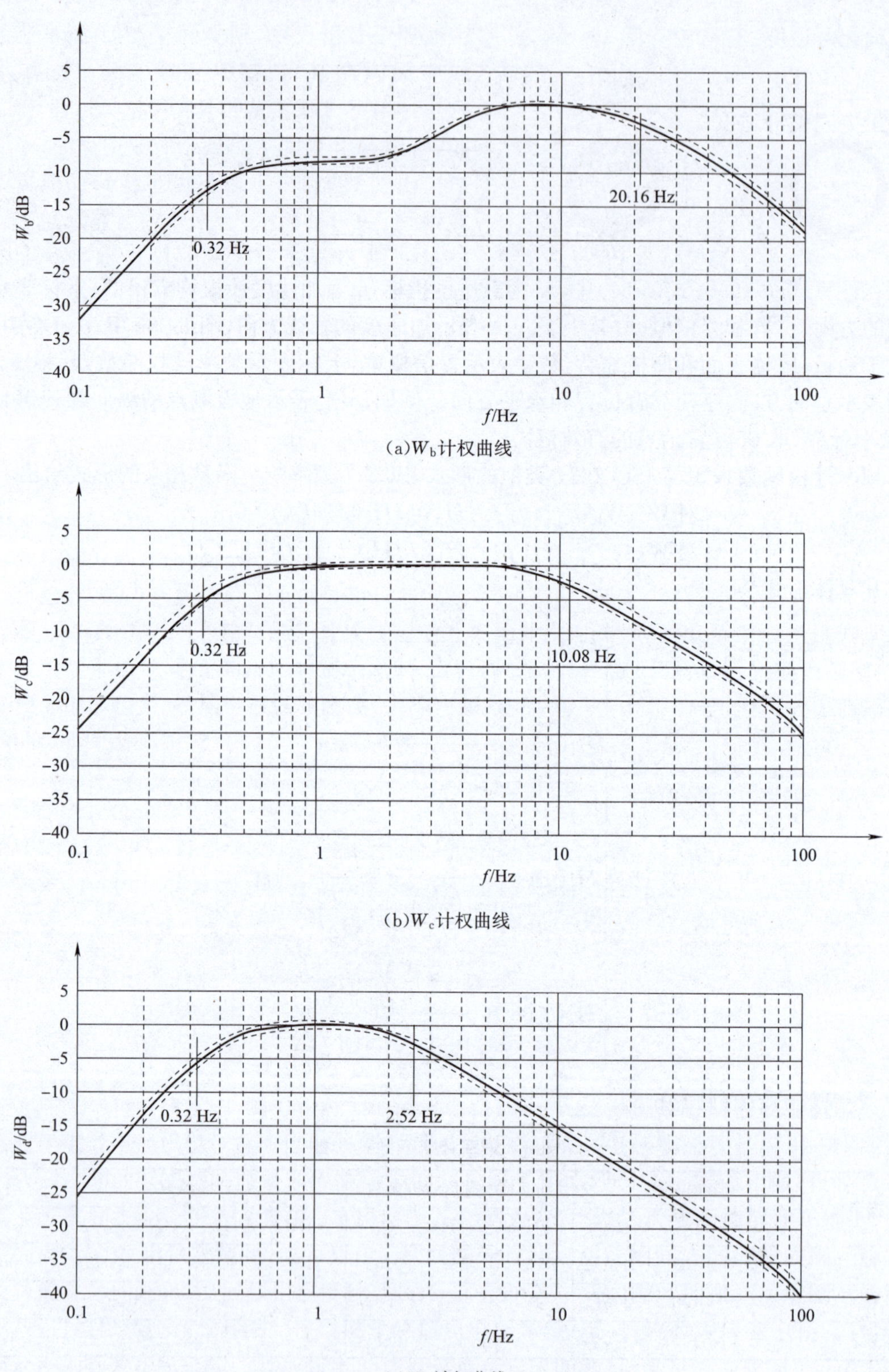

图 6-38 EN 12299 标准中的计权曲线

EN 舒适度指标的计算时间为持续 5 min，以每 5 s 为 1 个计算样本，求每个样本的频率计权有效值，然后取 60 个样本有效值的 50%或 95%置信点。依据所采用的评估方法，使用式(6-49)～式(6-51)合成 3 个方向的加速度计权均方根值得到舒适度指标。

当采用简化方法评价时，EN 舒适度的评价等级见表 6-9。

表 6-9　EN 舒适度的评价等级

EN 舒适度指标	评　价
$N_{MV}<1.5$	非常舒适
$1.5\leqslant N_{MV}<2.5$	舒适
$2.5\leqslant N_{MV}<3.5$	还算舒适
$3.5\leqslant N_{MV}<4.5$	不舒适
$N_{MV}\geqslant4.5$	非常不舒适

EN 12299 标准中还给出了缓和曲线的舒适度评价方法，以及瞬时特大横向振动的舒适度评价方法，具体内容请参阅标准。

6.5　平稳性测量技术

6.5.1　测点位置

评定车辆运行平稳性时，需要测量车体的加速度。用于测量车体振动的加速度传感器，自振频率应为测量频率上限的 5 倍以上，分辨率应达到 0.05 m/s²，并且具有较小的横向效应和较好的温度稳定性，推荐使用频响下限频率从零开始、低频响应性能好的惯性应变式或电容式加速度传感器。

由于车体上不同位置的加速度大小是有差异的，因此评定车辆运行平稳性要在指定的位置测量。GB/T 5599—2019 评价客车的平稳性时，测点布置在车体地板面上，分别布置在距 1、2 位转向架中心一侧 1 000 mm 处，如图 6-39 所示，测点需要测量垂直、横向两个方向的加速度。司机室测点位于司机座椅下方的地板面上。研究短途运输站立位时，还应在客室前厅设置测点。

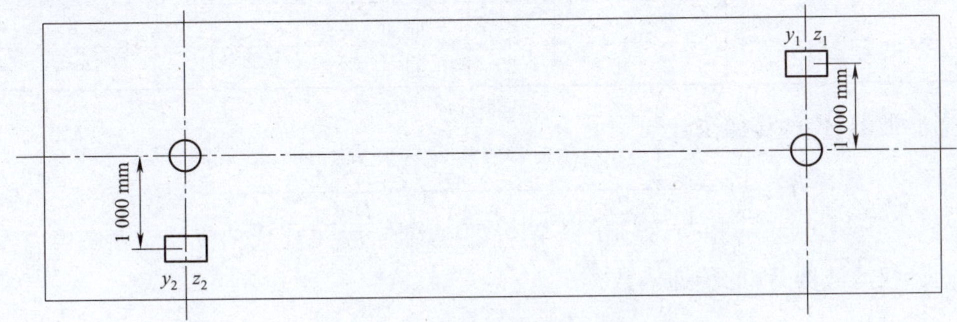

图 6-39　平稳性指标的测点布置

EN 舒适度指标的测点布置如图 6-40 所示，其中一处位于客室中心，另两处位于客车各端部，在这些位置最近的座椅处进行测量。对双层车，底层客室测点布置与单层车辆相同，在上层客室中部布置一个测点。

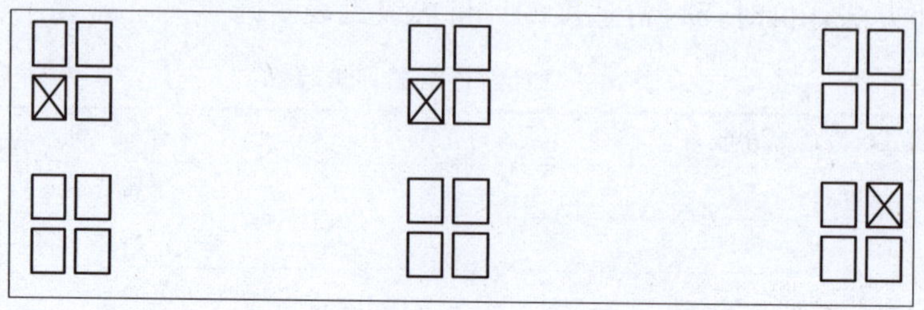

图 6-40　EN 舒适度指标的测点布置

在测量加速度的同时，还需要记录运行速度、线路条件及轨道状态等信息。

6.5.2　频率计权函数的数字滤波器

在 ISO 2631 标准和 EN 标准中，对振动舒适度的评价指标均使用计权加速度，因此需要根据频率计权函数设计合适的模拟或数字滤波器，实现对加速度信号的处理。下面以 UIC 513 舒适度指标为例，介绍频率计权函数的数字滤波器设计。

根据振动的方向以及测试位置，UIC 513 舒适度指标使用了三种频率计权滤波器，它们分别是带通滤波器 W_a、垂向计权滤波器 W_b和水平计权滤波器 W_d。EN 舒适度标准中的频率计权函数 W_b等同于 UIC 513 的 W_a-W_b滤波器，EN 舒适度标准中的频率计权函数 W_d等同于 UIC 513 的 W_a-W_d滤波器。

UIC 513 舒适度指标的频率计权滤波器是以传递函数的形式给出，如式(6-54)～式(6-56)所示，式中滤波器传递函数的系数见表 6-10。

表 6-10　滤波器传递函数的系数

计权函数	带宽函数			加速度—速度过渡函数			阶梯函数				增益
	f_1/Hz	f_2/Hz	Q_1	f_3/Hz	f_4/Hz	Q_2	f_5/Hz	f_6/Hz	Q_3	Q_4	K
W_a	0.4	100	$1/\sqrt{2}$	—	—	—	—	—	—	—	—
W_b	0.4	100	$1/\sqrt{2}$	16	16	0.63	2.5	4	0.8	0.8	0.4
W_d	0.4	100	$1/\sqrt{2}$	2	2	0.63	—	—	—	—	1

带通滤波器 W_a的传递函数

$$H_a(s)=\frac{s^2 4\pi^2 f_2^2}{\left(s^2+\frac{2\pi f_1}{Q_1}s+4\pi^2 f_1^2\right)\left(s^2+\frac{2\pi f_2}{Q_1}s+4\pi^2 f_2^2\right)} \tag{6-54}$$

垂向计权滤波器 W_b的传递函数

$$H_b(s)=\frac{(s+2\pi f_3)\left(s^2+\frac{2\pi f_5}{Q_3}s+4\pi^2 f_5^2\right)}{\left(s^2+\frac{2\pi f_4}{Q_2}s+4\pi^2 f_4^2\right)\left(s^2+\frac{2\pi f_6}{Q_4}s+4\pi^2 f_6^2\right)}\times\frac{2\pi K f_4^2 f_6^2}{f_3 f_5^2} \tag{6-55}$$

水平计权滤波器 W_d 的传递函数

$$H_d(s)=\frac{(s+2\pi f_3)}{\left(s^2+\frac{2\pi f_4}{Q_2}s+4\pi^2 f_4^2\right)}\times\frac{2\pi K f_4^2}{f_3} \tag{6-56}$$

计算 UIC 513 舒适度指标时，需要使用频率计权滤波器的数字滤波器形式。将传递函数 $H(s)$ 进行 Z 变换，取双线性变换，即

$$H(z)=H(s)\Big|_{s=\frac{2}{T}\times\frac{z-1}{z+1}} \tag{6-57}$$

得到 Z 域下的频率计权滤波器，这里 T 是采用间隔，$T=\frac{1}{f_s}$，f_s 是采样频率，经规格化得到 Z 域下的频率计权滤波器。

带通滤波器 W_a 和垂向计权滤波器 W_b 具有相同形式的 Z 域传递函数，即

$$H_a(z)=H_b(z)=\frac{b_0z^4+b_1z^3+b_2z^2+b_3z+b_4}{z^4+a_1z^3+a_2z^2+a_3z+a_4}=\frac{\sum_{i=0}^{4}b_iz^{-i}}{\sum_{i=0}^{4}a_iz^{-i}} \tag{6-58}$$

水平计权滤波器 W_d 的 Z 域传递函数

$$H_d(z)=\frac{b_0z^2+b_1z+b_2}{z^2+a_1z+a_2}=\frac{\sum_{i=0}^{2}b_iz^{-i}}{\sum_{i=0}^{2}a_iz^{-i}} \tag{6-59}$$

表 6-11～表 6-13 给出了采样频率 $f_s=256$ Hz 时，3 种频率计权函数的传递函数系数。

表 6-11　采样频率 $f_s=256$ Hz 时传递函数 $H_a(z)$ 的系数

分　母	分　子
$a_0=1.000\,000\,000\,000\,000$	$b_0=0.353\,202\,800\,382\,758$
$a_1=-1.747\,186\,298\,225\,798$	$b_1=0$
$a_2=0.695\,228\,060\,848\,396$	$b_2=-0.706\,405\,600\,765\,515$
$a_3=-0.129\,011\,191\,798\,167$	$b_3=0$
$a_4=0.181\,105\,599\,953\,425$	$b_4=0.353\,202\,800\,382\,758$

表 6-12　采样频率 $f_s=256$ Hz 时传递函数 $H_b(z)$ 的系数

分　母	分　子
$a_0=1.000\,000\,000\,000\,000$	$b=0.174\,049\,792\,177\,694$
$a_1=-3.299\,712\,128\,331\,183$	$b_1=-0.277\,492\,839\,051\,717$
$a_2=4.094\,060\,489\,035\,658$	$b_2=-0.065\,552\,995\,930\,048$
$a_3=-2.269\,556\,296\,166\,534$	$b_3=0.277\,699\,804\,603\,390$
$a_4=0.476\,242\,763\,220\,410$	$b_4=-0.108\,289\,830\,695\,979$

表 6-13　采样频率 $f_s=256$ Hz 时传递函数 $H_d(z)$ 的系数

分　母	分　子
$a_0=1.000\,000\,000\,000\,000$	$b_0=0.024\,189\,147\,419\,007$
$a_1=-1.922\,730\,764\,189\,689$	$b_1=0.001\,158\,937\,394\,162$
$a_2=0.925\,048\,638\,978\,014$	$b_2=-0.023\,030\,210\,024\,843$

由滤波器的传递函数可以得到数字滤波器的差分方程

$$y(k)=\sum_{i=0}^{M}b_i x(k-i)-\sum_{i=1}^{N}a_i y(k-i) \tag{6-60}$$

将所得到的传递函数系数代入,即可得到数字滤波器。

ISO 2631-1 标准中的频率计权函数的 4 阶滤波器如式(6-61)~式(6-63)所示,其他阶数的滤波器可查阅相关文献得到。

$$H_{\mathrm{k}}^{(4)}(s)=\frac{81.89s^3+796.6s^2+1\,937s+0.144\,6}{s^4+80s^3+2\,264s^2+7\,172s+21\,196} \tag{6-61}$$

$$H_{\mathrm{d}}^{(4)}(s)=\frac{12.66s^3+163.7s^2+60.64s+12.79}{s^4+23.77s^3+236.1s^2+692.8s+983.4} \tag{6-62}$$

$$H_{\mathrm{f}}^{(4)}(s)=\frac{0.0263\,3s^3+0.023\,8s^2+0.233\,5s+0.029\,02}{s^4+2.527s^3+4.584s^2+2.993s+1.373} \tag{6-63}$$

依据同样的方法,可以获得 ISO 2631-1 标准中的频率计权函数的数字滤波器。

6.5.3 平稳性指标 APP

智能手机普遍内置了加速度传感器、重力传感器、GPS 模块等,其 CPU 计算能力已经能够使得智能手机成为一个便携平稳性测量仪。

图 6-41 给出了某款安卓手机 Sperling 指标 APP 的程序流程图。该 APP 由加速度信息采集模块、GPS 模块、后台数据模块和用户界面等组成。

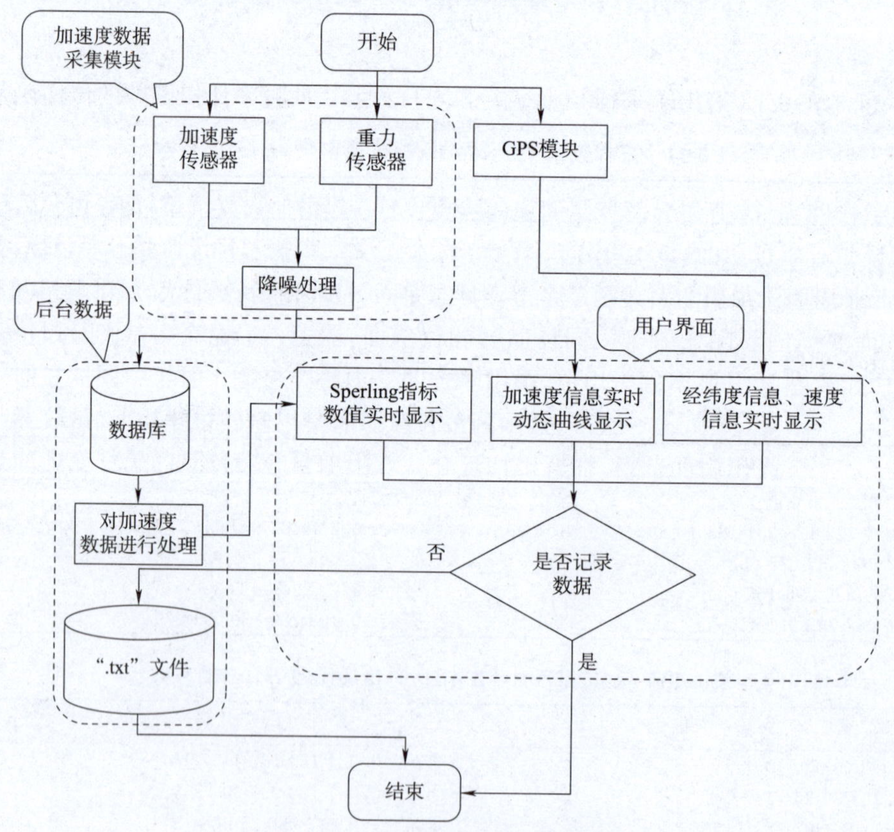

图 6-41 Sperling 指标 APP 程序流程

(1)加速度数据采集模块

目前搭载安卓系统的手机中,SDK 提供了相应的传感器开发接口供开发者使用。通过调用传感器监听接口(SensorListener)对传感器进行监听,由传感器事件接口(SensorEvent)返回传感器数值,可返回 x、y、z 三个方向的加速度数值,单位是 m/s^2,三个方向在安卓系统中的定义如下:将手机水平向上放置时,x 方向和 y 方向为水平方向,z 方向为垂直方向,其中定义向右为 x 方向正方向,向前为 y 方向正方,向上为 z 方向正方向。

由于重力的存在,手机水平向上静置时,z 方向加速度返回值约为 9.8 m/s^2(重力加速度),因此需要调用安卓手机内置的重力传感器,利用其返回值来排除重力加速度对加速度传感器返回值的影响。重力加速度数据返回值包括 x、y、z 三个方向,采用与加速度传感器相同的坐标系。

同时由于重力的存在,加速度传感器返回值可能会产生较大误差,需要引入降噪处理手段来解决这一问题,使得加速度数值更加准确,以供后续模块进行进一步处理。

安卓手机内置传感器的采样频率类型有:SENSOR_DELAY_NOMAL(200 ms),SENSOR_DELAY_UI(60 ms),SENSOR_DELAY_GAME(200 ms),SENSOR_DELAY_FASTEST(0)。为了尽可能提高手机采样频率和准确性,需要添加自定义采样频率类型,实现采样频率 100 Hz。

(2)GPS 模块

当前安卓系统为 GPS 模块提供了完善的接口供开发者使用,可根据需要选择使用经度、纬度、设备运行速度三项返回值,供其他模块调用,其中设备运行速度的返回值的单位为 m/s。

(3)后台数据结构

安卓系统自带轻量型数据库 SQLite。采集的加速度数据记录在 SQLite 数据库文件中。为了便于分析,可同时记录当前系统时间等信息,这些原始数据可导出至电脑等设备,进行更加精确的数据处理。

为了便于使用者后期查询或分析使用,可将横向和垂向平稳性指标值以及当前经度、纬度和速度 5 项数据连同记录时间以“.txt”文件格式记录。该功能可通过用户界面上的“开始记录”和“停止记录”按钮实现。

(4)数据处理

按照式(6-40)计算平稳性指标时,需要对加速度信号进行快速傅里叶变换(FFT)。平稳性指标频域算法的精确性取决于采样频率和样本长度。手机的采样速度受限于其 CPU,目前安卓系统手机的采样频率只能达到 100 Hz。手机的运算速度较低,而 FFT 算法的耗时取决于样本的数据量,样本的长度越长,FFT 算法需要的时间越长,这使得手机会产生一个明显的滞后,表现出采样中断、屏幕反应变慢、对输入不反应等现象。另外,FFT 算法中还会产生漏泄、截断等误差。综合以上因素,受限于手机的硬件,采用频域算法的平稳性指标 APP 的精度较低。手机平稳性指标 APP 推荐使用时域滤波器算法,免除频域算法的 FFT 过程。

平稳性指标的时域计算公式为

横向
$$W_z=\left(\frac{1}{T}\int_t^{t+T}|a|^3B_w^3\mathrm{d}t\right)^{\frac{1}{10}} \tag{6-64}$$

垂向 $$W_z=\left(\frac{1}{T}\int_t^{t+T}|a|^3B_s^3\mathrm{d}t\right)^{\frac{1}{10}} \tag{6-65}$$

式中 B_w,B_s——横向和垂向平稳性指标的频率计权函数;

T——样本长度。

平稳性指标频率计权函数的传递函数为

横向 $$G_w(s)=\frac{0.737(0.006\,2s^2+0.220\,0s)}{1.483\,6\times10^{-4}s^3+0.007\,0s^2+0.248\,8s+1} \tag{6-66}$$

垂向 $$G_s(s)=\frac{0.588(0.006\,2s^2+0.220\,0s)}{1.483\,6\times10^{-4}s^3+0.007\,0s^2+0.248\,8s+1} \tag{6-67}$$

取双线性 Z 变换,经规格化得到 Z 域下的频率计权滤波器的传递函数,如式(6-68)所示,其系数见表 6-14 和表 6-15。

$$H(z)=\frac{b_0z^3+b_1z^2+b_2z+b_3}{z^3+a_1z^2+a_2z+a_3}=\frac{\sum_{i=0}^{3}b_iz^{-i}}{1+\sum_{i=1}^{3}a_iz^{-i}} \tag{6-68}$$

表 6-14 采样频率 f_s=100 Hz 时传递函数 $H_w(z)$ 系数

分　母	分　子
$a_1=1.000\,0$	$b_0=1.418\,0\times10^{-1}$
$a_2=-2.495\,9$	$b_1=-9.910\,0\times10^{-2}$
$a_3=2.130\,9$	$b_2=-1.418\,0\times10^{-1}$
$a_4=-6.297\,0\times10^{-2}$	$b_3=9.910\,0\times10^{-2}$

表 6-15 采样频率 f_s=100 Hz 时传递函数 $H_s(z)$ 系数

分　母	分　子
$a_1=1.000\,0$	$b_0=1.131\,0\times10^{-1}$
$a_2=-2.495\,9$	$b_1=-7.900\,0\times10^{-2}$
$a_3=-2.130\,9$	$b_2=-1.131\,0\times10^{-1}$
$a_4=-6.297\,0\times10^{-2}$	$b_3=7.900\,0\times10^{-2}$

(5)用户界面

用户界面由数据显示区域、用户操作按钮和图表区域三部分组成,如图 6-42 所示。数据显示区域用于显示当前程序测算获得的当前设备所处的经度、纬度和速度信息及横向、垂向平稳性指标数值,其中经纬度及速度信息实时更新,平稳性指标每隔 5 s 更新。用户操作按钮部分区域由“开始记录”和“停止记录”两个按钮组成,分别控制程序开始执行和停止执行数据记录功能。图表区域用于显示当前环境下,加速度数据采集模块采集到的当前横向和垂向加速度的动态实时值,以动态曲线的形式展现,使用户能直观地看到当前设备所处的振动环境。

初次运行会提示需要获取位置权限。如没有打开 GPS 模块或拒绝给予位置权限,程序将无法正常显示经纬度和速度信息。使用时需将手机前部朝向列车运行方向,水平固定在静止物体上以减小误差。

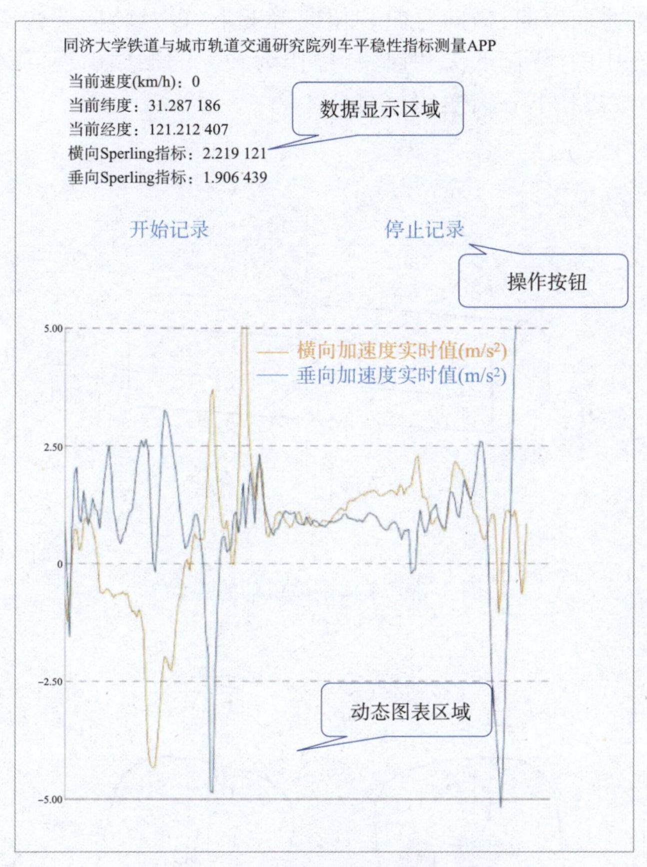

图 6-42　平稳性指标 APP 的用户界面

智能手机的平稳性指标 APP 实现了车辆平稳性测量的简易化和普及化。除了平稳性指标，EN 舒适度指标和 ISO 2631 指标的手机 APP 也相继推出。随着智能手机性能的不断提高，手机平稳性指标 APP 性能也将逐渐提高。

6.6　车辆振型的测量

铁道车辆是一个复杂的多体系统，它通过悬挂元件将各质量部件连接起来，其振动模态包括刚体模态（简称振型）和弹性体模态。铁道车辆的模态试验，就是要得到各阶刚体振动和弹性体振动的模态参数，即频率、阻尼比和振型。弹性体的模态试验方法见 9.5 节，这里主要介绍刚体振型的测量。

测量刚体振型的目的是得到车体和转向架的振动频率和阻尼比，以及悬挂系统的传递函数，用于评价车辆的减振性能和优化悬挂参数。

6.6.1　车辆振型

在铁道车辆这个多体系统中，其振动模态包括刚体模态和弹性模态。刚体模态主要包括车体的浮沉、横移、点头、摇头、侧滚和伸缩（图 6-43），以及转向架浮沉、点头等振型。弹性模态主要包括车体的垂向弯曲、横向弯曲和扭曲等变形，以及转向架构架的弯曲、扭转等变形。车体的刚体模态中的浮沉、点头和摇头，是作为独立的振型出现，而横移和侧滚则耦合在一起，表现为上心滚摆和下心滚摆(图 6-44)。

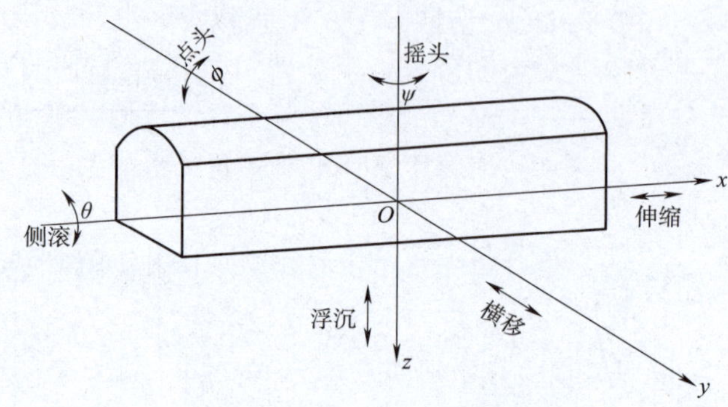

图 6-43　车体刚体振动的振型

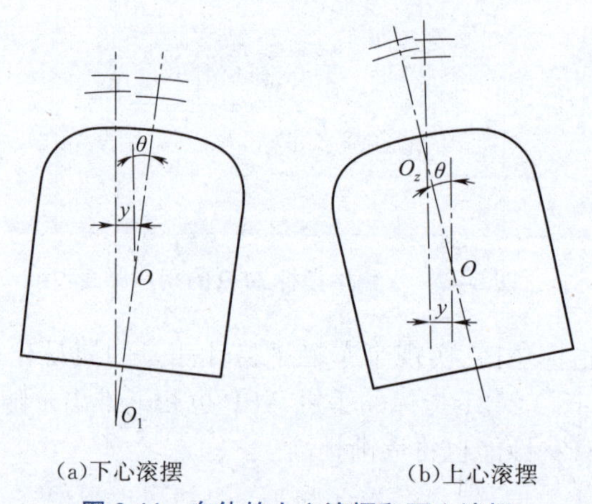

图 6-44　车体的上心滚摆和下心滚摆

铁路客车的车体刚体振型的频率一般在 0.5～2.0 Hz 之间，转向架点头和浮沉的频率一般在 5～8 Hz，而车体弹性体模态的振型频率较高，一般在 10 Hz 以上。

6.6.2　楔块激振法

刚体振型的频率和阻尼比通常在振动试验台上测量，振动试验台的测量方法见 10.2 节。在缺少激振器的场合，可以使用楔块组合法对车辆进行激振，测量车辆垂向振型参数。楔块激振法是标准《铁道客车及动车组模态试验方法及评定》(TB/T 3502—2018)推荐的一种试验方法，其本质是对车辆施加一个阶跃激励，从而激起车辆的自由振动，如图 6-45 所示。

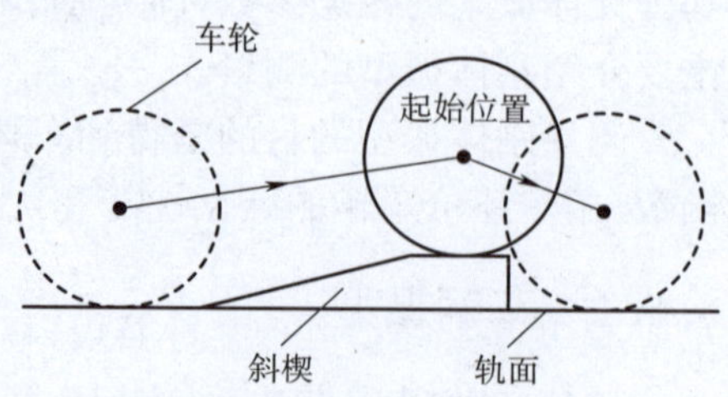

图 6-45　楔块激振法原理

试验时，在车轮下设置楔块，然后将车轮滚上楔块并从最高处落下，使车辆产生自由振动。通常楔块的高度取为 5～7 mm。

楔块的布置方式分为四种(图 6-46)，试验分别在每一种楔块布置方式下进行。图 6-46(a)中的布置方式可激起车体和构架的浮沉运动，图 6-46(b)布置方式可激起车体的点头运动，图 6-46(c)布置方式可激起车体和构架的侧滚运动，图 6-46(d)布置方式可激起构架的点头运动。

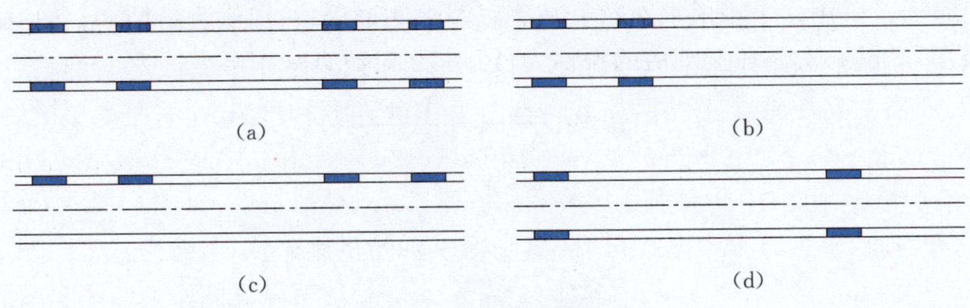

图 6-46　楔块的布置方式

用楔块激励法测量时，可采用频谱分析的方法计算固有频率，并根据振动波形的振幅衰减率计算振动的阻尼系数。

楔块激励法的试验设备简单，操作容易，但是仅能测量车辆垂向振动的模态参数，另外反复冲击会对轮对的强度产生损伤。

6.6.3 阻尼比的计算

在实际的模态参数测试中，总是希望通过定向的激励技术，使得某一振型在能量上占绝对优势，这时可将多自由度系统视为单自由度系统而简化处理，如图 6-47 所示。

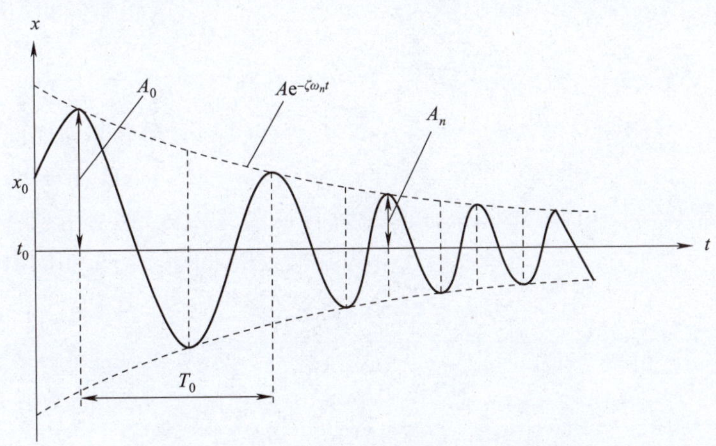

图 6-47　小阻尼单自由度系统的时域响应曲线

对单自由度欠阻尼振动系统，其自由振动的时域响应函数为

$$x = Ae^{-\zeta\omega_n t}\sin(\omega_r t + \phi) \tag{6-69}$$

这表明瞬态响应是以有阻尼固有频率 ω_r 作衰减振荡的，振幅的包络线是指数衰减曲线

$Ae^{-\zeta\omega_n t}$。按照求极值的通用方法，可求得各振荡峰值所对应的时间 $t_p=0, \pi/\omega_r, 2\pi/\omega_r$，从而求得有阻尼固有频率 $\omega_r=1/\tau_d$。

振动的阻尼比 ζ 可通过对数衰减率 δ 求得。对数衰减率 δ 是相邻振幅峰值比的自然对数，即

$$\delta=\ln\frac{A_i}{A_{i+1}}=\zeta\omega_r\tau_d=\frac{2\pi\zeta}{\sqrt{1-\zeta^2}} \tag{6-70}$$

试验时通常采用多个峰值求对数衰减率以消除测试误差，提供测量精度。如 A_0 为最初的峰值振幅，经过 n 次循环振动后的振幅为 A_n，那么对数衰减率可表达为

$$\delta=\ln\frac{A_i}{A_{i+n}}=\frac{2n\pi\zeta}{\sqrt{1-\zeta^2}} \tag{6-71}$$

7 牵引性能试验

牵引系统是实现铁道车辆牵引与电制动功能、进行电能和动能转换的一种电力驱动系统，是轨道交通高端装备核心系统。牵引系统能在规定的供电电压范围内调节和控制系统输出特性，并根据线路供电或吸收能力来调节和(或)限制列车的功率，使列车功率与线路供电能力相匹配。目前，我国干线铁路电力机车、动力分散型电动车组(以下简称动车组)和城市轨道车辆多采用交流传动牵引系统。本章介绍交流传动牵引系统的试验类型及其试验项目，重点介绍起动加速、运行阻力、牵引特性和电制动特性等牵引性能试验，以及列车能耗试验。

7.1 牵引系统试验类型

根据试验对象的不同，牵引系统试验可分为部件试验、组合试验和装车后的线路试验三类。

7.1.1 牵引系统部件试验

牵引系统包含多种电能变换的电气设备，是一个综合的电气系统。不同类型的牵引系统其组成和结构存在一定差异。总体而言，牵引系统的主要部件包括：牵引变压器、线路电抗器、牵引变流器、牵引电机、牵引控制单元以及制动电阻等。

1. 牵引变压器和线路电抗器试验

牵引变压器和线路电抗器试验按照现行《轨道交通机车车辆牵引变压器和抗压器》(GB/T 25120)的规定执行，表 7-1 和表 7-2 分别列出了牵引变压器和线路电抗器相关的试验项目。

表 7-1 牵引变压器试验项目

序 号	试验项目	型式试验	例行试验	研究性试验
1	外观检查	√	√	
2	绕组电阻测量	√	√	
3	变压比测量	√	√	
4	原边空载电流与损耗的测量	√	√	
5	阻抗电压测量	√	√	
6	负载损耗测量	√		
7	总损耗测定	√		
8	温升试验	√		

续上表

序　号	试验项目	型式试验	例行试验	研究性试验
9	耐受感应电压试验	√	√	
10	耐受工频电压试验	√		
11	耐受全波冲击电压试验	√		
12	短路条件下的性能试验			√
13	冲击和振动试验	√		
14	噪声测量			√

表 7-2　线路电抗器试验项目

序　号	试验项目	型式试验	例行试验
1	外观检查	√	√
2	称重	√	
3	绕组电阻测试	√	√
4	损耗测定	√	
5	电感测量	√	√
6	温升试验	√	
7	端子间的耐受电压试验	√	√
8	耐受工频电压试验	√	√
9	耐受全波冲击电压试验	√	
10	冲击和振动试验	√	

2. 牵引变流器试验

牵引变流器试验按照现行《轨道交通机车车辆用电力变流器　第 1 部分：特性和试验方法》(GB/T 25122.1)的规定执行，表 7-3 所示为在牵引变流器上进行的试验项目。

表 7-3　牵引变流器试验项目

序　号	试验项目	型式试验	例行试验	备　注
1	外观检查	√	√	
2	验证尺寸和公差	√	√	某些尺寸和公差可以根据技术规范的要求于出厂检验检查
3	称重	√		
4	标志检查	√	√	
5	冷却系统性能试验	√		
6	漏泄试验	√	√	
7	防护等级试验	√		由制造商和主机厂双方协商确定是否进行检验
8	介电强度试验	√	√	
9	绝缘电阻试验	√	√	

续上表

序　号	试验项目	型式试验	例行试验	备　　注
10	机械、电气保护和测量设备的试验	√	√	
11	轻载试验	√	√	
12	换流试验	√		
13	噪声测量	√		
14	温升试验	√		
15	功率损耗测定	√		
16	供电过电压和瞬态能量试验	√		
17	负载突变	√		由制造商和主机厂双方协商确定是否进行检验
18	安全性要求检查	√		
19	冲击和振动试验	√		
20	电磁兼容试验	√		
21	网压跳变试验	√		由制造商和主机厂双方协商确定是否进行检验
22	供电短时中断试验	√		由制造商和主机厂双方协商确定是否进行检验
23	均流试验	√		由制造商和主机厂双方协商确定是否进行检验

3. 牵引控制单元试验

牵引控制单元试验按照现行《轨道交通机车车辆电子装置》(GB/T 25119)的规定执行，表 7-4 所示为牵引控制单元的试验项目。试验环境温度规定为(25±10)℃。

表 7-4　牵引控制单元试验项目

序　号	试验项目	型式试验	出厂试验
1	外观检查	√	√
2	性能试验	√	√
3	低温试验	√	
4	高温试验	√	
5	交变湿热试验	√	
6	电源过电压试验	√	
7	浪涌、静电放电(ESD)和电快速瞬变脉冲群抗扰度试验	√	
8	射频试验	√	
9	绝缘试验	√	√
10	盐雾试验		
11	冲击和振动试验	√	
12	外壳防护等级试验(IP 代码)		

续上表

序　号	试验项目	型式试验	出厂试验
13	强化筛选试验		
14	低温存放试验	√	

4. 制动电阻试验

制动电阻试验按照现行《轨道交通机车车辆电气设备开启式功率电阻器规则》(GB/T 25118)的规定执行，表 7-5 所示为制动电阻的试验项目。

表 7-5　制动电阻试验项目

序　号	试验项目	型式试验	例行试验	备　注
1	电阻值测量	√	√	
2	电感值测量	√		
3	电磁辐射测量	√		如果需要，试验按技术条件进行
4	噪声测量	√		如果需要，试验按技术条件进行
5	温升试验	√		
6	冲击和振动试验	√		
7	耐湿性能试验	√		
8	故障电流试验	√		如果需要，试验按技术条件进行
9	淋雨试验	√		仅适用于暴露于雨雪环境中的机车车辆电阻器

5. 交流异步牵引电动机试验

交流异步牵引电动机试验按照现行《电力牵引轨道机车车辆和公路车辆用旋转电机 第 2 部分：电子变流器供电的交流电动机》(GB/T 25123.2)的规定执行，表 7-6 所示为交流异步牵引电动机的试验项目。

表 7-6　交流异步牵引电动机的试验项目

序　号	试验项目	型式试验	出厂试验	备　注
1	交流供电下的温升试验(含短路时过载温升试验)	√		
2	正弦供电下的温升试验	√	√	
3	特性试验	√		
4	空载试验	√	√	
5	堵转试验	√	√	
6	超速试验	√	√	只有当供需双方达成协议时进行出厂检验
7	绕组对地耐压试验	√	√	
8	振动试验	√	√	只有当供需双方达成协议时进行出厂检验

续上表

序　号	试验项目	型式试验	出厂试验	备　注
9	噪声测量	√		只有当供需双方达成协议时进行出厂检验
10	绕组冷态直流电阻的测量	√	√	
11	接地标志和旋转方向的检查	√	√	

7.1.2 牵引系统组合试验

牵引系统在装车前应在制造商或供应商工厂内完成并通过系统组合试验。牵引系统的组合试验为系统型式试验，牵引系统的所有部件，除规定要在组合试验时开展的特定试验外，应已经按照相关标准完成型式试验。

组合试验应尽可能在接近实际使用条件下进行，试验可以分开进行，一部分可以在试验台上进行，一部分可以在机车车辆上进行。被试牵引系统试验台位搭建时，不强制要求按照列车布线要求布线，但被试牵引系统与实际牵引系统相比，至少包括一个完整的牵引变换部分(至少包含一台牵引变流器及其相关的负载，交流供电时的一台牵引变压器或直流供电时的输入滤波器)。

牵引系统组合试验应按照现行《轨道交通机车车辆牵引系统组合试验方法》(GB/T 25117)的规定执行，表7-7所示为机车车辆牵引系统组合试验项目。

表7-7　机车车辆牵引系统组合试验项目

序　号	试验项目	强制性试验	选择性试验 (以协议为主)
1	牵引电机热态转矩特性试验	√	
2	牵引电机冷态转矩特性试验	√	
3	转速为零时的启动转矩		√
4	效率特性	√	√
5	线路运行曲线下的能耗试验		√
6	持续负载温升试验	√	
7	线路运行曲线下的温升试验	√	
8	并联异步牵引电机轮径差试验		√
9	反向启动试验		√
10	牵引—制动转换试验	√	
11	微制动试验	√	
12	网压变化范围试验	√	
13	电压快速变化试验		√
14	牵引供电接触失效试验		√
15	牵引供电电压中断试验		√

续上表

序 号	试验项目	强制性试验	选择性试验（以协议为主）
16	再生制动突然失效试验	√	
17	牵引逆变器停止试验		√
18	温度计算功能试验		√
19	过流和过压保护试验		√
20	控制蓄电池电源中断试验		√
21	传感器功能失效试验		√
22	命令和反馈信号丢失		√
23	冷却系统故障试验		√
24	接地和短路故障		√

7.1.3 牵引系统装车试验

牵引系统在装车后投入使用前，必须进行装车运行试验，其目的是评估铁道车辆起动加速、运行阻力、牵引和电制动特性等与牵引系统相关的性能。表 7-8 为动车组牵引系统装车后主要进行的线路试验项目，相关试验要求按照现行《铁路设施　铁路车辆　车辆组装和运行前的整车试验》(IEC 61133)的规定执行。

表 7-8　动车组牵引系统装车后的线路试验项目

序 号	试验项目	对应 IEC 61133 条款
1	启动加速试验	9.2
2	牵引特性试验	9.2.1
3	电制动特性试验	9.4.1.8
4	牵引动力部分故障运行试验	9.2
5	坡道起动加速性能试验	9.2
6	速度控制试验	8.20
7	牵引和制动能力试验	9.5
8	网压波动	9.16.4
9	网压突变	9.16.4
10	供电中断试验	9.16.4
11	防空转试验	9.2.1
12	运行阻力试验	9.6
13	过分相试验	9.13
14	典型运行图试验	9.3
15	能量消耗试验	9.3
16	电气系统的保护试验	9.16.5

7.2 牵引性能试验类型

铁道车辆在落车后投入使用前，应该按照车辆设计要求和相关标准进行牵引系统的线路性能试验，通过对牵引系统线路性能试验数据的处理和分析，确定车辆牵引系统是否能够达到设计要求的性能指标。表 7-8 中所列的一些牵引性能试验可在牵引系统组合试验中进行，这些试验的验收准则由主机厂和制造商协商确定。本节主要介绍交流传动牵引系统装车后在线路上实施的起动加速试验、运行阻力试验、牵引特性试验、电制动特性试验。

7.2.1 起动加速试验

起动加速性能是评价列车牵引系统综合能力的重要指标。一般通过两个指标对起动加速性能进行评价：平均起动加速度和剩余加速度。平均起动加速度指车辆从静止加速到某一规定速度的平均加速度，该指标为过程指标，反映列车低速段的加速能力。剩余加速度指车辆在规定速度条件下仍保有的加速度，该指标为瞬态指标，反映车辆在规定速度运行条件下牵引系统的裕量。

为消除线路纵断面、曲线对起动加速能力试验结果的影响，一般选择在平直道上进行该试验，且尽可能在上、下行方向分别进行。实际线路上平直道的长度是有限的，对于动车组，其用于评估的起动加速过程难以在有限长度的平直道上一次性完成，需要将加速过程分若干段，每个速度段之间保证一定重叠余量，后期通过数据拟合得到完整加速过程。试验时，通过合理控制列车速度，保证动车组在到达试验开始位置时，速度在规定速度点附近，且为满级牵引状态。

剩余加速度可以在和平均起动加速度相同的加速过程测量。如受线路条件限制，起动平均加速度和规定速度的剩余加速度可分别测试。测试剩余加速度时，只需平直道长度能覆盖列车在需要进行加速度计算的速度区间。

起动加速试验应尽量避免在大风、雨雪等对试验结果有较大影响条件下进行。试验时，对网压进行监测，以解除起动加速能力与供电系统耦合关系，确保试验时网压在动车组全功率发挥所要求的范围内。

起动加速试验时列车在平直道上进行加速，测量列车速度和加速时间，平均加速度

$$\bar{a}=\frac{v_2-v_1}{3.6\times\Delta t} \tag{7-1}$$

式中 $\bar{a}$——平均加速度($\mathrm{m/s^2}$)；

v_1、v_2——列车运行速度($v_1<v_2$，km/h)；

Δt——列车从 v_1 加速到 v_2 所用的时间(s)。

计算平均加速度时，取 $v_1=0$，v_2 为规定用于评价平均加速度的最高速度；计算剩余加速度时，v_1、v_2 一般取剩余加速度评价速度点±(1～2)km/h。

通过对试验数据处理，得到各速度段的起动加速时间、距离、平均加速度、剩余加速度、瞬时加速度、速度—加速时间的曲线、速度—距离的曲线等。

7.2.2 运行阻力试验

运行阻力是指铁道车辆在运行过程中受到的人力不能控制的阻碍列车运行的力。运行阻力通常可以分为基本阻力和附加阻力两类。其中,附加阻力是列车在某一条件下才产生的阻力,如上下坡时的坡道附加阻力,过曲线转向时的曲线附加阻力,进入隧道产生的空气附加阻力等;基本阻力则是列车在运行过程中一直存在的阻力,与机车、车辆结构和技术状态、轴重、线路情况、气候条件以及列车运行速度等都有关系。由于这些因素极为复杂,甚至相互矛盾,实际应用中很难用理论公式进行准确计算,因而通常都是使用经过大量试验得出的经验公式。运行阻力最常用的试验方法是惰行溜放法。

运行阻力试验应优先选择平直轨道进行,轨面干燥。试验正式开始前,机车或动车组在恒功速度区运行不少于 30 min,以使轴温及各运转部分状态接近实际运用状态。试验时环境温度为−25～40 ℃,风速不大于 3.3 m/s,机车在整备状态下,动车组在定员质量状态下。

机车试验时,被试机车单机运行,进入采样区段前应达到预定速度;进入采样区段后机车断主断路器保持升弓状态惰行,连续记录惰行速度及相应的时间参数。动车组试验时,进入采样区段前应达到预定速度,进入采样区段后动车组断主断路器保持升弓状态惰行,连续记录惰行速度及相应的时间参数。若机车、动车组有中间电压保持功能,则试验时应屏蔽该功能。

1. 惰行单位基本阻力

在一个速度间隔($v_1 \rightarrow v_2$)内,惰行单位基本阻力

$$w'_0 = \frac{v_1 - v_2}{3.6 \times \Delta t} \times \frac{1+\gamma}{g} \times 10^3 - w_r - w_i \tag{7-2}$$

式中 w'_0——惰行单位基本阻力(N/kN);

v_1、v_2——在一定时间间隔内的初速度、末速度(km/h);

Δt——在一个速度间隔($v_1 \rightarrow v_2$)内的时间(s);

γ——回转质量系数;

g——重力加速度,取 9.81 m/s²;

w_r——单位曲线附加阻力(N/kN);

w_i——单位坡道附加阻力(N/kN)。

试验在坡道及曲线区段进行时,w_i 和 w_r 分别按式(7-3)和式(7-4)计算:

$$w_i = i \tag{7-3}$$

$$w_r = \frac{600}{R} \tag{7-4}$$

式中 i——坡道的坡度千分数,上坡取正值,下坡取负值;

R——曲线半径(m)。

在 5 km/h 至最高运行速度内,测得的不同速度间隔内(速度间隔不大于 10 km/h)惰行单位基本阻力后,按式(7-5)用最小二乘法进行回归得

$$w'_0 = A + Bv + Cv^2 \tag{7-5}$$

式中,A、B、C 为回归待定系数。

根据回归得到的单位基本阻力试验公式，即可绘制以运行速度为横坐标，单位基本阻力为纵坐标的试验曲线。

2. 运行单位基本阻力

对应各种速度下惰行单位基本阻力与牵引电机单位机械阻力值之差，即为该速度下的运行单位基本阻力。一般可用惰行单位基本阻力代替运行单位基本阻力。如有特殊需要，采用计算法将被试车牵引电机型式检验获得的“转速—机械损耗曲线”换算为“速度—机械损耗阻力曲线”，得到运行单位基本阻力。

速度换算方法按式(7-6)计算：

$$v=0.1885\times\frac{Dn}{\mu_g}\times10^{-3} \tag{7-6}$$

式中　D——被试车的轮径(mm)；

n——牵引电机转速(r/min)；

μ_g——齿轮传动比。

单位机械阻力换算方法按式(7-7)计算：

$$w'_m=367\times\frac{P_m}{v\eta_g m_2} \tag{7-7}$$

式中　w'_m——牵引电机单位机械阻力(N/kN)；

P_m——全部牵引电机的机械损耗(kW)；

m_2——被试机车整备直流或动车组定员质量(t)；

η_g——机械传动效率，取经验值 0.975 或依据厂家提供的机械传动装置型式试验报告。

3. 惰行/运行基本阻力的计算

机车或动车组惰行/运行基本阻力

$$W'_0=w'_0 m_2 g\times10^{-3} \tag{7-8}$$

式中，W'_0 为机车或动车组惰行/运行基本阻力(kN)。

7.2.3　牵引特性试验

牵引特性作为铁道车辆最重要的特性之一，用轮周牵引力与速度的关系曲线表示，是计算列车牵引性能最重要的原始数据。通过牵引特性试验可对轨道车辆牵引传动这一多变量、非线性和强耦合的系统做出综合评估。该试验不仅直接检验了牵引控制系统的有效性和准确性，而且验证了牵引传动系统中变流器、牵引电机、齿轮传动系统等关键环节的工作状态和综合作用结果。牵引特性一般从轮周牵引力—速度特性和轮周牵引功率两方面进行评价。

牵引特性试验的关键是轮周牵引力的测定。轮周牵引力源自牵引电机的输出转矩对钢轨的作用力，牵引电机在列车上的布置称为动力配置。采用电力牵引系统的轨道交通列车主要有两种动力配置类型，即动力集中型和动力分散型。动力集中型轨道车辆的技术特点是电力牵引系统集中在一个车辆内，主要应用在电力机车；动力分散型动车组的技术特点是牵引动力装置分散在多个动车的车辆上，动力车辆与无动力的拖车车辆组成固定单元。由于二者技术特点完全不同，其牵引特性试验需采取不同的试验方法。

1. 电力机车牵引特性试验

试验前要确认被试机车载荷状态，陪试机车的功率及牵引力、电制动力和陪试列车空气制动力应能满足试验要求。试验在平直轨道干燥轨面状态下进行，且坡度不宜大于4‰。试验时，被试机车在前，试验车居中，陪试机车居后。

被试机车为牵引工况，陪试机车为电气制动工况。被试机车将司控器手柄置于指定试验级位或不同百分比(25％、50％、75％、100％)，由陪试机车调节列车按照指定速度运行(各测点之间的速度间隔应不大于 5 km/h)，待速度稳定后，开始记录网压和网流、牵引电机电压和电流、列车速度和车钩力。

被试机车与试验车间的车钩力通过安装在试验车上的车钩力传感器直接测得，在其基础上可计算得到被试机车轮周牵引力

$$F_K = F_C + m_P \times (w'_0 + w_r + w_i) \times g \times 10^{-3} \tag{7-9}$$

式中 F_K——被试机车轮周牵引力(kN)；

F_C——实测车钩力(kN)；

m_P——被试机车整备质量(t)。

如果机车的牵引特性与轮径有关，且试验时车轮直径与评估用直径(通常为半磨耗轮径)不同时，应对轮周牵引力及速度进行则算。无特殊说明时，半磨耗轮周牵引力

$$F_B = F_K D / D_B \tag{7-10}$$

式中 F_B——半磨耗轮周牵引力(kN)；

D——被试机车各个车轮直径的平均值(mm)；

D_B——半磨耗轮径(mm)。

半磨耗轮速度

$$v_B = v D_B / D \tag{7-11}$$

式中 v_B——半磨耗轮速度(km/h)；

v——机车实测运行速度(km/h)。

根据测试结果得到的速度和轮周牵引力散点，得到以速度为横坐标，轮周牵引力为纵坐标的牵引特性曲线；根据测试结果得到的速度和牵引电机电压/电流/功率(基波)散点，得到以速度为横坐标，牵引电机电压/电流/功率为纵坐标的电机特性曲线。

2. 动车组牵引特性试验

根据列车运动方程和列车牵引力的产生原理，动车组牵引时的轮周牵引力可由加速度法和电功率法得出。动车组提交试验前，载荷状态为定员载荷，网压应能满足动车组满功率发挥的要求。试验应在平直线路上进行，轨面黏着条件良好。正式开始前，动车组以持续速度运行不少于 30 min，以使轴温及各部分状态接近实际运用状态。

(1)加速度法

试验前测量环境风速，应小于 3.3 m/s。试验时，在一段或几段较长的平直线路上运行，可根据线路长度分多个速度段进行试验，保证整个速度段内动车组均在平直线路上运行，且牵引手柄保持在牵引满级。记录动车组加速时间及速度。

动车组瞬时加速度

$$a=\frac{v_2-v_1}{3.6\times\Delta t} \tag{7-12}$$

式中　a——瞬时加速度($\mathrm{m/s^2}$)；

v_1、v_2——列车运行速度($v_1<v_2$，km/h)；

Δt——列车从 v_1 加速到 v_2 所用的时间(s)。

根据列车运动方程，该速度下的动车组加速力

$$F_\mathrm{j}=(1+\gamma)ma \tag{7-13}$$

式中　F_j——动车组加速力(kN)；

γ——动车组回转质量系数；

m——动车组定员质量(t)。

动车组的轮周牵引力

$$F=F_\mathrm{j}+W'_0 \tag{7-14}$$

式中，F 为动车组的轮周牵引力(kN)。

可见，采用加速度法计算牵引特性时，需要阻力、车辆总重、回转质量系数等参数，因此，阻力测试、称重等环节的结果，均对牵引特性结果有一定影响。当列车处于低速运行区时，列车总运行阻力很小，牵引力受到的影响较小，计算结果比较准确；当列车处于高速运行区时，列车总运行阻力受速度和线路条件影响较大，从而导致计算的牵引力存在较大误差。

(2)电功率法

牵引电机单相输入有功功率

$$P_x=10^{-3}\times\frac{1}{T}\int_0^T[u_x(t)i_x(t)]\mathrm{d}t \tag{7-15}$$

式中　P_x——牵引电机单相输入有功功率(kW)；

T——有效值计算周期(s)；

$u_x(t)$——电机相电压瞬时值(V)；

$i_x(t)$——电机相电流瞬时值(A)；

x——牵引电机 U 相、V 相、W 相中的某一项。

因此，牵引电机输入有功功率可由三相输入有功功率相加得到。当动力分散型动车组单受电弓下的牵引电机数量较多时，可用选取一定数量的牵引电机进行测试，一般不少于两辆动车上的牵引电机数量，其余牵引电机功率可按被测牵引电机平均功率计算。

根据列车牵引力的产生原理，动车组的轮周牵引力

$$F=3.6\times N\times\sum_{i=1}^{n}P_i\times\eta_\mathrm{m}\times\eta_\mathrm{g}/(vn) \tag{7-16}$$

式中　N——动车组牵引电机总台数；

n——被测牵引电机总台数；

P_i——第 i 台牵引电机输入有功功率(kW)；

η_m——牵引电机效率；

η_g——机械传动效率。

由式(7-16)可知，采用电功率法计算牵引特性时，其结果的准确性与电机效率的准确性有直接关系。一般情况下，牵引电机的效率在低速区无法准确计算，导致无法准确计算牵引

力;牵引电机的效率在高速区则恒定为额定效率,计算结果比较准确。

因此,在实际进行动车组牵引特性试验时,一般采用加速度法和电功率法相结合的方法进行。将试验按速度分两段进行:低速非恒功区段和高速恒功区段。在非恒功区段采用加速度法,根据测试速度计算加速度,再根据加速度计算加速力,加速力与阻力之和即为牵引力;在恒功区采用功率法,通过测量动车组满级位持续加速过程中的速度、牵引电机功率等参数,结合地面试验台试验得到的电机效率和机械传动效率,通过计算得到轮周牵引力。最终得到全速度范围内的牵引特性曲线及相应的数据表、相关电气参数对应表。

如果动车组的牵引特性与轮径有关,且试验时车轮直径与评估用直径不同时,应对轮周牵引力及速度进行折算。无特殊说明时,动车组的半磨耗轮周牵引力

$$F_B = FD/D_B \tag{7-17}$$

式中 F_B——半磨耗轮周牵引力(kN);

D——试验时实测轮径平均值(mm);

D_B——半磨耗轮径(mm)。

半磨耗轮速度

$$v_B = vD_B/D \tag{7-18}$$

式中,v_B 为半磨耗轮速度(km/h)。

根据测试结果得到的速度和轮周牵引力散点,得到以速度为横坐标,轮周牵引力为纵坐标的牵引特性曲线。

7.2.4 电制动特性试验

采用交流传动技术的电力机车、动车组和城轨车辆,可以通过改变异步电动机的转差,使其方便地从电动机工况转换到发电机工况,通过电网回馈能量,实现电制动。这不仅节约了能源,又改善了制动性能,甚至在接近于零的很低速度下也能够发出足够的制动力,实现列车制动停车。因此,电制动特性也是评价列车牵引系统在电制动工况下发挥性能的重要特性之一,用轮周电制动力与速度的关系曲线表示。

1. 机车再生制动特性试验

试验前要确认被试机车载荷状态,陪试机车的功率及牵引力、电制动力和陪试列车空气制动力应能满足试验要求。试验在平直轨道干燥轨面状态下进行,且坡度不宜大于4‰。

试验时,被试机车在前,试验车居中,陪试机车居后。被试机车处于最大再生制动工况,陪试机车为牵引工况。由陪试机车调节试验车运行在指定的速度点上(各测点之间的速度间隔应不大于5 km/h,被试机车不应施加空气制动),待速度稳定后,开始采集网压和网流、牵引电机电压和电流、列车速度和车钩力。

被试机车与试验车间的车钩力通过安装在试验车上的车钩力传感器直接测得,在其基础上可计算得到被试机车轮周再生制动力

$$B_E = B_G - m_P g \times (w'_0 + w_r + w_i) \times 10^{-3} \tag{7-19}$$

式中 B_E——被试机车轮周再生电制动力(kN);

B_G——实测机车车钩力(kN)。

如果机车电制动特性与轮径有关,且试验时车轮直径与评估用直径(通常为半磨耗轮

径)不同时,应对轮周电制动力及速度进行折算。无特殊说明时,半磨耗轮周电制动力按式(7-20)计算,半磨耗轮速度 v_B按式(7-11)计算。

$$B_{EB}=B_E D/D_B \tag{7-20}$$

式中　B_{EB}——半磨耗轮周电制动力(kN);

D——被试机车各个车轮直径的平均值(mm);

D_B——半磨耗轮径(mm)。

根据测试结果得到的速度和轮周电制动力散点,得到以速度为横坐标,轮周电制动力为纵坐标的电制动特性曲线。

2. 动车组电制动特性试验

动车组电制动时的轮周电制动力可由减速法和电功率法得出。动车组提交试验前,载荷状态应以满足设计电制动特性完全发挥为准,通常采用定员载荷。网压应能满足动车组满功率发挥的要求,轨面黏着条件良好。正式开始前,动车组以持续速度运行不少于 30 min,以使轴温及各部分状态接近实际运用状态。

(1)减速度法

采用减速度法试验应在平直线路上进行,环境风速应小于 3.3 m/s。试验时动车组应处于最大电制动工况,动车组不得施加空气制动,但应确保空气紧急制动可快速施加。动车组进入试验区段前应达到预定速度,进入采样区段后动车组施加最大电气制动,加速直至预定速度,记录动车组减速时间及速度。

动车组瞬时减速度

$$a=\frac{v_2-v_1}{3.6\times\Delta t} \tag{7-21}$$

式中　a——瞬时减速度(m/s^2);

v_1, v_2——列车运行速度($v_2>v_1$,km/h);

Δt——列车从 v_2减速到 v_1所用的时间(s)。

根据各速度下的瞬时减速度得到该速度下的瞬时减速力

$$F_j=(1+\gamma)\times ma \tag{7-22}$$

式中,F_j 为动车组减速力(kN)。

动车组的轮周电制动力

$$B_E=F_j-W'_0 \tag{7-23}$$

式中,B_E 为动车组的轮周电制动力(kN)。

与牵引特性试验类似,采用减速度法计算电制动特性时,需要阻力、车辆总重、回转质量系数等参数。因此,阻力测试、称重等环节的结果,同样也会对电制动特性试验结果有一定影响。

(2)电功率法

电功率法试验时,动车组的轮周电制动力

$$B_E=\frac{3.6\times\sum_{i=1}^{N}P_i}{\eta_m\eta_g v} \tag{7-24}$$

当动力分散型动车组单受电弓下的牵引电机数量较多时，可用选取一定数量的牵引电机进行测试，一般不少于 2 辆动车上的牵引电机数量，其余电机功率发挥可认为与被测牵引电机平均水平相当。

由式(7-24)可知，采用电功率法计算电制动特性时，其结果的准确性与电机效率的准确性也有直接关系。因此，在动车组高速恒功率速度段宜采用电功率法计算轮周电制动力，其结果比较准确。

如果动车组的电制动特性与轮径有关，且试验时车轮直径与评估用直径不同时，应对轮周电制动力及速度进行折算。无特殊说明时，动车组的半磨耗轮周电制动力按式(7-20)计算，半磨耗轮速度按式(7-18)计算。

在实际实施动车组电制动特性试验时，一般也将试验按速度分两段进行：在低速非恒功区段采用减速度法，根据测试速度计算减速度，再根据减速度计算减速力，减速力与阻力之差为电制动力；在恒功区采用电功率法，通过测量动车组满级位持续减速过程中的速度、牵引电机功率等参数，结合地面试验台试验得到的电机效率和机械传动效率，计算得到轮周电制动力。最终得到全速度范围内的电制动力特性曲线。

7.3 能耗试验

铁道车辆的机电系统复杂，电气负载数量较多，种类各异，兼具直流、交流等供电方式，且电能消耗水平差异巨大。采用电力牵引的铁道车辆获取电能的方式一般有两种：通过受电弓从沿轨道上方架设的接触网获取，或是通过受电靴从沿轨道旁侧铺设的第三轨获取。一般情况下，线网提供的电能不能被车辆上的电气负载所直接使用，而是需要通过电力电子设备对线网的高压直流电或交流电进行变换，使之成为适合列车上各类电气负载的电能制式。

能耗试验主要用于测量铁道车辆在典型运行条件下或在试验规范中规定的线路运行曲线下能量消耗情况。本节以同济大学轨道交通综合试验线上运行的综合试验车为例，介绍车辆能耗试验以及为此研制的车辆电气参数检测系统。

7.3.1 试验车概述

试验车为两辆编组的 A 型地铁车辆，动力配置为 1 动 1 拖，列车编组为＋Tc－Mc＋，其中 Tc 为带司机室的拖车，Mc 为带司机室及受电弓的动车。试验车采用架空式 DC 1 500 V 接触网供电，如图 7-1 所示。

图 7-1(b)为试验车主要车载电气设备分布示意。接触网的电能通过受电弓进入 Mc 车并通过车端连接器引入 Tc 车，直流干线在 Tc 车的辅助高压箱中分成两股，其中一股接入 Mc 车牵引逆变器所在的牵引电路，另外一股则接入 Tc 车的辅助逆变器，该部分电路称为辅助电路。辅助逆变器一方面为交流负载供电，另一方面则输出至充电机为各直流负载供电。牵引逆变器与辅助逆变器的 0 端与列车轮对接地装置连接，电流通过轮对接地装置与钢轨回流至牵引变电所。

(a)综合试验线上的试验车

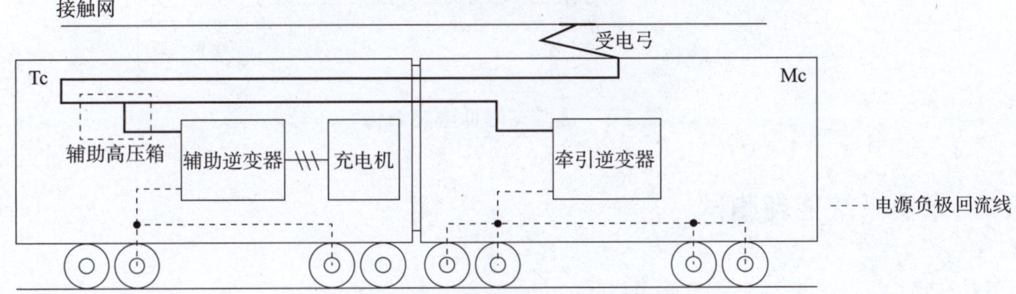

(b)试验车主要车载电气设备分布示意

图 7-1 两辆编组的 A 型地铁试验车

1. 牵引电路

试验车主电路结构采取架控方式，牵引电路由两组电路结构相同的模块组成，每组模块控制 Mc 车一个转向架上的两台牵引电机，如图 7-2 所示。每组模块包括高压开关电器、充放电与滤波电路、牵引逆变器(以下简称为主逆)、制动斩波器、牵引电机等。

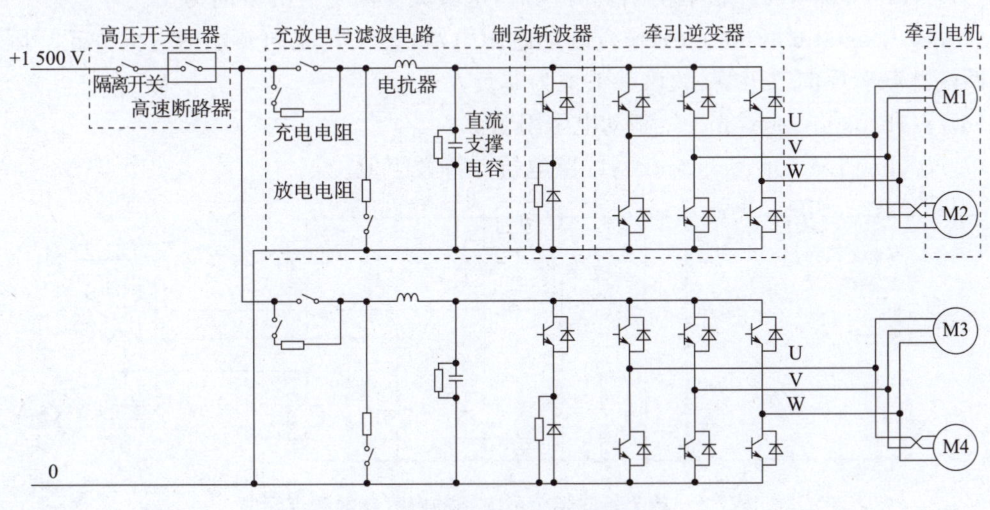

图 7-2 试验车牵引主电路结构

2. 辅助电路

辅助电路的结构如图 7-3 所示。相比牵引电路，其结构比较简单，辅助逆变器是辅助系统的总电源，其在列车辅助电路中处于最前端，辅逆的直流侧与辅助高压箱连接，而交流侧则分为两路，一路是为列车各交流负载供电的干线，另一路则是为充电机供电的线路。试验车辅助逆变器输出采取三相四线制，分别为 U 相、V 相、W 相以及中性线 N。

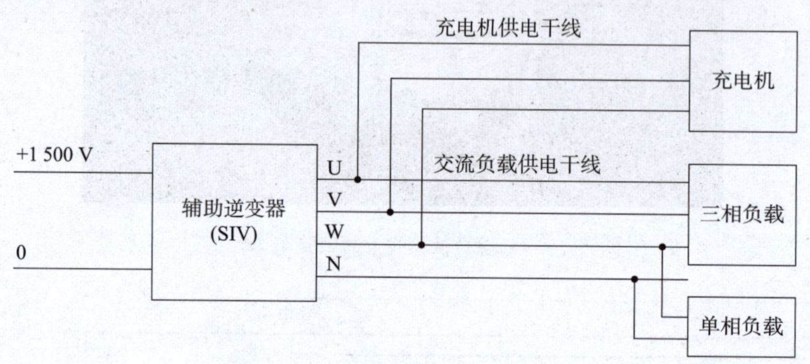

图 7-3 试验车辅助电路结构

7.3.2 牵引系统能耗测试

1. 电气参数

牵引系统能耗通过测量电路中有关电气参数经计算得到，图 7-4 为试验车单个转向架牵引电路的电气参数测点示意图，各电气参数定义如下：

(1)u_C(catenary voltage)：触网电压，简称网压，该参数恒为正。

(2)u_{DC}：主逆变器直流侧电压，因该参数也是直流支撑电容两端的电压，故又称为支撑电容电压或中间电压，该参数恒为正。

(3)i_{DC}：主逆变器直流侧电流，定义其流向主逆的方向为正。

(4)i_L(line current)：线网电流，简称网流，定义其流向主逆的方向为正。

(5)i_R(rheostatic brake current)：制动电阻电流，定义其流向 0 端的方向为正。因制动电阻两端并联有反向二极管，故该参数恒为非负。

(6)r_R(rheostat resistance)：制动电阻阻值。

(7)r_{LR}(line reactor resistance)：线路电抗器等效阻值。

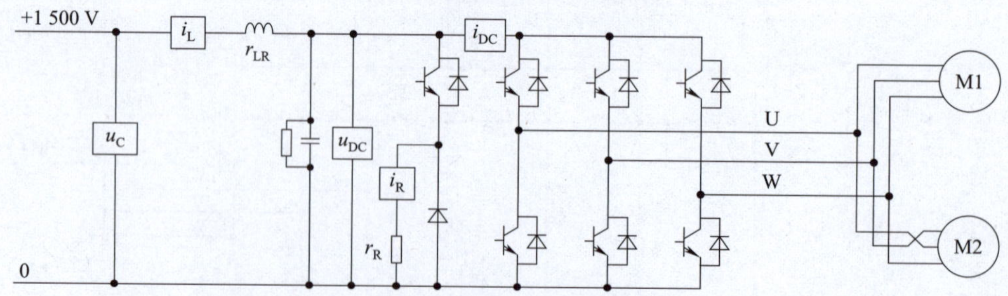

图 7-4 单个转向架牵引电路的电气参数测点示意

2. 能耗参数

通过上述电气参数即可定义牵引系统相关能耗参数及其计算方法。

(1)吸收能量 E_A(absorbed energy)

若网流 $i_L>0$,则此时功率从触网流向牵引逆变模块,即逆变器从直流侧吸收能量,计算公式为

$$E_A=\int u_C i_L \mathrm{d}t \qquad (i_L>0) \tag{7-25}$$

(2)再生能量 E_{RE}(regenerated energy)

若主逆直流侧电流 $i_{DC}<0$,则说明列车处于电制动状态,此时处于发电机工况的牵引电机将机械能转为电能,并通过逆变器返回至直流侧,将返回至直流侧的电能定义为再生能量,即

$$E_{RE}=-\int u_{DC} i_{DC} \mathrm{d}t \qquad (i_{DC}<0) \tag{7-26}$$

式中,负号使得再生能量 $E_{RE}>0$。

(3)回馈能量 E_R(recovered energy)

若网流 $i_L<0$,则说明此时功率从逆变器直流侧流向触网,牵引电路将能量回馈至触网上,则回馈能量

$$E_R=-\int u_C i_L \mathrm{d}t \qquad (i_L<0) \tag{7-27}$$

式中,负号使得回馈能量 $E_R>0$,与吸收能量 E_A 的差别仅为电流流向不同。

(4)制动电阻能耗 E_{RB}(rheostatic brake energy consumption)

当制动斩波模块工作时,再生能量通过制动电阻以热能的形式耗散。根据具体测量参数的不同,制动电阻的能量消耗有下列三种计算方法。

若测量流经制动电阻的电流以及其两端的电压(即主逆直流侧电压),则制动电阻能耗

$$E_{RB}=\int u_{DC} i_R \mathrm{d}t \tag{7-28}$$

若测量流经制动电阻的电流以及制动电阻的阻值,则制动电阻能耗

$$E_{RB}=\int i_R^2 r_R \mathrm{d}t \tag{7-29}$$

若测量主逆直流侧电压以及制动电阻的阻值,则制动电阻能耗

$$E_{RB}=\int \frac{u_{DC}^2}{r_R} k \mathrm{d}t \tag{7-30}$$

式中,k 为电阻制动控制因数,表征制动电阻投入工作的程度。列车在进行电阻制动时,制动电阻器投入使用,斩波器开关器件工作周期 T 是固定的,但其导通时间 t 则是可变的。电阻制动控制因数

$$k=\frac{t}{T} \tag{7-31}$$

在一个典型的电阻制动工作过程中,电阻制动开始时 k 值较大,然后逐渐减小,直至制动斩波器停止工作。

需要指出的是,制动电阻在工作时由于耗散大量热能,其温升非常明显,部分列车的制动电阻需要风机强迫冷却,使得制动电阻的阻值会随着温度的变化而改变,故在式(7-29)和

式(7-30)中其阻值并非恒定,而是需要实际测量值或根据制动电阻温升的经验公式计算。

(5)牵引能耗 E_C(energy consumption on traction)

吸收能量 E_A 与回馈能量 E_R 表示列车牵引系统与触网能量交换的情况,两参数之差即为该时间段内牵引系统所消耗的能量,或称为牵引能耗,即

$$E_C = E_A - E_R \tag{7-32}$$

从能量的观点分析,牵引能耗 E_C 即表示列车牵引系统消耗电能的情况,是列车牵引能耗相关研究中最重要的参数。

(6)线路电抗器能耗 E_{LR}(line reactor energy consumption)

作为储能器件,线路电抗器与支撑电容组成 LC 滤波电路,滤掉触网电压中除了直流分量之外含有的高次谐波。而同时,电抗器亦具有耗能元件的特性,其绕组对网流具有阻碍作用,可利用等效的电阻值 r_{LR}表示,故该设备上存在压降以及能量损耗。正因为如此,处于牵引状态时,列车所在触网的电位与主逆直流侧的电位并不相等,而是后者低于前者。线路电抗器能耗

$$E_{LR} = \int i_L^2 r_{LR} \mathrm{d}t \tag{7-33}$$

事实上,线路电抗器能耗 E_{LR}也是再生能量 E_{RE}的组成部分,但因线路电抗器的等效阻值较小(一般为 10^{-2} Ω 级),线路电抗器能耗 E_{LR}与回馈能量以及牵引能耗相比并不大,根据实测数据,电抗器能耗与牵引能耗的比值约在 1%。

需要指出,对架控模式的车辆,由式(7-25)~式(7-33)定义计算的各个能耗参数为单个牵引逆变模块的数值,两个模块相同参数的数值之和即为一辆动车的数值。

在实际情况中,考虑变流环节、线路电抗器以及传输线路的损耗占牵引能耗的比率并不大,再生能量 E_{RE}、回馈能量 E_R 与制动电阻能耗 E_{RB}三个参数的关系可近似表示为

$$E_{RE} = E_R + E_{RB} \tag{7-34}$$

7.3.3 辅助系统能耗测试

列车除牵引电机之外的电气负载均由辅助逆变器供电,按照负载供电电源来划分,辅助系统分为交流辅助系统和直流辅助系统。

1. 交流辅助电路能耗测试

(1)电气参数

图 7-5 为试验车为交流辅助电路电气参数测点示意,各电气参数定义如下:

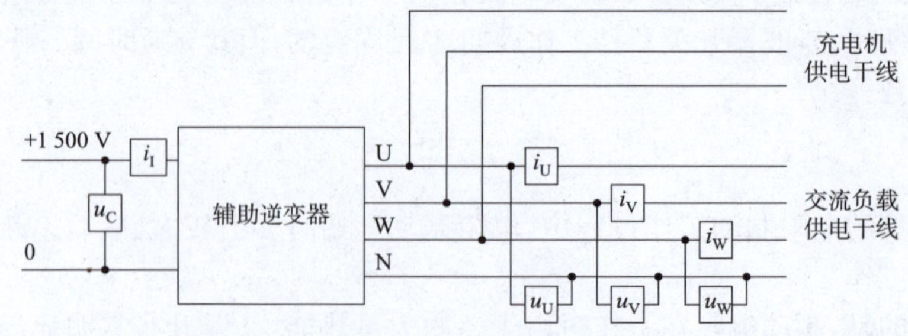

图 7-5　交流辅助电路电气参数测点示意

①u_C：触网电压。

②i_I：辅助逆变器输入侧电流，该参数恒为非负。

③u_U、u_V、u_W：辅助逆变器交流侧 U、V 及 W 相电压。

④i_U、i_V、i_W：交流负载供电干线 U、V 及 W 相电流。

(2)能耗参数

根据与交流辅助电路相关的各电气参数，可定义交流辅助系统各能耗参数及其计算方法。

①辅助系统总能耗 E_{AS}(auxiliary system energy consumption)

辅助逆变器工作时，功率从线网流向辅助逆变器，流入的电能即为整个辅助系统负载的总能耗(包括辅逆与充电机两个变流设备的损耗)，则辅助系统总能耗

$$E_{AS}=\int u_C i_I \mathrm{d}t \tag{7-35}$$

②交流辅助系统总能耗 E_{AC}(AC auxiliary system energy consumption)

交流辅助系统为三相系统，故该系统总能耗应为每相能耗之和，即

$$E_{AC}=\int(u_U i_U+u_V i_V+u_W i_W)\mathrm{d}t \tag{7-36}$$

2. 直流辅助电路能耗测试

(1)电气参数

图 7-6 为试验车直流辅助电路电气参数测点示意，各电气参数含义如下：

①u_O：充电机输出侧电压，该参数恒为正。

②i_O：充电机输出侧电流，该参数恒为非负。

③i_B(battery current)：蓄电池电流，定义该参数的正方向为流向蓄电池正极的方向，数值为正表示蓄电池处于充电状态，数值为负则表示蓄电池处于向外馈电状态。

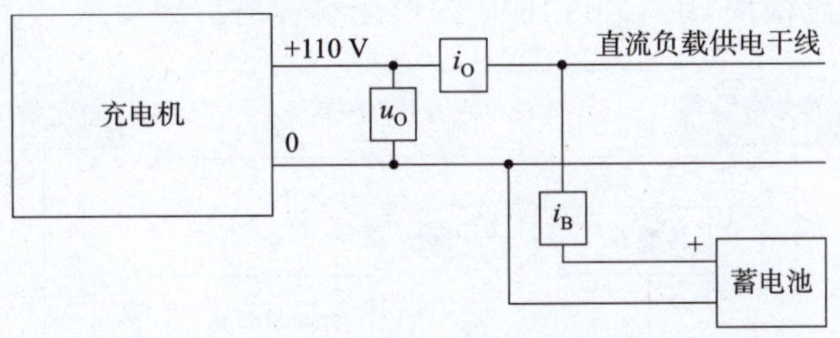

图 7-6 试验车直流辅助电路电气参数测点示意

(2)能耗参数

根据直流辅助电路中相关的电气参数，可定义直流辅助系统各能耗参数及其算法。

①直流辅助系统总能耗 E_{DC}(DC auxiliary system energy consumption)

充电机输出侧为直流系统，在其输出侧可测量包括蓄电池在内的直流辅助系统各负载的总能耗，其计算公式为

$$E_{DC}=\int u_O i_O \mathrm{d}t \tag{7-37}$$

②蓄电池吸收能量 E_{BA}（battery absorbed energy）

蓄电池电流为正时，其处于充电状态，功率从充电机流向蓄电池，该参数计算公式为

$$E_{BA}=\int u_O i_B \mathrm{d}t \qquad (i_B>0) \tag{7-38}$$

③蓄电池释放能量 E_{BR}（battery released energy）

蓄电池电流为负时，其处于放电状态，为列车的直流负载供电，功率从蓄电池流向各直流负载，该参数计算公式为

$$E_{BR}=-\int u_O i_B \mathrm{d}t \qquad (i_B<0) \tag{7-39}$$

式中，负号使得蓄电池释放能量 $E_{BR}>0$。

④蓄电池储能变化量 ΔE_B

E_{BA} 与 E_{BR} 的差值表示蓄电池系统中存储电能的变化量，计算公式为

$$\Delta E_B=E_{BA}-E_{BR} \tag{7-40}$$

式中，若 ΔE_B 数值为正，则表示该段时间内蓄电池储能增加；若 ΔE_B 数值为负，则表示该段时间内蓄电池储能减少。

7.3.4 电气参数检测系统

针对地铁列车电气系统特点，电气参数检测系统可以准确测量列车牵引系统和辅助系统的电气参数，满足列车能耗测试及能耗评估需求。此外，电气参数检测系统还可进一步扩展，满足多种试验需求。

1. 电气参数检测系统组成

电气参数检测系统结构框图如图 7-7 所示，分为硬件结构和软件结构两部分。硬件结构包括实时控制器、传感器模块和信号调理设备；软件结构包括参数配置、速度感知和数据采集与存储等功能代码模块，由 LabVIEW 图形化编程语言编写。

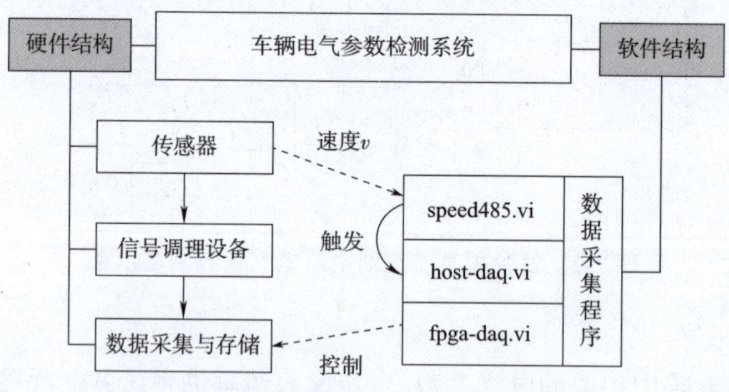

图 7-7 电气参数检测系统结构框图

2. 硬件结构

检测系统硬件采用模块化结构，包含一个或若干个由各类传感器模块、信号调理设备与实时控制器（cRIO）构成的检测单元，如图 7-8（a）所示。每个检测单元能够独立运行，也能够与上位机或其他检测单元进行通信。cRIO 上电启动后等待并轮询触发信号，当触发信号有

效时进行数据采集，否则此次采集任务将再次进入等待轮询的状态。该方式避免了无效或无用数据的采集和记录，从而节省 cRIO 内部的存储资源。触发信号的设置通常根据测试任务的性质和特点决定，本系统使用列车速度作为触发信号。为满足不同编组类型的列车电气参数检测需求，多个检测单元通过无线以太网可组成分布式检测系统，如图 7-8(b)所示。图 7-8(b)中实时控制器 cRIO1 为主控模块，通过监测触发信号是否有效，控制系统中各检测单元同步进行数据采集及存储任务。

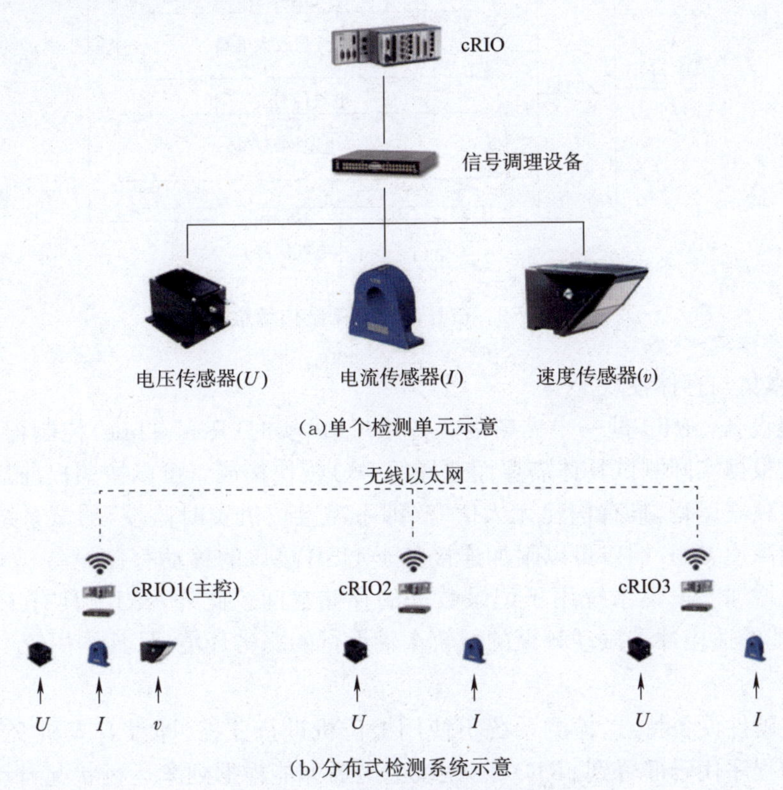

图 7-8　电气参数检测系统示意

(1)传感器模块

传感器模块包括电压/电流传感器和速度传感器。电压/电流传感器主要用于将列车上的高电压、电流信号转换为可供数据采集设备采集的低电压、电流信号。选用高精度电流输出型的 DV 系列电压传感器和 LT 系列电流传感器测量列车电气参数；选用非接触式雷达速度传感器实时测量列车速度，并作为控制系统数据采集任务的触发信号。

(2)信号调理模块

信号调理模块能够同时满足多达 24 路信号的采集，其主要由以下三部分构成：

①电源部分：信号调理设备由列车辅助系统 DC 110 V 供电，经过 DC/DC 变换为两路。一路转换为±24 V，为传感器和 cRIO 采集设备供电；一路转换为±5 V，为信号滤波和放大电路供电。

②I/U 转换部分：该部分采用高精度低温漂的采样电阻构建采样电阻网络，实现将传感器输出的多路电流信号转换为电压信号的功能。

③信号滤波和放大部分：来自采样电阻网络的电压信号首先经过专门设计的低通滤波器，抑制来自电线或机械设备产生噪声，然后经过信号放大器，使信号电平更好地匹配模数转换器(ADC)的范围。信号调理设备结构如图 7-9 所示。

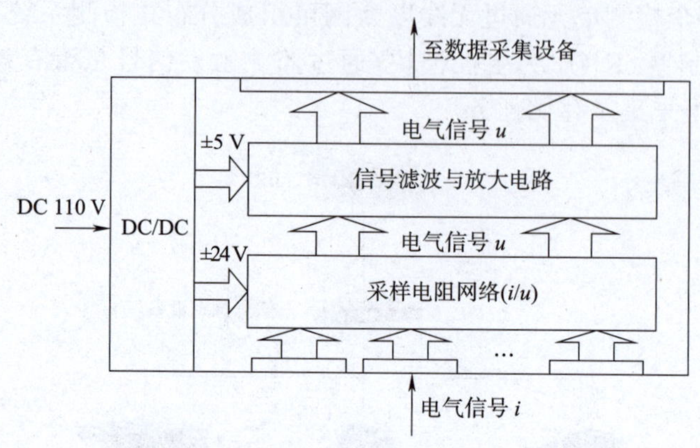

图 7-9 信号调理设备结构示意

(3)数据采集与存储模块

作为采集设备，cRIO 是一个完整的工控系统，由实时(Real-Time)控制器、FPGA 可重配置机箱以及根据实际测试具体需要而选择的 I/O 模块构成。可以按照提前部署在实时控制器中的程序独立运行，具有构建无人值守(即不需上位机实时监控)测试系统的能力。实时控制器上的高速 USB 端口可以附加连接基于 USB 接口的移动存储设备(如 U 盘或移动硬盘)，极大地增加了采集系统用于记录数据的存储空间。此外，cRIO 具有工业等级 IP40 的防护性能，能够适应冲击振动频繁的城轨车辆运行的恶劣环境，且其体积较小，布置灵活。

3. 软件结构

基于上述硬件设备特点，检测系统不使用上位机进行监控，即没有人机交互界面，只需把提前编制的程序代码部署到 cRIO 中，系统上电后即能根据列车运行状况自动完成车辆能耗测试所需电气参数的采集和存储。采集程序采用 LabVIEW 图像化编程语言编写，运行在 cRIO 的实时系统上，结合 FPGA 可重配置编程技术，使得数据采集具有严格的实时性。

采集程序主要包含 3 个 VI 代码模块，分别是速度感知与测量 VI 模块(speed485. vi)、FPGA 高速数据采集 VI 模块(fpga-daq. vi)和主控 VI 模块(host-daq. vi)。其中，speed485. vi 的功能是采集来自速度传感器的信号，解析为速度值后与事先设定的速度阈值进行比较，当列车运行速度大于速度阈值时，触发 host-daq. vi，否则等待并持续监测速度；fpga-daq. vi 的功能是利用 cRIO 的 FPGA 技术，实现高速 I/O 端口扫描实时采集数据；host-daq. vi 则对 FPGA 高速数据采集 VI 模块里的各通道采样率、制动电阻电流阈值等参数进行配置，并对接收的采集数据进行存储。各功能模块执行流程框图如图 7-10 所示。

4. 系统特点

电气参数检测系统具有以下特点：

(1)软硬件结构模块化

电气参数检测系统软硬件结构基于模块化设计，易于扩展，可满足多种试验需求。在硬

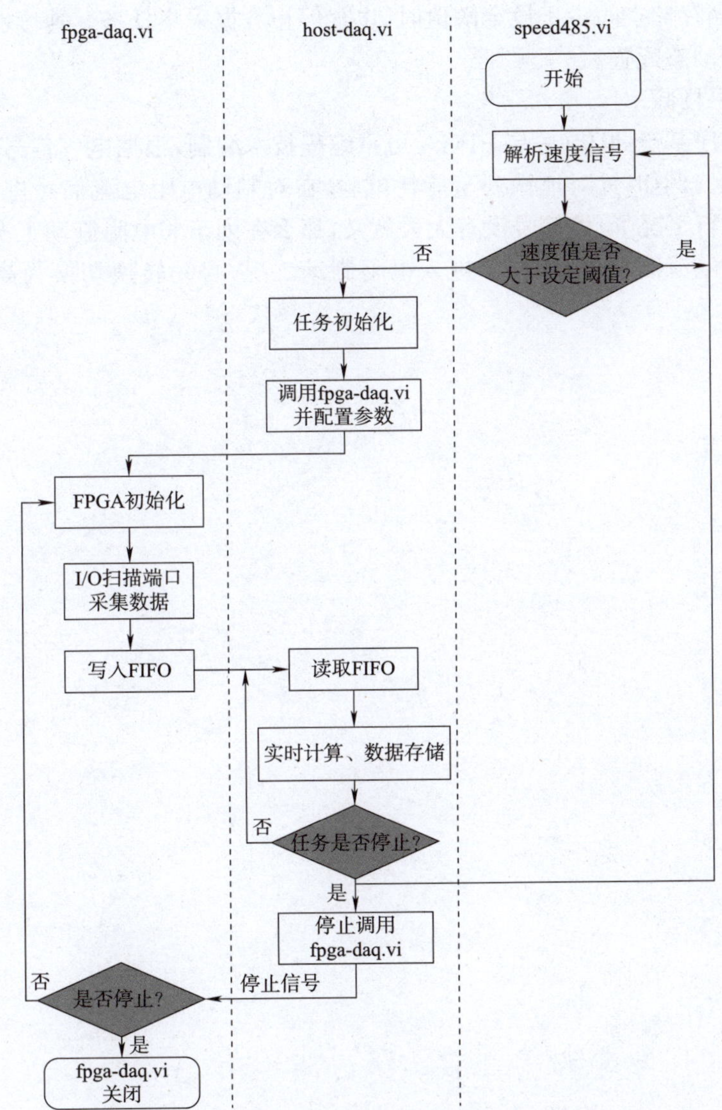

图 7-10　各功能模块运行流程框图

件结构上，信号调理设备可连接多种传感器，且多个检测单元通过无线以太网可构成分布式检测系统；在软件结构上，通过 LabVIEW 的图形化编程可快速实现 VI 功能代码的编制。

(2)可实现无人值守

cRIO 能够脱离上位机，按照预先部署其中的程序代码自动运行。例如，某些试验需要在地铁列车在正常运营载客工况下进行，不允许单独划分专门的车厢区域供试验人员进行试验测试，电气参数检测系统能实现无人值守下的数据采集。

(3)自启动数据采集

电气参数检测系统以列车速度作为触发信号，通过设定速度阈值，可以监测到列车的运行状态，从而控制采集任务的自动启停。此外，采集程序还会实时电气参数检测系统空闲的数据存储空间，当存储空间少于设定阈值时，也会停止数据采集任务。速度和存储空间阈值可根据实际需求动态配置。

(4)自适应采样频率

数据采集程序基于 cRIO 底层 FPGA 可重编程技术编制，根据电气信号特点，可以设置自适应采样频率。例如，针对地铁列车能耗试验，在对制动电阻电流信号进行采集时，由于在非电阻制动运行工况下，该信号没有太大意义，那么在列车非电阻制动工况时可采用低采样频率检测制动电流信号，一旦列车进入电阻制动工况，自动转换切换为高采样频率实施采集。

8 制动性能试验

制动系统作为铁道车辆的关键核心子系统，在控制车辆速度、保障安全停车方面具有极其重要的作用，制动性能的好坏直接影响铁道车辆的运行安全。制动试验是通过检测制动系统的性能参数，对制动系统的安全性和可靠性进行评价。新造或者经过检修的车辆，新研制的或者已在运用中的制动系统，都必须按规定进行一系列的制动试验且合格后方准装车；装车后仍要进行试验，合格的才能将车辆投入运用；正常运用车辆的制动系统也要按规定进行必要的例行试验。

目前地铁、动车组的制动系统普遍采用了计算机控制的直通式电空制动系统。本章主要介绍电空制动系统的制动性能试验。

8.1 制动试验类型和性能参数

根据制动系统研发设计、生产制造及运用维护等不同阶段，制动试验一般包括部件试验、系统试验和研究性试验三大类。

8.1.1 部件试验

为保证制动系统符合设计规范，在研发设计阶段必须辅以必要的试验，并且在生产制造中也需要进行检测试验。这些试验须配合具体设计确定，一般由开发和生产单位进行。

制动系统装车前，制动系统部件的试验项目见表8-1。

表 8-1 制动系统装车前部件的试验项目

序号	试验项目	型式试验	例行试验
1	外观检查	√	√
2	性能试验	√	√
3	低温试验	√	/
4	高温试验	√	/
5	交变湿热试验	√	/
6	振动、冲击试验	√	/
7	电磁兼容试验	√	/
8	绝缘耐压试验	√	√
9	防水试验	√	/
10	盐雾试验	—	/
11	低温存放试验	—	/

注：1. 标有"√"的为强制性试验。

2. 标有"—"的取决于主机厂与制造商之间的合同要求。

3. 除了与温度有关的试验项目，其余试验项目的环境温度规定为(25±10)℃。

4. 标有"/"的不作要求。

8.1.2 系统试验

系统试验包括室内系统试验和装车试验。室内系统试验是制动系统的开发、验证的必要环节，可以进行参数设置、故障模拟。装车试验是用于车辆投入正式运用之前、必须进行的试验。制动系统装车后，制动系统的试验项目见表 8-2。

表 8-2 制动系统装车后的试验项目

序 号	试验项目	型式试验	例行试验
1	风源试验	√	√
2	气密性试验试验	√	√
3	制动静态(静置)性能试验	√	√
4	制动运行性能试验	√	√
5	防滑保护试验	√	/
6	停放制动试验	√	/
7	制动热容量试验	√	/

注：1. 标有"√"的为强制性试验。
  2. 标有"/"的不作要求。

8.1.3 研究性试验

(1)黏着系数研究

黏着系数包括室内实验室研究和实际线路试验研究，前者用于探索黏着系数规律和防滑控制，后者主要为高速列车研发提供基础数据。

(2)制动黏着试验

将黏着试验车挂在客货列车内，在运行中让试验车制动并逐渐加大其闸瓦压力，测出其黏着的临界点，也可以用于检验防滑器性能。

(3)摩擦副材料研究

摩擦制动是铁道车辆基础制动的主要方式，摩擦副材料试验主要用于检验摩擦副的摩擦特性以及开发新的摩擦副材料。

(4)其他试验

其他试验包括部件可靠性试验、闸瓦闸片互换性试验等。

8.1.4 制动性能参数

铁道车辆制动系统的性能参数主要包括制动距离、平均减速度、制动冲击率、响应时间、摩擦副温度等。

(1)制动距离

从列车制动指令发出的瞬间起，到车辆速度降为零的瞬间止，车辆所驶过的距离，称为制动距离。这是综合反映车辆制动系统的性能和实际制动效果的主要技术指标。

(2)平均减速度

平均减速度是指从列车制动指令发出直至车速为零的整个过程中，为制动初速度的平方与2倍的制动距离之比，即

$$\overline{a}=\frac{v_0^2}{2S} \tag{8-1}$$

式中 $\overline{a}$——平均减速度(m/s^2)；

v_0——施加制动时的列车初速度(m/s)；

S——制动距离(m)。

(3)制动冲击率

制动冲击率是指列车在制动力变化过程中瞬时减速度的变化率。

(4)响应时间

响应时间是指从制动指令发出开始，至列车达到目标减速度值的90%的时间。

(5)摩擦副热容量

摩擦副热容量是指从列车制动指令发出直至车速为零的整个过程中，基础制动装置摩擦副的温度变化。

8.2 制动系统静置试验

8.2.1 试验目的

静置试验的目的是检验制动系统的动作是否正常，以及施加在闸瓦或闸片的压力是否与规定值一致。静置试验的主要内容包括：

(1)检测基础制动装置其静态传动效率是否符合规定值，检测空气管路、各种风缸和制动缸的气压的气密性，检测供气系统是否已调整到能以规定的压力与速率进行供气。

(2)检测整个制动系统是否符合规定，特别是在不同的操作条件下，施加制动和进行缓解的时间以及制动缸的最大压力。

(3)在紧急制动和常用制动的各级位工况下，检测制动缸的压力和动作时间。

(4)在车辆装有防滑装置时，检测其排气时间、作用时间和缓解时间等。

(5)车辆装有载荷调整装置时，在最小载荷、额定载荷和最大载荷条件下检查所施加的制动力。

静置试验应分别在空载和超载状态下进行试验。

8.2.2 试验内容

试验时，列车停放在平直线路上，处于缓解状态，通过止轮器固定。测试参数应至少包括：被试车辆的制动缸压力、空气弹簧压力、制动指令信号，以及制动缸升压和缓解时间等。

(1)常用各级制动与缓解

制动控制手柄由运转位分别移至制动区，待压力稳定后，移回运转位，记录此过程中的制动缸压力、升压时间及缓解时间。有极制动手柄应包含从最小至最大的所有常用级位，无级制动手柄至少应包含最小常用制动位、最大常用制动位。

(2)阶段制动与阶段缓解

制动控制手柄自运转位移至最小常用制动位,并逐步移至最大常用制动位,再将制动控制手柄自最大常用制动位逐步移至运转位。每次移动前应等待制动缸压力稳定。记录制动控制手柄移动过程中制动缸压力变化。

(3)快速制动与缓解

制动控制手柄由运转位迅速移至快速制动位,待制动系统允许缓解后,将制动控制手柄移回运转位,记录此过程中的制动缸压力、升压时间及缓解时间。

(4)紧急制动与缓解

制动控制手柄由运转位迅速移至紧急制动位,待制动系统允许缓解后,将制动控制手柄移回运转位,记录此过程中的制动缸压力、升压时间及缓解时间。对于城市轨道交通车辆的制动系统,要求紧急制动空走时间不大于 1.7 s。

(5)紧急制动功能验证

在表 8-3 所列情况下,应触发紧急制动。记录制动缸压力及司机室显示屏提示。

表 8-3 紧急制动触发条件

序 号	触发条件
1	触发司机室中的警惕装置
2	按下司机室控制台上的紧急制动按钮
3	列车分离
4	紧急制动电气列车线环路中断或失电
5	列控车载设备发出紧急制动指令
6	总风欠压
7	非静止状态时施加停放制动

8.2.3 静态传动效率试验

静态传动效率试验在列车空载状态下进行,应选取列车中至少一辆动车和一辆拖车进行试验。测试参数应至少包括:被试车辆的空气弹簧压力、被试轴的制动缸压力、被试车辆所有制动夹钳单元静态闸片推力。

试验时使用装有测力装置的闸片(图 8-1),换下被试车辆原有的制动闸片,测试施加(480±20)kPa 压缩空气压力时作用在制动盘上的闸片推力。

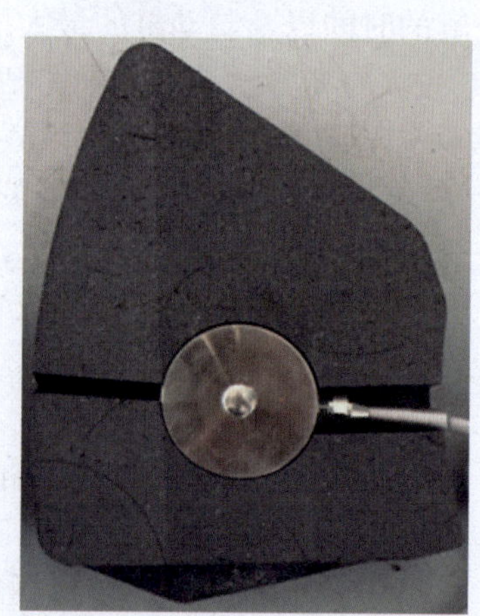

图 8-1 装有测力装置的闸片

各制动夹钳单元静态传动效率

$$\eta=\frac{K'}{K} \tag{8-2}$$

式中 η——静态传动效率;

K'——实测闸片(闸瓦)推力(kN);

K——计算闸片(闸瓦)推力(kN),其值为

$$K=PA\gamma \tag{8-3}$$

其中　P——制动缸压力(kPa)，

A——活塞作用有效面积(m^2)，

γ——制动倍率。

在(480±20)kPa压缩空气压力下，踏面制动单元或制动夹钳单元的静态传动效率不低于85%。

8.2.4　停放制动试验

停放制动试验是检查停放制动系统的动作条件和压力。停放制动系统应满足列车在规定的线路最大坡道、最大载荷的情况下施加停放制动不会发生溜逸的要求。测试参数包括被试车辆的停放制动缸压力、停放制动夹钳单元(踏面制动单元)的闸片(闸瓦)推力。试验前，使用装有测力装置的闸片(闸瓦)换下原有的制动闸片(闸瓦)。

试验步骤如下：

(1)停放制动施加与缓解指示

通过操纵端司机室停放制动按钮，施加和缓解停放制动，司机室内应有相应指示。

(2)停放制动力测试

通过测得的闸片(闸瓦)推力，计算停放制动施加状态下整列列车的安全停放坡度。

对于采用盘形制动时的停放坡度

$$i=\frac{K\varphi\times 2r/D}{mg}\times 1\ 000 \tag{8-4}$$

式中　i——停放坡度的千分数；

K——列车停放制动夹钳单元推力总和(kN)；

r——制动盘平均摩擦半径(m)；

D——新轮状态的列车轮径(m)；

φ——制动摩擦副静摩擦系数；

m——列车超载状态(AW3)总质量(t)；

g——重力加速度，取9.81 m/s^2。

对于采用踏面制动时的停放坡度

$$i=\frac{K\varphi}{mg}\times 1\ 000 \tag{8-5}$$

式中，K为列车停放制动踏面制动单元推力总和(kN)。

停放制动力应能使超员列车安全停放在运行线路的最大坡道上。

(3)手动缓解功能测试

施加停放制动后，操作列车车外的手动缓解装置，应能缓解本夹钳单元(踏面制动单元)的停放制动。

8.2.5　保持制动试验

保持制动试验在列车超载状态下进行，选取至少一辆动车和一辆拖车进行试验。测试参数包括：被试车辆的制动缸压力、空气弹簧压力、闸片(闸瓦)推力、制动指令信号。试验前,使用装有测力装置的闸片(闸瓦)换下被试车辆原有的制动闸片(闸瓦)。

试验步骤如下:

(1)保持制动施加与缓解指示

施加保持制动后,观察司机室内保持制动指示器。

(2)保持制动制动缸压力测试

施加保持制动后,测试被试车辆的制动缸压力和空气弹簧压力。

(3)保持制动制动力测试

通过实测的保持制动力计算保持制动施加状态下整列车的安全停放坡度。保持制动力应满足超员载荷状态在运行线路的最大坡道上静置的要求。

保持制动停放坡度(以盘形制动为例)

$$i=\frac{\sum_{j=1}^{n}K'_j\times\frac{2r_j}{D}\times\varphi}{mg}\times 1\,000 \tag{8-6}$$

式中　K'_j——第 j 个单元制动器保持制动推力(kN);

r_j——制动盘平均摩擦半径(m);

m——列车定员载荷状态总质量(t)。

(4)保持制动与常用制动控制逻辑测试

施加保持制动后,由制动控制手柄实施阶段制动,记录此过程中的制动缸压力变化。制动控制手柄实施比保持制动更大的制动力,保持制动应被更高要求的制动力所取代。

8.2.6　坡道起动试验

坡道起动试验在列车超载状态下进行。选取列车至少一辆动车和一辆拖车进行。测试参数应至少包括:被试车辆的制动缸压力、空气弹簧压力、闸片(闸瓦)推力、制动指令信号。试验时,使用装有测力装置的闸片(闸瓦)换下被试车辆原有的制动闸片(闸瓦)。

试验步骤如下:

(1)坡道起动施加与缓解指示

施加坡道起动按钮后,观察司机室内制动指示器。

(2)坡道起动制动缸压力测试

施加坡道起动指令后,测试被试车辆的制动缸压力和空气弹簧压力。

(3)坡道起动制动力测试

测试施加坡道起动制动作用在制动盘(车轮踏面)上的闸片(闸瓦)推力。通过实测的坡道起动制动力,计算坡道起动制动施加状态下整列列车的安全停放坡度。坡道起动制动停放坡度按式(8-6)计算。制动系统的坡道起动功能应满足超载列车在运行线路的最大坡道上起动的要求。

(4)坡道起动与常用制动控制逻辑测试

施加坡道起动指令后,由制动控制手柄实施阶段制动,记录此过程中的制动缸压力变化。制动控制手柄实施比坡道起动更大的制动力,坡道起动应被更高要求的制动力所取代。

8.3 制动系统线路试验

8.3.1 试验条件

线路试验的目的是检查车辆制动系统的动态特性是否满足设计要求。

线路试验应在良好道床的平直线路上进行，试验时风速不大于 5 m/s，供电网压满足列车牵引和电制动的要求。

型式试验先在干燥轨道上进行，再在潮湿轨道上，或通过人工使黏着降低，模拟运行中可能发生的实际状态的轨道上进行。例行试验在自然的实际状态(即有时潮湿，有时干燥)下进行，该状态应在试验结果中说明。

试验前，制动闸片(闸瓦)应经过适当的磨合，制动盘(车轮踏面)应平整光滑，无明显犁沟，确定闸片或闸瓦良好地贴靠在制动盘或车轮踏面上。闸片(闸瓦)厚度在规定范围内，接触面积不应小于 80%。每次制动试验前制动盘(车轮踏面)、闸片(闸瓦)温度不应超过规定值。试验过程中如需更换闸片(闸瓦)，应换装同一批次。装有闸瓦间隙调整器的车辆，应用新闸瓦进行型式试验；没有安装闸瓦间隙调整器的车辆，应用完全磨合的闸瓦进行型式试验。

8.3.2 制动动态性能试验

制动距离的测定应在平直轨道上进行，对每种编组或每种制动方式如紧急制动、快速制动、常用制动(电空联合、纯空气)至少应进行 3 次测量，每次测量应在相同运行状态下进行。实际试验次数由每次测量的试验结果的偏差决定，详见表 8-4。

表 8-4　某地铁车辆(最高运营速度 80 km/h)制动动态性能试验工况

制动方式	制动初速度 v_0(km/h)	手柄操纵
常用制动(电空联合)	20、40、60、80	最大常用制动位
快速制动	20、40、60、80	快速制动位
紧急制动	20、40、60、80	紧急制动位
常用制动(纯空气)	20、40、60	最大常用制动位

线路试验时，在到达施加制动的标志地点之前，应使车辆的速度接近试验预定的速度 v_0 并切除牵引电动机电源。当通过施加制动的标志地点时，立即施加所要求的制动。如果制动系统中装有车轮防滑装置，进行制动试验时应投入使用。

动态性能试验时需要精确测量每次试验中所记录的制动距离、减速度、制动时间以及制动开始的初速度 v，要求初速度 v 与基准速度 v_0 之差不应超过±3 km/h。当采用图解法求减速度时，还应记录制动过程中速度随时间变化的曲线和必要的系统参数(如制动缸压力、制动电流等)，减速度应符合常用制动减速度和紧急制动减速度的规定值。每次制动结束后应检查各次试验之间制动管压力是否恢复正常。记录制动距离。

如果制动距离试验不能在绝对平直的线路上进行，则所选的线路坡度不应超过±4‰。

如果线路水平状态或实际制动初速度与目标初速度不符，测得的制动距离应按式(8-7)修正：

$$L_1 = L \times \frac{3.92 \times (1+R_0) \times v_0^2}{[3.92 \times (1+R_0) \times v^2] \pm iL} \tag{8-7}$$

式中　L_1——修正的制动停车距离(m)；

L——测得的制动停车距离(m)；

v_0——目标初速度(km/h)；

v——实际制动初速度(km/h)；

i——试验地点坡度，"+"用于下坡，"−"用于上坡，用千分数(‰)表示；

R_0——转动惯量系数，如果技术条件没有规定 R_0 的数值，可使用 0.06。

制动平均减速度按式(8-1)计算。

以运营速度 80 km/h 城市轨道交通车辆为例，对制动动态性能试验进行描述，其他速度等级可参考进行。

8.3.3　防滑性能试验

防滑性能试验按现行《机车车辆制动系统用防滑装置》(TB/T 3009)的规定进行。试验应在坡度不超过 4‰的直线轨道上进行。试验应在适宜的天气条件下进行，不应在下雨、下雪的天气情况下进行防滑试验。试验采用空载(AW0)列车进行试验，试验列车在干燥轨面试验的制动距离应符合被试验车辆制动系统的设计要求。当车辆上安装了与轮轨间黏着力无关的制动装置(例如磁轨制动器)，在防滑试验时可以切除。

防滑性能试验需要采用在轨面喷洒减摩液的办法人工制造低黏着条件。减摩液通常采用 50%乙二醇与 50%水的混合液，也可使用含脂肪酸或者表面活性剂的洗涤剂溶液，但不应含有矿物成分。用于配制减摩液的洗涤剂应是环保可生物降解的，容易与水混合并可以在轨道上进行无害化处理。减摩液中的活性成分浓度可以根据实际黏着系数的需要来调整。

试验时，将车辆加速到最高运行速度后实施制动，但需要注意的是应在整个列车都运行到湿轨后才能实施制动。试验工况应包括紧急制动、最大常用纯空气制动和最大常用电空复合制动等工况。

测量数据包括列车速度、列车减速度、总风压力、制动缸压力、制动起始信号、制动初速度、制动距离、制动时间，以及第一辆车各轴的轮周速度。根据测量结果，判断是否产生有效滑行。如图 8-2 所示，当第一辆车初始滑行 t_1 前后各 0.2 s 内的平均减速度 a_1 在 0.8 m/s^2 至 0.6 m/s^2 之间时为有效滑行。对于制动初始速度为 60～120 km/h 时进行的防滑试验，采用图 8-2 中方法计算初始滑行减速度。

城市轨道交通车辆的防滑性能一般要求如下：

(1)速度超过 30 km/h 时，所有车轮都不能抱死；速度不超过 30 km/h 时，车轮抱死的持续时间不应超过 0.4 s。

(2)当瞬时速度大于 80 km/h 时，不应出现持续 3 s 以上滑行率(滑行速度与实际列车速度的比率)大于 25%的情况。

(3)当瞬时速度在 80 km/h 和 30 km/h 之间时，不应出现持续 3 s 以上滑行速度(实际

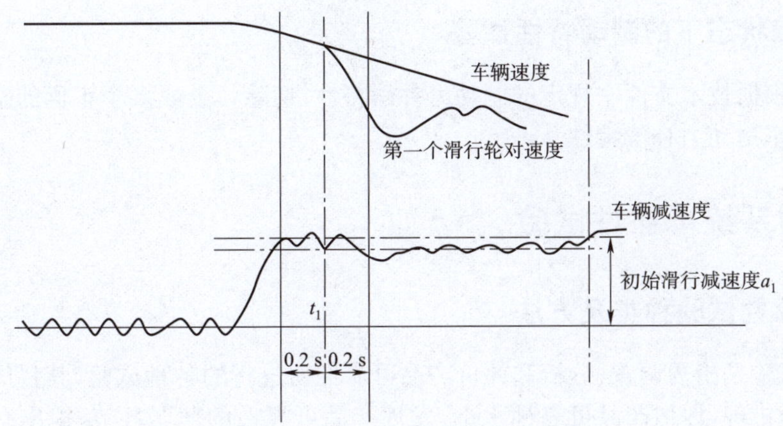

图 8-2 空气制动防滑试验结果示意

列车速度与轮周速度的差)大于 20 km/h 的情况。

(4)在所有试验速度段车轮都不应出现影响车辆运营的踏面擦伤。

8.3.4 制动热容量试验

制动热容量试验是为了检验制动盘(踏面)和闸片(闸瓦)在正常运营状态的温升是否小于规定值。

制动热容量试验应在列车超员载重状态下进行。试验前切除列车电制动,列车按线路运行图运行一个往返,利用红外测温仪测试踏面(制动盘)、闸瓦(闸片)表面温度,并记录数据。同时测试列车速度、被试车辆的制动缸压力、空气簧压力、制动指令信号等。

对于最高运营速度 120 km/h 城市轨道交通车辆,踏面(制动盘)、闸瓦(闸片)的表面温度不应大于 350 ℃。

8.3.5 电制动试验

装有电制动的车辆,需要对常用制动的全部级位、在手动或自动施加制动方式时进行下列项目检查:

(1)下坡道采用恒速制动时,实际的制动状况应符合规定的性能。

(2)在每台电动机和调节设备的端子上的电压,不得超过设计值或规定值。

(3)每台牵引电动机的电流不得超过设计值或规定值。

(4)再生制动时,因受电弓离线、电源不能吸收、网线不连续或过无电区造成供电中断,则应该可以平滑转换到另一个制动系统。

(5)电制动和空气制动系统之间应能平滑转换,而无明显的冲击、欠制动或过制动。

(6)电制动的平稳施加与缓解应无明显冲击,冲击率一般不得超过 1 m/s^3,紧急制动工况例外。

(7)在进行电阻制动试验时,试验过程中制动电阻最高温度不应超过规定值,电阻箱外壳温度符合《轨道交通 机车车辆电气设备 第 1 部分:一般使用条件和通用规则》(GB/T 21413.1—2018)的规定,电阻元件应无变形。

8.3.6 故障状态下的制动特性试验

试验前，根据技术文件中规定的制动力补偿特性，切除一个或多个车辆的空气制动或电制动，验证列车制动力补偿特性。

8.4 制动系统可靠性试验

8.4.1 可靠性试验种类及方法

可靠性试验是指为调查、分析和评价产品可靠性而进行的各种试验，其目的是通过试验结果分析故障机理，评估产品可靠性水平，发现产品可靠性的薄弱环节，提出有针对性的改进意见，以便提高产品的可靠性。

在实际应用中的可靠性试验一般是指从一批产品中随机抽取一定数量有代表的产品组成一个样本，其中样本中的个体又称为样品，样品的个数称为样本量，将此样本放在使用(或模拟)环境下进行寿命试验，观测每个样品的失效(故障)时间，分析产品每个失效发生的原因，最后对可靠性试验数据进行统计分析，获得这批产品的可靠性评价结论。

可靠性试验类型很多，可以采用多种方式对可靠性试验进行分类，如按试验目的可以分为工程试验和统计试验；按试验场所可分为使用现场试验和实验室试验；按试验项目可分为环境试验、筛选试验及寿命试验。由于可靠性试验所需的时间、物力成本较高，因此产品的可靠性试验安排应尽可能合理地结合不同试验，制定综合的试验计划，以避免重复试验，节省时间、物力。本节将介绍典型的可靠性试验和试验的综合安排。

1. 工程试验和统计试验

工程试验的目的在于暴露产品的设计缺陷，并采取纠正措施加以排除(或使其出现率低于允许水平)。试验对象为研制样机，试验由承制方进行。在试验过程中，如产品出现故障，应及时对故障原因进行分析，并采取有效纠正措施以消除故障，修复后继续进行试验，同时承制方还应做好记录。承制方的故障报告、分析和纠正措施系统(FRACAS)应符合《装备可靠性工作通用要求》(GJB 450A—2004)和《故障报告、分析和纠正措施系统》(GJB 841—1990)的规定。

工程试验包括环境应力筛选试验及可靠性增长试验。环境应力筛选试验是为发现和排除不良零部件、元器件、工艺缺陷以及防止早期失效，在环境应力下所做的一系列试验。典型的环境应力包括随机振动应力、温度循环应力及电应力等。可靠性增长试验是为暴露产品的薄弱环节，有计划、有目的地对产品施加模拟实际环境的综合环境应力及工作应力，以激发故障、分析故障和改进设计与工艺，并验证改进措施有效性而进行的试验。可靠性增长试验是产品研制阶段的重要试验项目之一，也是实现产品可靠性增长的一个正规途径。对于新型制动系统，由于缺乏前期数据支撑，容易产生设计缺陷，因此需要通过反复的可靠性增长试验，在系统研制阶段发现设计薄弱环节，以进行设计的再改进。可靠性增长的基本过程如图 8-3 所示。

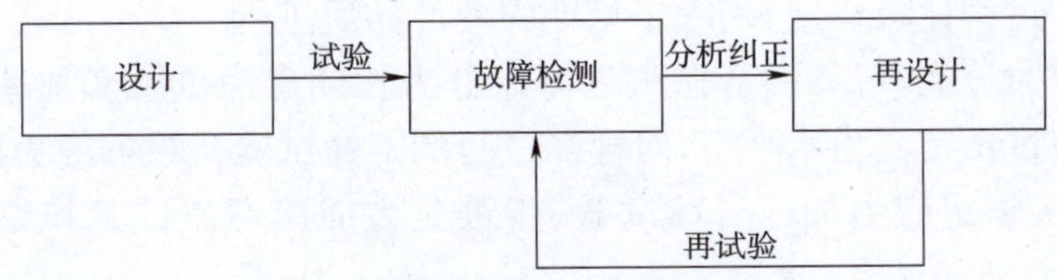

图 8-3 可靠性增长过程

统计试验包括可靠性测定试验和可靠性验证试验，试验对象为批量生产产品。可靠性测定试验是为确定产品的可靠性特性或其量值而进行的试验，其目的不在验收，而是为了得到产品当前的可靠性水平，以判断离要求水平还有多大的距离。可靠性验证试验是为了确定产品的可靠性特征量是否达到所要求的水平而进行的试验，分为可靠性鉴定试验和可靠性验收试验。可靠性鉴定试验是为验证产品设计是否达到规定的可靠性要求，抽取有代表性的产品在规定的条件下所进行的试验。可靠性验收试验是为验证批量生产产品是否达到规定的可靠性要求，在规定条件下所进行的试验。

2. 使用现场试验和实验室试验

使用现场试验是指产品在实际使用状态下所进行的可靠性试验，许多大型产品的可靠性试验都是在现场使用状态下进行的。从原理上，这种试验最能反映产品的实际可靠性水平，但是试验场所范围广，所需时间长，试验的组织管理工作繁重，并且由于使用环境不可控，对探索产品内在的失效规律有干扰，所以更常进行的是实验室试验。

实验室试验是指在实验室内模拟产品在实际使用条件下进行的可靠性试验。这种试验所施加的环境条件和大小都是一致的，并受到人工控制，试验管理简便，投资小，有重复性。但是实验室试验不可能完全模拟现场使用环境条件，因此通常选择对产品可靠性有影响的环境条件进行模拟，如温度、电压、振动等。

根据样品的失效情况进行划分，可以将实验室试验划分为完全可靠性试验、定时截尾可靠性试验和定数截尾可靠性试验。完全可靠性试验要求将投试样品试验到全部失效才结束试验。这种试验虽然可以获得完整的试验数据，统计推断结果更为可靠，但是需要很长时间，因此一般情况下不予采用。定时截尾可靠性试验只要求试验进行到事先规定的时间就停止，这时样品的失效个数是随机的，可能部分失效，可能没有失效样品，也可能完全失效。因此，为了不使样品的失效数过多或过少，恰当地规定试验停止时间是进行定时截尾可靠性试验的关键。定数截尾可靠性试验只要求试验进行到指定的失效个数停止，这时试验的停止时间是随机的。虽然定数截尾可靠性试验获得的样本量是固定的，便于试验数据的统计分析，但因为试验时间是随机的，为试验计划的制订带来了困难。如何不使试验时间过长，恰当地规定失效个数，是进行定数截尾可靠性试验的关键。除上述几种实验室试验，还有混合截尾可靠性试验、随机截尾可靠性试验等。

3. 长期寿命试验和加速寿命试验

可靠性寿命试验的目的是了解产品的寿命特征量、失效规律、平均寿命以及在寿命过程中可能出现的各种失效模式。通过可靠性寿命试验可以对产品的可靠性水平进行评价，并通过过程中所获得的数据和相关信息进行分析并反馈到相关部门，及时采取必要的措施。

寿命试验应在生产过程比较稳定，剔除了早期失效产品后进行。

根据施加的应力分类，可靠性寿命试验可以分为长期寿命试验和加速寿命试验。加速寿命试验是指在超过正常应力水平下，对样品进行的寿命试验。根据应力施加方式，此类试验主要有三种类型：恒定应力加速寿命试验、步进应力加速寿命试验和序进应力加速寿命试验。

对于轨道车辆制动系统，通常考虑振动、温度应力以及电应力等。制动系统的可靠性寿命试验，不仅可以作为产品质量验证的依据之一，分析试验数据得到的失效模式、失效规律、失效特征量，还能作为故障预测与健康管理（PHM）的故障诊断输入。

4. 可靠性试验的综合安排

由于可靠性试验时间、物力成本较高，因此产品的可靠性试验安排应尽可能合理地结合不同试验，制定综合的试验计划，以避免重复试验，节省时间、物力。

例如，从元器件、部件到子系统、系统产品，每一级别的生产都应进行环境应力筛选试验，可以包括冲击、振动、离心、温度、湿度、沙尘、盐雾、核辐射、电磁干扰等。环境应力筛选试验可以排除产品早期故障，一方面有利于提高批量产品的可靠性，另一方面可以提高后续可靠性增长、可靠性验证试验的效率和意义。

可靠性测定试验和可靠性增长试验可以结合进行。因为可靠性测定试验是为了了解产品目前的可靠性水平、评估距离要求水平的距离而进行的试验，而可靠性增长试验是为了暴露产品薄弱环节、进一步改进设计而进行的试验，二者根本目的是一致的。

可靠性测定试验、可靠性验证试验和可靠性增长试验都需要在环境应力筛选试验后进行。经过了环境应力筛选试验，产品排除了早期故障，产品故障率趋于稳定，这样在后续的可靠性试验中才可以反映出产品的固有可靠性，这也是耗费了大量人力物力的可靠性试验的重要意义所在。

对于新型制动系统，许多已有的可靠性数据不再适用。因此产品研制环节就应注意进行可靠性增长试验，以及时暴露薄弱环节并改进设计；在产品验证环节合理制定寿命试验方案，选取合理的抽样方式，有效地获得产品的寿命特征量、失效规律、平均寿命以及在寿命过程中可能出现的各种失效模式。

8.4.2 可靠性试验实例

以某直通电空制动系统电空变换阀的加速寿命试验为例进行说明。

1. 试验目的

通过提高应力水平来加速电空变换阀性能退化，采集电空变换阀在高应力水平下的性能退化数据，并利用这些数据来估计电空变换阀可靠性及预测其在正常应力下的寿命时间。

2. 试验对象

试验样品为某直通电空制动系统配套的电空变换阀。

3. 试验方法

采用高温步进应力加速电空变换阀退化。试验方法如下：

（1）以 40 ℃作为高温步进的起始温度，以 100 ℃作为高温截止限。

（2）在温度达到 60 ℃之前，以＋10 ℃为步长；在温度达到 60 ℃之后，以＋5 ℃为步长。

(3)温度变化速率采用温控设备的最大升温速率。

(4)每个温度应力水平下,被试品高温稳定后,将被试品快速从温度箱取出并安装至制动控制装置上进行上电性能测试,每个温度应力水平下的测试次数为10次,以考核其性能指标在高温情况下的温度特性。当温度升至100 ℃,或持续直至发现产品在某个温度点附近已致失效(工作极限),或达到了被试品材料所能承受应力的物理极限,则可以停止试验。

判定依据如图8-4所示,当试验温度从常温开始通过一定步进阶梯升温,升至温度 t_2 时,被试品出现故障,当温度恢复至 t_1 时,被试品故障消失,再进一步升至 t_3 时,被试品出现故障,再次恢复到 t_1 时,被试品故障消失,则确认 t_3 为被试品的高温操作极限。高温极限之后,适当减少温度步进。当温度升至 t_4,被试品出现故障,若温度降至 t_1 被试品功能无法恢复正常,则确认被试品的高温破坏极限为 t_4。

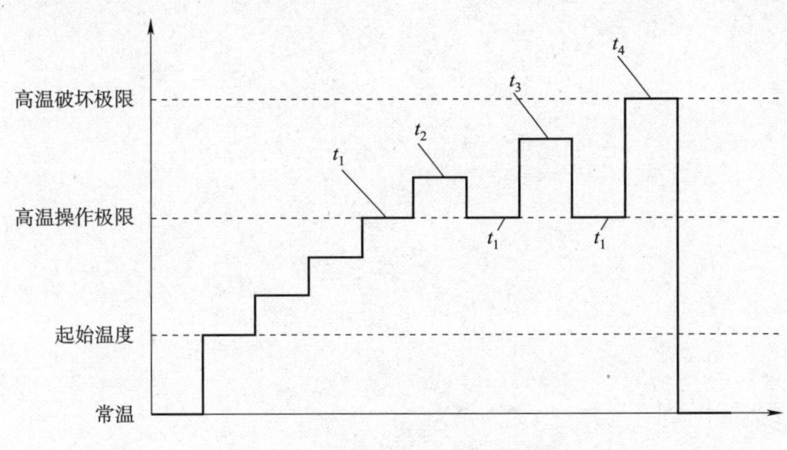

图8-4 高温步进应力试验剖面

4. 性能参数测试

被试品主要性能参数为响应时间和压力精度,具体的检测方法详见表8-5。

表8-5 电空变换阀的性能参数检测方法

性能参数	检测方法
响应时间	测量从电空设备向电空变换阀及中继阀发出电信号,到电空变换阀及中继阀输出压力从0上升至目标压力的90%的时间
压力精度	当预控压力达到目标压力时,且输出压力稳定的判断条件满足后,测量稳定的输出压力值

5. 试验步骤

(1)将2套电空变换阀每套1组,分成2组。

(2)在常温(25 ℃)环境下,测试每个阀的输入输出特性。

(3)按 t_1×90%温度进行恒温试验,24 h后,恢复至常温,将被试品从温度箱中取出,并按退化电空变换阀+正常中继阀组合安装于制动控制装置中。

(4)关闭制动控制装置上所有排气旋塞,确认气路连接无误后,打开总风供气,给定级位信号,测试其性能参数退化量。

(5)将退化电空变换阀从制动控制装置中取出,根据上次试验测得性能参数退化量,适当调整恒温时间，继续按 $t_1\times90\%$温度放置于温度箱中，至时间达到恒温时间后恢复至常温再次测量性能参数退化量。

(6)继续调整恒温时间进行试验，直至被试品出现失效为止。

9 车辆机械强度试验

机械强度试验是评定铁道车辆结构强度的基本试验，其目的是评估铁道车辆及其主要零部件的强度是否满足相关标准和运用需求。

机械强度试验主要包括车体、转向架、轮轴以及其他承载部件的静强度和疲劳强度试验。由于疲劳是车辆承载结构的主要损伤形式，因此对于重要承载部件，如转向架构架还需要进行线路动强度试验。为了能够更准确地评估车辆结构的使用寿命，需要测量其载荷谱。冲击强度试验主要用于评估货车在编组作业时的耐冲击能力。随着运行速度的提高，对车辆结构的动态响应也提出了更高要求，模态试验成为高速列车的必测项点。

车辆的静强度和疲劳试验通常是在室内专用的试验台上进行，线路动强度试验在实际的运行线路进行，而冲击强度试验则在专用的冲击试验线上进行。

9.1 车体强度试验

客车车体强度试验包括静强度试验、线路动强度试验和模态试验，货车车体强度试验包括静强度试验、垂向弯曲刚度试验和冲击强度试验。本节主要介绍车体的静强度试验。

9.1.1 车体静强度试验

车体静强度试验包括垂向载荷试验、纵向载荷试验、扭转载荷试验、顶车载荷试验，对敞车需要进行散粒货物侧压力试验，对通过机械化装卸的敞车还要进行翻车机载荷、叉车载荷的试验。

上述各种试验单独进行，然后对各测点的应力进行合成，根据合成应力是否小于材料的许用应力来判断车体的静强度是否满足规范要求。

1. 垂向载荷试验

试验时，由转向架的支撑部位支撑车体，使车体处于水平状态并可以自由变形不受约束，如图 9-1 所示。然后，加上均布或集中的试验载荷，载荷分布应接近车体实际承载情况。垂向载荷可在专门的试验台上用液压油缸加载，也可用重物加载。加载数值应包括车体自重、载重和整备重量，其中敞车的载重为标记载重的 1.15 倍(标记载重的 0.15 倍为敞车的雨雪增载)。

垂直载荷试验需测量应力测点的应变值和挠度测点的挠度值。

2. 纵向载荷试验

纵向载荷应沿车钩中心线施加在车体底架的前、后从板座上，载荷大小按相关标准规范执行，客车仅进行第一工况的纵向载荷试验，货车则需要进行第一种工况和第二种工况的纵向载荷试验。表 9-1 列出我国现行标准《机车车辆强度设计及试验鉴定规范　车体》(TB/T 3550—2019)中的纵向力取值。

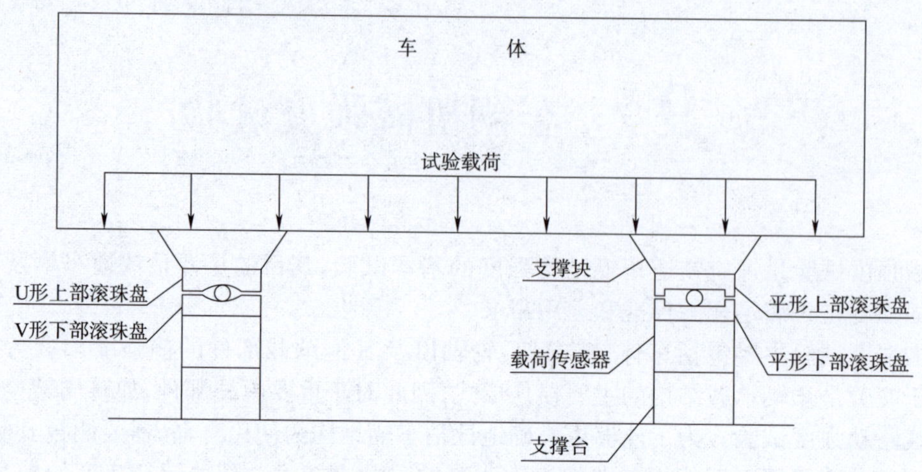

图 9-1 垂向载荷试验时车体的支撑方法

表 9-1 纵向载荷试验的载荷

单位:kN

纵向力	单列编组总重≤1 万 t 的货车	单列编组总重 1 万 t 且组合列车总重≤2 万 t 的货车	单列编组总重≤6 000 t 的货车	客车
第一工况纵向拉伸力	1 780	2 250	1 125	980
第一工况纵向压缩力	1 920	2 500	1 400	1 180
第二工况纵向压缩力	2 500	2 800	2 250	—

纵向载荷通常在专门的试验台上进行，如图 9-2 所示，在车体底架的前、后从板座安装试验用推杆，从车体的一边用液压千斤顶加载。

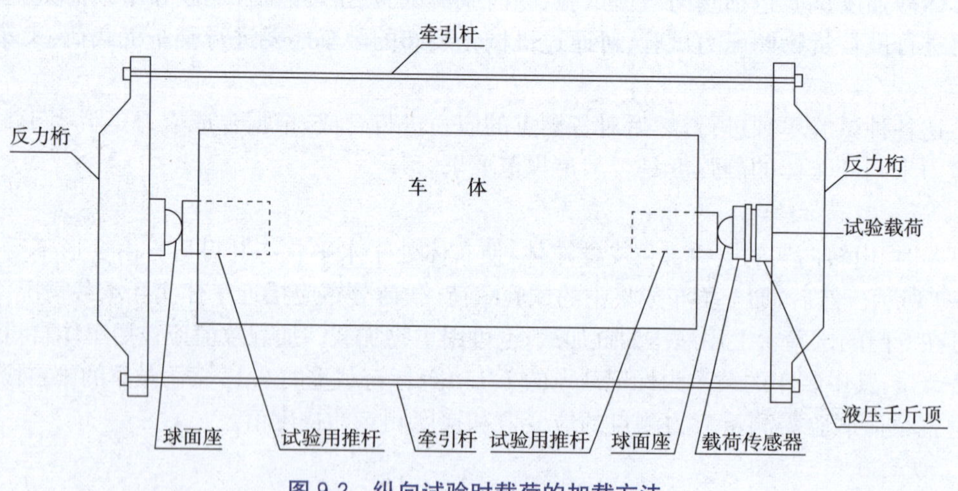

图 9-2 纵向试验时载荷的加载方法

3. 扭转载荷试验

在车体底架枕梁的四端将车体顶起，使上下心盘脱离成四点支撑，并处于水平状态。然后将任意一个对角线上的两个支撑点上升或下降，使车体产生扭转。

车体所承受的扭矩

$$M_k=\frac{\Delta P_1+\Delta P_2}{2}b_1 \tag{9-1}$$

式中 M_k——扭矩（kN·m）；

ΔP_1，ΔP_2——同一枕梁两撑点支撑力变化的绝对值（kN）；

b_1——同一枕梁两支点之间的距离（m）。

调整 ΔP_1 和 ΔP_2 的大小，使得 $M_k=40$ kN·m。

扭转试验需测量各测点的应力值和枕梁端部测点的位移值。

4. 顶车试验

顶车试验是把具有标记载重的重载车体，用加载设备在车体一端两侧顶车位将车体顶起，使车体与转向架承载面脱离。当车体结构明显不对称时，需对不同顶车位进行顶车试验。

顶车试验需测量各测点的应力值，并检查顶车部位是否发生明显变形。

5. 散粒货物侧压力试验

载荷值取散粒货物侧压力的等效集中力，用加载设备在车体内两侧墙对应侧柱的垂直中心线上相应高度（等效集中力的作用点）处加载，集中力按散粒货物对侧柱根部的弯矩进行等效。全车所有侧柱按上述方法全部加载，所测得的数值为当前工况的试验值；或分别对各侧柱按上述方法加载，将测得的各组应力数据叠加作为当前工况的试验值。

散粒货物侧压力试验需测量各测点的应力值和侧柱顶端的横向位移值（即外胀值）。

6. 敞车翻车机试验

（1）翻车机内倾弯矩试验

利用加载设备在车体两侧墙对应侧柱的适当高度，沿其垂直中心线加载，侧墙立柱根部内倾弯矩由车体一侧各侧柱均摊。对各侧柱同时加载，测量的应力值作为当前工况的试验值；或分布对各侧柱加载，将测得的各组应力数据叠加作为当前工况的试验值。

（2）翻车机压车力试验

用加载设备在翻车机压车力可能作用的上侧梁的任何位置，在 200 mm 长度上均布施加压车力。

9.1.2 测点布置

应力测点应参考强度计算结果，布置在高应力位置，包括主要承载部件应力大的部位，如枕梁、中梁、侧梁、横梁和侧柱等受力大的断面，或是断面变化大的部位如侧墙的窗角、门角等，并尽可能布置在焊缝附近或零部件的边缘。焊缝附近测点应变片中心线与焊缝外缘的距离为 5～10 mm，构件翼缘测点应变片中心线与外缘的距离为 5～10 mm。

根据部件的应力状态选择应变片的布置方式。对于已知主应力方向的单向应力测点，沿主应力方向粘贴单向应变片；对于已知两个主应力方向的测点，沿主应力方向粘贴双向应变片（应变花）；对于主应力方向未知的测点，粘贴三向应变片（应变花）。

9.1.3 试验步骤

试验分为预试验和正式试验两个步骤。

预试验时，载荷按二级或三级缓慢加载，直至试验所要求的最大值。预试验中被测结构和测试系统均应处于正常状态方可进行正式试验。

正式试验时，试验载荷不得小于基本作用载荷。每种工况加(卸)载次数一般应不少于三次，取有效结果平均值。

9.1.4 试验数据整理

1. 应力换算

如果试验载荷不等于车辆实际作用载荷，必须按两种载荷的比例进行换算。

对于垂向静载荷工况和顶车工况，其应力换算按式(9-2)计算：

$$\sigma_{cj}=\sigma_{cL}\left(\frac{\text{车体自重}+\text{载重}+\text{整备重量}}{\text{试验载荷}}\right) \tag{9-2}$$

式中 σ_{cj}——垂向静应力；

σ_{cL}——试验载荷测量的应力。

对于纵向载荷工况，其应力换算按式(9-3)计算：

$$\sigma_{y}=\sigma_{cL}\left(\frac{N}{\text{试验载荷}}\right) \tag{9-3}$$

式中 σ_{y}——纵向应力；

N——规定的纵向载荷。

对于扭转载荷工况，其应力换算按式(9-4)计算：

$$\sigma_{nz}=\sigma_{cL}\left(\frac{40}{\text{试验载荷}}\right) \tag{9-4}$$

式中，σ_{nz}为扭转应力。

2. 应力合成

合成应力按照“最大可能组合”原则进行应力合成。单向应力状态测点的应力，可由各载荷作用下的应力直接代数和合成。平面应力状态测点的应力，须先将各个方向应变片在各种载荷作用下应力值进行合成，然后再按应变花的计算公式计算其主应力和主方向。

车体主要构件的应力合成公式如下：

(1)第一工况的合成应力

①底架中梁、端梁、横梁和货车车顶各部位

$$\sigma_{\text{I}}=\sigma_{cj}(1+K_{dy})+\sigma_{yL}(\text{或 }\sigma_{yy})+\sigma_{nz}+\sigma_{c1} \tag{9-5}$$

②侧墙(包括侧梁)、底架枕梁和客车车顶各部位

$$\sigma_{\text{I}}=\sigma_{cj}(1+K_{dy}+K_{c})+\sigma_{yL}(\text{或 }\sigma_{yy})+\sigma_{nz}+\sigma_{c1} \tag{9-6}$$

式中 σ_{yy}——第一工况拉伸力的应力；

σ_{yL}——第一工况压缩力的应力；

σ_{c1}——第一工况散粒货物侧压力作用下的应力；

K_{dy}——垂向动荷系数，按 TB 3550—2019 推荐公式计算；

K_c——侧向力影响系数(货车取 $K_c=0.1$，客车取 $K_c=0.125$)。

(2)第二工况的合成应力

$$\sigma_{\text{II}}=\sigma_{cj}+\sigma_{ey}+\sigma_{c2} \tag{9-7}$$

式中 σ_{ey}——第二工况压缩力的应力；

σ_{c2}——第二工况散粒货物侧压力作用下的应力。

(3)顶车工况的合成应力

$$\sigma_D=\sigma_{cj}+\sigma_{dc} \tag{9-8}$$

式中，σ_{dc} 为顶车载荷下的应力。

9.1.5 静强度评判标准

第一工况、第二工况、顶车载荷工况、翻车机试验工况下，车体各部分的利用率 $U\leqslant1$，即

$$U=\frac{\sigma_c n}{\sigma_s}\leqslant1 \tag{9-9}$$

式中 σ_c——试验应力(复杂应力状态下的合成应用，应取当量应力，单位为 MPa)；

n——安全系数；

σ_s——屈服极限(MPa)；

U——利用率。

顶车试验时，顶车处不应出现永久变形；叉车载荷试验时，地板及地板支撑梁件不应产生可见的永久变形。

9.1.6 车体刚度试验

货车车体仅做垂向弯曲刚度试验，用挠度与车辆定距之比值(即挠跨比)来评定。整体承载的客车车体要做垂向弯曲刚度和扭转刚度试验，用相当弯曲刚度和相当扭转刚度评定。

1. 垂向弯曲刚度试验

在垂向载荷试验时，分别测量心盘处、枕梁两端和车体中央处的中梁和下侧梁的挠度，并换算成中梁中央相对于两心盘的挠度 f_z 和下侧梁中央相对于枕梁端部的挠度 f_c。

货车车体直接采用挠跨比进行评判，评定标准见表 9-2，表中 L_z 为车辆定距。

表 9-2 货车车体的挠跨比标准

车　　型	底架承载的敞、平车	整体承载的车体	受集中载重的平车
挠 跨 比	$\frac{f_z}{L_2}\leqslant\frac{1}{900}$	$\frac{f_z}{L_2}\leqslant\frac{1}{1\,500}$　$\frac{f_c}{L_2}\leqslant\frac{1}{2\,000}$	$\frac{f_z}{L_2}\leqslant\frac{1}{700}$

整体承载的客车车体，将垂向弯曲刚度试验所得中梁、侧墙挠度值分别代入式(9-10)求得相当弯曲刚度

$$EJ=\frac{WL_2^2}{384f}(5L_2^2-12L_{11}^2-12L_{12}^2) \tag{9-10}$$

式中 W——单位长度载荷(N/m);

L_{11}——一位端底架悬臂部分长度(m);

L_{12}——二位端底架悬臂部分长度(m);

L_2——车辆定距(m);

f——垂向均布试验载荷下中梁或侧梁相应的挠度(m)。

客车的车体刚度应确保整备状态下车体的一阶弯曲自振频率与转向架点头和浮沉自振频率的比值大于1.4,或车体的一阶弯曲自振频率大于10 Hz。

2. 扭转刚度试验

扭转载荷试验时,测量枕梁挠度测点的垂向位移量,车体相对扭转角

$$\varphi=\frac{(\delta_1-\delta_2)-(\delta_3-\delta_4)}{b_2} \tag{9-11}$$

式中 φ——车体相对扭转角(rad);

δ_i——四个枕梁挠度测点的垂向位移($i=1,2,3,4$,单位为mm);

b_2——同一枕梁挠度测点之间的横向距离(mm)。

车体相当扭转刚度

$$GJ=\frac{M_k}{\varphi}L \tag{9-12}$$

式中 GJ——相当扭转刚度($N\cdot m^2/rad$);

L——相对扭转截面之间的距离(m)。

客车车体的相当扭转刚度值,推荐不小于5.5×10^8 $N\cdot m^2/rad$。

9.2 构架强度试验

我国的机车、客车和动车组转向架通常采用整体式构架,而货车主要采用是三大件式转向架(两个侧架和一个摇枕),两者在结构上存在较大差异,因此《机车车辆强度设计及试验鉴定规范 转向架》(TB/T 3549—2019)针对性地分别制定了强度试验规范。本节主要介绍客车构架强度试验。

客车转向架的构架强度试验包括室内台架静态试验、台架疲劳试验和线路动强度试验。其中,室内台架静态试验由三部分组成:模拟超常载荷的静态试验、模拟主要运营载荷的静态试验和模拟特殊运营载荷的静态试验。

9.2.1 模拟超常载荷的静态试验

模拟超常载荷的静态试验的目的是检验在运用时可能出现的最大载荷共同作用下,转向架构架没有产生永久变形的危险。

实践表明,转向架构架所承受的载荷可以分别两种情况:一种是在整个车辆使用寿命期内极少出现的载荷,甚至可能只出现一次或数次,但载荷的数值较大;另一种是在构架上较为频繁出现的交变载荷,这种载荷对构架的寿命具有重要的影响。前一种载荷称之为超常载荷,即转向架构架在整个寿命期内可能出现的最大载荷,是构架静强度试验的载荷依据;后一种载荷

称为模拟运用载荷，即实际运营中经常出现的载荷，是构架疲劳强度试验的载荷依据。

1. 试验载荷

由轨道和车体等外部因素产生的主要超常载荷包括垂向载荷、横向载荷、纵向载荷、菱形载荷和扭转载荷。超常载荷根据车辆和转向架的基本参数确定。

对于非心盘承载的两轴转向架构架，试验加载示意如图 9-3 所示，其超常载荷的计算公式如下。

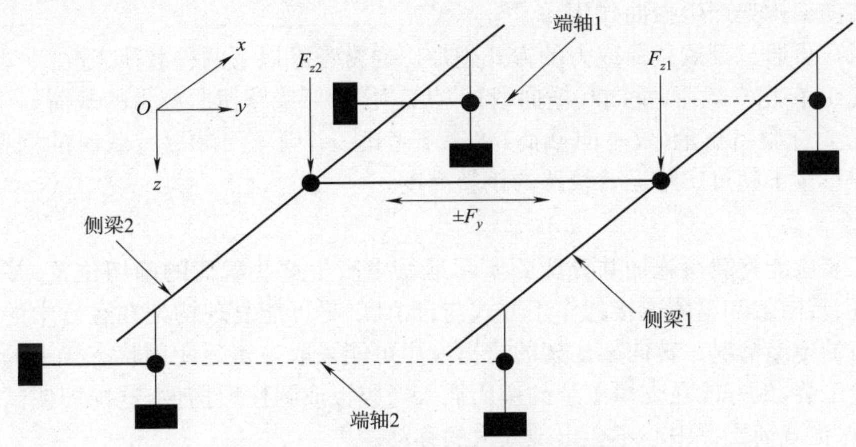

图 9-3 非心盘承载的构架加载示意

(1)垂向载荷(转向架每侧)

$$F_{z1,\max}=F_{z2,\max}=\frac{F_{z,\max}}{2}=\frac{1.4g(m_c+P_1-n_b m_b)}{2n_b} \tag{9-13}$$

式中 $F_{z1,\max}$，$F_{z2,\max}$——转向架两侧垂向超常载荷(N)；

$F_{z,\max}$——转向架垂向超常载荷(N)；

m_c——车辆整备状态质量(kg)；

P_1——超常载重(kg)；

n_b——转向架个数；

m_b——转向架质量(kg)。

(2)横向载荷(每轮对)

$$F_{y1,\max}=F_{y2,\max}=\frac{F_{y,\max}}{2}=15\ 000+\frac{(m_c+P_1)g}{3n_e n_b} \tag{9-14}$$

式中 $F_{y1,\max}$，$F_{y2,\max}$——转向架两侧横向超常载荷(N)；

$F_{y,\max}$——转向架横向超常载荷(N)；

n_e——每个转向架上的轮对数。

(3)纵向载荷

调车等引起的纵向载荷等于转向架质量乘以运用中可能出现的最大加速度。机车、动车组和客车转向架最大纵向加速度取 $3g$，货车取 $5g$。

(4)菱形载荷(每轮对)

菱形载荷是由于摇头运动以及通过小半径曲线时，转向架两侧承受的相反方向纵向力，对构架产生的剪切作用。

菱形载荷施加在转向架端轴的车轮位置，左右两侧方向相反。

$$F_{x1,\max}=F_{x2,\max}=0.4\times\frac{(F_{z,\max}+m_{b}g)}{2n_{e}} \tag{9-15}$$

式中，$F_{x1,\max}$、$F_{x2,\max}$为转向架两侧菱形超常载荷(N)。

(5)扭曲载荷

扭曲载荷是由于轨道扭曲(如顺坡)或考虑低速脱轨引起的转向架轮重变化载荷，扭曲载荷会对转向架构架产生扭曲作用。

扭曲载荷可通过等效载荷或力的方式施加。通常考虑以下两种载荷工况。

①工况 1：在超常载荷(垂向和横向载荷)状态下 10%线路扭曲产生的载荷。

②工况 2：在整备重量(仅垂向载荷)状态下考虑一个车轮 100%减载时的情况，车轮的最大垂向位移量不超过实际运营线路的钢轨高度。

2. 试验工装

试验工装应能将载荷施加并分配到实际运行中产生这些载荷的确切位置，并同时能模拟悬挂装置、转向架和车体连接的作用方式与自由度，尽可能复现构架在运营中的变形及各连接件上力的传递情况。转向架构架的支撑应尽可能采取与实际使用状态接近的方法。如果使用试验工装，最好能在支撑工装的座面插入橡胶板或圆柱形构件，这样即使试验构件发生应变，可保证载荷支撑中心不会出现太大的移动。

图 9-4 为垂向载荷的加载和支撑方式示意，垂向载荷施加在二系承载部位，垂向支撑施加在一系承载部位。试验时，转向架的支撑必须允许构架能够自由变形，没有过多的约束，必要时可使用滚柱支撑。

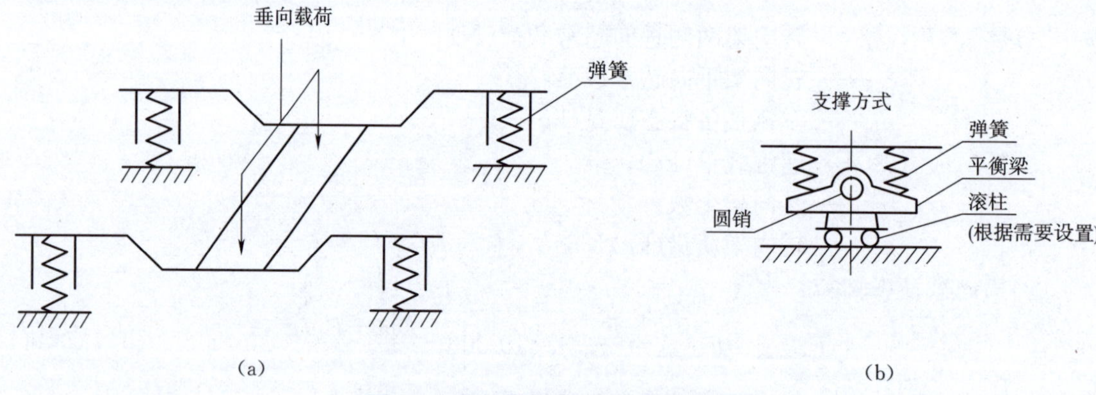

图 9-4 垂向载荷的加载和支撑方式

根据构架实际结构在横向止挡位置施加横向载荷，横向支撑施加在一系轴箱定位处，为了保持构架的稳定，可在二系承载部位施加垂向载荷，如图 9-5 所示。

根据构架实际结构在牵引拉杆位置施加纵向载荷，纵向支撑施加在一系轴箱定位处，为了保持构架的稳定，可在二系承载部位施加垂向载荷，如图 9-6 所示。

扭曲载荷可按图 9-7 的方式加载，即在一、四位(或二、三位)车轮与钢轨之间加上垫片，垫片的厚度相当于轨道的扭曲量，然后加上垂向载荷。试验所得数据是垂向载荷和扭曲作用下的合成应力。

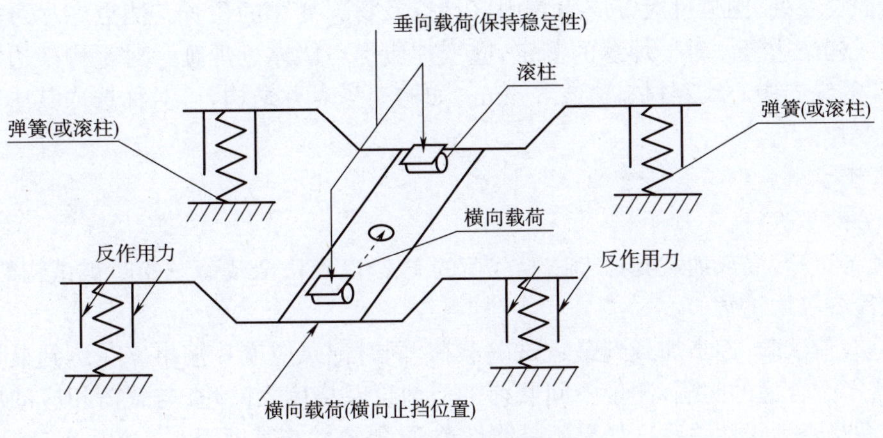

图 9-5 横向载荷加载方式

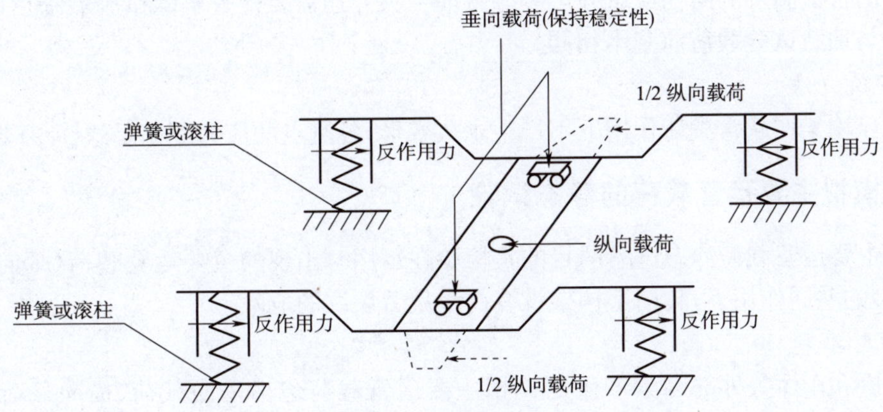

图 9-6 纵向载荷加载方式

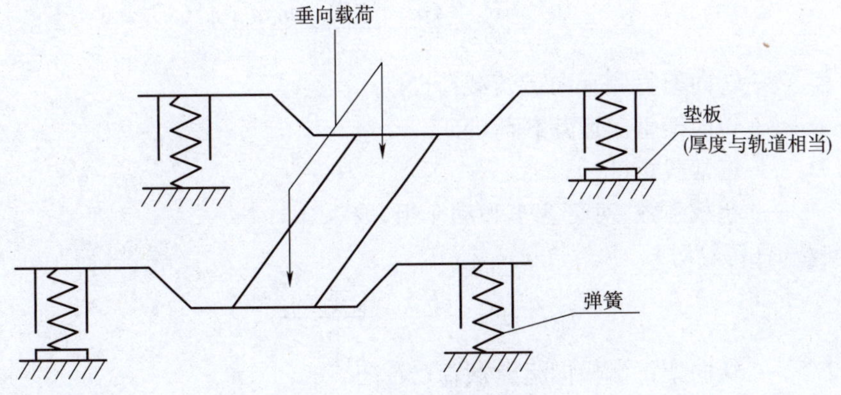

图 9-7 扭曲载荷加载方式

3. 应变测点位置

应变测点应参考有限元的结果计算，选取构架高应力位置作为应变测点。测点通常位于结构断面突变处、圆弧过渡等应力集中区域以及材料变化的位置。测点应尽可能布置在焊缝附近或构架边缘。对于焊缝的测定,应变片应尽可能靠近焊趾。对于构架边缘位置测点,应变片的纵向中心线距材料边缘 5 mm。如构架为对称结构,可对称选取其中的部分位置布置应变片。

4. 试验步骤

试验分两步进行:

(1)预备试验:局部加载到最大试验载荷的 1/2,以确认全载荷试验时被试构架、试验工作及测试设备等均正常。

(2)全载荷试验:逐步加载到最大试验载荷,同时记录应变片输出。在达到最大载荷之前,设立若干个合适的间隔,测量中间载荷的应力以及挠度,并检查与载荷相应的应力和挠度量的关系是否为线性关系。如果不是线性关系,需要检查其原因。

测量时应进行试验载荷的增大和减少两种试验,两者之间如果存在差异(迟滞),应检查原因是否出自试验件的结构或试验工装等方面。另外还需要检查解除试验载荷后的应力及挠度是否与加载试验载荷前基本相同。

5. 评价方法

为确保构架在超常载荷作用下不产生永久变形,各测点的应力应满足式(9-9)要求。

9.2.2 模拟主要运营载荷的静态试验

模拟主要运营载荷静态试验的目的是检验在运用时出现的主要运营载荷(垂向、横向和轨道扭曲)的共同作用下,转向架构架没有产生疲劳裂纹的危险。

1. 试验载荷

由轨道和车体等外部因素产生的模拟主要运营载荷包括垂向载荷、横向载荷、纵向载荷、菱形载荷和扭转载荷。

(1)垂向载荷(转向架每侧)

$$F_{z1}=F_{z2}=\frac{F_z}{2}=\frac{(m_c+kP_2-n_b m_b)g}{2n_b} \tag{9-16}$$

式中 F_{z1},F_{z2}——转向架每侧垂向运营载荷(N);

F_z——转向架垂向运营载荷(N);

P_2——正常载重(kg);

k——超载系数,对于客车和动车组,取 1.2。

(2)横向载荷(每轮对)

$$F_{y1}=F_{y2}=\frac{F_y}{2}=\frac{F_z+m_b g}{4n_e} \tag{9-17}$$

式中 F_{y1},F_{y2}——转向架每侧横向运营载荷(N);

F_y——转向架横向运营载荷(N)。

(3)纵向载荷

对于动力转向架,纵向载荷根据最大启动牵引力(或制动力)计算得到。对于非动力转向架,纵向载荷根据最大加速度(或减速度)计算得到。

(4)菱形载荷(每轮对)

菱形载荷施加在转向架端轴的车轮位置,左右两侧方向相反。

$$F_{x1}=F_{x2}=0.2\times\frac{(F_z+m_b g)}{2n_e} \tag{9-18}$$

式中,F_{x1}、F_{x2}为转向架菱形运营载荷(N)。

(5)扭曲载荷

扭曲载荷对应于转向架运行于5‰线路扭曲产生的载荷。

2. 试验工况

垂向和横向载荷需要按表9-3所定义的工况进行试验,表中侧滚系数α表示车体在曲线上滚摆运动引起的垂直载荷的动态变化,$\alpha=0.1$;浮沉系数β表示车体浮沉运动引起的垂直载荷的动态变化,$\beta=0.2$。如果已知线路理论明显偏差或者车辆运行在非常大的欠超高条件下,可以使用更大的α、β值。

表9-3 垂向和横向载荷组合试验工况表

试验工况	F_{z1}	F_{z2}	F_y
1	$F_z/2$	$F_z/2$	0
2	$(1+\alpha-\beta)F_z/2$	$(1-\alpha-\beta)F_z/2$	0
3	$(1+\alpha-\beta)F_z/2$	$(1-\alpha-\beta)F_z/2$	$+F_y$
4	$(1+\alpha+\beta)F_z/2$	$(1-\alpha+\beta)F_z/2$	0
5	$(1+\alpha+\beta)F_z/2$	$(1-\alpha+\beta)F_z/2$	$+F_y$
6	$(1-\alpha-\beta)F_z/2$	$(1+\alpha-\beta)F_z/2$	0
7	$(1-\alpha-\beta)F_z/2$	$(1+\alpha-\beta)F_z/2$	$-F_y$
8	$(1-\alpha+\beta)F_z/2$	$(1+\alpha+\beta)F_z/2$	0
9	$(1-\alpha+\beta)F_z/2$	$(1+\alpha+\beta)F_z/2$	$-F_y$

扭曲载荷应在工况3、工况5、工况7、工况9下分别以正反两个方向施加,扭曲载荷的引入不应改变垂向载荷的总和。

3. 评价方法

对应每个测点,记录各工况下的应力值,然后从这些应力值中找出最小值σ_{min}和最大值σ_{max},并按式(9-19)计算得到平均应力σ_m和应力幅σ_a。

$$\sigma_m=\frac{\sigma_{min}+\sigma_{max}}{2},\quad \sigma_a=\frac{\sigma_{max}-\sigma_{min}}{2} \tag{9-19}$$

对于应变花测点,σ_{min}和σ_{max}按以下方法计算:

(1)计算应变花测点在不同载荷工况下的主应力值及其方向。

(2)将所有载荷工况中的最大主应力方向确定为基本应力分布方向,其值作为最大计算应力σ_{max}。

(3)将其他载荷工况下的主应力转换到选定的基本应力分布方向,其中最小的应力值确定为最小应力σ_{min}。

应力限度由材料的疲劳极限图[参见《机车车辆强度设计及试验鉴定规范 总则》(TB/T 3548—2019)]给出。图 9-8 为抗拉强度 $R_m \geqslant 520$ N/mm² 钢材的疲劳极限图，图中曲线 a_1 适用于位于对接焊缝区或低切口效应的截面变化区内的测点，相当于疲劳试验结果的 75%存活率；图中曲线 a_2 适用于其他类型焊缝区或高切口效应的截面变化区内的测点，相当于疲劳试验结果的 90%存活率；图中曲线 b 适用于非焊接材料的无切口效应的截面变化区内的测点，相当于疲劳试验结果的 50%存活率。

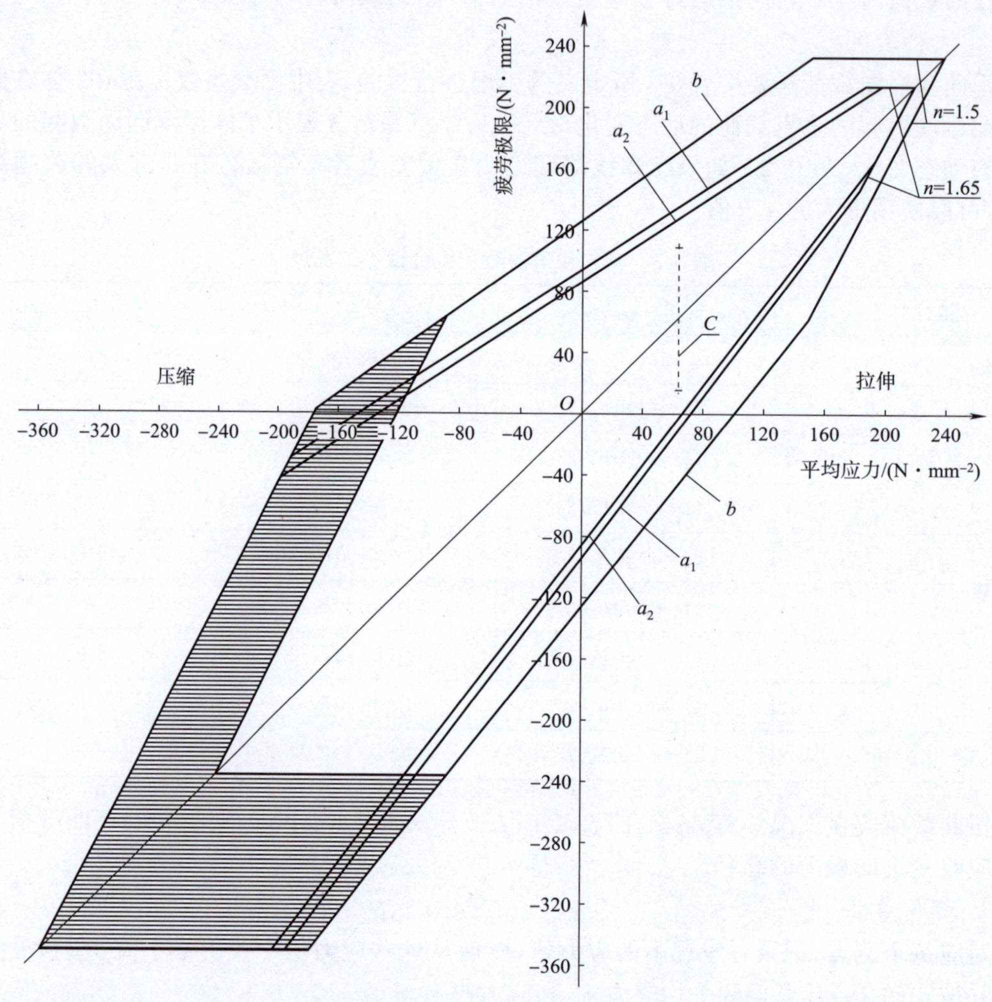

图 9-8 抗拉强度 $R_m \geqslant 520$ N/mm² 钢材疲劳极限图

允许个别测点的测试结果超出应力限度 20%，但应在随后的整个疲劳试验过程中对这些测点进行监测。如果由于横向载荷的影响，使得构架上二系悬挂承载部位的测试结果超过应力限度 20%，则要专门针对这些部位重新进行试验，试验时横向载荷减小到原来的 1/2。

9.2.3 模拟特殊运营载荷的静态试验

模拟特殊运营载荷的静态试验的目的是检验在转向架零部件(牵引电机、制动装置、减振器等)产生的特殊载荷的共同作用下,转向架构架没有产生局部疲劳裂纹的危险。

1. 试验载荷

特殊运营载荷取决于转向架的具体特征,并与转向架的运用方式有关。特殊载荷也考虑两种情况:在超常载荷工况下,构架及其上的吊挂装置不应产生永久变形;在运营载荷工况下,构架及其上的吊挂装置在其设计寿命期限内不应出现疲劳裂纹。

由转向架悬吊部件产生的特殊载荷包括部件振动产生的惯性载荷和部件工作时产生的工作载荷两大类。

(1)惯性载荷

惯性载荷根据设备的质量以及该设备所承受的加速度取值,超常载荷的惯性加速度取值见表 9-4,运营载荷的惯性加速度取值见表 9-5,对于其他位置的垂向加速度和横向加速度数值,通过线性内插或外推法获得。牵引电机和齿轮箱的惯性质量根据驱动系统的结构确定,对于轴悬式电机,通常取 2/3 为簧下质量,1/3 为簧上质量;对于架悬式电机,全部取为簧上质量。

惯性载荷应施加在设备的质心位置,可通过工装实现在质心位置加载。

表 9-4 超常载荷惯性加速度取值　　单位:g

部位		垂向	横向	纵向
端部轮对中心线处		±20.0	±10.0	±3.0
转向架中心线处		±10.0	±5.0	±3.0
牵引电机和齿轮箱连接装置	轴悬式	±20.0	±10.0	±5.0
	架悬式	±5.0	±3.0	±3.0

表 9-5 运营载荷惯性加速度取值　　单位:g

部位		垂向	横向	纵向
端部轮对中心线处		±6.0	±5.0	±2.5
转向架中心线处		±3.0	±2.5	±2.5
牵引电机和齿轮箱连接装置	轴悬式	±6.0	±5.0	±2.5
	架悬式	±3.0	±1.0	±2.0

(2)工作载荷

①牵引电机

超常载荷通常取牵引电机启动或制动时产生的最大扭矩的 1.3 倍。对于牵引电机短路等故障引起的超常载荷也应予以考虑。运营载荷取牵引电机额定扭矩的 1.1 倍。

模拟牵引电机反扭矩的载荷施加在电机吊座处。

②制动装置

超常载荷取紧急制动工况名义载荷的 1.3 倍。运营载荷取常用制动工况名义载荷的 1.1 倍。

模拟制动装置作用在构架上的力(如由闸瓦作用在车轮产生的反力或闸片作用在制动盘上产生的反力),力的作用点为运用中产生这些力的位置。

③减振器

减振器载荷应取决于其设计特性和运用情况。如缺少可用的运用数据,超常载荷取减振器卸荷速度时阻尼力的 2 倍,运营载荷取减振器卸荷速度时阻尼力的 1.5 倍。

模拟减振器的工作载荷沿减振器轴线方向施加到减振器座上。

④抗侧滚扭杆

抗侧滚扭杆的超常载荷对应于运用过程中车体相对构架最大侧滚角情况下的载荷。运营载荷按侧滚系数 α 对应的车体相对于转向架的侧滚角情况下的载荷。

抗侧滚扭杆载荷应与构架横向载荷的方向相适应,宜同时施加。

2. 试验过程

在所有模拟特殊运营载荷的静态试验中,首先在构架上施加车辆正常载重作用下的垂向载荷,并记录所有车轮下的反作用力,然后分别以正反两个方向施加各种特殊运营载荷,在整个过程中应确保车轮下的反作用力之和保持恒定。

每个测点都得到了 3 个应力值,用其中的最大值和最小值分别计算得到 σ_{max} 和 σ_{min}。

3. 评定方法

对于主要运营载荷产生较小影响的测点,可仅对特殊运营试验结果进行评价。对于主要运营载荷产生较大影响的测点,将主要运营载荷产生的应力与特殊运营载荷所产生的应力相叠加,叠加方法应避免构架垂向载荷的重复影响。

试验结果的评价方法按主要运营载荷静态试验的评定方法进行。

9.2.4 疲劳试验

疲劳试验的目的是确定构架的总体寿命,评估安全裕量,检查在静态试验中没有发现的潜在薄弱点。疲劳试验通常在静态试验后进行。

1. 试验载荷

疲劳试验载荷根据计算分析或静态试验结果确定,通常包括主要运营载荷和特殊运营载荷。

(1)主要运营载荷

①垂向载荷

垂向载荷由静态载荷、准静态载荷和动态载荷三部分组成。

a. 静态载荷

$$F_{z1}=F_{z2}=F_z/2 \tag{9-20}$$

b. 准静态载荷(模拟曲线上的滚摆)

$$F_{z1qs}=F_{z2qs}=\pm\alpha F_z/2 \tag{9-21}$$

c. 动态载荷(模拟浮沉振动)

$$F_{z1d}=F_{z2d}=\pm\beta F_z/2 \tag{9-22}$$

②横向载荷

横向载荷由准静态载荷和动态载荷两部分组成。

a. 准静态载荷

$$F_{y1qs}=F_{y2qs}=\pm F_y/4 \tag{9-23}$$

b. 动态载荷

$$F_{y1d}=F_{y2d}=\pm F_y/4 \tag{9-24}$$

③扭曲载荷

扭曲载荷对应于转向架运行于5%线路扭曲产生的载荷。

如果静态试验表明构架不受线路扭曲影响(例如构架抗扭刚度较低或铰接式转向架),疲劳试验中可不施加扭曲载荷。

④纵向载荷和菱形载荷

如果静态试验表明构架在纵向载荷或菱形载荷单独作用下安全裕量不足20%,或与垂向载荷、横向载荷等主要运营载荷共同作用下超过疲劳极限时,在疲劳试验中需要施加这些载荷。

(2)特殊运营载荷

如果静态试验表明构架在特殊运营载荷单独作用下安全裕量不足20%,或与垂向载荷、横向载荷等主要运营载荷共同作用下超过疲劳极限时,在疲劳试验中需要施加特殊运营载荷。

2. 试验过程

对于垂向载荷、横向载荷和扭曲载荷等主要运营载荷,疲劳试验分三阶段完成:

(1)第一阶段:垂向和横向动载荷循环次数为6×10^6次,扭曲载荷循环次数为0.6×10^6次。

(2)第二阶段:垂向和横向动载荷循环次数为2×10^6次,扭曲载荷循环次数为0.2×10^6次,试验时保持静态载荷部分不变,准静态和动态部分为第一阶段的1.2倍。

(3)第三阶段:垂向和横向动载荷循环次数为2×10^6次,扭曲载荷循环次数为0.2×10^6次,试验时保持静态载荷部分不变,准静态和动态部分为第一阶段的1.4倍。

垂向载荷、横向载荷应包括模拟同样数量的左曲线和右曲线。在每一段对应于左曲线或右曲线的准静态载荷范围内,垂向和横向动载荷的循环次数一般为20次;如果转向架运用于曲线比较多的线路,动载荷循环次数要减少到10次;如有运用于曲线特别多的线路,动载荷循环次数还要进一步减少。垂向载荷和横向载荷动态分量的频率和相位相同,垂向载荷和横向载荷加载过程如图9-9所示。

如果静态试验表明扭曲载荷、纵向载荷、菱形载荷等主要运营载荷和转向架悬吊部件产生的特殊运营载荷所导致的应力与垂向和横向载荷导致的应力发生在不同的区域,则可单独施加这些载荷进行试验。如果这些载荷需要与垂向和横向载荷同时施加,试验工装应确保这些载荷的引入不应在车轮反作用力处产生附加载荷。

对于纵向载荷和制动装置产生的特殊运营载荷,动态循环次数不宜少于1×10^6次;对于菱形载荷和除制动装置外其他悬吊部件产生的特殊运营载荷,动态循环次数不宜少于2×10^6次。

试验加载的频率根据试验设备和工装条件确定,通常在2~7 Hz。

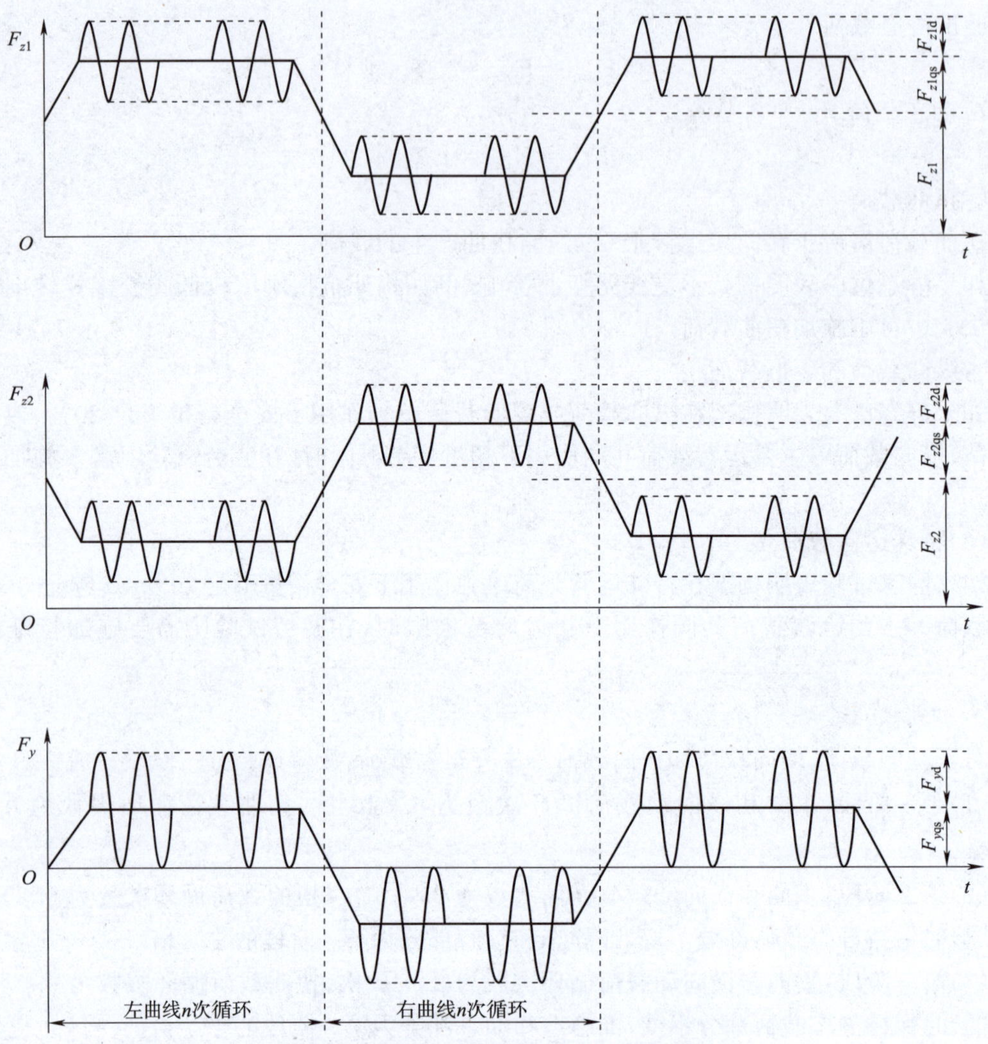

图 9-9 垂向和横向载荷疲劳试验加载过程

3. 评定方法

在 4×10^6 次动载荷循环及每个阶段试验完成后，都应通过无损探伤检验（磁粉探伤或渗透探伤）来确定构架是否有疲劳裂纹。

在前两个阶段试验完成后，构架不应出现任何裂纹。在第三阶段试验完成后，允许出现在运用过程中部需立刻修复的微小裂纹。如果出现这种裂纹，建议对构架的局部结构进行改进，并进行优化分析计算，但不需要进行进一步的试验验证。

9.2.5 线路动强度试验

线路动强度试验的目的是获得运用条件下构架关键部位应力变化的时间历程，并基于疲劳理论评估转向架构架的疲劳寿命。

线路动强度试验需要测量承载结构关键部位的动应力，对于机车车辆，主要在转向架构架、牵引装置、转向架构架设备和轴箱设备安装结构、车下外部关键悬吊设备安装结构等区域布置应变片，对于货车，主要在转向架的侧架、摇枕、制动梁等关键承载结构以及车下外关键悬吊设备安装结构等区域布置应变片。应力测点布置应基于强度仿真计算和静强度试验结果来确定，应涵盖台架试验时应力较大的贴片位置，主要考虑以下区域：

(1)结构形状的突变部位、断面突变部位等应力集中的部位。

(2)由计算结果估计产生高应力的区域。

(3)应力状态复杂的部位，如构架侧梁和横梁结合部。

(4)焊缝区域等，尤其是应力较大部位的焊缝。

(5)受力细节不清楚或难以确定的区域。

(6)承受较大交变载荷的部位，如齿轮箱吊座、电机吊座。

(7)疲劳试验和实际运用中出现疲劳裂纹的部位。

线路动强度试验应在车辆实际运营线路进行。对于机车，应按其实际运营时的牵引重量牵引列车；对于客车和货车，应包括空车和满载两种载荷状态。试验时，车辆在试验线路上下行两个方向按运行图运行，试验有效里程不少于 500 km。

动应力测量结果采用雨流计数法或其他计数方法统计应力循环频次，雨流计数法原理参见 9.4 节。计数前，应去除数据异常点和零漂，并进行低通滤波，转向架构架和车体动应力滤波频率取 100 Hz，轴箱体等承受高频载荷或振动的零件可采用更高的滤波频率。

需要注意的是，应变测试属于相对测试。由于仪器预平衡的因素，电桥输出的数值是相对电桥平衡状态的应变。而结构实际的应力，则由静态应力和动态应力两部分组成，在进行疲劳评估时需要将线路实测的动应力与自重或载重作用下的静应力进行代数合成。对于机车，应在整备状态下测试静应力；对于客车和货车，应分别在空车和满载下状态下测量静应力。

由应力循环频次的统计结果，根据帕尔姆格伦-迈纳(Palmgren-Miner)线性累积损伤理论计算等效应力

$$\sigma_{eq} = \left[\frac{L}{L_1 N}\sum n_i \left(\Delta\sigma_{n_i}\right)^m\right]^{\frac{1}{m}} \tag{9-25}$$

式中　L——被测车辆在规定使用期限内的总运用公里数(km)；

L_1——实测动应力的运行公里数(km)；

n_i——第 i 级应力水平对应的应力循环次数；

$\Delta\sigma_{n_i}$——第 i 级名义应力(MPa)；

m——材料在交变应力下的疲劳性能曲线(S-N 曲线)的幂指数；

N——等效的循环次数。

当 $\Delta\sigma_{n_i} \leqslant [\sigma_f]$ 时，则该测点的动强度满足规定使用期限要求，反之，则该测点的动强度不满足规定使用期限要求。$[\sigma_f]$ 为测点的疲劳许用应力，可依据材料的 Goodman 图或 S-N 曲线确定。

9.3　冲击试验

冲击试验作为铁道车辆特有的一项试验，是用一辆具有一定速度的车辆(冲击车)向一辆静止的车辆(受试车)冲击。冲击过程中，两车的车钩自动连接。

铁道车辆在运用过程中，例如在编组场调车、溜放，列车起动、制动，运行中加速、减速以及各种事故时列车或车辆的冲撞等都会发生不同程度的冲击，往往产生很大的纵向冲击力。当冲击的剧烈程度超过铁道车辆或货物所能承受的程度时就会损坏车辆和货物。

冲击试验主要用于研究货车的冲击强度。冲击强度通常理解为铁道车辆在正常运行中承受冲击载荷的能力。在该冲击载荷作用下，铁道车辆的损伤应在允许范围之内。冲击试验是铁道车辆冲击强度评价的手段。通过冲击试验，研究冲击速度与冲击力的关系，各种车钩缓冲器的性能，为确定车辆调车作业时的允许冲击速度提供依据。

9.3.1　冲击试验内容

1. 试验方法

冲击试验是用一辆具有一定速度的冲击车向一辆停在平直轨道上处于非制动状态的被试车(被冲击车)冲撞，同时用测试仪器测量和记录冲击过程中发生的冲击力、加速度、应力等动态参数。另用一辆或数辆处于制动状态的阻挡车停在被试车后面，以限制冲击后被试车的移动距离，如图 9-10 所示。冲击车获得速度的方式是让其从斜坡轨道上适当高度处靠重力作用自由溜下斜坡，亦可用铁路机车推送冲击车使其达到一定速度后，机车突然停车，让冲击车靠惯性运行。

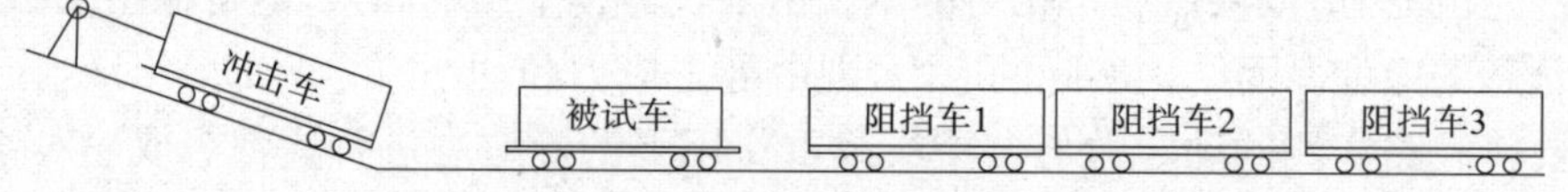

图 9-10　冲击试验参试车编组示意

冲击试验通常是在专用的冲击试验线上进行。试验时，用升降装置提升冲击车，使其达到适当的高度后溜放，对被试车进行冲击。在被试车之后数米停放阻挡车，阻挡车全部施行人力制动并且垫有铁鞋。冲击速度从 3 km/h 开始，每次递增 1～2 km/h，直到车钩冲击力达到第二工况纵向压缩力或冲击速度达到 8 km/h 为止，以先达到者为准。每速度级进行 3 次冲击。若先达到规定速度值时，按相应速度下的车钩力评价铁道车辆的冲击强度。试验时，所有参试车均装载成重车。

2. 试验车辆

冲击试验前，被试车应进行车体静强度试验并记录其技术状态，如变形。被试车具有实际运用技术状态，并装载到标记载重，用于运输散装粒状货物的车辆应采用与其对应的载荷模拟方式。试验中，被试车应处于非制动静止状态，并装有设计时所采用的缓冲装置。

冲击车应装用 MT-2 型缓冲器，其车辆总重应与被试车接近，且不应小于 92 t。

阻挡车的人力制动机应处于制动位，并在轨道上适当位置放置不少于两对铁鞋。

3. 测量参数

被试车需要测量以下参数：

(1)车钩力(冲击力)。在被试车直接受冲击端换上测力车钩，该车钩所承受的纵向冲击力即为车钩力。测力车钩应预先在钩身上粘贴应变片组成电桥，应变电桥应消除纵向冲击力偏离车钩中心而引起的附加应变。测力车钩通过标定得到电桥输出与标定载荷之间的灵敏度，标定载荷为第二工况纵向压缩力的 1.1 倍。

(2)主要应力。车辆主要部件的应力，包括车体牵引梁、中枕梁节点、枕侧梁节点、敞车端墙横梁等部位，必要时包括转向架的动应力。应变片的布置应根据应力状态确定，在断面突变部位，测点中心应离突变断面 20 mm，离构件翼缘边 10 mm。

(3)缓冲器行程。位移传感器应安装在钩尾框纵向中心线下方前后丛板座间。

(4)加速度。测量车体中梁的纵向加速度，对于无中梁车体，传感器应安装在车体中部主要承载结构上。

(5)冲击速度。冲击速度是指冲击车与被试车即将发生冲撞前瞬间冲击车的速度。可用轨道贴片法在冲击车上安装速度传感器或其他更精确的方法测量。轨道贴片法是在轨道腹板上相距 500 mm 的两点分别贴一组电阻应变片，记录发生冲撞前瞬间冲击车最靠近被试车的轮对越过第一点到第二点所经历的时间，通过换算得出冲击速度。

测量以上参数时，测量车钩冲击力和应变的滤波频率不小于 100 Hz，测量加速度的滤波频率不小于 32 Hz。

4. 结果评定

冲击试验后，被试车仍应具有良好的运用技术状态，车体不得产生残余变形，不得有任何部件发生损伤。将冲击试验应力与垂向静载荷下的应力合成(对于装运散粒货物的车辆，还应加上散粒货物产生的应力)，其值应不大于第二工况下的许用应力。

以冲击速度为自变量，将不同冲击速度测得的各参量峰值，采用最小二乘法进行回归拟合处理，拟合函数为二次多项式，绘制各参量与冲击速度的关系图。大秦线 C80B 型运煤敞车的部分冲击试验结果如图 9-11 所示。

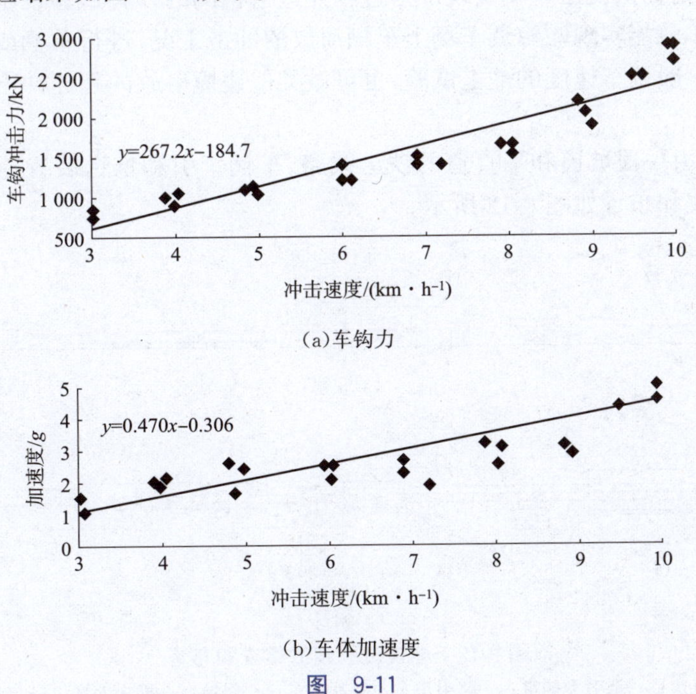

图 9-11

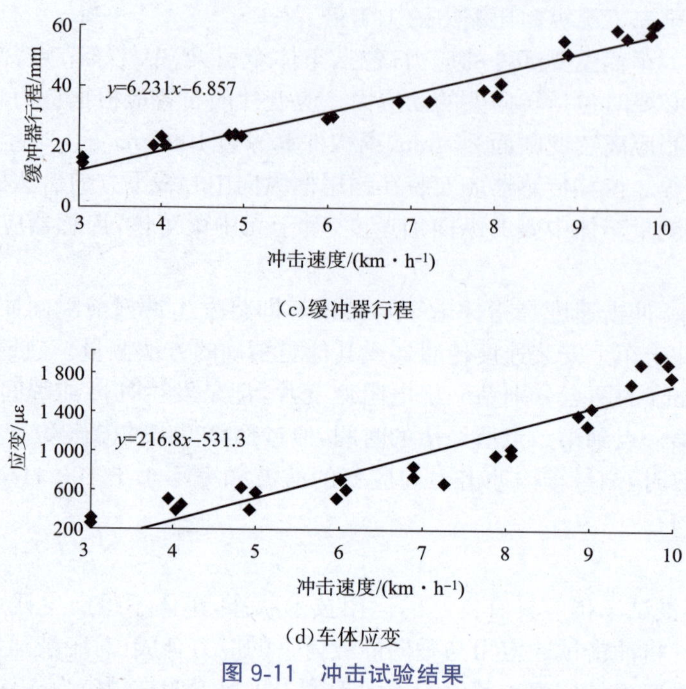

(c)缓冲器行程

(d)车体应变

图 9-11 冲击试验结果

9.3.2 冲击试验线

冲击试验线是提供铁道车辆实现冲击过程并进行检测的一种试验设施。在冲击试验线上，不必使用机车就能实现驼峰调车场上车辆溜放的冲击工况，进行单辆或成组车辆的冲击试验，既可完成一般调车速度的冲击试验，也可做类似碰撞事故的超速冲击试验和破坏性冲击试验。

冲击试验线由一段坡道和平直道的铁道线路、车辆牵引和推送装置、测试系统、控制中心等组成，其组成和布置如图 9-12 所示。

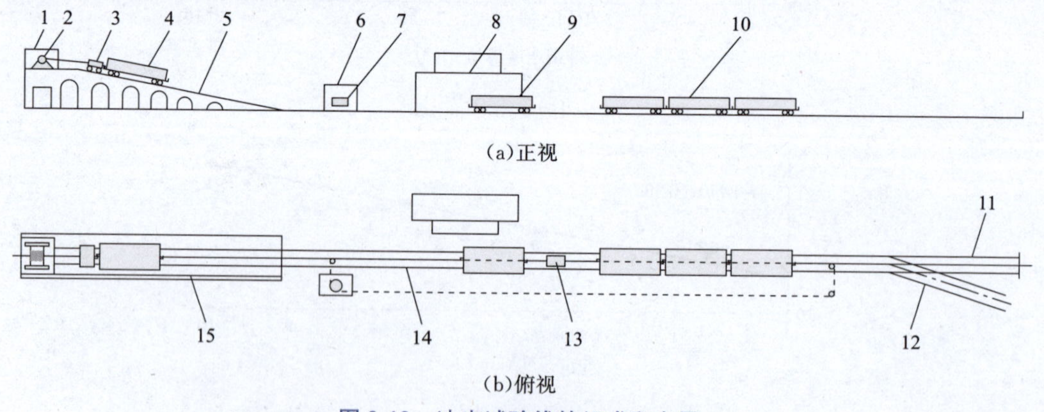

(a)正视

(b)俯视

图 9-12 冲击试验线的组成和布置

1—牵引卷扬机房；2—牵引卷扬机；3—牵引小车；4—冲击车；5—斜坡；6—推送卷扬机房；7—推送卷扬机；8—测试房；9—被试车；10—阻挡车；11—尽头线；12—联络线；13—推送小车；14—平直道；15—第三轨

1. 冲击试验线路

冲击试验线路由斜坡、平直道和联络线组成。斜坡长 75 m,坡顶距平直道垂直高度 6.4 m,可使车辆从坡顶溜下到达冲击点的速度不低于 35 km/h。坡顶设有牵引车辆上坡的牵引卷扬机房。坡道中心设有钢丝绳托辊,一侧设有第三轨。

平直道为车辆发生冲击的地方,并用于停放冲击车、被试车和阻挡车。平直道总长约 300 m。在靠近斜坡的 200 m 范围内,钢轨内侧使用特制的扣件,以便推送小车在钢轨下翼缘上行走。平直道中心设有钢丝绳托辊。

2. 车辆牵引装置

车辆牵引装置的作用是将冲击车从坡底拉到指定的斜坡上并将其释放。由牵引卷扬机、牵引小车、车辆释放装置,以及安装在第三轨上的释放车辆的止挡和安装在斜坡铁道中钢丝绳等组成。

牵引小车为特殊的两轴小车,其一端与牵引钢丝绳连接,另一端装有车钩和缓冲器,以便与冲击车自动连挂。车上装有自动释放装置的摘钩机构。摘钩机构的转臂受第三轨上的止挡作用而实现车辆的自动释放。止挡可沿第三轨移动,以调整冲击速度。

3. 车辆推送装置

车辆推送装置用于在平直道上推送试验车辆并调整其位置,由推送卷扬机、推送小车、钢丝绳导向和张紧装置,以及其他附属设备等组成。

推送小车以钢轨下翼缘为轨道,在试验车辆下面运行。推送小车上有推臂,用以推动车轮轮缘使车辆前进。推送小车两端与钢丝绳连接,钢丝绳通过导向轮,张紧轮和卷扬机卷筒形成闭环路,利用卷扬机的正反转实现双向推送车辆。

4. 测试系统

测试系统包括动态应变仪、信号调理设备和计算机等。加速度仪、应变片、位移计和测力车钩的测量导线,由被试车引至测试房前的接线箱内,再通过埋地线引至控制中心的测量仪器。

5. 控制中心

控制中心用以操纵牵引和推送装置运行,以实现车辆间的冲击,并通过测试系统进行检测。控制系统可按自动程序控制或手动控制,实施冲击试验。

9.3.3 测力车钩

车辆冲击试验中,需要测量车钩和缓冲器所承受的纵向动态作用力或冲击力,这时常常需要使用测力车钩。

制作高精度测力车钩的关键是正确选择粘贴应变片的截面位置。贴片截面应选择在钩身部分的前部,并要考虑车钩在车辆运行中的纵向伸缩位移和横向偏移,保证应变片不被损坏。为了保证纵向载荷的测量精度,需要尽量消除纵向载荷偏心引起的垂向弯矩和纵向弯矩的影响,一般要在钩身两个面上贴 8 片应变片,如图 9-13(a)所示,每个面上布置纵向片(图中 1、2、3、4 片)和横向片(图中 5、6、7、8 片)各两片,应变片的组桥方法如图 9-13(b)所示。由于车钩铸造的误差,垂向弯曲和横向弯曲的中性层并不处在钩身断面的几何中心,而且每侧也不相同,需要通过试验标定获得。

完成组桥的测力车钩进行加载标定。标定前，先将测力车钩预加载到额定载荷的120%，然后回零，反复做三次以上，以减小机械滞后的影响。标定时按额定载荷分成若干等级，逐级加载、卸载，同时记录桥路的应变输出，数据处理后获得车钩纵向载荷的平均校正系数。

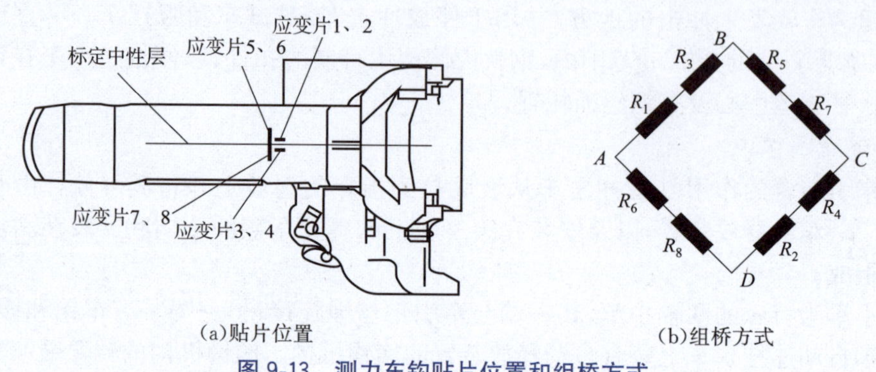

图 9-13 测力车钩贴片位置和组桥方式

9.4 载荷谱

载荷谱是车辆承载构件疲劳设计与断裂分析的基础，也是程序疲劳试验的载荷基础。载荷谱主要是通过线路试验实测随机载荷数据，经数据处理和统计分析后获得，包含了承载构件在运用中所受载荷的幅值和频次等信息。本节将重点介绍实际载荷的统计分析方法，即载荷谱的获得方法。

9.4.1 载荷谱的概念

车辆的实际工作载荷大多属随机载荷，只能进行统计描述。载荷谱是运用中结构所承受的随机载荷的统计表示，通常把表示随机载荷统计特征的图形、表格、数字、矩阵等统称为载荷谱。

载荷谱常见的形式有：表示各种不同大小载荷出现次数的载荷频次或累积频次图[图 9-14(a)]，表示不同频率下载荷能量分布的功率谱图[图 9-14(b)]，表示各级载荷相对频次(某一级载荷出现次数与总次数之比)的直方图[图 9-14(c)]等。这些图形从不同角度描述了实际载荷的统计规律。

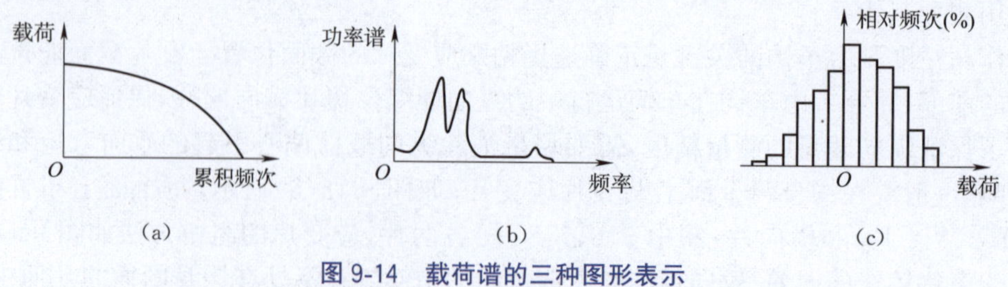

图 9-14 载荷谱的三种图形表示

分析随机载荷变化过程的统计方法有两种。

(1)功率谱法

功率谱法运用载荷幅值的均方值随频率的分布,保留了载荷的全部信息,是一种较精确、严密的载荷统计方法,但数据处理的工作量大。疲劳试验通常不用功率谱法统计载荷。

(2)计数法

计数法是运用概率统计原理,把载荷变化过程中出现的极值(峰或谷)大小及其次数,或幅值(两相邻峰谷间的差)大小及其次数,或穿过某载荷量级的次数进行统计,得到表征载荷量值与其出现次数(频次)关系的载荷频次图。这种统计方法简便易行,数据处理工作量少,便于实时分析,但丧失了载荷随频率变化以及各量级载荷发生次序的信息,是随机载荷的近似描述。

载荷谱原则上应代表整个载荷变化过程,但是要反映载荷变化的全部信息是难以实现的,在实际应用中也没有这个必要。因此,载荷谱编制过程中,对于原始载荷数据常需要进行数据处理或简化,从这个意义上讲,载荷谱又是载荷变化过程的某种近似代表。如果载荷的形式为力、应力、应变、加速度或位移,载荷谱则相应的称为力谱、应力谱、应变谱、加速度谱或位移谱,广义上都称之为载荷谱。

同样一台设备各个结构部件在使用中所受的载荷不同,所以不同的结构部件有不同的载荷谱。如铁路货车转向架的轮对、摇枕、侧架,车体的心盘、旁承、车钩、缓冲器等载荷谱都各有特点。此外,载荷谱还可以包括各种环境条件,如温度、腐蚀等。必要时,还需考虑载荷和环境因素的综合影响,形成更为复杂的环境(载荷)谱。

9.4.2 载荷数据的获取

无论采用何种方法统计载荷谱,首先需获取典型条件下的载荷时间历程。目前常用的载荷数据获取方法有两种:一种是实际测试,另一种是仿真分析。

实际测试是直接测量并记录结构上的载荷时间历程,这种方法最直接且最准确,是载荷数据获取的主要方法。其常用的实现方式有两种:一种是在结构上布置专用载荷传感器或应变片等,直接测试载荷时间历程;另一种是通过载荷识别技术,间接获得载荷时间历程。目前在铁道车辆的实际应用中,一般采用直接测试方法。

对于轮轨作用力,可通过测力轮对获得。如果悬挂系统采用钢弹簧,可以通过测量钢弹簧的挠度换算。对于承受多个载荷作用的部件,可根据结构的受载特征和载荷作用位置,通过对结构的局部改造将专用的测力传感器嵌入该结构,在不影响结构功能的同时实现对各载荷的测量。图 9-15 为摇枕载荷的一种测量方法,将摇枕做局部改造,嵌入专用的测力传感器,其中心盘力传感器采用了对称布置 8 个测力单元,可同时测量心盘力和载荷偏心距。

通过测量应变获得载荷时,首先要根据结构的受载特征,通过有限元分析,确定各载荷的响应敏感区域,然后选择合理的贴片位置和组桥方式,经载荷标定,将该受力部位制作成测力传感器,进行载荷测量。图 9-16 给出了三大件式转向架侧架的受力状态,通过有限元分析发现,图中的 A 部位可以用来测量侧架的纵向载荷,B 部位可以用来测量侧架的横向载荷。在 A 部位两侧分别对称粘贴 4 个应变片识别纵向载荷,在 2 个 B 部位分别粘贴 2 个对称布置的应变片识别横向载荷,贴片位置和组桥方式如图 9-17 所示。

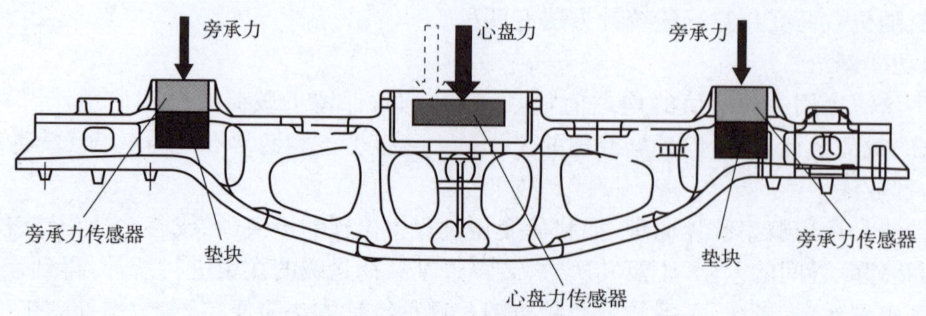

图 9-15 摇枕载荷的测量

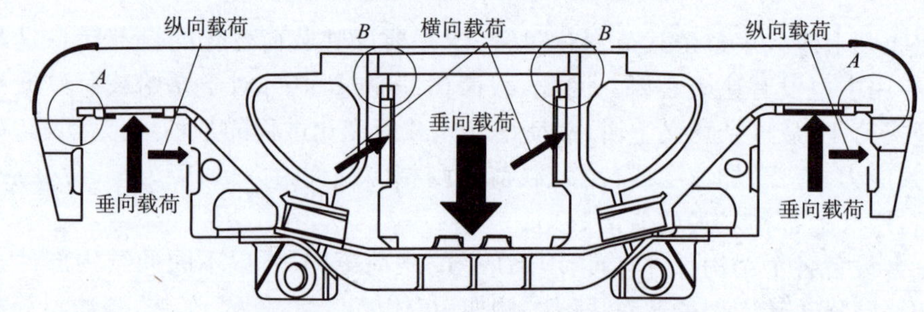

图 9-16 三大件式转向架侧架的受力状态

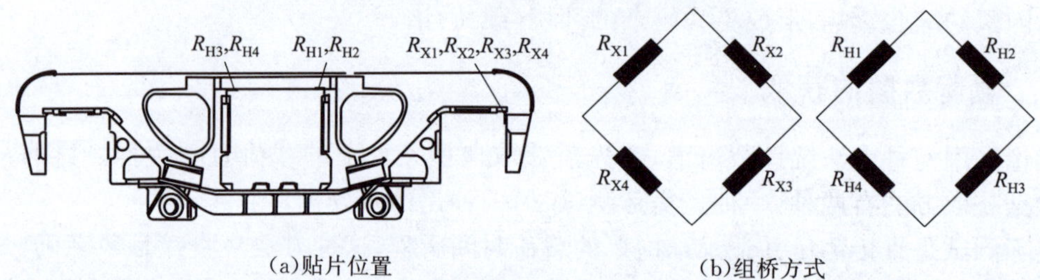

(a)贴片位置　　(b)组桥方式

图 9-17 侧架纵向及横向载荷的测试方案

载荷测定时，选择的试验条件应具有代表性，尽量与实际的运用状态相同，试验的里程要足够长(不少于 500 km)，而且应尽可能使统计上发生的重要事件都能足够地出现。对于运用在固定线路的车辆，通常应选择在该线路上进行测试。如果车辆运用在不固定的线路，则试验线路应包括直线、各种半径的曲线、上下坡段和不同号数的道岔等。试验时，应包括空车和满载两种载荷状态。为了提高统计精度，需要在相同条件下重复测量几次。

采用实际测试的方式需要花费大量的时间、人力、经费，且无法在设计阶段实施，近些年通过仿真分析获取载荷数据的方法逐渐发展起来。对于铁道车辆，可在设计阶段时通过建立车辆动力学模型，输入轨道不平顺或轨道谱，仿真得到车辆各承载构件的载荷时间历程。

9.4.3 载荷谱的处理流程

将获得的载荷时间历程处理成载荷谱，一般可按如下步骤进行：

(1)载荷过程的平稳性检验。

(2)挑选载荷时间历程的峰谷值。

(3)载荷循环计数。

(4)总体分布的估计。

1. 平稳性检验

平稳性检验可按5.1节中的方法进行。相同条件的线路所得数据应具有明显的平稳性,否则应控制试验条件重新测定。

在平稳性检验之前,需要消除数据的零点漂移和信号中的干扰信息。国际铁路联盟(UIC)建议,抽取若干长度为1 km运行区段的载荷(应力)时间历程样本,对其进行0.5 Hz的高通滤波处理,排除各个测点在某些运行工况下出现的静态、准静态载荷(如车辆在通过曲线和制动工况时),从而得到其均值为零的载荷信号,然后进行穿级计数。

2. 挑选载荷时间历程的峰谷值

载荷谱编制中,关注的是载荷时间历程中的极大值和极小值(即峰谷值),而不关心介于峰谷值之间的过渡数据样点,因此需要把这些过渡数据样点加以过滤,这一数据处理过程即是挑选载荷时间历程的峰谷值。挑选载荷时间历程峰谷值有多种方法,常用的是三点比较法和求导数方法。

在载荷时间历程的测量数据中,通常会包含一些微小的幅值波动信号,例如列车停站时采集的应变信号的微小波动(通常只有几兆帕的应力),如图9-18上的"×"点,这些干扰信号将以很小的幅值叠加到真实信号上,但在编制载荷谱时会构成数量相对多的小循环,影响载荷谱的真实分布,在计数时需要剔除这些无效的幅值。

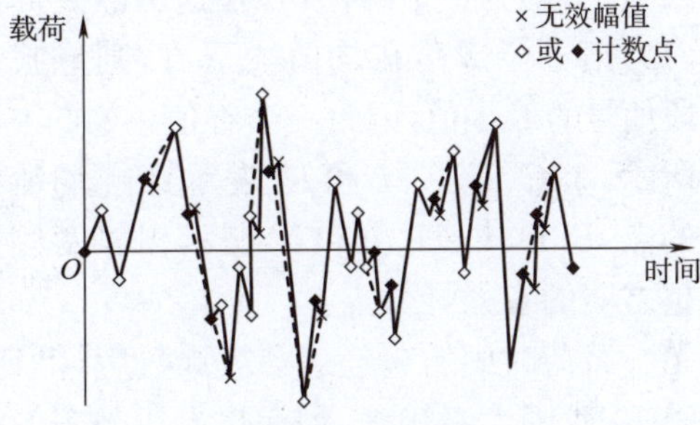

图9-18 无效幅值图示

载荷时间历程无效幅值处理的算法一般采用"四峰谷值点穷举法"。实际处理时,一般可把无效幅值定为最大幅值(各样本中的最大值)的10%,不同线路上的各次试验,计数时应取同一无效幅值。

3. 载荷循环计数

将载荷时间历程的峰值或幅值进行分级统计,转化为系列载荷循环的过程叫做"计数"。目前常用的载荷循环计数方法有极值计数法、穿级计数法、雨流计数法等。

4. 总体分布的估计

由于载荷采集通常包括多条线路、多种载重条件和多种试验工况等情况,因此需要将各种试验工况的载荷谱合成为综合累积载荷谱。在得到综合累积载荷谱后,需要检测或确定载荷谱的概率分布形态。在确定最大载荷的基础上,根据概率分布形态扩展载荷谱。

9.4.4 载荷谱的计数法

1. 极值计数法

极值计数法是把载荷时间历程曲线的极值——正极值(波峰或正峰)和负极值(波谷或负峰)作为实际载荷特征予以计数,可以是对载荷时间历程曲线上的所有波峰或波谷计数,也可以只对大于平均值的正峰或小于平均值的负峰计数。实际处理时，应首先求出载荷平均值或静载荷，然后把平均值至最大正峰值或负峰值间的幅值等分为若干等级（如 8 级），分别统计落入各载荷级的正峰和负峰出现的次数，以载荷频次（或相对频次）直方图或载荷累计频次图形式给出。

2. 穿级计数法

穿级计数法是一种单参数计数法，它是国际铁路联盟推荐的计数方法，其原理如图 9-19 所示，它把整个区域分成若干水平级（一般取等间距），然后统计载荷时间历程沿正斜率（上升沿）或负斜率（下降沿）穿越给定水平级的次数，图 9-19 中设置 4 级水平，按正斜率统计，统计结果在图中给出。

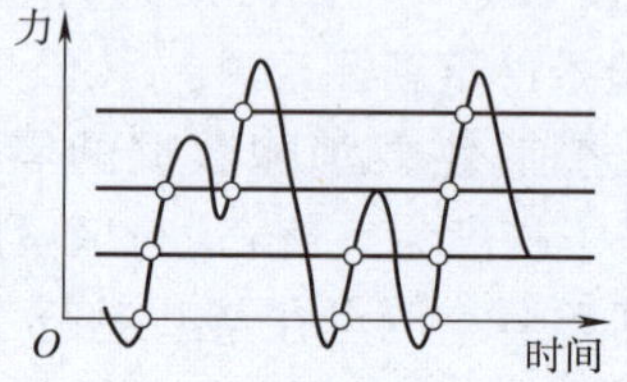

水平级	穿越数
4	2
3	3
2	3
1	3

图 9-19 穿级计数法原理

具体做法是：在信号相邻的两次穿越均值点之间，若在这两点之间的应力信号全部落在均值线上方，则寻找该段信号的最大值，记为一个峰值；若在这两点之间的应力信号全部落在均值线下方，则寻找该段信号的最小值，记为一个谷值。如图 9-20 所示，A、C、E、G、I 和 K 表示穿越均值线的点，B、D、F、H、J 和 L 表示相邻两侧穿越之间的有效计数点。

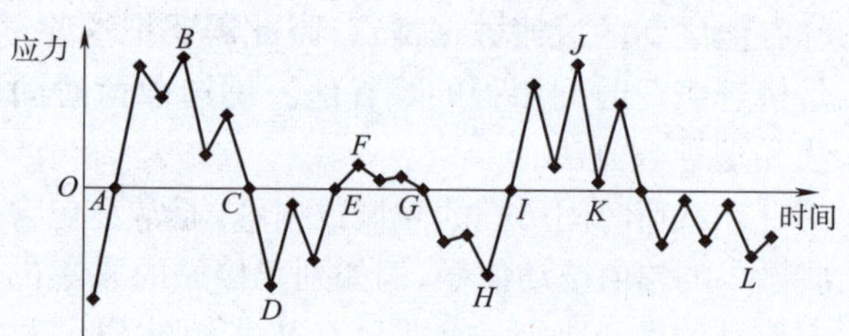

图 9-20 应力时间历程的穿级计数

载荷时间历程经过穿级计数后，得到的是载荷累积频次信息，通常采用载荷累积频次图表示，我国大秦线 C_{80} 型运煤专用敞车的心盘中心浮沉载荷谱如图 9-21 所示。

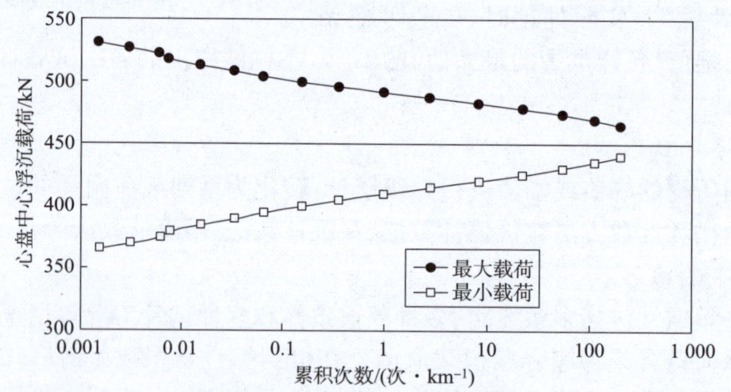

图 9-21 大秦线 C_{80} 型运煤专用敞车的心盘中心浮沉载荷谱

3. 雨流计数法

雨流计数法简称“雨流法”，是根据材料应力—应变间塑性行为而提出的一种计数法。雨流计数法认为塑性的存在是疲劳损伤的必要条件，并且其塑性性质表现为应力—应变迟滞回线，一般情况下，虽然名义应力处于弹性范围，但从局部、微观的角度看，塑性变形仍然存在。图 9-22(a)为某一测点的应变—时间历程，其对应的应力—应变曲线如图 9-22 (b)所示。由图 9-22 可见，两个小循环 2—3—2′、5—6—5′和一个大循环 1—4—7 分别构成了两个小的和一个大的迟滞回线。如果疲劳损伤以此为标志，并且假设截断一个小变程的迟滞回线，不影响一个大变程所引起的损伤，因此可以逐次将构成较小迟滞回线的较小循环从整个应变—时间历程中提取出来，重新加以组合。这样，图 9-22(a)应变—时间历程将简化为图 9-22(c)所示的等效应变—时间历程，而且认为两者对材料引起的疲劳损伤是等效的。

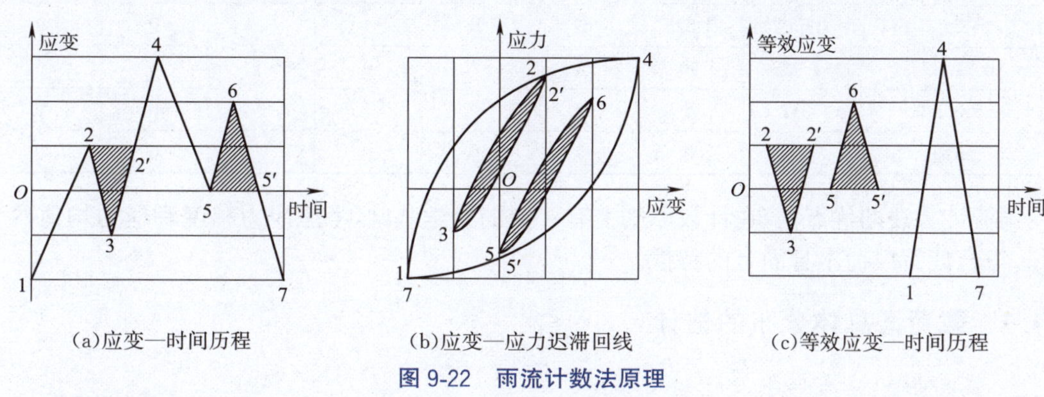

图 9-22　雨流计数法原理

雨流计数法就是基于上述原理进行循环计数的。如图 9-23 所示，取时间为纵坐标，垂直向下，应力—时间历程形如宝塔屋顶。设想雨滴以峰谷为起点，向下流动，根据雨滴流动的迹线确定应力循环，雨流计数法的名称即由此得来。

雨流计数法的规则如下：

(1)雨流从每一峰谷值的内侧开始，顺着斜坡往下流，凡是起始于波谷的雨流遇到比它更低的谷值便停止，例如起始于波谷 1 的雨流止于 5 的水平线，因为波谷 5 的谷值比波谷 0 的谷值更低。

(2)凡是起始于波峰的雨流遇到比它更高的峰值便停止，例如起始于波峰 2 的雨流止于波峰 4 的水平线。

(3)在雨滴流动的过程中，凡是遇到上面流下的雨滴时也就停止，例如起始于波峰 3 的雨流止于 2′。

(4)根据雨滴的起点和终点，可以取出所有的完整的应力循环(全循环)，直到剩下的载荷时间历程为发散收敛型。

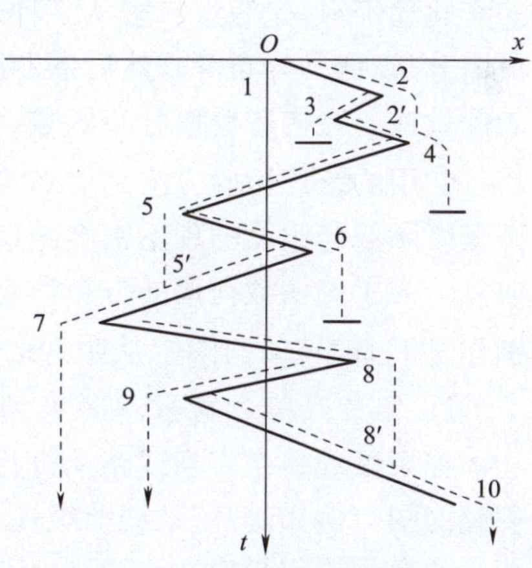

图 9-23　雨流计数法简图

(5)将剩下的发散收敛型历程从最大峰值或最小谷值处截断，改为等效的收敛发散型，再进行第二阶段的计数，总数应等于两阶段计数之和。

用上述规则进行计数，从图 9-23 可得到 2—3—2′、5—6—5′、8—9—8′三个全循环和 1—2—2′—4、4—5—5′—7、7—8—8′—10 三个半循环。

应力～时间历程经过雨流计数后，得到了对损坏具有等效影响的应力均值、幅值出现的次数，详见表 9-6，简称为二维雨流矩阵或二维应力谱。

表 9-6 二维雨流矩阵 单位：MPa

各级应力均值的中值	各级应力幅值的中值							
	5	15	25	35	45	55	65	75
56.9	25	0	0	0	0	0	0	0
40.6	966	19	0	0	0	0	0	0
24.3	12 495	232	3	0	0	0	0	0
8.0	169 900	2 732	124	22	7	2	1	0
−8.0	106 021	1 575	67	13	4	1	0	0
−24.3	6 922	90	2	0	0	0	0	0
−40.6	541	5	0	0	0	0	0	0
−56.9	9	0	0	0	0	0	0	0

雨流计数法的优点是，在计数原则上有一定的力学基础，考虑应力幅度和应力均值两个变量，符合疲劳载荷本身固有的特性。

9.4.5 载荷谱总体分布的估计

1. 载荷谱的分布形态及检验

在有限里程内测得的载荷谱，是车辆整个寿命期的一个或有限个子样。因而必须用数理统计的方法对子样进行分析，进而推断总运行里程内载荷谱母体。由子样推断母体的关键是找到载荷谱样本函数的峰值概率分布函数或概率密度函数。通常的做法是：根据已有的经验和资料，先假定它服从某种理论概率分布（如高斯分布、对数正态分布、威布尔分布、贝塔分布、伽马分布等），然后借助统计检验手段，确认假设能否接受；如果不能接受，另作新的假设或自行构造概率分布函数，再进行统计检验，直至肯定为止。

常用的统计检验方法是 χ^2 检验法。它是用一个近似 χ^2 分布的统计量，来检测观测值概率密度函数与假设的理论密度函数的差异，再研究此统计量的抽样分布，以检验原假设是否成立。为了确认载荷谱的分布形态，可以用同一组观测数据对几种不同的理论概率分布分别作 χ^2 检验并加以比较，从中选取理论分布的统计量 χ^2 值小者定为载荷谱分布形态。

2. 各种线路载荷累积频次图的合成

如果试验是在多条线路上进行，则应把分别得到的载荷累积频次图合成为综合载荷累积频次图。例如，假定某载荷级在三条线路Ⅰ、Ⅱ、Ⅲ上的累积频次分别为 n_1、n_2、n_3，则该载荷级的合成累积频次

$$n' = n_1 + n_2 + n_3 = \sum n_i \tag{9-26}$$

依次计算各载荷级各自的合成频次，并连接诸点即成如图 9-24 上所示实线。该图线代表试验里程 $S=S_1+S_2+S_3$（S_1、S_2、S_3 为相应于线路Ⅰ、Ⅱ、Ⅲ上的试验里程）的综合载荷累积频次曲线。在零线处，$n'_0=n_{01}+n_{02}+n_{03}$ 表示总试验里程 S 内载荷总频次，其中 n_{01}、n_{02}、n_{03} 分别为Ⅰ、Ⅱ、Ⅱ条线路上的总频次。

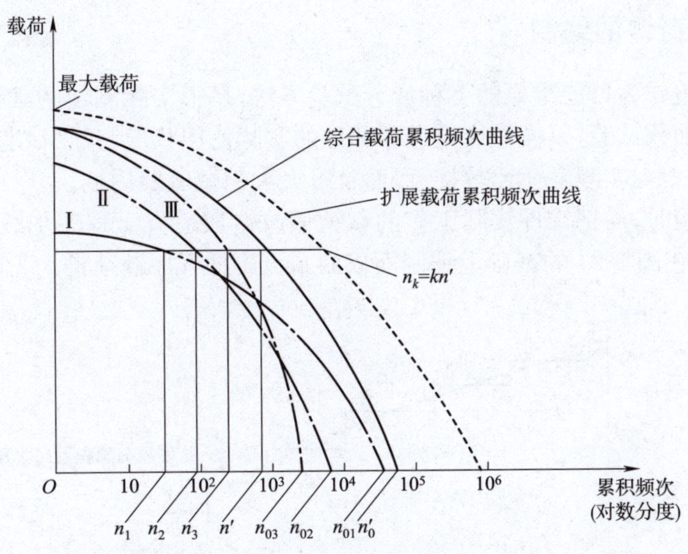

图 9-24 载荷累积频次图的综合和扩展

3. 最大载荷的推断

由于获取载荷谱的试验里程 S 远小于车辆的实际寿命里程，因此，实际使用中发生次数较少的最大载荷在测定时往往不会出现，这就需要用统计方法推断最大载荷及其发生的概率。推断方法有以下两种：

(1)首先确定最大载荷的数值，然后根据此数值利用载荷统计分布形态计算其发生概率。最大载荷的数值可以在人为设定的极限工况下实测而得，也可根据车辆运行安全的约束条件确定。

(2)首先确定最大载荷的发生概率，然后利用载荷谱分布形态推断最大载荷。目前，一般把最大载荷的发生概率取为 1×10^{-6}，即认为累积总频次为 1×10^6 中将出现一次最大载荷。此数值可视具体被测对象的使用特点做适当调整。必须注意，无论哪种方法，所取最大载荷不应超过材料的屈服极限，否则应适当降低最大载荷数值。

4. 载荷谱的扩展

为了把最大载荷反映在载荷谱上，应把综合载荷累积频次图进行扩展(如图 9-24 所示的虚线)。其方法是在图 9-24 的纵轴上定出最大载荷点，横轴上定出总累积频次 1×10^6，计算频次比例系数

$$k=\frac{1\times10^6}{n'_0} \tag{9-27}$$

式中，k 为频次比例系数。

按此系数依次计算各载荷级相应累积频次

$$n_k=kn' \tag{9-28}$$

式中，n_k 为各载荷级相应累积频次。

据此绘出的扩展载荷累积频次图，常称工作载荷谱。为了便于与疲劳寿命曲线联用，从而进行有限寿命设计，可以把载荷谱换算为应力谱。

9.4.6 程序载荷谱的编制

程序疲劳试验作为目前重要的一种疲劳试验方法，是把实际测定的载荷，按不同幅值排列成若干个等幅加载试验，以模拟或逼近零部件的实际使用状况，只要试验时的模拟条件控制得当，试验结果就与实际寿命比较接近，而且可大大缩短试验周期。

程序疲劳试验时，需把构件实际工作的载荷谱改造成适宜于程序加载的阶梯状程序载荷谱。图 9-25 是在图 9-24 的基础上编制而成的八级阶梯程序载荷谱。下面简述编制要点。

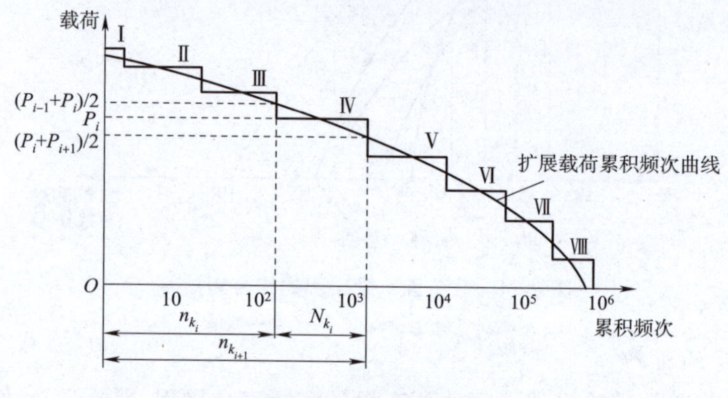

图 9-25 程序载荷谱

1. 分级方法

分级方法有多种，目前较常用的是：把工作载荷谱上的最大载荷 P_{max} 与零线（常以零部件所受的平均载荷或静载荷定为零线）间变化范围按一定的载荷幅值比 P_i/P_{max}（P_i 为第 i 级载荷）或应力比 σ_i/σ_{max} 分为若干级，形成阶梯状载荷谱。各载荷级 P_i 的频次为 $N_{k_i}=n_{k_{i+1}}-n_{k_i}$，其中 $n_{k_{i+1}}$ 及 n_{k_i} 对应的载荷分别为 $(P_i+P_{i+1})/2$ 及 $(P_{i-1}+P_i)/2$。

载荷级数对疲劳试验寿命影响很大。级数越少，阶梯曲线对连续曲线的偏差越大。从疲劳损伤相同的观点出发，一般认为八个阶梯足以代表原连续载荷谱，故大多采用八级试验程序。此时，载荷幅值比等级可参考表 9-7 选取。

表 9-7 载荷幅值比等级

等 级	Ⅰ	Ⅱ	Ⅲ	Ⅳ	Ⅴ	Ⅵ	Ⅶ	Ⅷ
P_i/P_{max}	1	0.95	0.85	0.725	0.575	0.425	0.275	0.125

2. 加载次序的确定

有四种不同的加载次序来实现程序加载，如图 9-26 所示。图 9-26(a)为低—高次序，图 9-26(b)为高—低次序，图 9-26(c)为低—高—低次序，图 9-26(d)为高—低—高次序。不同的加载次序对零件寿命影响很大。研究表明，图 9-26(c)、图 9-26(d)两种次序的试验寿命介于图 9-26(a)、图 9-26(b)两种次序之间，比较接近零件的实际寿命。目前倾向于采用图 9-26(c)、图 9-26(d)两种加载次序。

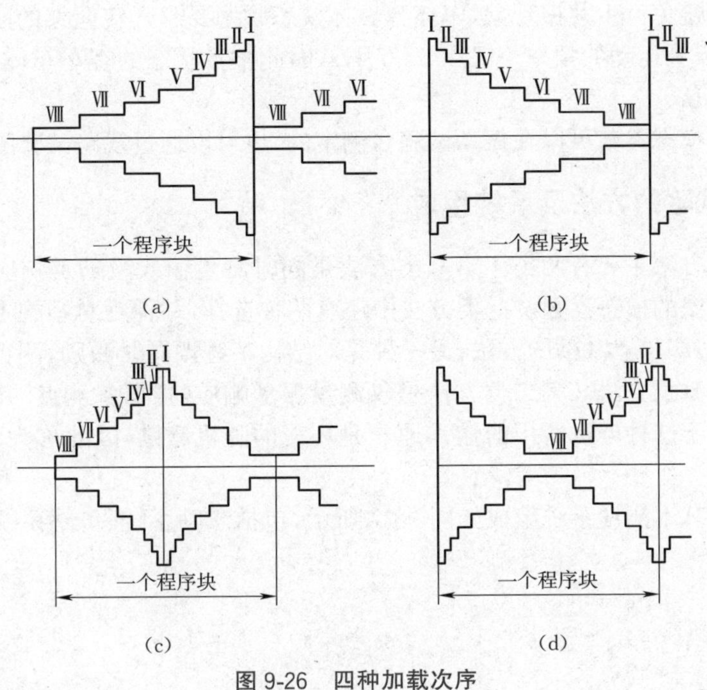

图 9-26 四种加载次序

3. 总循环次数的确定

总循环次数由所期望的零件寿命决定。铁道车辆的使用寿命通常在 30 年，由使用寿命和使用规律可以推算出使用寿命期间的期望寿命里程，再根据工作载荷谱可换算出总循环次数

$$N_0=\frac{n'_0}{S}\times S_0 \tag{9-29}$$

式中 S——工作载荷谱测定的总里程；

S_0——期望寿命里程；

n'_0——测定里程内的载荷总频次。

为了减小加载次序对试验结果的影响，试验时，应把总循环次数分成 10～20 个周期进行加载，所以每个程序块(一个加载周期)的总频次

$$N'_0=\frac{N_0}{\mu} \tag{9-30}$$

式中，μ 为程序块重复数(周期数)。

在每一程序块中，把总频次 N'_0 以同一比例分配给各级载荷的加载次数。

9.5 模态试验

模态试验是通过试验测量结构系统的输入激励和响应输出(或者仅是响应输出)，以获得结构的各阶模态参数(频率、阻尼和振型)。

模态试验在铁道车辆中具有广泛的用途，如分析车体和构架的弹性体模态、寻找振源和

噪声源等。为了避免产生共振现象，车体弹性体模态频率要避开转向架的刚体振动频率，客车转向架浮沉、点头运动的频率一般在 5～7 Hz，因此整备状态的客车车体一阶垂向弯曲频率不应低于 10 Hz。

铁道车辆的模态参数可以在振动试验台测定的，也可以通过线路试验测定。

9.5.1 模态试验的方法及系统组成

模态试验的方法主要有两类。第一类方法是同时测量输入激励及响应输出，根据频率响应函数得到系统的模态参数。此类方法中还有两种选择：一种是对结构上某点激励，测得所有测点的响应，即单点激励的方法；另一种是对结构某些点同时激励，测得各点的响应，即通常所说的多点激励方法。第二类方法是仅测量振动响应，根据各测点的输出来分析系统的模态参数。由于这种方法所用的输入通常是环境的随机激励，因此称为环境激励下的工作模态。

模态试验的基本测量系统组成如图 9-27 所示，包括激励系统、传感系统、信号分析系统等三部分。

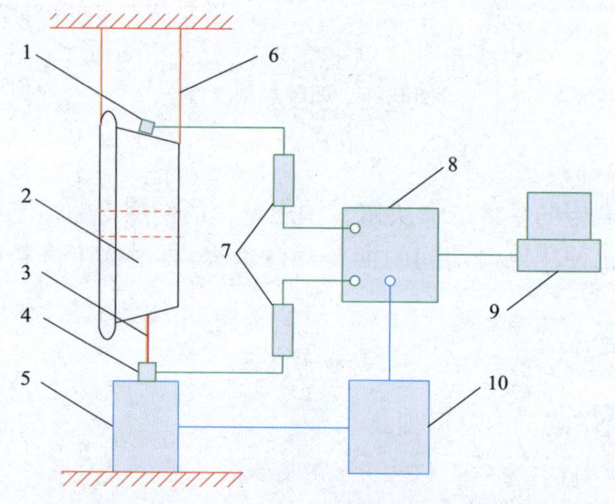

图 9-27 模态测量系统的基本组成

1—加速度传感器；2—构件；3—柔性杆；4—力传感器；5—激振器；6—柔性绳；7—信号调节；8—分析仪；9—计算机；10—功率放大器

激励系统主要包括信号源、功率放大器和激振器。常用的激励信号有正弦、随机、瞬态等信号。由于信号源提供的信号相当弱小，当激励一个结构，往往还需把激励信号放大，以致能推动激振器，这就是功率放大器的作用。常规的激励方法有电磁激励及锤击两种。此外，阶跃释放和环境激励(如路面及风浪激励)方法，在车辆、桥梁等结构模态测试方面也是常用的。

传感系统主要包括传感器和信号调理设备等。最常用的传感器为加速度传感器，在载荷识别时，也常用应变片测定应变。信号调理设备的作用是增强传感器所产生的信号，以送至分析仪进行测量。

信号分析系统通常由分析仪和计算机组成。分析仪的作用是测量与分析由传感器所产生的信号,它包括以跟踪滤波器为核心的传递函数分析仪以及最常用的数字信号分析仪,而进一步的模态分析则在计算机上完成。随着数字信号处理技术的发展,目前计算机已取代上述分析仪器的功能。下面结合车体和构架的模态试验,分别详细介绍各个子系统。

9.5.2 激振器及其安装方式

模态试验中的激励一般是人为地在一点或数点给结构施加作用力。施加作用力的设备称为激振器,作用力变化规律则由激励信号控制。

1. 激振器

模态试验中的激振器一般有两类,一类是根据激励信号产生力的激振器,另一类是产生脉冲信号的力锤。

目前应用最为广泛的是电动式激振器和电液式激振器。电动式激振器是利用带电导体在磁场中受电磁力作用的原理工作的,其工作频段较宽,最高达 10 kHz,激振力通常在零点几牛顿至上百牛顿。电液式激振器是利用液压原理产生作用力,可以同时施加静载荷和动载荷,并且能够提供较大的激励位移。电液式激振器的激振频率较低,通常最高只有几十赫兹。电液式激振器一般应用在低频且需要较大激励力的情况下,如铁道车辆的振动试验台装有十几个可以同步协调工作的电液式激振器。

用力锤产生脉冲激励信号是一种简便的常用激励法,它适合于中、小型和低阻尼结构的激励。一般来讲,力锤锤头的硬度决定了脉冲信号的有效频率范围,材料越硬,脉冲频谱越宽;锤击速度和力锤的质量决定了力幅值的大小。力锤所提供的能量是有限的,应按激励频段的需要来选取锤头和附件质量,以便使能量尽可能地集中在所需频段内发挥作用。

对铁道车辆进行模态试验时,激振力应符合以下要求:

(1)车体和车体结构模态试验时,激振力的频率范围为 2～45 Hz;整备车辆悬挂系统自振频率试验时,激振力的频率范围为 0.1～20 Hz。

(2)激振力的大小能激起所关注的模态,激起的结构响应在线性范围内,测量电压值信噪比不小于 20 dB。

(3)对于非线性系统结构(固有频率变化大于 2%),应选择固有频率变化率相对平稳的振级进行试验。

2. 安装方式

激振器安装的原则是尽可能使激振器的能量全部施加到被测结构上。激振器的安装应有利于施加预定方向的激振力,避免产生附加力矩或其他方向的力,并保证激振力的有效传递和减小耦合影响。加载连接件应为具有足够轴向刚度的柔性杆,确保激励力的有效传递和激振器的安全使用。

激振器的安装方式通常如图 9-28 所示,其中图 9-28(a)为固定式安装,激振器安装于基座或专用支架上,其安装系统频率要大于试验上限频率 2 倍;图 9-28(b)为弹性式安装,用悬挂方式支撑激振器,其悬挂系统频率低于被试对象一阶固有频率的 20%,为能对被测结构产生一定的预压力,悬挂时常要倾斜一定的角度。

被测试结构与激振器的连接往往通过一种称为柔性杆的细长杆来实现。它的特点是在激振方向上相对地刚硬,而其余方向上柔软,这样使得在激振方向上传递力,而其余方向上

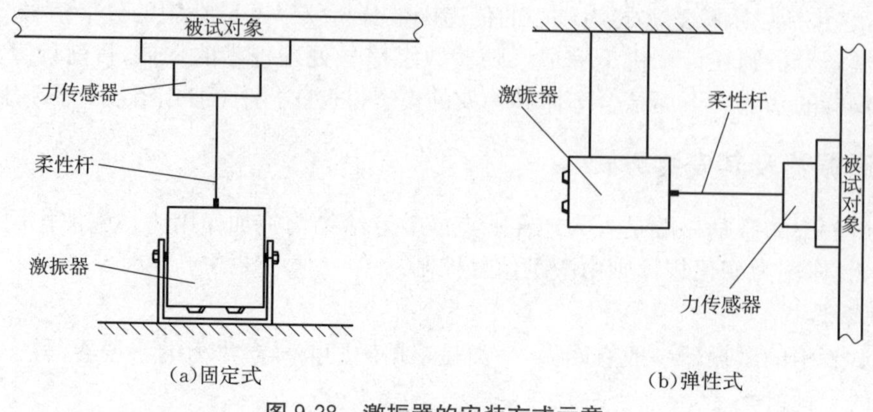

图 9-28 激振器的安装方式示意

使附加约束释放。柔性杆的直径及长度应视具体测试对象而定，使柔性杆的纵向及横向弯曲振动固有频率避开激振频率。柔性杆的一端与激振器用螺栓连接，另一端通过力传感器与结构连接。

激振点选择的总原则是使激振力易于向结构各部位传递，要避开振动节点、结构薄弱环节和支撑点(悬挂点)，应选择在刚性较大的连接部位，布置在各阶模态振型幅值相对较大的位置。当各阶模态不能兼顾时，应对不同模态选择不同的激励点位置，分批进行试验。对模态密集或耦合较强的频带应选取多点激励，多点激振时还要考虑使各激振点在结构上分布合理，不要过于接近。

9.5.3 激励信号

模态试验中使用的激励信号主要有正弦激励信号、随机激励信号和瞬态激励信号。

1. 正弦激励信号

正弦激励是一种最经典的方法，目前使用的是正弦扫频、步进正弦激励信号。

正弦扫频是一个变频率的正弦信号，其频率由低向高连续变化。扫频变化可以是线性的，也可以是对数的，前提是扫频速度必须比较足够缓慢，以保证所测得的响应信号基本由结构的稳态响应组成，使瞬态响应尽量消失。扫频速度的快慢根据结构的阻尼性质决定。小阻尼结构的瞬态响应衰减比较缓慢，因此扫频速度也要相应地减慢，大阻尼结构则反之。

采用单点正弦慢扫描试验时，频率以时间的线性函数或对数函数变化，过共振区的最大扫描速率按式(9-31)计算。

$$\begin{cases} S_{1,\max}=216f_r^2\zeta_r^1 \\ S_{2,\max}=310f_r^2\zeta_r^1 \end{cases} \tag{9-31}$$

式中 $S_{1,\max}$——线性最大扫描速率(Hz/min)；

$S_{2,\max}$——对数最大扫描速率(Hz/min)；

f_r——第 r 阶模态固有频率(Hz)；

ζ_r——第 r 阶模态阻尼比。

步进正弦激励信号与扫频正弦相同，也是采用一个由低至高的变频率正弦信号。不同的是，作为激励信号，它的频率变化是不连续的，而是按步长增加的。与正弦扫频信号相似，步进的速率与步长根据结构瞬态响应衰减的速度决定。当结构阻尼较大或激励频率与模态频率相距较远时，结构响应的瞬态项衰减得很快；反之，则衰减较慢。

采用步进正弦激励时，在共振区90%～110%范围内的频率步长和每一个频率的激励持续时间应符合以下要求：

(1)最大频率步长(Hz)

$$\Delta f_{\max}=0.64 f_r \zeta_r \tag{9-32}$$

(2)每一个频率的激励持续时间不小于相应稳定时间和测量所需时间之和，响应稳定所需要的最短时间(s)

$$t_{\min}=\frac{0.11}{f_r \zeta_r} \tag{9-33}$$

在步进正弦的步进间隔中，直接采集结构的稳态响应信号并对数据进行处理，扫频结束时，频响函数也已估计完毕。步进正弦这种实时估计频响函数的特点在一定程度上缓解了其测试时间过长的矛盾，这在多点激振试验中表现得更加突出。

在正弦扫频激励时，由于激励频率是连续变化的，因此结构响应信号总包含一定成分的结构瞬态响应。在步进正弦中则可以通过合理控制步进间隔时间使结构瞬态响应完全消失。另一方面，合理地变化步长，即采用变步长步进频率，可以使结构在响应峰值区域有较小的步进步长，亦即较高的分辨率；而在其他频段内采用较大的步长以缩短步进测试时间。这种优化分辨率的功能是步进正弦的一大特点。

步进正弦信号幅值可精确控制，频率成分单一，因此任何信号的畸变和外界影响都可以在测试信号中观察到。根据此原理，调整激励幅值和频率成分，可以精确地从响应信号中和频响函数中探测到结构的非线性成分及类型，同时在一般情况下可以获得具有很高信噪比和有效值/峰值比的测试结果。这是步进正弦的又一优越之处。步进正弦的不足是由于其较慢的步进速度导致较长的测试时间，使得其在单点激振的模态试验中优势不那么突出。

在多点激振模态试验中，由于需要通过矩阵的运算来达到频响函数矩阵的估计从而消耗较多的计算时间，故可以实时估计频响函数的步进正弦激励方法在此反而显出了它的优势。结合步进正弦的其他优点，使得步进正弦在多点激振模态试验中占有很重要的地位。

用步进正弦作为多点激励信号时，各点激励信号互不相关是通过各激励信号相位互不相关或幅值不相关来完成的。实测时，需精心调整各激励信号幅值与相位，并通过平均技术达到最理想的测试结果。

2. 随机激励信号

较常使用的随机激励信号有纯随机、伪随机、周期随机和瞬态随机等四种信号。

(1)纯随机激励信号也称为白噪声信号，其激励能量分布在很宽的频段内。宽带随机信号将整个频段内的能量集中一起输入，而不需要等待瞬态响应的消失。在多数情况下，随机激振消耗的时间较少。另一方面，由于每一个样本信号都不相同，多次平均可以消除结构非线性的影响，从弱非线性系统中得到最佳线性频响特性估计。

由于纯随机信号的非周期性，导致信号处理时的截断误差，引起能量的泄漏。虽然可以采用加窗的办法来减小能量的泄漏问题，但随之而产生的是频率分辨率降低，给参数辨识带来困难。

(2)伪随机信号在一个周期内的信号是随机的,各周期间的信号又完全相同,在一定的频率范围内其幅频特性为常数。当采样长度等于伪随机信号样本长度的整数倍时,可避免泄漏。但由于每次激励都是同一信号,因此不能用多次平均的消除噪声干扰,抗干扰能力差。

(3)周期随机是一种不连续的伪随机信号,在一个周期内是伪随机,在第二个周期是另一个新的、与前面不相关的伪随机信号,在以后的周期内都是互不相关的伪随机信号。周期随机综合了纯随机和伪随机的特点,由于它的周期性,从而消除了泄漏;由于它的随机性,可用总体平均消除噪声干扰。

(4)瞬态随机信号又称猝发随机信号,它是将通常的纯随机信号在采样开始后或与采样同时开始作用于结构,并在采样周期结束前的某点突然变为零值,并且将此零信号一直保持到采样结束。转变点的选择要保证结构在剩余的采样周期内响应衰减为零,一般此点选择在采样周期的40%～80%处。这样每次激励都在结构初始条件为零的情况下开始,等待响应衰减到零,再开始下一次随机激励。这种激励方法是一种瞬态过程,选择适当的周期可避免泄漏,激励信号有属于随机性的,每一个样本都具有不同的统计特性,经平均处理可以消除非线性影响。因此,这种激励方法兼有瞬态和随机的双重优点。这种激励方法的缺点是当结构阻尼过小时,为使响应充分衰减,会使激励的周期过长。

3. 瞬态激励信号

由力锤产生的脉冲激励是最简单的瞬态激励信号,阶跃松弛和快速正弦扫频也属于瞬态激励信号。

(1)脉冲激励

脉冲激励一般由锤击法产生。锤击所产生的激振力的时域信号如图9-29(a)所示,其频谱如图9-29(b)所示。时域冲击脉冲越窄,其信号的频带越宽;时域冲击脉冲越高,激励的能量越大。一般脉冲信号难以产生很大的能量,频率成分也较窄。

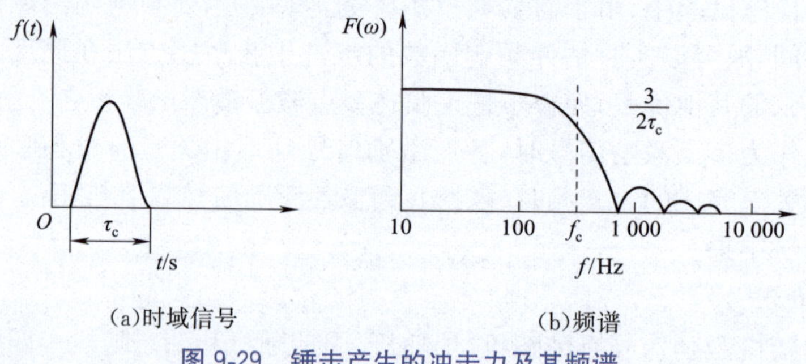

(a)时域信号　　(b)频谱

图9-29　锤击产生的冲击力及其频谱

用脉冲激励激振结构时,由于脉冲持续的时间很短,在采样周期内响应信号基本消失,实际相当于一个周期信号,因此任意截断信号所产生的泄漏问题可以较好地避免。但由于脉冲力持续时间很短,相比之下响应的采样周期又较长,这就使测试中的噪声信号很容易混入响应信号中,导致较低的信噪比。为减少噪声的干扰,使用脉冲激励时要分别使用力窗(图9-30)和指数窗对脉冲激励和响应信号进行加权处理。

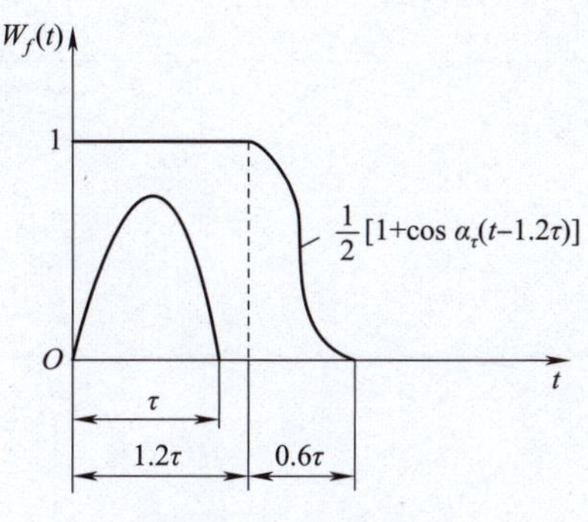

图 9-30 力窗函数

力窗的表达式

$$W_f(t)=\begin{cases}1 & t\leqslant 1.2\tau \\ \dfrac{1}{2}[1+\cos\alpha_\tau(t-1.2\tau)] & 1.2\tau\leqslant t\leqslant 1.8\tau \\ 0 & t>1.8\tau\end{cases} \tag{9-34}$$

式中，τ 为脉冲宽度；$\alpha_\tau=\dfrac{5\pi}{3\tau}$。

采用脉冲激励时，两次力脉冲之间的最小间隔时间不应小于瞬态响应初始幅值衰减到5％所需的时间。最小间隔时间

$$t_{\min}=\frac{0.477}{f_r\zeta_r} \tag{9-35}$$

在脉冲激励中，相同的脉冲信号分次输入后，所得的响应信号几乎完全一致，因此用脉冲信号做模态试验时，相干函数一般都比纯随机激励时高。也正因为如此，脉冲激励对非线性因素无线性化作用，测试结果的质量很容易受非线性因素的影响。

锤击法试验方法快速、方便，对被测试件无附件加质量和刚度约束。对于大型结构，往往显得能量不足，使得测量信噪比低，故测试精度不高，一般局限在较小构件的模态测试中应用。

(2)阶跃松弛激励

阶跃松弛激励的产生过程：在激振点预先加一外力使试件发生变形，然后突然除去该外力，释放其能量(可用钢丝绳通过力传感器拉紧被测结构到一定变形，然后突然切断的办法)，这相当于对结构施加了一个负的阶跃激振力。由于阶跃激振力的低频成分最大，故常用来激励固有频率很低的结构，激励低阶模态。

日本标准《铁道车辆车体结构的静载荷试验方法》(JIS-E 7105：1989)给出了施加阶跃输入的方法。对于车体弯曲固有模态，在车体中央下面施加载荷，通过瞬时取消加载的方法使车体产生自由振动，如图 9-31 所示。对于车体扭转固有模态，在扭力梁的一端施加载荷，然后瞬时将加载去除，使车体产生自由振动，如图 9-32 所示。

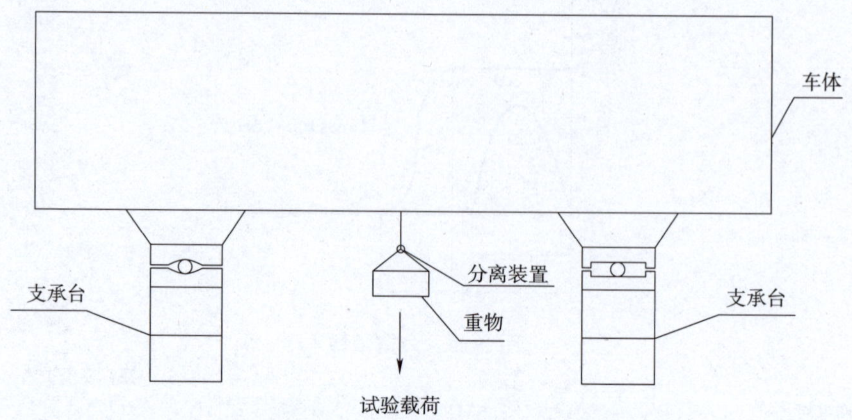

图 9-31 车体弯曲模态频率测量试验的试验值的加载方法

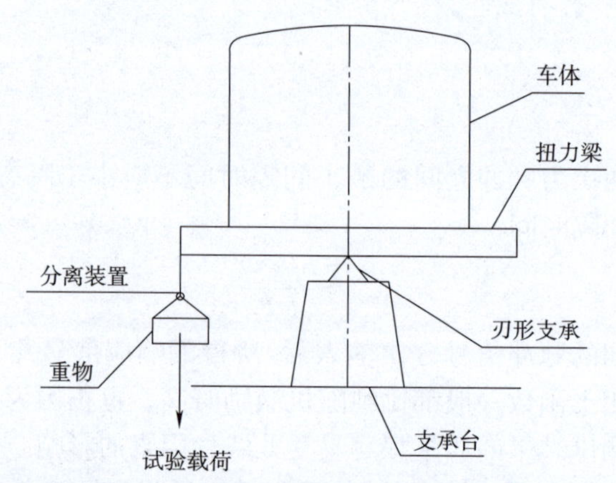

图 9-32 车体扭转模态频率测量试验的试验值的加载方法

(3)快速正弦扫频信号

快速正弦扫频信号又称线性调频脉冲。它是在一个测量窗内,发出一个指定频段从低频到高频的按一点规律连续变化的正弦信号,以便获得具有平谱的激励而达到宽频带激励。这种激励信号产生一种鸣声(chirp)。

快速正弦扫频信号的表达式为

$$f(t)=F_0\sin(at^2+bt),\quad 0\leqslant t\leqslant T \tag{9-36}$$

式中,T 为扫描周期;$a=\bar{\omega}_1$,$b=\dfrac{\bar{\omega}_2-\bar{\omega}_1}{2T}$,$\bar{\omega}_1$、$\bar{\omega}_2$ 分别为起始频率和终止频率。

快速正弦扫频信号的时域及其频谱如图 9-33 所示。这种信号的优点是能获得平谱,在整个测试频段内,激励能量相同,信噪比高,测量精度高。

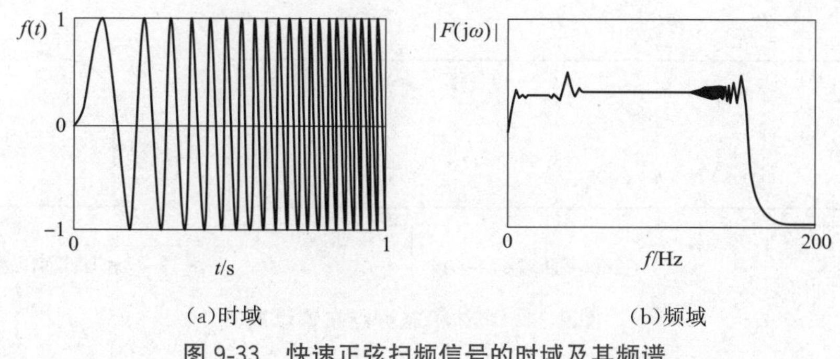

(a)时域　　(b)频域

图 9-33　快速正弦扫频信号的时域及其频谱

9.5.4 传 感 器

模态试验中常用的传感器主要有加速度传感器、压电式力传感器和阻抗传感器。

模态试验的响应测量中，使用得最多是压电式加速度传感器，其具有重量轻、体积小、频响宽、灵敏度高的特点。压电式加速度传感器是利用某些晶体（如天然石英晶体或人工极化陶瓷等）的压电效应工作原理，当这些晶体在承受一定方向的外力（如振动的惯性力）产生变形时，其晶面或极化面会产生电荷，电荷的输出量与所承受的外力成比例。与压电式传感器配合使用的调理仪器是电荷放大器，具有负反馈电容的高增益运算功能。目前，压电式加速度传感器内通常集成信号调理和放大电路，称为 IEPE 传感器，省去了昂贵的电荷放大器，由恒压直流源供电，并采用同轴电缆。

压电式力传感器的作用原理与压电式加速度传感器相同。工作时将它安装在被测物体受力点上，激励力通过它的晶体压电元件传递到物体上。压电元件受压力时则产生电荷，且电荷与所受压力成正比。压电式力传感器具有频率范围宽、体积小和动态范围大等优点，在频响函数测量中被广泛应用。一般都在压电片上通过预压弹簧施加预压力，这样可以测量拉、压两个方向的力。

为了测量原点导纳，目前常采用压电晶体机械阻抗传感器，或称阻抗头。阻抗头是把压电式力传感器和压电式加速器做成一体，阻抗头的前端是力传感器，后端是压电式加速器，这样可测出同一点的激励力和响应。

传感器的安装位置应根据结构的模态变形来选择，测点应尽可能避开各阶模态的节点。通常可先建立结构的有限元模型，通过理论分析得到结构的各阶模态，从而选择变形的最大的节点作为响应测点。但当需要测量结构的多阶模态时，很难找出这样一些最佳测点。因此，需要根据所测量的模态来确定相应的测点。

为了保证安装的传感器能感受真实的振动信号，要求传感器的安装要有足够的刚性，同时又不明显增加结构质量，并且要保证传感器的方向与测振方向一致。

对于车体，测点应沿车体纵向均匀布置或选择特征部位布置 7 个（A～G）及以上截面，每个截面不应少于 8 个测点，在每个测点分垂向和横向布置传感器，测点布置如图 9-34 所示。

为测定转向架的浮沉和点头频率，在转向架构架的两侧梁上分别布置 5 个及以上垂向加速度传感器，测点布置如图 9-35 所示。

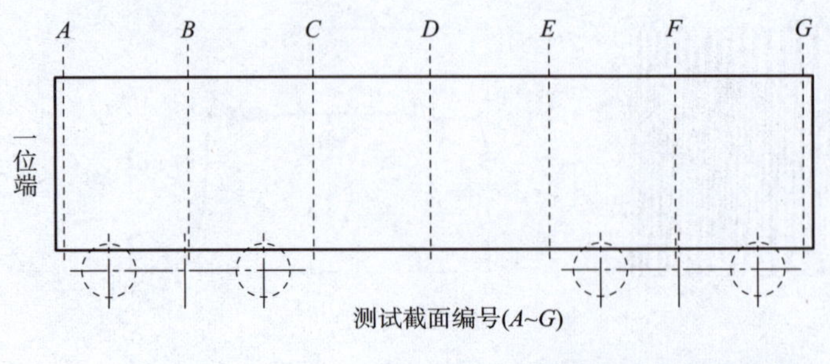

图 9-34 车体模态测点布置示意

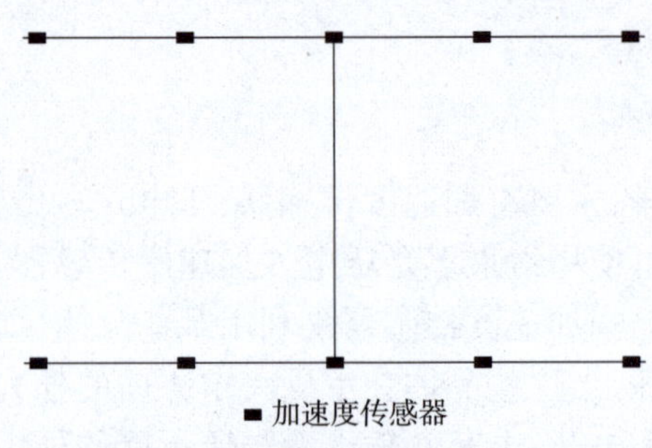

图 9-35 转向架模态测点布置示意

9.5.5 结构的支撑方式

同一结构在不同的边界条件下,将有不同的模态参数。目前模态试验中常用的支撑方式有两种:自由支撑和地面支撑。

1. 自由支撑

这种支撑方式意味着试验结构的任一部分都不与地面相连,自由地悬浮在空中。在这种状态下,试验结构刚体模态的固有频率为零。但是实际上这种理论状态是不可能实现的,通常采用非常柔软的悬挂系统,如将结构吊挂在很长的弹性绳上,以模拟自由支撑。这时要求悬挂系统要保证结构的刚体模态频率小于结构的第一阶弹性模态频率的 10%~20%,并且悬挂点尽可能选在弹性体模态的节点附近。另外应注意,这种支撑方式对小阻尼试件可能导致明显的附加阻尼。

2. 地面支撑

地面支撑即把被测结构的某些点与地面固接,并认为连接点的速度导纳为零。理论上地面支撑能很好地模拟某些结构的实际约束状态,但是由于实际上连接点及支撑基础不可能保持绝对刚性,因而与零导纳的理论假设有一定差异,只有在被测结构在支撑连接点的导纳在整个频率范围内比结构上其他点的导纳值小得多,才能认为近似为地面支撑。与自由支撑相比,地面支撑需要专门的支撑装置,还要保证这种装置的模拟精度以及基础的刚度。

对于铁道车辆的车体和转向架,模态试验的支撑方式应符合柔性边界,车体结构柔性边界支撑方式近似模拟自由状态,支撑系统的固有频率应小于车体结构一阶固有频率的 30%。通常可用空气弹簧在垂向支撑车体,空气弹簧承载重量大,弹性好,可使系统的刚体模态频率降到 0.5～1 Hz，支撑点应选在车体结构刚度较大的节点处（如二系弹簧座等），避免车体结构支撑的静应力引起结构刚度变化。

9.5.6 数据处理方法

模态试验的数据处理包括求解频响函数和模态参数识别两部分，一般由专业的模态分析软件完成，可实现几何模型的建立、模态参数识别以及振型动画显示等。

1. 求解频响函数

正弦信号的处理一般利用三角函数的正交特性，采用实、虚部分离计算法，即数字相关滤波法，计算出信号的实、虚部，直接计算输入输出的比值得到频响函数，加窗处理一般采用汉宁窗。

在单点正弦扫描激励方式下，频响函数

$$H(\omega)=\frac{X(\omega)}{F(\omega)} \tag{9-37}$$

式中 $H(\omega)$——频响函数；

$F(\omega)$——输入激励力(N)；

$X(\omega)$——输出加速度响应($\mathrm{m/s^2}$)。

对于输入个数为 i、响应输出点数为 j 的多点激励，进行 n 组不同大小和相位组合的正弦激励试验，频率响应矩阵

$$\boldsymbol{H}(\omega)=\frac{\boldsymbol{X}(\omega)\boldsymbol{F}(\omega)^{\mathrm{T}}}{\boldsymbol{F}(\omega)\boldsymbol{F}(\omega)^{\mathrm{T}}} \tag{9-38}$$

式中 $\boldsymbol{H}(\omega)$——频响函数矩阵；

$\boldsymbol{F}(\omega)$——输入激励力矩阵($i\times n$)；

$\boldsymbol{X}(\omega)$——输出加速度响应矩阵($j\times n$)。

随机信号一般加汉宁窗，瞬态激励信号加力窗，其响应信号加指数窗进行处理，再进行快速傅里叶变换(FFT)自谱、互谱分析，经若干次平均，最后计算出频响函数。

对于输入个数为 i、响应输出点数为 j 的多点随机激励，频率响应矩阵

$$\boldsymbol{H}(\omega)=\frac{\boldsymbol{G}_{yx}(\omega)}{\boldsymbol{G}_{xx}(\omega)} \tag{9-39}$$

式中 $\boldsymbol{G}_{yx}(\omega)$——激励输入与响应输出的互功率谱密度矩阵($i\times i$)；

$\boldsymbol{G}_{xx}(\omega)$——激励输入的自功率谱密度矩阵($i\times i$)。

2. 模态参数识别方法

模态参数识别方法应根据试验方法、被试对象的模态特性和试验数据的类型（时域或频域）选定。常用模态参数识别方法：最小二乘复指数法(LSCE)、频域多输入多输出识别法(MIMO)、正交多项式法和复模态指示函数法。

为了保证模态参数识别的准确性，可采用不同的激励方法和不同的模态参数识别方法进行测量。

3. 结果检验

(1)相干性检查

试验前，应分别检查每个激励点激励信号与响应点信号的相干性。相干函数

$$\gamma^2(\omega)=\frac{|G_{yx}(\omega)|^2}{G_{xx}(\omega)G_{yy}(\omega)} \tag{9-40}$$

式中 $G_{yx}(\omega)$——响应与激励的互功率谱密度估计；
$G_{xx}(\omega)$——激励信号的自功率谱密度估计；
$G_{yy}(\omega)$——响应的自功率谱密度估计。

相干函数 $\gamma^2(\omega)\geqslant 0.8$。

(2)互易性检验

被试对象模态试验的频响函数应满足互易性原则，即

$$H_{ij}(\omega)=H_{ji}(\omega) \tag{9-41}$$

(3)模态置信度检验

第 i 阶模态和第 k 阶模态之间的相关性由模态置信度评价。模态置信度

$$\mathrm{MAC}(i,k)=\frac{|\{\varphi_i\}^{\mathrm{T}}\{\varphi_k\}|^2}{(\{\varphi_i\}^{\mathrm{T}}\{\varphi_i\})(\{\varphi_k\}^{\mathrm{T}}\{\varphi_k\})} \tag{9-42}$$

式中 $\{\varphi_i\}$——第 i 阶模态振型；
$\{\varphi_k\}$——第 k 阶模态振型。

MAC 的取值范围为 0～1。对于不同阶模态的两个向量，MAC＜0.2；对于同阶模态的两个向量，MAC＞0.8。

10 车辆性能试验台

任何一辆新型铁道车辆在正式投入运用前，线路试验是必不可少的，特别是线路运行试验。随着列车运行速度和行车密度的日益提高，在营业线上进行实车运行试验需要进行大量的准备工作，试验周期长，试验成本高。为了缩短试验的准备时间和降低试验成本，各种铁道车辆综合性能和动力学性能试验的试验台和试验线相继建成，为铁道车辆研制过程中的中间试验和验收前的检测提供了条件。由于高性能铁道车辆模拟运行试验台的试验有着线路试验无法比拟的优越性，越来越受到铁路技术发达国家的重视。

模拟运行试验台试验与线路运行试验相比，具有如下优点：

(1)试验周期短，试验成本低。

(2)有效的试验可缩短机车车辆的研发时间，节约研发经费。

(3)试验台试验具有良好的重复性。

(4)在试验台试验可排除各种干扰，进行单因素分析。

(5)可进行线路上无法进行的试验，如超高速运行、蛇行失稳等各种人为设置极端条件下的运行试验等。

(6)由于测试装置定置安装，因此检测方便，可检测在线路运行中无法检测的运动信号。

正是由于铁道车辆室内动态模拟试验台有这样明显的优越性，铁路技术发达的国家如中国、德国、日本、法国等都建成各种形式的铁道车辆试验台。

10.1 滚动试验台

10.1.1 滚动试验台原理

滚动试验台的滚轮具有钢轨的轨头外形，通过滚轮的滚动来模拟钢轨，车轮在滚轮上滚动，模拟车辆的前进运动。

目前整车滚动试验台有两种模式。一种是纯滚动试验台，用来模拟无干扰线路的纯滚动试验，主要目的在于测定蛇行失稳临界速度，同时另外设置振动台，用来研究车辆的动态响应。另一种将滚动和振动结合起来(滚动振动试验台)，利用激振设备，使滚轮在滚动的同时输入来自轨道不平顺的激扰(振动)，因此既可以用来测定各种条件下的蛇行失稳，同时又可以预测任意速度下车辆各部位的动态响应，可以比较真实地动态模拟车辆在实际线路的运行状态，如图 10-1 所示。

根据轨道不平顺的定义，表 10-1 描述利用滚轮来模拟轨道的原理。理想的滚动试验台不仅可以模拟轨道的不平顺，同时还能模拟曲线状态。

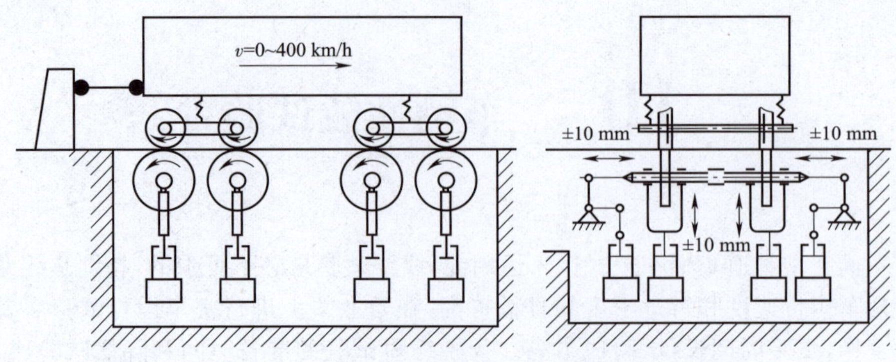

图 10-1 滚动振动试验台结构原理示意

表 10-1 线路状态和滚轮的关系

序 号	不平顺类型	轨道状态	滚轮状态	说 明
1	水平不平顺	z	z	左右滚轮相对在垂向移动
2	垂向不平顺	z	z	左右滚轮同向垂向移动
3	方向不平顺	y y	y y	左右滚轮同向横向移动和摇头
4	轨距不平顺	β a_1 a_2	β a_1 a_2	左右滚轮相对反向横向移动和反向相应摇头
5	曲线	R	R	左右滚轮设置在曲线上，并进行差速滚动
6	曲线超高	θ	θ	左右滚轮同时倾斜

为模拟这些轨道不平顺，要求滚动振动试验台的滚轮应具有如图 10-2 所示的运动自由度：

(1)绕 y 轴左右滚轮同步转动，模拟车辆的向前运动；

(2)沿 y 轴方向移动，模拟轨距变化和方向不平顺；

(3)沿 z 轴方向移动，模拟水平和垂向不平顺；

(4)绕 x 轴左右滚轮同时转动，模拟曲线外轨超高；

(5)绕 y 轴左右滚轮异步转动，模拟曲线内外轨长度不同；

(6)绕 z 轴转动，模拟曲线轨道弯曲方向。

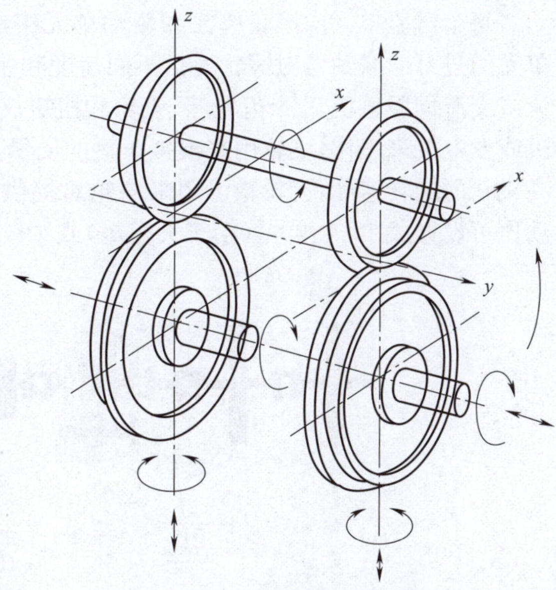

图 10-2 滚轮运动的自由度

在以上的滚轮运动自由度中，绕 y 轴方向的转动和沿 y 轴、z 轴方向的移动是可以实时控制的，绕 x 轴和绕 z 轴的转动是试验前按要求设置好的。其中 y 轴、z 轴方向的移动是通过两台电液伺服激振器实现动态控制，y 轴方向的转动是由直流或交流电机驱动，绕 z 轴转动也用电液伺服激振器实现动态转动，这样就实现了滚振结合这一模拟方式。当然，为了满足不同轴距和定距的铁道车辆试验要求，每个试验台单元可在 x 轴方向移动并固定。

10.1.2 滚动振动试验台结构

我国西南交通大学的整车滚动振动试验台，是目前世界上规模最大、功能最多、唯一可以模拟曲线的机车车辆整车模拟运行试验台。

整车滚动振动试验台主要由滚轮单元、驱动单元、驱动系统、液压激振系统、数据采集处理系统、监视系统等组成，其中每个滚轮轮对单元和驱动机械单元组成一个完整的试验单元，与被试车辆的每一个轮对相对应，整个系统框图如图 10-3 所示。铁路专用电 25 kV 主要用于机车或其他动力车辆运行供电，同时也可以用于试验台驱动系统的供电，民用电 380 V 主要用于激振系统、驱动系统及其他辅助系统供电。

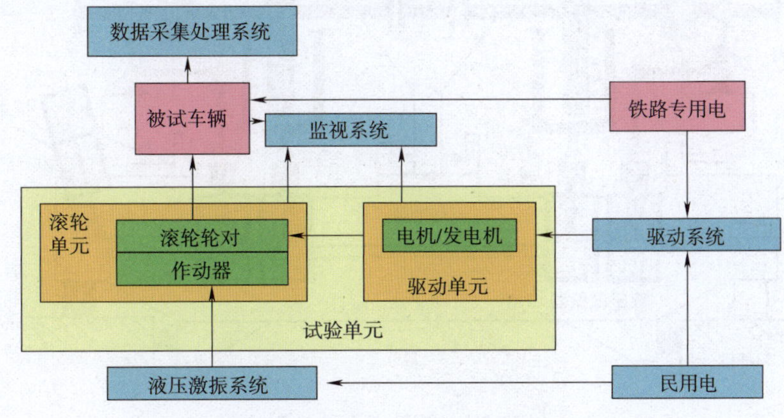

图 10-3 滚动振动试验台系统框图

每个试验单元由滚轮单元和驱动单元组成,如图 10-4 所示。根据不同试验任务,驱动单元通过万向联轴器对滚轮提供不同速度和扭矩。驱动单元由固定在结构平台上的 1 台直流或交流伺服电机、2 个齿轮箱、飞轮和扭矩仪组成。电机可按驱动或制动的需要作为电动机或发电机来工作,飞轮用来模拟车辆的质量,同时使驱动运行平稳工作。齿轮箱Ⅱ用于提高飞轮的旋转速度,齿轮箱Ⅰ用来向轮对提供不同的速度和扭矩,通过不同的安装方式,传动比可设置成 1∶1、2∶1(用于大扭矩)或 1∶2(用于高速)。

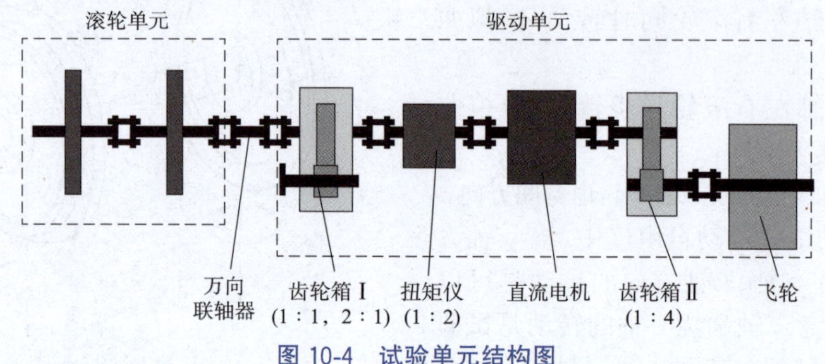

图 10-4　试验单元结构图

滚动振动试验台的滚轮单元结构如图 10-5 所示。滚轮通过滚动轴由一个 U 字形框架支撑,滚轮通过万向联轴器驱动,可以在 U 字形框架里转动。U 字形框架只能在垂向运动,在液压激振器系统的驱动下,滚轮可实现垂向运动。滚轮随滚动轴在圆柱滚子轴承内转动,同时随着滚动轴通过轴承座的拐臂在液压激振器作用下实现横向运动。整个滚轮体可通过环形轴承转动,以模拟不同半径曲线的切线方向。垂向和横向的激振力通过激振器活塞杆顶部的力传感器测定。左右滚轮是独立的,中间设置一个齿轮联轴器,以传递转动和扭矩,通过齿轮联轴器允许左右滚轮在垂向和横向做相对运动。左右滚轮安装在一个可倾底座上,在液压作动器的推举下可使底座倾斜,实现曲线超高的模拟。所有设备安装在基座上,通过移动基座使滚轮满足使用不同车辆的轴距要求。

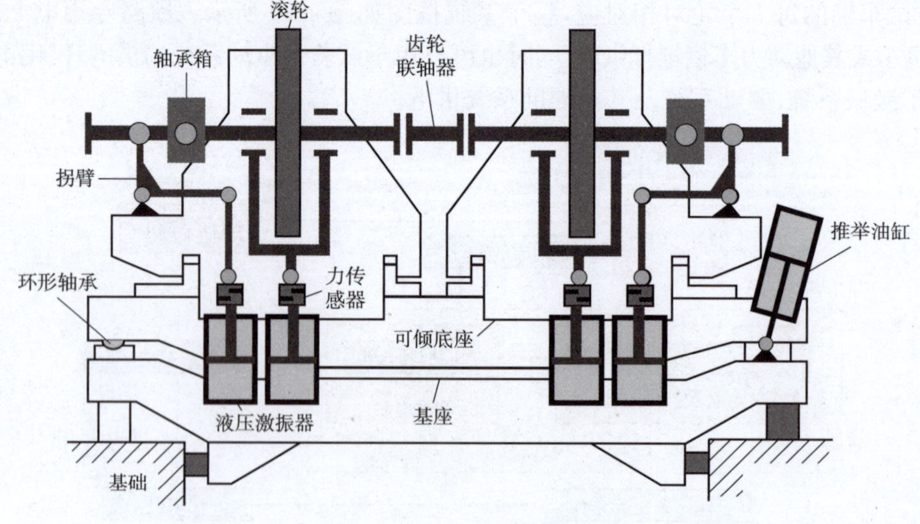

图 10-5　滚动单元结构图

为了模拟曲线，实现内外轨的速度差，左右滚轮需要有差速功能。差速是通过复杂机械系统实现的，图 10-6 为其结构图，图中锥齿轮箱用于运动方向的改变，真正的差速是通过差速齿轮箱实现的，速度差由一台调速电机驱动控制。

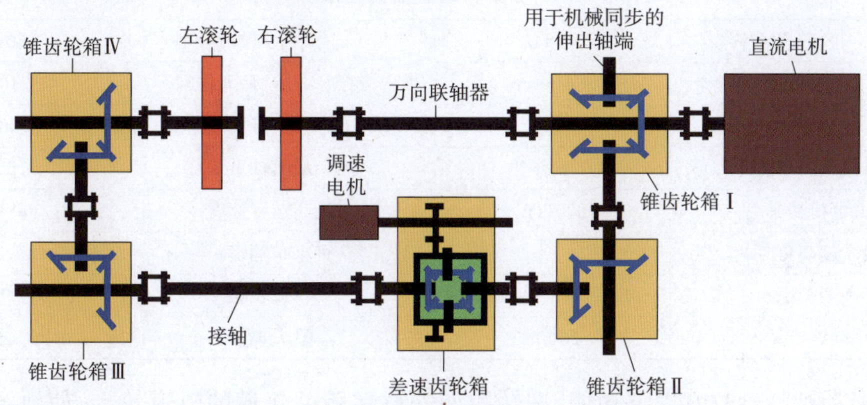

图 10-6　滚动振动试验台的差速结构图

驱动系统用来控制驱动电机的同步恒扭矩、防空转。驱动控制要实现电机同步驱动运行和恒扭矩制动运行，在控制上采用了扭矩和转速反馈闭环控制，对网压和励磁、电流有自动补偿调节处理功能，保证系统控制精度误差不超过 1%。在电机制动控制中采用了反馈电阻制动调节系统，所有的控制均在总控制室进行远距离集中控制。

液压激振系统用来实现滚轮横向、垂向运动的驱动和控制。激振系统具有波形重现技术，可实现给定响应信号的迭代重现控制，可以根据线路实测的机车车辆运行响应(如轴箱谱)，通过试验台就可重现得到轨道对机车车辆的输入——轨道谱。

数据采集处理系统完成试验所需要的试验信号的采集记录，并进行数据处理。

监控系统负责试验台运行的指令发布、监督及安全控制。整个试验台的运行过程(如启停、运行参数变化)和各部分的动作协调是根据监控台发布的指令信号来执行的，监控台显示运行速度、扭矩、轴温、振动波形和轮对—滚轮运行接触状况等试验台参数，并可实现安全联锁和过载保护等。滚动振动试验台全景如图 10-7 所示。

图 10-7　滚动振动试验台全景

滚动振动试验台的主要技术指标详见表 10-2。它能实现米轨、准轨和宽轨，六轴及以下所有机车车辆的动力学性能和牵引制动功能试验要求。

表 10-2 滚动振动试验台的主要技术指标

<table>
<tr><td rowspan="3">垂向激振</td><td>最高频率</td><td>30 Hz</td><td rowspan="3">横向激振</td><td>最高频率</td><td>30 Hz</td></tr>
<tr><td>最大振幅</td><td>±10 mm</td><td>最大振幅</td><td>±10 mm</td></tr>
<tr><td>最大加速度</td><td>±4g</td><td>最大加速度</td><td>±5g</td></tr>
<tr><td colspan="2">单轴最大纵向牵引力</td><td>10 t</td><td colspan="2">最大轴重</td><td>25 t</td></tr>
<tr><td colspan="2">最大电机功率</td><td>800 kW</td><td colspan="2">最高运行速度</td><td>600 km/h</td></tr>
<tr><td colspan="2">最大超高角</td><td>7°</td><td colspan="2">机车车辆定距</td><td>4～22 m</td></tr>
<tr><td colspan="2">转向架轴距</td><td>1 680～2 800 mm</td><td colspan="2">轨道轨距</td><td>1 000～1 676 mm</td></tr>
<tr><td colspan="2">最小曲线半径</td><td>200 m</td><td colspan="2">最大轴数</td><td>6</td></tr>
</table>

滚动振动试验台具有以下功能：把转向架安放在相关轨道的轨道轮上，使轨道轮转动，模拟铁道车辆的运行状态；轨道轮以动态变化来模拟轨道的变化；用飞轮给出相当于实际车辆的惯量，使驱动电机具有吸收负荷的能力，模拟线路的坡道情况。

利用滚动振动试验台，可实现以下试验研究：

(1)蛇行运动稳定性试验研究；

(2)振动舒适度试验研究；

(3)轮轨接触蠕滑理论试验研究；

(4)脱轨机理试验研究；

(5)轮轨黏着试验研究；

(6)轮轨相互作用力研究；

(7)轮轨噪声源分析及降噪试验研究；

(8)牵引、制动功率试验研究；

(9)车辆系统、零部件振动模态试验研究；

(10)运行安全性及物品装载安全性试验研究。

10.1.3 蛇行运动稳定性试验

蛇行运动稳定性试验是滚动振动试验台最主要的试验项目，这也是线路试验无法替代的项目。滚动振动试验台最大的特点就是能够非常直观地观察到蛇行运动的失稳过程，易于进行参数和各种可能的故障工况的试验研究。

蛇行运动是轮轨系统的铁道车辆的特有现象，临界速度是蛇行运动失稳时的运行速度。蛇行运动稳定性试验就是测定临界速度，通过分析被试验铁道车辆在试验台上的蛇行运动极限环图，可得到各种含义的临界速度。

典型的蛇行运动极限环如图 10-8 所示。当机车车辆在理想平直轨道上运行时，也就是试验台滚轮作无扰动的纯滚动，当试验运行速度 $v=v_{c0}$时，机车车辆系统出现稳定的周期运动，即蛇行运动，v_{c0}称之为线性临界速度；蛇行运动的振幅随速度的提高而增大，当速度 $v>v_{c1}$时，周期运动发生跳跃，振幅急剧增大，出现轮缘撞击钢轨的现象，这时为无条件失稳，

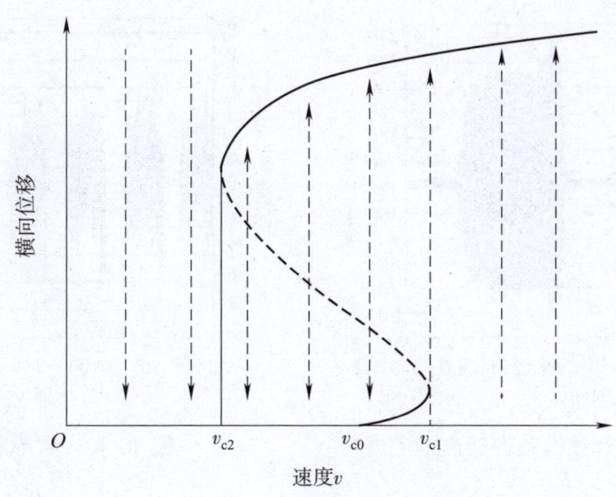

图 10-8 蛇行运动的极限环

v_{c1}称之为非线性失稳速度。图中虚线为不稳定周期运动极限环振幅值，当速度 $v_{c2}<v<v_{c1}$ 时，且初始扰动幅值大于图 10-8 中虚线，同样也可出现极限环振幅较大的蛇行运动，这时称为有条件失稳，失稳速度 v_c 位于 v_{c2} 和 v_{c1} 之间；当速度 $v<v_{c2}$ 时，系统则稳定，所以 v_{c2} 称之为非线性临界速度。通过滚动台试验，可以方便地观测和测量出轮对运动的位移，从而判断出表 10-3 所示的不同类型临界速度。

表 10-3 不同类型临界速度判别表

评　　定	判定标准
线性临界速度 v_{c0}	无激扰的纯滚动，轮对出现周期运动时刻的速度
非线性失稳速度 v_{c1}	无激扰的纯滚动，轮对的周期运动出现跳跃的速度
非线性临界速度 v_{c2}	轮对出现周期运动后，降低试验速度失稳现象消失的速度
实际失稳速度 v_c	在轨道不平顺谱激扰下，出现明显的蛇行失稳时的速度，这时即使停止激扰蛇行运动依然失稳

根据前面的理论分析，可给出各临界速度的测量方法如下：

(1)线性临界速度：试验台为纯滚动状态，逐渐提高车速，测量和观察轮对的横移，直到在某一速度下轮对突然出现等幅的极限环运动，这时的车速即为线性临界速度。

(2)非线性临界速度：在转向架出现失稳后，逐渐降低车速，直到在某一速度下轮对的极限环运动突然消失而向平衡位置收敛，这时的车速即为非线性临界速度，如图 10-9 所示的非线性临界速度为 200 km/h。

(3)实际临界速度：以一定步长逐步提高车速，在每一车速下试验台滚轮以一定等级的轨道谱激振适当长时间后取消激振，如果在某一车速下轮对的振动不能收敛到平衡位置而是保持等幅的极限环振动，这时的车速即为对应该轨道谱的实际临界速度，如图 10-10 所示的实际临界速度为 210 km/h。

铁道车辆运动稳定性的判定标准一般以转向架构架的横向振动加速度峰值连续 6 次超过 10 m/s^2 被视为出现运行失稳运动(横向振动加速度信号需经过 0.5～1.0 Hz 的带通滤波)。

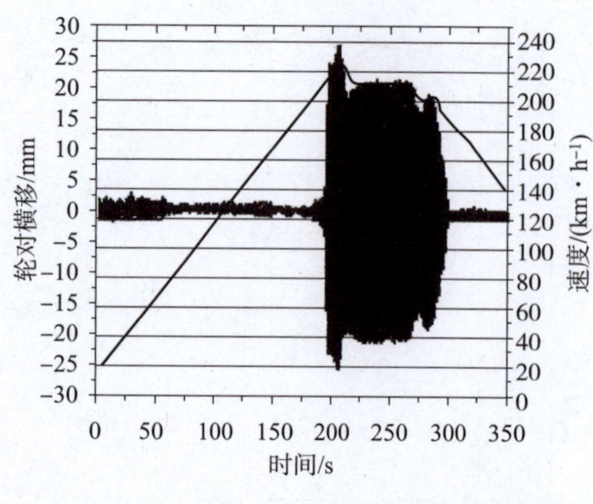

图 10-9 线性和非线性临界速度的测量

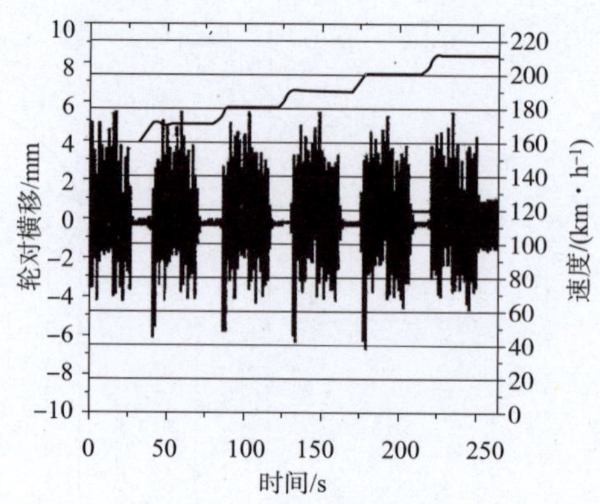

图 10-10 实际临界速度

实际上由于铁道车辆在台架上进行试验时，各部件的运行状况可以直接测量，特别是绝对位移，甚至可以通过实物或视频直接观察被试车的各部件运动。所以在滚动试验台上，可以直接采用轮对周期(或拟周期)运动的位移状况来进行铁道车辆稳定性状态的判别。

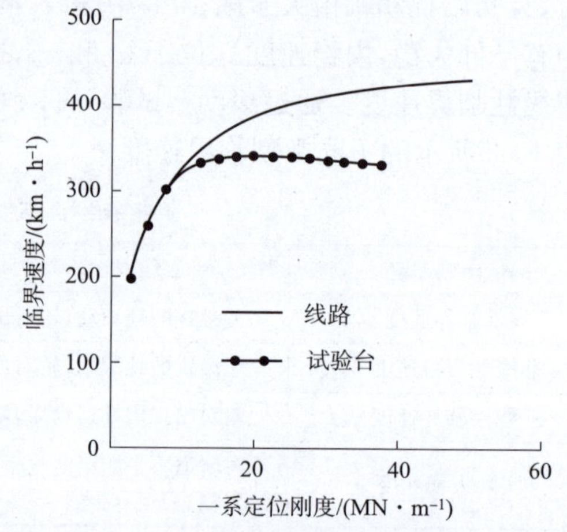

图 10-11 试验台和线路试验临界速度比较

由滚动振动试验台试验得到的临界速度和线路试验存在一定差异，这是由铁道车辆在滚动振动试验台的运行状态和线路运行状态的差别造成的。首先，滚动振动试验台用滚轮代替了平直的钢轨，车轮与实际轨道之间的轮轨接触被滚动振动试验台的轮轮接触所代替，而轮轮接触的蠕滑系数比线路轮轨接触蠕滑系数小(接触斑不同所致)。其次，当轮对有冲角时，轮轮接触时的重力角刚度是一个绝对值较轮轨接触时大的负值，根据理论分析，这会使得临界失稳速度减小，因此在滚动振动试验台上得到蛇行运动失稳的临界速度比线路低。装用 206WP 型转向架的快速客车在不同一系纵向刚度下，线路试验和试验台临界失稳速度的比较，如图 10-11 所示。当一系纵向刚度较小时，车辆的稳定性差，临界速度低，滚动振动试验台试验和线路运行结果比较一致；随着纵向刚度变大，车辆的稳定性变好，临界速度提高，滚动振动试验台试验和线路运行结果出现了一定差异，由滚动振动试验台试验得到的临界速度要低于线路试验的结果。

虽然在滚动振动试验台上得到的蛇行临界速度和线路试验是有所区别的，但滚动振动试验台仍然是研究车辆运行性能的一个有效工具。大量的试验证明，车辆的各种参数对蛇行运动稳定性的影响趋势在滚动振动试验台和线路上是相同，也就是说，在滚动振动试验台上具有良好稳定性的车辆，其在线路上肯定也具有良好的运行稳定性。由于滚动振动试验台的试验结果偏向安全，在滚动振动试验台上通过蛇行运动稳定性测试的车辆，肯定也可以通过线路试验的测试。

10.2 振动试验台

10.2.1 振动试验台原理

振动试验台是一个多通道的激振系统，它可以产生各种激振波形，并能够模拟线路的轨道不平顺，主要用于重现车辆在线路运行时的振动状态，研究车辆装配状态下的特性参数，为车辆的振动性能设计优化提供试验平台。

整车振动试验通常由液压激振设备对车轮产生各种位移或载荷，模拟车辆受轨道激扰时的振动状态。整车振动试验台主要由垂向作动器、横向作动器、运动平台、振动控制系统和数据采集系统等组成，如图 10-12 所示，8 个垂向作动器安装在运动平台之下，对应于每个车轮位置，4 个横向激振器位于运动平台的一端，对应于每个轮对 1 个。作动器由伺服控制器控制，能够产生正弦、脉冲和随机等信号，可使车辆产生各种振动。为了保证纵向稳定，运动平台一端通过牵引杆与基础连接。

试验时，车轮放置在运动平台上，振动控制系统向各运动平台对应的垂、横向作动器发出激振信号，控制各作动器按照激振信号的形式动作，激励被试车辆产生振动响应，数据采集系统采集车辆的振动响应，对测试数据进行处理和计算，获取被试车辆的性能参数。

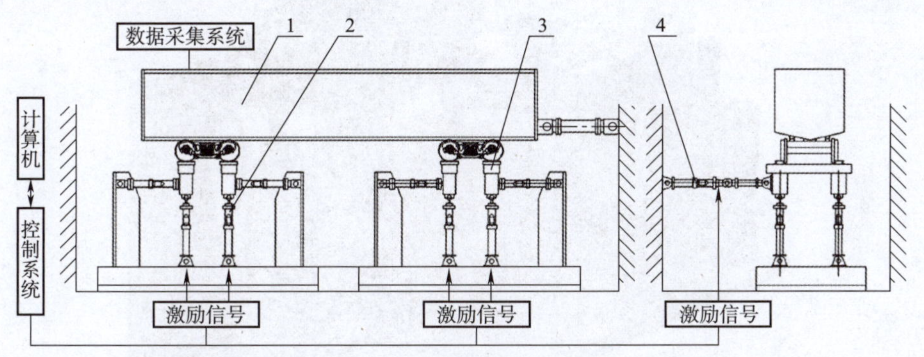

图 10-12 振动试验台结构原理

1—被测车辆；2—垂向作动器；3—运动平台；4—横向作动器

10.2.2 振动试验台结构

下面以中车青岛四方机车车辆股份有限公司的振动试验台为例，介绍铁道车辆整车振动试验台的具体结构组成。

振动试验台由机械系统、液压系统、控制系统、试验测试工具组件等组成。机械系统包括 4 个运动平台、1 个模拟车体加载平台、基座等；液压系统包括液压油源、液压作动器、液压管路及阀、分油控制单元和多个蓄能器等；控制系统包括控制机柜、主机和控制线缆等；试验测试工具组件主要包括六自由度力传感器、位移传感器和加速度传感器、数据采集设备、试验车轴及多种夹具、标定框架工装及砝码等。振动试验台的核心组成为 4 个六自由度振动平台、1 个模拟车体加载平台等，如图 10-13 所示。振动试验台的主要技术参数详见表 10-4。

(a)整车振动模拟试验台

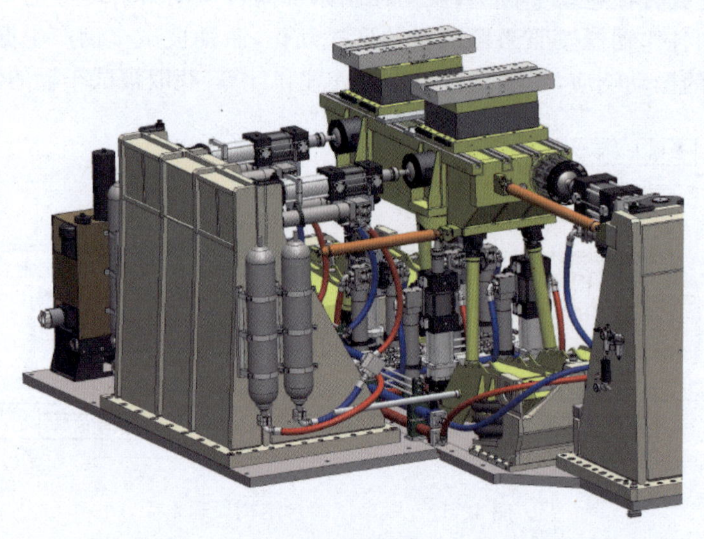

(b)六自由度振动平台

图 10-13　振动试验台核心组成效果图

表 10-4　振动试验台的主要技术参数

序　号	项　　目	参　　数
1	运动平台数目	4 个
2	液压作动器数量	31 个
3	运动平台最大位移	垂向为±100 mm,横向为±100 mm,纵向为±85 mm
4	运动平台角度	旋转±8°,侧滚±8°

续上表

序 号	项 目	参 数
5	激振频率范围和最大值	0～50 Hz;垂向 10g,横向、纵向 5g
6	激励自由度	转向架试验 15 个自由度,整车试验 24 个自由度
7	激振波形载荷波形	正弦波、三角波、方波、梯形波、随机波形、实测路谱
8	可满足车辆定距	9～20 m
9	车辆最大轴重	25 t
10	转向架轴距范围	1 700～3 000 mm

整车振动试验台可开展以下试验测试工作:

(1)振动舒适度试验;

(2)车辆振型和模态测试;

(3)悬挂系统传递特性测试;

(4)振动可靠性试验;

(5)车辆柔度和准静态减载率测试;

(6)倾覆系数测试;

(7)转向架回转阻力因子测试;

(8)转向架一、二系悬挂参数测试。

10.2.3 轨道谱重现技术

轨道谱是轨道不平顺的统计函数。轨道不平顺是车辆系统的激扰源,是车辆产生动态响应的主要原因。要在振动试验台上进行车辆振动性能试验研究,需要给振动试验台输入轨道不平顺的激扰信号。

在振动试验台创建轨道激扰信号的方法有两种。一种是基于实测轨道激扰的输入方法,可以使用从线路直接测量得到的轨道不平顺(需要通过轨道不平顺检测车检测线路得到),也可以通过采集车辆在特定线路运行时振动响应数据(通常为轴箱加速度信号),利用轨道谱重现技术在振动试验台重现振动响应,得到试验台上的时域激扰信号。另一种是利用已公布的轨道谱公式,如美国轨道谱、德国高速铁路轨道谱以及我国京哈、京广、京沪三大干线轨道谱,经过反演求得各级轨道谱的时域波形。

轨道谱重现技术原理如图 10-14 所示。当车辆运行在某线路上时,采集轴箱或车体等部位的振动响应数据如加速度,分析实测数据得到标准的响应谱 $G_k(f)$,存入计算机作为初始驱动信号,经随机相位调制后得到 X_k,经过傅里叶逆变换后得到具有高斯分布特性的时域信号 $x(t)$,$x(t)$经 D/A 转换及功率放大后输入给作动器,使激振台激振。采集试验台的振动响应数据 $y(t)$,经过傅里叶变换得到响应谱 $G_y(f)$。将 $G_k(f)$与 $G_y(f)$进行比较,再来修正动作器输入信号,使得振动台上的振动响应数据与线路实测的振动响应数据在要求的误差范围内。

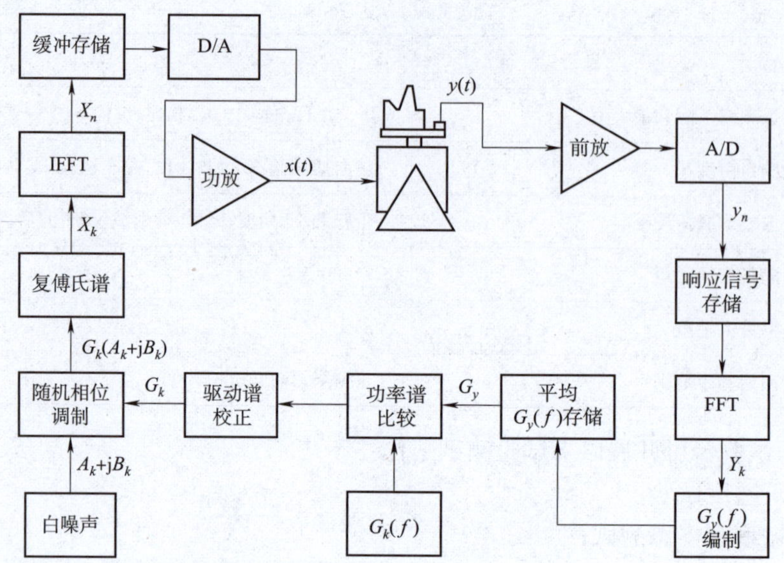

图 10-14 轨道谱重现技术原理

在具体实现时，可以采用以下方法：

首先生成有限带宽的白噪声信号(带宽与实测轨道谱相适应)，并将其作为输入对试验系统加载，获取系统的响应，根据响应与输入的关系，可以得到系统的频率响应函数矩阵

$$\boldsymbol{H}(f)=\frac{\boldsymbol{G}_{yx}(f)}{\boldsymbol{G}_{xx}(f)} \tag{10-1}$$

式中 $\boldsymbol{H}(f)$——系统的频率响应函数矩阵；

$\boldsymbol{G}_{yx}(f)$——输入与输出的互功率谱密度函数矩阵；

$\boldsymbol{G}_{xx}(f)$——输入的自功率谱密度函数矩阵。

根据目标信号和频率响应函数之间的数学运算关系，得到振动台的初始输入信号

$$x_0(t)=\alpha\times \mathrm{IFFT}\{\boldsymbol{H}^{-1}(f)\mathrm{FFT}[y(t)]\} \tag{10-2}$$

式中 α——增益系数；

$\boldsymbol{H}^{-1}(f)$——频率响应函数的逆矩阵；

$y(t)$——目标信号。

将 $x_0(t)$输入到试验系统，比较传感器测量的响应信号 $y_1(t)$与目标信号 $y(t)$，得到误差信号 $e_1(t)=y(t)-y_1(t)$。再根据频率响应函数，计算输入信号的修正量

$$\Delta x_1(t)=\alpha\times \mathrm{IFFT}\{\boldsymbol{H}^{-1}(f)\mathrm{FFT}[e_1(t)]\} \tag{10-3}$$

从而得到修正后的驱动信号

$$x_1(t)=x_0(t)+\Delta x_1(t) \tag{10-4}$$

对于第 i 步，修正后的驱动信号

$$x_i(t)=x_{i-1}(t)+\Delta x_i(t) \tag{10-5}$$

当加速度传感器测量的响应信号与目标信号的误差达到允许的范围内，迭代结束。将最后一次修正得到的输入信号作为模拟轨道激扰下的输入信号。

在振动试验台上输入轨道信号激扰时，首先确定试验台 1 位轮对的激振信号，后面各滚

轮的激振信号通过1位轮对的激振信号延时得到。以运行方向的1位轮对为参考，2位、3位和4位的轮对激励输入的时间差由该位轮对距离1位轮对的间距(图10-15)和运行速度确定。

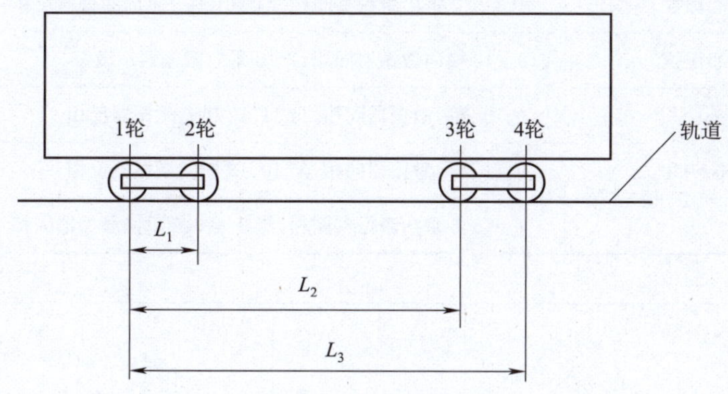

图10-15 轮对间距示意

若车辆的运行速度为v，则2位、3位和4位轮对与1位轮对的时间差分别为

$$t_1=L_1/v,\quad t_2=L_2/v,\quad t_3=L_3/v \tag{10-6}$$

因此，在轨道模拟振动试验中，必须根据已知的L_1、L_2和L_3计算出对应速度与各位轮对同1位轮对的时间差，然后按此时间差向1位～4位轮对的运动平台作动器输入轨道谱激扰波形，继而可测量车辆在轨道谱激扰下不同运行速度时的振动情况。

利用轨道谱重现技术，振动试验台可实现轴箱加速度在试验台上产生与线路实测值相同的统计状态，或一系悬挂在试验台上产生与线路实测位移值相同的统计状态，从而模拟车辆在实际线路上的振动状态。在轨道模拟振动试验基础上，可以开展振动舒适度测试、车辆工作振型和模态测试、悬挂系统传递特性测试、振动可靠性试验等系列研究。

10.2.4 车辆刚体振型及弹性模态测试

车辆刚体振型测试一般采用阶跃激励、正弦扫频激励或随机激励。

(1)阶跃激励

类似于楔块激振法，对于不同的振型，激振器设置初始位移。在车辆处于静止的初始位移时，突然使各激振器的位移恢复到零位，这相当于给车辆一个阶跃激励，使得车辆产生自由振动。测量各测点的自振衰减波形，采用频谱分析计算该振型的固有频率，根据振动波形的振幅衰减率计算振动的阻尼比。

为了有效地激发车辆的各种刚体振型，各激振器的激励方式详见表10-5，表中激振器的编号如图10-16所示。

表10-5 车辆刚体振型与激振器动作组合方式

序 号	刚体振型	激振器动作组合方式
1	车体浮沉	8个垂向激振器同相位激振
2	车体点头	1～4垂向激振器同相，与5～8垂向激振器反相

续上表

序　号	刚体振型	激振器动作组合方式
3	车体上心滚摆	1、3、5、7 垂向激振器同相，与 2、4、6、8 垂向激振器反相
4	车体下心滚摆	9～12 横向激振器同相，1～8 垂向激振器不激振
5	车体摇头	9、10 横向激振器同相，与 11、12 横向激振器反相
6	转向架摇头	9、11 横向激振器同相，与 10、12 横向激振器反相
7	转向架点头	1、2、5、6 垂向激振器同相，与 3、4、7、8 垂向激振器同相

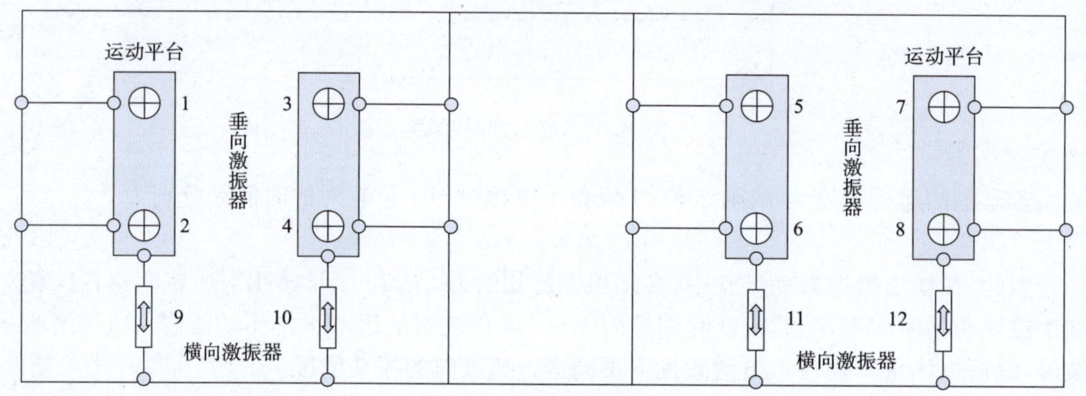

图 10-16　振动台激振器编号

(2)正弦扫频激励

根据振型的需要，利用车辆振动试验台对车轮进行正弦激振。正频扫描激励的激振波形按式(10-7)变化：

$$x=A_0\mathrm{e}^{-nt}\sin(2\pi f+\varphi_0) \tag{10-7}$$

式中　A_0——最大振幅；

n——衰减系数；

f——频率，$f=f_0+\dfrac{f_n-f_0}{T_0}t$，其中 f_0、f_n 为扫描的起始频率和终止频率，T_0 为扫描时间。

连续改变正弦激振的频率，扫频速度不应大于 0.05 Hz/s。在条件限制时允许离散改变频率进行扫频，频率变化间隔不应大于 0.5 Hz，但在出现自振频率±0.5 Hz 范围内，频率变化间隔不应大于 0.1 Hz。

测量车体或转向架构架连续变化的振动响应(加速度或位移)，车体和构架的最大振动响应点的振动频率就是该振型的自振频率。图 10-17 为采用正弦扫频激励时，某客车车体的幅频特性曲线。从图可知，该车体的下心滚摆、浮沉、点头和摇头的自振频率分别为 0.61 Hz、1.09 Hz、1.07 Hz 和 1.01 Hz。

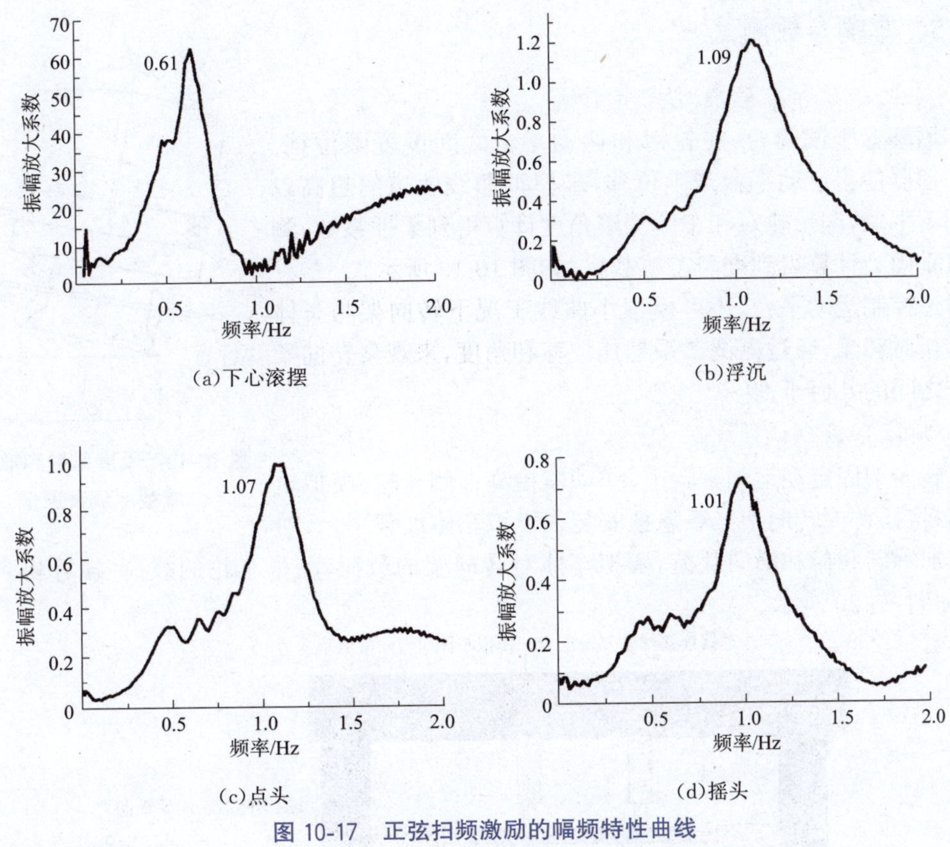

图 10-17 正弦扫频激励的幅频特性曲线

(3)随机激励

在车辆振动试验台上用白噪声随机信号对轮对进行激振，通过测定车体和转向架构架的响应，计算出频响函数自振频率。

车体和构架的弹性体模态测试可采用阶跃激励、正弦扫频激励、随机激励或轨道谱激扰，通过测量车体各断面的垂向和横向振动加速度，经过专业的模态试验软件处理后可得到车体弹性模态参数。图 10-18 为振动试验台上测得的某车体弹性模态振型，其弹性体一阶模态是垂向弯曲，二阶模态是扭转。

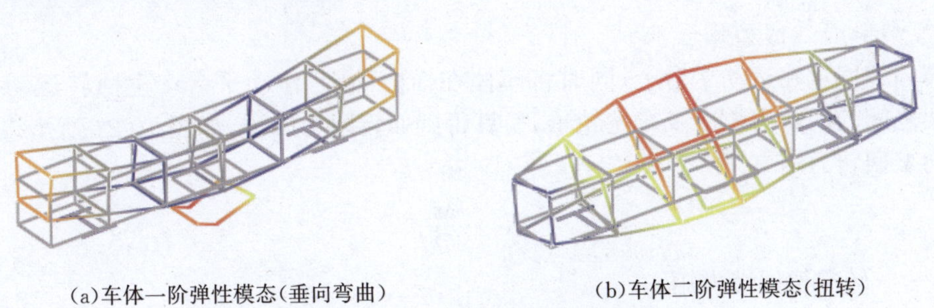

(a)车体一阶弹性模态(垂向弯曲)　　(b)车体二阶弹性模态(扭转)

图 10-18 某车体的弹性模态振型

10.2.5　车辆参数测试

1. 柔度系数和准静态减载率测试

车辆静置于试验台，在轮对和运动平台之间设置限位挡。控制作动器使得运动平台产生位移，来模拟曲线轨道的超高以及局部不平顺，测量轮对和车体侧滚角度计算得到柔性系数，测量轮轨垂向力计算得到准静态减载率，如图 10-19 所示。

通过控制运动平台，还可模拟小曲线工况下转向架与车体之间的相对转角，通过测试二系悬挂位移和角度，来观察转向架与车体之间的几何干涉。

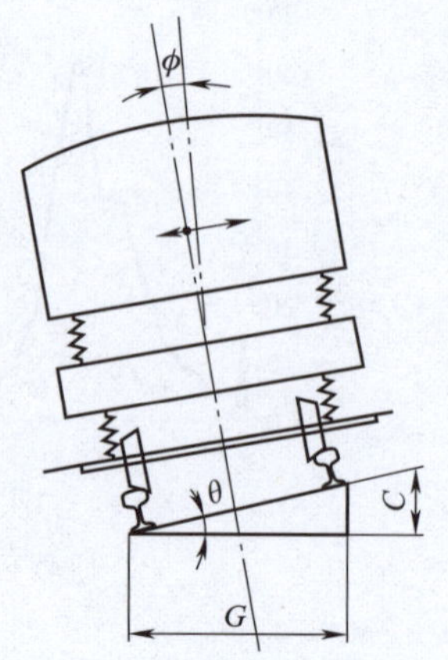

图 10-19　柔度系数和准静态减载率测试原理

2. 倾覆系数测试

将转向架固定在运动平台上，作动器抬高一侧车轮，模拟轨道超高；将摇枕或转向架二系悬挂安装在模拟车体加载平台，对摇枕施加垂向载荷和横向载荷，模拟车体对转向架的载荷，测量车轮的载荷，换算得到倾覆系数，如图 10-20 所示。

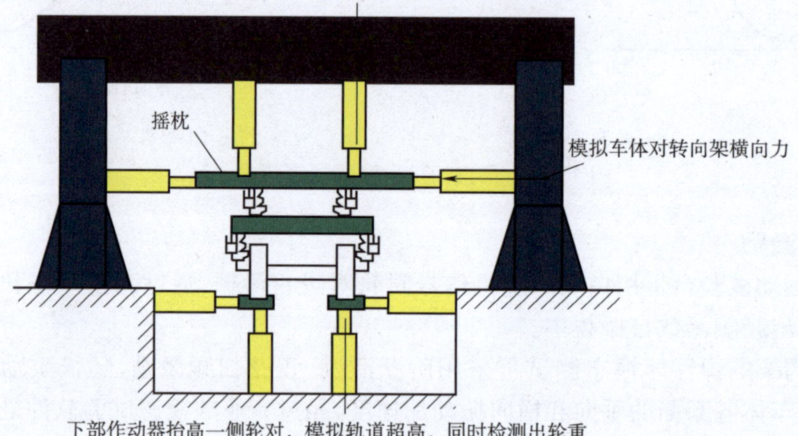

图 10-20　倾覆系数的测试原理

3. 转向架回转阻力因子测试

将转向架固定在运动平台上，同时将车体在横向固定，作动平台产生回转运动，测量车体与构架之间的回转力矩以及车轮轮重，换算得到回转阻力因子，如图 10-21 所示。

转向架回转力矩

$$X=\frac{M}{2Qd} \tag{10-8}$$

式中　X——转向架回转力矩；

M——转向架相对于车体转动所需的力矩；

Q——车轮轮重；

d——轴距。

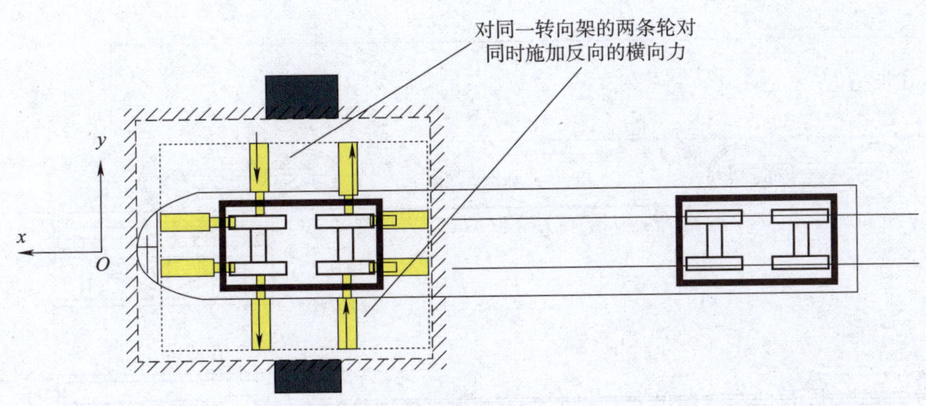

图 10-21 回转阻力因子测试原理

10.3 动力学参数测试台

10.3.1 动力学参数测试台原理和结构

铁道车辆作为一个多体动力学系统，其特性是由车体、构架等质量和悬挂系统的刚度和阻尼所决定。良好的转向架运行性能是靠合理的结构形式和动力学参数来保证，因此动力学参数的测量对预测与评估车辆的运行性能非常重要。

转向架的有些动力学参数，如悬挂系统的刚度可以通过测量单个弹性元件得到，液压减振器的阻尼系数也可以通过测量单个液压减振器得到。但是有些关键的动力学特性参数，如三大件式货车转向架的抗菱刚度等，只有当转向架组装完成后才存在，这些参数的测量只有在整个转向架组装完成后才能测量，无法通过测量单个元件得到。

动力学参数测试台主要用于测量车辆组装状态的动力学参数，如三大件货车转向架的抗菱刚度、相对摩擦系数等。动力学参数测试台曾在我国货车提速中发挥了重要作用。下面介绍三大件货车转向架的动力学参数测试台的结构与功能。

货车转向架动力学参数测试台主要由滑动平台、液压伺服加载系统和测试系统三部分组成，如图 10-22 所示。滑动平台采用整体承载结构，通过钢珠在底座平面上滚动。在滑动平台上安装轨道，并且在轨道与被测转向架轮对间安装夹持器，可保证轮对固定在滑动平台上。在滑动平台的横向一侧布置了两个液压激振器，激振器一端固定在基础框架上，另一端与滑动平台铰接。当两只激振器同相运行时，滑动平台产生横向运动；当两只激振器反相运行时，滑动平台产生回转运动。为了方便对车体和转向架进行加载，有些参数台还设有加载框架。

动力学参数测试台的原理是将车辆组装状态的转向架或其轮对固定在一个滑动平台上，然后控制两个液压激振器使滑动平台上产生平移或转动，强迫转向架各部件之间或转向架与车体之间产生(角)位移，根据测量得到的转向架各部件之间(角)位移和液压激振器的作用载荷，计算出转向架的各种动力学参数。参数台的这种测量方法符合车辆运行时的实际受力状态，同时可以很直观地观察到转向架实际的运动状态以及相互作用机理。

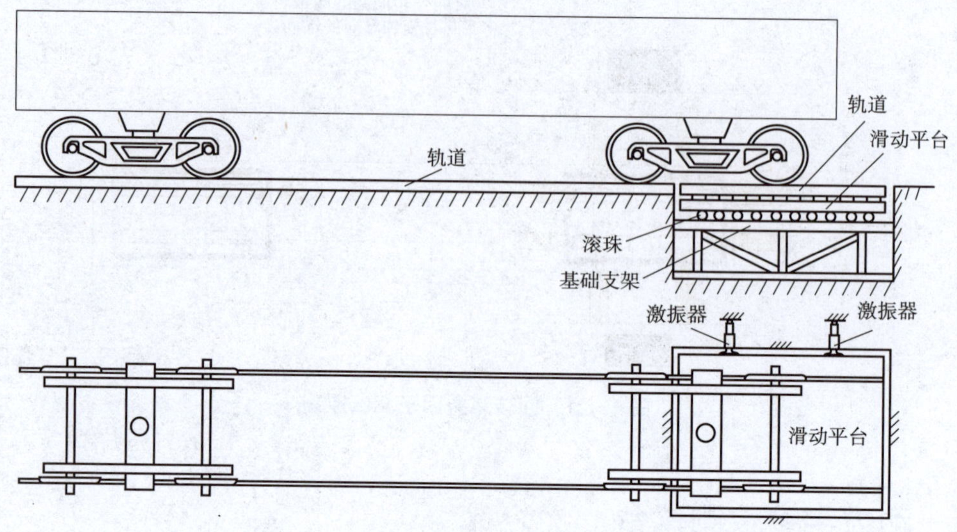

图 10-22 货车转向架动力学参数测试台结构示意

动力学参数测试台的主要特点是具备在实际装载条件下测取三大件式货车转向架的多种动力学参数，包括抗菱刚度、前后轮对间抗剪刚度和抗弯刚度、轴箱悬挂横向刚度和纵向刚度、中央悬挂横向刚度、斜楔摩擦特性、转向架与车体间回转摩擦力矩等。

10.3.2 抗菱刚度的测量

抗菱刚度，是指使三大件转向架两侧架前后错动而施加的剪切力矩与两侧架中心连线相对原侧架中心连线的转角之比，如图 10-23 所示。三大件式货车转向架的抗菱刚度一个非常特殊的参数，由于与斜楔状态有关，抗菱刚度只能在整车状态下存在，在载重变化时，抗菱刚度也会变化，它是影响货车转向架蛇行运行稳定性的关键动力学参数。

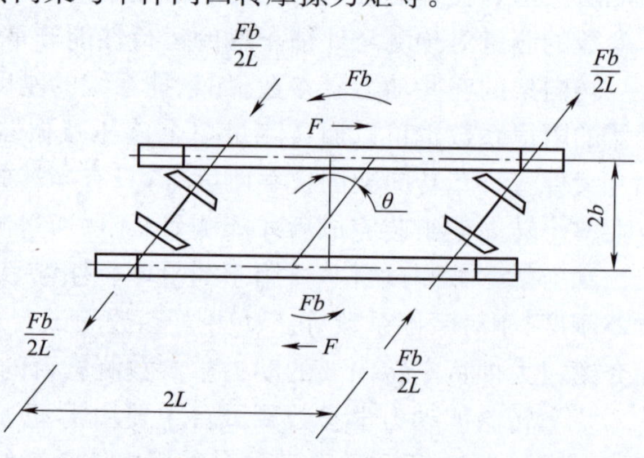

图 10-23 三大件式货车转向架的菱形变形

试验台测量方法如图 10-24 所示。将前轮对固定在滑动平台上，后轮对固定在地面上，在摇枕两侧分别固定一个与侧架平行的辅助梁，在辅助梁和侧梁之间安装位移传感器。在忽略所有质量的惯性力以及心盘水平力和摩擦力矩时，在准静态条件下(加载的位移和频率很小)对活动平台加载，转向架发生菱形变位，其中一侧侧架产生相对于摇枕的相对变位角 θ_1，另一侧侧架产生相对于摇枕的相对变位角 θ_2，则两个侧架的菱形变位角为 $\theta_1-\theta_2$，通过测量位移传感器的位移 y_1、y_2、y_3、y_4，得到转向架的抗菱刚度

$$K_w=\frac{2FL}{\theta_1+\theta_2} \tag{10-9}$$

式中 θ_1, θ_2——相对变位角，其中 $\theta_1=\dfrac{y_2-y_1}{2S_1}$，$\theta_2=\dfrac{y_4-y_3}{2S_2}$；

F——作动器的作用力；

L——转向架轴距；

S_1, S_2——分别为同侧位移传感器间距。

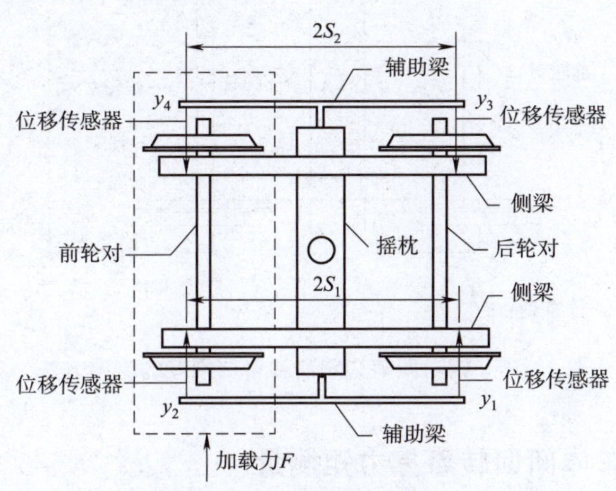

图 10-24 抗菱刚度的测量方法

10.3.3 轮对间剪切刚度和弯曲刚度的测量

根据 Wickens 的等效模型理论，任何结构形式的两轴转向架都可以等效为两个弹性约束的轮对，在准静态条件下，该弹性约束可用等效剪切刚度和等效弯曲刚度两个弹簧来代替。等效剪切刚度定义为使前后轮对产生单位横向位移时所需要的弹性复原力，等效弯曲刚度定义为使前后轮对产生单位转角时所需要的弹性弯矩。轮对间剪切刚度和弯曲刚度是衡量转向架稳定性与曲线通过性能的重要参数，也是自导向径向转向架的理论基础，如图 10-25 所示。

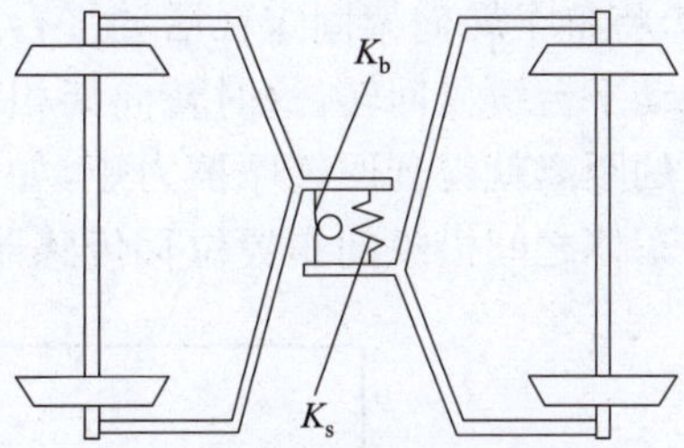

图 10-25 轮对间剪切刚度 K_s 和弯曲刚度 K_b

测量剪切刚度和弯曲刚度时，将转向架的前轮对固定在活动平台上，后轮对固定在地面上，如图 10-26 所示。在作动器力 F 作用下转向架的两条轮对发生位移，前、后轮对产生相对于原始位置的横向位移 y_1、y_2，同时前、后轮对产生相对于原始位置的转角 φ_1、φ_2，则前后轮对的剪切变位为 $y_1-y_2-L(\varphi_1-\varphi_2)$，通过测量前后轮对的横向位移 y_1、y_2 和纵向位移 x_{1L}、x_{1R}、x_{2L}、x_{2R} 和作动器的作用力，按式(10-10)和式(10-11)分别计算轮对之间的剪切刚度 K_s 和弯曲刚度 K_b。

$$K_s=\frac{F}{y_1-y_2-L(\varphi_1-\varphi_2)} \tag{10-10}$$

$$K_b=\frac{FL}{\varphi_1-\varphi_2} \tag{10-11}$$

式中，φ_1、φ_2 为转角，其中 $\varphi_1=\dfrac{x_{1L}-x_{1R}}{2B}$，$\varphi_2=\dfrac{x_{2L}-x_{2R}}{2B}$；$B$ 表示纵向位移传感器间距之半。

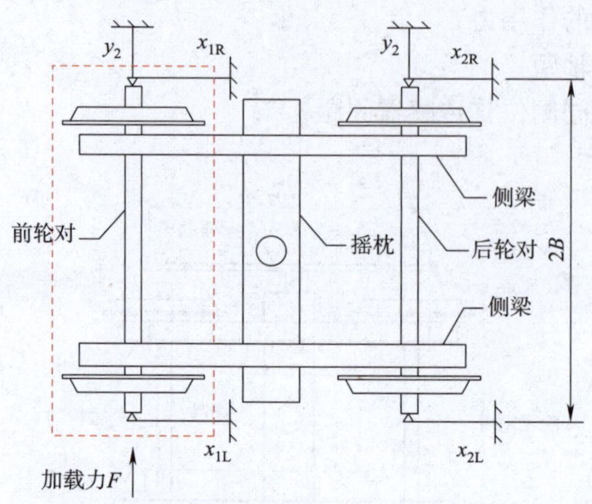

图 10-26　轮对间剪切刚度和弯曲刚度的测量方法

10.3.4　转向架与车体间回转摩擦力矩测量

转向架与车体间的回转摩擦力矩是影响三大件式货车转向架蛇行运动稳定性和曲线通过能力的主要因素之一。该回转摩擦力矩通常是由上下心盘和旁承之间的摩擦副共同提供，并且与车辆的载重状态密切相关。

在参数测试台上测量转向架与车体间的回转摩擦力矩的方法如图 10-27 所示。试验时，将整个转向架固定在活动平台上，同时将车体横向固定。控制两个作动器反向运动，使活动平台缓慢回转，这时转向架相对车体转动。测量 2 个作动器的作用力，再根据作用器之间的距离就得到回转摩擦力矩，如果同时测量转向架相对车体的转角(可在构架左、右两侧与车体之间沿纵向布置位移传感器)就可以绘出力矩—转角曲线。

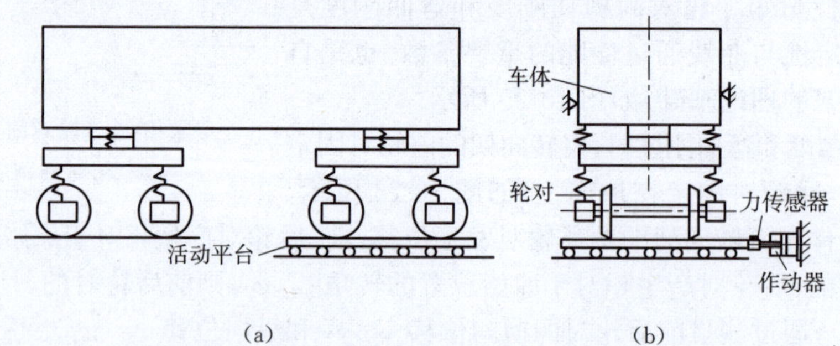

图 10-27　转向架与车体间回转摩擦力矩的测量方法

10.3.5　相对摩擦系数的测量

相对摩擦系数 ϕ 是衡量楔块式减振器摩擦力大小的主要参数。在参数测试台上相对摩擦系数 ϕ 的测量方法如图 10-28 所示，由加载框架上的垂直作动器对转向架心盘平稳地逐级加载。加载自零开始到最大试验载荷(应大于簧上最大静载荷)后,再平稳地逐级减载至零。在加载的同时,用位移传感器测定各级载荷下的弹簧静挠度,同时进行数据采集并绘出载荷—挠度曲线,如图 10-29 所示。

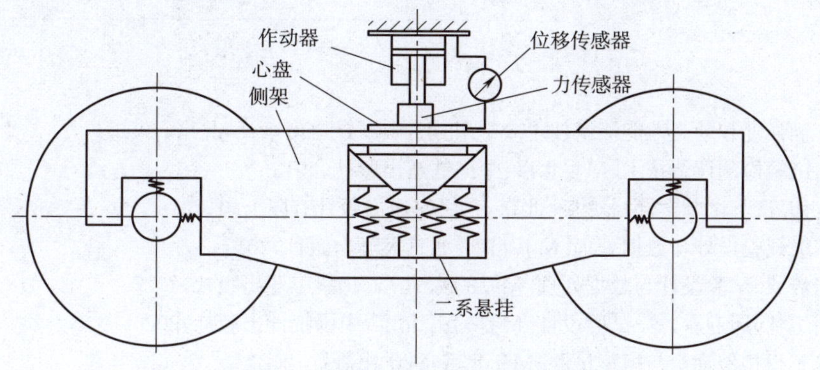

图 10-28 相对摩擦系数 ϕ 的测量方法

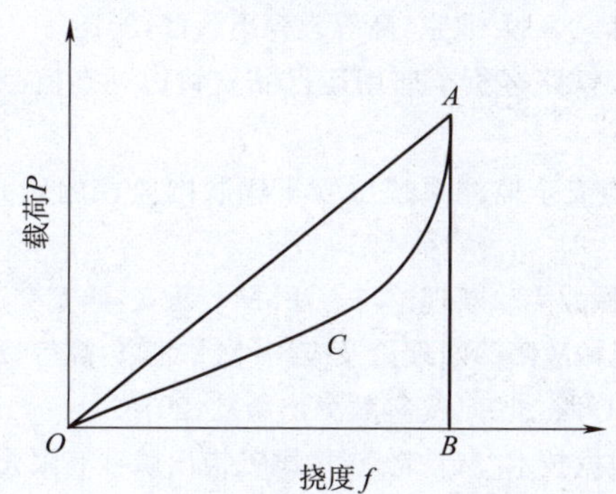

图 10-29 楔块摩擦器的载荷—挠度曲线

根据图 10-29,由式(10-12)可求出相对摩擦系数

$$\phi=\frac{S_{OAC}}{S_{OAB}+S_{OCAB}} \tag{10-12}$$

10.3.6 悬挂系统横向刚度的测量

在组装状态下测量悬挂系统的横向刚度比测量单件弹簧的更接近实际值,尤其是对三大件式货车转向架。

在转向架参数测试台上测量轴箱悬挂横向刚度的方法如图 10-30 所示。试验时,整个转向架推上活动平台,轮对固定在活动平台上,构架或车体的一侧用支柱顶住。作动器同步伸缩,活动平台同步横移,通过测量作动器的载荷和轴箱悬挂的横向位移,求得轴箱悬挂的横向刚度。

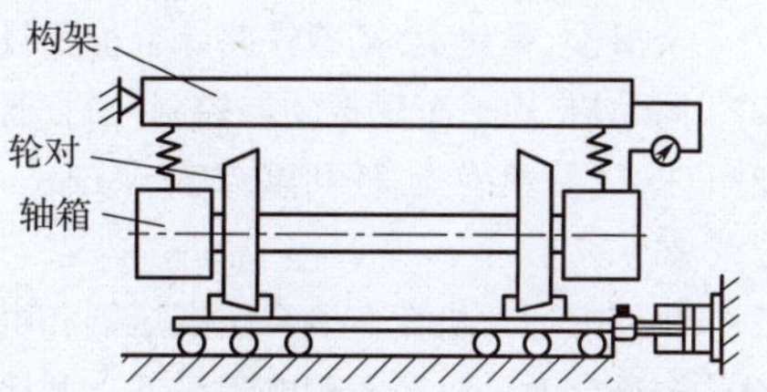

图 10-30 轴箱悬挂横向刚度的测量方法

参考文献

[1] 姚金山. 车辆强度和动力性能测试技术[M]. 北京:中国铁道出版社,北京,1993.
[2] 康熊. 铁路试验检测评估技术[M]. 北京:中国铁道出版社,2012.
[3] 郭应时,袁伟. 汽车试验学[M]. 2版. 北京:人民交通出版社有限公司,2018.
[4] 张京明. 车辆试验设计与数据处理[M]. 北京:北京大学出版社,2017.
[5] 李云雁,胡传荣. 试验设计与数据处理[M]. 3版. 北京:化学工业出版社,2017.
[6] 茆诗松,周纪芗,周迎春,等. 试验设计[M]. 3版. 北京:中国统计出版社,2020.
[7] 杨兵. 土木工程相似理论与模型试验[M]. 北京:科学出版社,2021.
[8] 田红旗. 列车空气动力学[M]. 北京:中国铁道出版社,2007.
[9] 黄志祥,黄汉杰,李明,等. 高速列车风洞试验[M]. 北京:国防工业出版社,2020.
[10] 贾民平,张洪亭. 测试技术[M]. 3版. 北京:高等教育出版社,2016.
[11] 李甫永,李旭伟,凌烈鹏,等. 铁路客货车通用运行品质轨边动态监测系统TPDS的研制[J]. 铁道建筑,2015(4):130-134,140.
[12] 史晓磊,蒋荟. 车辆运行品质安全监测系统报警车辆联网监控的研究及实现[J]. 铁路计算机应用,2019,28(5):11-16.
[13] 屈梁生,张西宁,沈玉娣. 机械故障诊断理论与方法[M]. 西安:西安交通大学出版社,2009.
[14] 何正嘉,陈进,王太勇,等. 机械故障诊断理论及应用[M]. 北京:高等教育出版社,2010.
[15] 吴镇扬. 数字信号处理[M]. 3版. 北京:高等教育出版社,2016.
[16] 李天瑞,李平. 高速铁路大数据技术[M]. 北京:中国铁道出版社有限公司,2021.
[17] 沈钢. 轨道车辆系统动力学[M]. 北京:中国铁道出版社,2014.
[18] 姚建伟,孙丽霞. 机车车辆动力学[M]. 北京:科学出版社,2019.
[19] 机车车辆动力学性能评定及试验鉴定规范:GB/T 5599—2019[S]. 北京:中国标准出版社,2019.
[20] 侯卫星. 0号高速综合检测列车[M]. 北京:中国铁道出版社,2010.
[21] 石怀龙,罗仁,曾京. 国内外高速列车动力学评价标准综述[J]. 交通运输工程学报,2021,21(1):36-58.
[22] 高纯友,陆海英,任利惠. 70%低地板轻轨车辆轮轨力测试研究[J]. 城市轨道交通研究,2012,15(10):43-45,74.
[23] 龚继军. 间接测量技术在轻轨车辆上的应用[D]. 成都:西南交通大学,2016.
[24] 张如一,沈观林,李朝弟. 应变电测与传感器[M]. 北京:清华大学出版社,1999.
[25] 曾宇清,王卫东,甘敦文,等. 测力轮对连续测量的理论与实践[J]. 铁道学报,1998(6):29-35.
[26] 余祖俊,梁建英. 高速铁路综合检测技术[M]. 北京:中国铁道出版社有限公司,2021.
[27] 周劲松. 轨道车辆振动与控制[M]. 上海:复旦大学出版社,2020.
[28] 王卉捷,秦凌光,任利惠. 基于Android手机的Sperling平稳性测量仪[J]. 计算机应用,2017,37(S1):369-373.
[29] 轨道交通　机车车辆牵引变压器和电抗器:GB/T 25120—2010[S]. 北京:中国标准出版社,2010.
[30] 轨道交通　机车车辆电气设备　开启式功率电阻器规则:GB/T 25118—2010[S]. 北京:中国标准出版社,2010.

[31] 轨道交通　机车车辆用电力变流器　第 1 部分:特性和试验方法:GB/T 25122.1—2018[S]. 北京:中国标准出版社,2018.
[32] 轨道交通　机车车辆电子装置:GB/T 25119—2021[S]. 北京:中国标准出版社,2021.
[33] 电力牵引　轨道机车车辆和公路车辆用旋转电机　第 2 部分:电子变流器供电的交流电动机:GB/T 25123.2—2018[S]. 北京:中国标准出版社,2018.
[34] 轨道交通　机车车辆　牵引系统组合试验方法:GB/T 25117—2020[S]. 北京:中国标准出版社,2020.
[35] 轨道交通　牵引电传动系统　第 1 部分:城轨车辆:GB/T 37863.1—2019[S]. 北京:中国标准出版社,2019.
[36] 轨道交通　牵引电传动系统　第 2 部分:机车、动车组:GB/T 37863.2—2021[S]. 北京:中国标准出版社,2021.
[37] 铁路设施　铁路车辆　车辆组装和运行前的整车试验:IEC 61133—2016[S]. 国际电工技术委员会,2016.
[38] 谢维达,钱存元. 电力牵引及控制系统[M]. 2 版. 北京:中国铁道出版社有限公司,2021.
[39] 交流传动电力机车试验方法　第 1 部分:输出特性试验:TB/T 3523.1—2018[S]. 北京:中国铁道出版社,2018.
[40] 电力机车及电动车组阻力试验方法:TB/T 2514—2014[S]. 北京:中国铁道出版社,2014.
[41] 列车牵引计算　第 1 部分:机车牵引式列车:TB/T 1407.1—2018[S]. 北京:中国铁道出版社,2018.
[42] 伍道乐,杨奇科,文秧林,等. 动力分散型动车组牵引性能试验方法研究[J]. 电力机车与城轨车辆,2013,36(3):54-56.
[43] 郑雪洋. 动车组牵引性能试验方法的探讨[J]. 铁道机车车辆,2002(3):40-42.
[44] 电动车组牵引特性试验方法:TB/T 3348—2014[S]. 北京:中国铁道出版社,2014.
[45] 电动车组电气制动特性试验方法:TB/T 3346—2014[S]. 北京:中国铁道出版社,2014.
[46] 陈阳,钱存元,奚笑冬,等. 基于 CRIO 的城轨列车牵引传动系统测试装置的设计[J]. 机电一体化,2015,21(3):52-56.
[47] 陈阳,钱存元,奚笑冬,等. 上海轨道交通 AC16 型电动列车能耗测试与分析[J]. 城市轨道交通研究,2016,19(9):34-38.
[48] 陈阳. 城轨车辆能耗检测系统研究[D]. 上海:同济大学,2016.
[49] 王官磊,钱存元,刘浩. 基于 CRIO 的智能型地铁列车能耗数据采集系统[J]. 测控技术,2018,37(10):90-93,97.
[50] 饶忠. 列车制动[M]. 2 版. 北京:中国铁道出版社,2010.
[51] 王月明. 动车组制动技术[M]. 北京:中国铁道出版社,2010.
[52] 胡准庆. 动车组制动系统[M]. 北京:北京交通大学出版社,2012.
[53] 彭俊彬. 动车组牵引与制动[M]. 北京:中国铁道出版社,2007.
[54] 城市轨道交通车辆组装后的检查与试验规则:GB/T 14894—2005[S]. 北京:中国标准出版社,2005.
[55] 城市轨道交通车辆制动系统:T/CAMET 04004—2018[S]. 北京:中国铁道出版社,2018.
[56] 城市轨道交通车辆空气制动防滑系统技术规范:CZJS/T 0007—2015[S] 北京:中国铁道出版社,2015.
[57] 列车制动运行试验规则:TB/T 2554—1995[S]. 北京:中国铁道出版社,1996.
[58] 铁道客车及动车组防滑装置:TB/T 3009—2011[S] . 北京:中国铁道出版社,2012.
[59] 张志华. 可靠性理论及工程应用[M]. 北京:科学出版社,2012.
[60] 王军. 电机械制动(EMB)技术:交通运输工具新型制动系统[M]. 北京:机械工业出版社,2020.
[61] 何国伟. 可靠性试验技术[M]. 北京:国防工业出版社,1995.

[62] 机车车辆强度设计及试验鉴定规范　总则:TB/T 3548—2019[S]. 中国铁道出版社,2019.

[63] 机车车辆强度设计及试验鉴定规范　转向架　第1部分:转向架构架:TB/T 3549.1—2019[S]. 中国铁道出版社,2019.

[64] 机车车辆强度设计及试验鉴定规范　车体　第1部分:客车车体:TB/T 3550.1—2019[S]. 中国铁道出版社,2019.

[65] 机车车辆强度设计及试验鉴定规范　车体　第2部分:货车车体:TB/T 3550.2—2019[S]. 中国铁道出版社,2019.

[66] Test methods for static load of body structures of railway rolling stock:JIS E 7105—1989[S]. 日本工业标准协会,1989.

[67] Test methods of static load for truck frames and truck bolsters of railway rolling stock:JIS E 4208—2004[S]. 日本工业标准协会,2004.

[68] 陈雷. 铁路货车性能评价概论[M]. 北京:中国铁道出版社,2010.

[69] 王春山,陈雷. 铁路重载提速货车技术[M]. 北京:中国铁道出版社,2010.

[70] 王春山,王曦,杨广雪. 铁路货车载荷谱及其应用[M]. 北京:中国铁道出版社,2018.

[71] 铁道客车及动车组模态试验方法及评定:TB/T 3502—2018[S]. 中国铁道出版社,2018.

[72] 傅志方,华宏星. 模态分析理论与应用[M]. 上海:上海交通大学出版社,2000.

[73] 张卫华. 高速列车耦合大系统动力学理论与实践[M]. 北京:科学出版社,2013.

[74] 罗仁,石怀龙. 铁道车辆系统动力学及应用[M]. 成都:西南交通大学出版社,2018.

[75] 孙雪伟,王俊龙,张强,等. 模拟轨道不平顺激励下车辆振动台架试验方法[J]. 铁道技术监督,2020,48(2):19-22.

[76] 李文全,李强,张强,等. 铁路货车振动试验台轨道激扰信号创建方法研究[J]. 铁道技术监督,2019,47(3):18-22,27.

[77] 任利惠,张辉,胡用生. 货车转向架动力学参数测试台研究与试验[J]. 中国铁道科学,2001,22(3):72-81.

[78] 张卫华,陈良麒,黄丽湘. 车辆参数测定方法的研究[J]. 铁道车辆,2000,38(12):1-4.